JN247097

中峰明本『山房夜話』訳注

禅への疑問に答えた元代名僧の問答集

野口善敬
松原信樹　訳注

汲古書院　刊

絹本著色普応国師頂相　重要文化財（国指定）

西天目瑞巌山 高源寺 蔵

序

一般に禅門の名僧と呼ばれる人物は、日本にしろ中国にしろ、五山十刹などの大寺院に住持として入り、天皇・国王や将軍・宰相などを外護者として庇護を受けている。優れた師を求めて各地を行脚し、長年にわたる厳しい修行を積み重ね、あらゆる執着を根こそぎ削り落として、本来の面目を証悟していればこそ、優れた学識と道力を具えた善知識として、衆生の信仰の対象となり、世俗の尊敬を受けることになるのである。

ただ、どのような寺院に住持するにしろ、自ら求めて出世するのではなく、あくまで縁が熟し、推挙されて、はじめて入寺開堂するのである。『禅関策進』にも、次の様に述べられている。

　必ず諸々の祖師方の重関《関門》を打破し、あまねく知識《立派な師》に参じ、すべての浅深をわきまえてから、水辺や山中に〔隠遁して〕聖胎《こころ》を保養《やしな》い、〔仏法を守護する〕龍天《神々》から推挙されて、はじめて〔世間に〕出て宗教を扶揚し、あまねく衆生を済度するのだ。

　須打破諸祖重関、遍参知識、得知一切浅深、却向水辺林下、保養聖胎、直待龍天推出、方可出来扶揚宗教、普度群生。（「般若和尚示衆」T48-1103a）

真に修行の完遂を目指す僧侶であれば、悟後の修行が不十分で、無明の余薫が残存しているとして、容易に住持の拝請を受けないものなのである。現在の宗門においても、たとえ拝請の使者が来ても、一度、二度と必ず断って、すぐには受諾せず、『三国志』に習って「三顧の礼」をとる風習があるのは、その意味で奥ゆかしいことである。

ただ、俗世間の人々は必ずしも、そのような無執着の見方はしないから、由緒ある大寺院に入ることを名誉なことだと考えてしまう。

もちろん、僧侶の側にも問題はある。現代に限らず、仏教が国家統制を受け戒律を遵守していた昔の中国においても、生死透脱を願うことなく、不純な動機で出家し、俗世の利害だけを考え、度牒を得ることによって賦役を逃れることを目的とする修行者も数多くいた。見かけは戒律を受けた僧侶でありながら、下等なものは五体の欲望に支配され、人目を忍んで肉食妻帯の俗人同様の生活を送り、上等なものは名誉欲の虜になり、印可を得て大寺院に入り、僧侶としての栄達を極めることに血眼になっていたのである。

古今を問わず仏教界が抱え込んだ、この大きな問題が最も顕在化した代表的な時代が、中峰明本が活躍した中国の元朝であった。

元代禅門を代表する中峰明本（一二六三〜一三二三）は、無準師範（一一七八〜一二四九）三伝の孫であり、臨済宗楊岐派（破庵派）の系譜に属する僧侶である。その法脈は中国においては清朝に至るまで臨済の正系として法孫を繫らせており、日本に黄檗宗を伝えた隠元隆琦もこの系統に属している。また日本においても、その法系は入元僧である無隠元晦（?〜一三五八）・古先印元（一二九五〜一三七四）・遠渓祖雄（一二八六〜一三四四）などによって伝えられ、幻住派として日本中世禅宗史に大きな足跡を残している。

中峰は、生涯、大刹に住持することなく、江蘇・浙江の地で庵居または舟居し、修行僧や在家信者に法を説いた。従ってその『語録』には「上堂」の語はなく「示衆」が存するのみであるが、その他に著述がいくつか残されている。今回、訳注の対象として取り上げた『山房夜話』三巻もその一つである。

その他、今回の訳注には付録（一）として『東語西話』に見える中峰自撰の行状の文章を「中峰自叙伝」として加え、更に付録（二）として有名な『中峰和尚座右銘』を収載した。詳しくは巻末の「解説」を参照されたい。

『山房夜話』の訳注作業を開始したのは平成十四年十月のことであり、平成二十一年七月までに、一応の完成を見た。もともと、早急に上梓する予定であったが、祖父である龍源寺先々代住職・松原泰道、父である先代住職・松原哲明が相次いで遷化したこともあり、延び延びになって今日に至った。

その間、語注など気がつく限り手を加えたが、書き下し文や口語訳にまだまだ不適当な個所が多々あるかと思われる。諸賢の忌憚無き叱正をお願いする次第である。

尚、口絵として巻頭を飾らせて頂いた中峰の頂相は、十数点ある国師の影像の中で、私が最も敬仰するものであり、ここに描かれた姿を想起しながら何時も中峰の文章を読んでいる。今回、掲載を快く許可して頂いた西天目瑞巌山高源寺御住職、山本祖登師に対し深甚の謝意を表するものである。

また、出版に当たっては、汲古書院社長の石坂叡志氏に越格の御助力を賜り、編集の小林詔子氏には原稿の校正など多大のご迷惑をおかけした。出版に至ることができたのは、全て両氏を始め汲古書院の皆さま方のお蔭である。心より御礼申し上げたい。そして、長年、ご指導いただだいている野口善敬師をはじめ、読書会の会場を長性寺書院にお借りし、お忙しい中、大変お世話になった長性寺御寺族の皆様、檀信徒の皆様に心より御礼を申し上げたい。

中峰は、その生涯、大寺への住持を断り、名誉を避け続けてきた。それはそれで我々凡俗な僧侶に対する、一つの素晴らしい教示であろう。しかし、江戸末期に今北洪川の『禅海一瀾』を批判した陽明学者の東《ひがし》沢瀉《たくしゃ》（一八三二〜一八九一）は、「名誉を避けようとする心は、結局のところ、名誉を求める心だ（避名之心、畢竟求名之心）」（『証心録』巻下「語」第五〇条）と述べている。出処進退は人間が生きている限り続く現成公案なのであろう。

平成二十六年十一月一日

松原信樹

目 次

〔訳注凡例〕

○底本は寛永二十年（一六四三）刊本を影印した『天目中峰和尚広録』（一九八五年十二月中文出版社刊行）を用いた。

○各種版本の間に大きな文字の異同は無いが、参考のため、日本の南北朝に出された静嘉堂文庫所蔵の「五山版」（椎名宏雄編『五山版中国禅籍叢刊』第九巻、臨川書店・二〇一三年）との校勘を行ない、原文の後に〈校　〉として付記した。

○底本には通番が付されていないが、閲読の便宜上、原文の各段落毎に【　】で通し番号を付し、各条の番号の下に見出しをつけた。

○訳注は、一条ごとに口語訳・原文・書き下し文・語注の順に並べ、各項目の間は＊の記号を入れて一行あけとした。

○口語訳は、意味が分かりやすいように原文に無い言葉を適宜補ったが、付加した部分は〔　〕で括った。

○原文は原則として、常用漢字を用いた。但し、「弁」と「辨」「辯」、「欠」と「缺」、「余」と「餘」など、もともと別字であるのに他の字に置き換えて現用されている漢字については、区別をするため、もとの文字を残した場合がある。

○書き下し文は現代仮名遣いとした。

○語注は、注を付けた原文の当該語句に〔一〕〔二〕……と漢数字で通番を付した。

○語注の中で用いた経典名は、正式名称が長くなる場合は、一般に使用されている略称を用いた。（例えば『大仏頂如来密因修証了義諸菩薩万行首楞厳経』は『楞厳経』、『大方広円覚修多羅了義経』は『円覚経』、『大方広仏華厳経』は『華厳経』、『妙法蓮華経』は『法華経』などと表記した。）

○語注における引用書の表記のうち、『大日本続蔵経（卍続蔵経）』は「Z」、『新纂大日本続蔵経』は「X」、『大正新脩大蔵経』は「T」の略号を用いた。また「Z」「T」の次の数字はそれぞれの通冊数を示し、「-」を挟んでページの数字が記入されている。ページ数の次のアルファベットは、「Z」の場合「a」は「表の上段」、「b」は「表の下段」、「c」は「裏の上段」、「d」は「裏の下段」を、「T」の場合「a」は「上段」、「b」は「中段」、「c」は「下段」をそれぞれ示している。（例えば、「Z138-97c」は『大日本続蔵経』第一三八冊、九七頁、裏の上段」を、「T51-65b」は『大正新脩大蔵経』第五一冊、六五頁、中段」を指す。）その他、『嘉興大蔵経』などCBETAで検索可能なものについては、CBETAの表記を用いた。

○語注中の訳注書の表記のうち、「柳田訳注本」は柳田聖山著『仏教経典選13　中国撰述経典一　円覚経』（筑摩書房・一九八七年）を、「荒木訳注本」は荒木見悟著『仏教経典選14　中国撰述経典二　楞厳経』（筑摩書房・一九八六年）を指す。

中峰明本『山房夜話』訳注

——禅への疑問に答えた元代名僧の問答集——

『山房夜話』　訳注

中峰明本『山房夜話』巻上

【一】禅定の禅と達磨の禅との差異

幻人《わたし》は、深い山奥に俗塵を避けて住んでいるが、ふいに〔一人の〕隠者が立ち寄ったので、いっしょに禅牀《いす》を向かい合わせにして夜坐《やざ》（＝就寝すべき時間に自主的に行う坐禅）をした。時に山〔の上〕にかかった月は照り輝き、〔部屋の〕窓は昼のように明るかった。

隠者が言った、「聞くところでは、〔仏教の理屈だけを学んでいる〕義学《ぎがく》〔の輩〕が、〔坐ることによって心を静める〕禅定の『禅』を、吾が達磨が〔西天《インド》から中国へと〕単伝直指《単独で伝えズバリと示》した『禅』に当てはめているそうです。〔そして〕かつて達磨に『胎息論《たいそくろん》』というものがあって代々伝受した〔とされている〕こともあり、〔その論中に〕『〔心のはたらきの根本である〕第八識《アーラヤ識》が胞胎《胎盤》に住《とど》まっている時には、〔呼吸をせずに〕ただ一息〔の気だけ〕を依りどころとして住《とど》まっているから「胎息」と言うのだ』〔とあるの〕を無理やり引き、『自分たちの禅定も〔達磨と同じように〕一息を依りどころとして住《とど》まっている〔から禅宗の禅と違わない〕のだ』としています。当今、〔世間であれこれ〕議論をしている者たちは、ついにその説に執《とら》われ、吾が達磨〔の禅〕を離れて、小乗〔で説く〕禅定の学〔徒〕にな〔り下が〕っています。

〔このことを〕どう〔お考え〕でしょうか」。

幻《わたし》は言った、「彼ら〔義学《ぎがく》の徒〕は〔達磨の禅を〕謗《そし》っているのではない。達磨の指《しめ》した禅を知らないのだ。〔彼らは〕四禅八定《しぜんはちじょう》〔といった小乗の禅〕を離れて、別にいわゆる禅は無いと考えている。達磨が、遠く西天《インド》の二十七人の祖師の後を継ぐ際に、如来のこの上なく円満な心宗《おしえ》を禅と呼んでいたことが全く分かっていないのだ。この〔達磨の〕禅は、多くの名前を包含しており、『〔小乗や大乗を超えた〕最上乗の禅』と名づけられたり、または『〔全てを超越した〕第一義の禅』と名づけられたりしている。〔声聞・縁覚の〕二乗や外道の〔説いている〕四禅八定の禅とは、実に天地の違いである。この禅は、一切の経法《きょうてん》で説き明かされるものではないし、一切の修証《しゅぎょう》で得られるものでもないし、一切の見聞で分かるものでもないし、一切の門路《いりぐち》から入れるものでもないから、『教外別伝《きょうげべつでん》（＝教えの外に別に伝える）』と呼ばれるのだということを知っておかねばならない。ただ、〔道《真理》を求めようという〕大いなる心をもっている衆生は、〔前世からずっと〕仏になる種子を培《つちか》ってきたから、〔多くの〕階梯《だんかい》を経ないで、一を聞いて千を悟り、大いなる総持《智慧》を得られるのだ。その後、あるものは独り山の中に住み、あるものは雑踏の町中に入って教化をする。縦横逆順《自由自在》で、その〔踏み行う〕道は人情を超脱しており、語黙巻舒《何をする》にも決まった型に落ち込まない。どうして、いわゆる禅定とか胎息とかに関わり合いがあろうか。思うに、達磨の『不立文字《ふりゅうもんじ》（＝言葉に依らず）、直指人心《じきしにんしん》（＝ズバリと仏心を指し示す）』〔という教え〕は、六伝して慧能大師に至ったが、師《慧能》は『「直指《じきし》（＝ズバリと示す）」と説くのも、とっくに〔禅の本質を〕曲《ゆが》めてしまっている』と言っている。この説を受け〔て考え〕るならば、どうして何か伝授すべき、いわゆる語言文字《ことば》〔など〕があろうか。世間に『胎息論』があるが、どのような、でたらめな人が、聖師《達磨》〔の作〕と偽って作ったものか分かったものではない。ましてや、後《のち》の達磨を欺こうとする者が、その説を倣って、次々にでたらめな説を作るのはいうまでもあるまい。達磨を欺いているわけではなく、自分の心を欺いているのだということを、よくよくわきまえておかねばならない。そもそも世尊〔が一生涯に行なった〕四十九年の説法は、衆生が自ら〔の本心〕を欺いて、生死の中で身動きがとれなくなり、抜け出せないでいるのを哀憫《あわれ》んだから、その〔仏〕心〔を説いた〕法《おしえ》を示し、自分自身を欺かないようにさせようとしたのだ。それなのに今、〔仏〕心〔を説いた〕法《おしえ》で〔ある経典によって〕自分自身を欺くならば、〔いつ〕どこでも自分を欺いていることになるであろう」。

*

《原　文》

幻人僻居窮山。忽隠者過門、与対牀夜坐。時山月吐輝窓白如昼。

隠者曰、聞義学(一)以禅定之禅、配吾達磨単伝(二)直指(三)之禅。以達磨曾有所謂胎息論(四)、遞相伝受、而曲引第八識住胞胎時(五)、惟依一息而住、故云胎息者、以方吾禅定亦依止一息而住。今議者遂枝蔓其説、離吾達磨為二乗禅定(六)之学。何如。

幻曰、彼非謗也。是不識達磨所指之禅也。将謂離四禅八定(七)之外、別無所謂禅。殊不知達磨遠継西天二十七祖(八)、以如来円極心宗(九)之謂禅也。此禅含多名、又名最上乗禅(一〇)、亦名第一義禅(一一)。与二乗外道(一二)四禅八定之禅、実天淵之間也。当知是禅不依一切経法所詮、不依一切修証(校1)所得、不依一切見聞所解、不依一切門路所入、所以云教外別伝者也(一三)。惟大心衆生、夙熏仏種、不渉階梯、一聞千悟、得大総持(一四)。自此或独宿孤峰、或入廛〈校2〉(一五)垂手。縦横逆順、道出常情、語黙巻舒、不存窠臼(一六)。安有所謂禅定胎息之謂乎。蓋達磨不立文字(一七)・直指人心(一八)、凡六伝至能大師(一九)。師云、説箇直指、早是曲了也。此説之下、豈容別有所謂語言文字而可伝受者邪。世有胎息論。不知何等謬妄之人、誣罔聖師而作。況是後之欲欺達磨者、乃跡〈校3〉其説、互相作妄。要知、非欺達磨也。乃所以欺自心也。原夫世尊四十九年説法(二〇)、寔哀憫衆生之自欺於生死中、妄自纏縛(二一)、卒莫之已、所以示其心法、欲其不自欺。今反以其心法而自欺、則何所往而不自欺也。

〈校1〉修＝脩　〈校2〉廛＝鄽　〈校3〉跡＝迹

*

《書き下し文》

幻人、窮山に僻居す。忽《たちま》ち隠者、門を過《よぎ》り、与《とも》に牀を対して夜坐す。時に山月、輝きを吐き、窓白きこと昼の如し。

隠者曰く、「聞く、義学、禅定の禅を以て、吾が達磨の単伝直指の禅に配すと。達磨に曾て所謂『胎息論』有りて逓相《たがい》に伝受するを以て、曲げて『第八識、胞胎に住する時、惟《た》だ一息に依りて住す、故に胎息と云う』者を引きて、以て吾が禅定も亦た一息に依止して住するに方《くら》ぶ。今、議者、遂に其の説に枝蔓し、吾が達磨を離れて二乗禅定の学と為る。何如」と。

幻曰く、「彼、謗《そし》るに非ざるなり。是れ達磨の指す所の禅を識らざるなり。将に謂《おも》えり、『四禅八定を離るるの外《ほか》、別に所謂禅無し』と。殊に知らず、達磨、遠く西天二十七祖に継ぐに、如来の円極の心宗を以て、これを禅と謂うことを。此の禅は多名を含み、又は最上乗禅と名づけ、亦た第一義の禅とも名づく。二乗外道の四禅八定の禅とは、実に天淵の間《へだ》てあり。当に知るべし、是の禅は一切の経法の所詮に依らず、一切の修証の所得に依らず、一切の見聞の所解に依らず、一切の門路の所入に依らず、所以《ゆえ》に教外別伝というものなることを。惟だ大心の衆生は、夙《つと》に仏種に熏ずれば、階梯に渉らず、一聞千悟して大総持を得《う》。此れより或いは独り孤峰に宿し、或いは入廛垂手《にってんすいしゅ》す。縦横逆順、道は常情を出で、語黙巻舒、窠臼を存せず。安くんぞ所謂禅定と胎息の謂《いい》有らんや。蓋し達磨の不立文字・直指人心は、凡そ六伝して能大師に至る。師云く、『箇の直指を説くも、早や是れ曲げ了《お》われり』と。此の説の下、豈に別に所謂語言文字にして伝受す可《べ》き者有る容けんや。世に『胎息論』有り。何等の謬妄の人、聖師を誣罔して作《つく》るかを知らず。況や是の後の達磨を欺かんと欲する者の、乃ち其の説に跡し、相互《たがい》に妄を作すをや。知る要《べ》し、達磨を欺くに非ざるなり。乃ち自心を欺く所以なり。原《たず》ぬるに夫れ世尊四十九年の説法は、寔《まこと》に衆生の自ら欺きて、生死の中に於いて妄自《みだ》りに纏縛し、卒にこれを已《や》むることなきを哀憫するが所以《ゆえ》に、其の心法を示し、其の自欺せざらんことを欲するなり。今、反って其の心法を以て自欺すれば、則ち何れの往く所にしてか、自欺せざらん」と。

*

《語注》

（一）義学＝ここでは経論を研究する教学系統の宗派を指す。中峰が活躍した元代において、北部では華厳宗と法相宗（＝慈恩宗）が、南部では天台宗が盛況であった。この語は、禅門内部の修行僧に対して用いられる時には、「将《まさ》に謂《おも》えり、是れ本色の衲僧なりと。元来、祇だ是れ義学の沙門なり（将謂是本色衲僧。元来祇是義学沙門）」（『五燈会元』巻四「洪州黄檗希運禅師」条、Z138–61c）などと、文字言語に拘泥して仏法を理解しようとする誤った立場を指し示す。

（二）達磨＝インドから中国に禅宗を伝え、禅宗の中国における初祖とされる菩提達磨のこと。禅宗の法系上、西天《インド》では第二十八祖とされ、東土《中国》では初祖とされる。

（三）単伝直指＝禅宗の語録にしばしば見られる表現で、前後が入れ替わった「直指単伝」という形でも用いられている。禅宗の標語である「不立文字、教外別伝、直指人心、見性成仏」を省略して縮めたもの。「単伝」は「祖師（＝達磨）西来して、教外に心印を単伝し、人心を直指して、見性成仏せしむ（祖師西来、教外単伝心印、直指人心、見性成仏）」（『天聖広燈録』巻二九「廬山恵日院達禅師」条、Z135–446c）とあるように「別伝」と同意で用いられており、「教外単伝」（『圜悟心要』巻下始「巨済了然朝奉」条、Z120–374a）という成句としての使用例も存する。

（四）胎息論＝達磨大師の名前が冠された『達磨大師住世留形内真妙用訣』一巻（『雲笈七籤』巻五九）を指す。同書は「吾昔於西国、授得住世留形胎息」で始まり、「胎息」の説明が為されていることから『胎息論』と呼ばれたものであろう。「胎息」とは、道家の一種の修練方法で（『漢語大詞典』第六冊・p. 1242）、今の腹式呼吸の類だとされる（『大漢和辞典』巻九・p. 275）。また『胎息論』については、『悟真篇註疏』巻中にも言及がある、

（五）第八識住胞胎時、惟依一息而住、故云胎息＝何らかの典拠に基づくと考えられ、素直に考えるならば『胎息論』からの引用であろうが、『胎息論』には見えない。尚、『抱朴子』「釈滞」に「胎息を得る者は、能く鼻口を以て嘘吸せざること、胞胎の中に在るが如くなれば、則ち道成るなり（得胎息者、能不以鼻口嘘吸、如坐胞胎之中、則道成矣）」（岩波文庫本・p. 139）とあり、以下、仙人の呼吸法についての説明がある。第八識とは、アーラヤ識（＝阿頼耶識）のこと。阿頼耶識は、根本識とも言われ、前七識（眼・耳・鼻・舌・身・意・末那）が生じるための根底とされる。また、「胞胎」とは、「母胎（娘胎）」（『漢語大詞典』第六冊・p. 1236）のこと。

（六）二乗禅定＝坐る（坐禅をする）ことによって、心を鎮めること。おそらくここで言う達磨の禅とは、『六祖壇経』「坐禅第五」（T48–353b）や『景徳伝燈録』巻五「南嶽懐譲」条（T51–240c）に見える「磨甎成鏡」の話にでてくる

ように、坐るという形式にとらわれないものであり、小乗の禅定とは、坐るという形式そのものを指しているのであろう。

（七）四禅八定＝輪廻の世界から逃れられないレベルの禅。「色・無色界の四禅八定の法門（色無色界、四禅八定法門）」（『新華厳経論』巻二四・T36-889a）と言われるように、色界と無色界に相当する禅定。衆生が輪廻する欲界・色界・無色界の三界のうち、中位の色界と上位の無色界は、それぞれ下位から①初禅天（＝梵天・三天）②第二禅天（＝三天）③第三禅天（＝三天）④第四禅天（＝八天）と、①空無辺処　②識無辺処　③無所有処　④非想非非想処の四つからなり、それぞれに相当する禅定を修めた者が生まれる場所だとされる（『原人論』「斥偏浅第二」T45-708c）。「八定」とあるが、色界の四つと無色界の四つを合わせて八つである（『大明三蔵法数』巻二五「八定」条、P182-430a）。

（八）西天二十七祖＝禅宗の法系上、釈尊から法を受けた摩訶迦葉が西天（＝インド）の第一祖とされ、以下、第二祖阿難、第三祖商那和修などと続き、第二十七祖が達磨の師である般若多羅だとされる。

（九）心宗＝「仏心宗」（『少室六門』第三門二種入・T48-370a、『碧巌録』第一三則・本則評唱・岩波文庫本・p. 194）と同様、仏教正統である禅宗の別称として用いられ、また禅の宗旨を指す。用例としては、「達磨の心宗、伝えて今日に至る（達磨心宗、伝至今日）」（『正法眼蔵』巻一上・黄龍新和尚示衆・Z118-13a）や、「仏祖の心宗、本より迷悟無し（仏祖心宗、本無迷悟）」（『続古尊宿語要』巻一・草堂清和尚語・Z118-434b）などがある。「仏心宗」は、【二五】語注（四）参照。

（一〇）最上乗禅＝「最上乗」という言葉自体は『金剛経』（T8-750c）等の諸経に見え、「上根の者の為に、最上乗の頓悟の至理を開く（為上根者開最上乗頓悟至理）」（『景徳伝燈録』巻九・T51-269b）など、仏教における最高の教えの意に用いられている。「最上乗禅」という語は、圭峰宗密（七八〇～八四一）が行なった禅の五種分類（外道禅・凡夫禅・小乗禅・大乗禅・最上乗禅）に拠ったもので（『禅源諸詮集都序』T48-399b、『景徳伝燈録』巻一三・T51-306b）、「如来清浄禅」とも称され、最高の禅を指している。

（一一）第一義禅＝真理そのものの禅。「第一義」は最高の真理。諸経典に頻出する語句で、禅門では『維摩経』「仏国品第一」の「能善《よ》く諸法の相を分別して、第一義に於いて動ぜず（能善分別諸法相、於第一義而不動）」（T14–537c）などが良く知られる。真諦・勝義諦と同義で、禅語録での使用例としては、『碧巌録』第一則「達磨廓然無聖」の「聖諦第一義」（T48–140a）が著名。

（一二）二乗外道＝小乗である声聞乗・縁覚乗と、仏教以外の外道。大乗仏教の道理を知らないものの総称。経典の使用例としては、『入楞伽経』巻六に、「真実の如来は一切の限量を離るれば、二乗外道の知る能わざる所なり（真実如来、離一切限量、二乗外道所不能知）」（T16–622c）とある。

（一三）教外別伝＝達磨によって伝えられた禅は、言葉や文字では伝えることができず、経典とは別に伝えられるものであるということ。禅宗の標語の一つであり、「教外別伝、不立文字、直指人心、見性成仏」（『祖庭事苑』巻五）の四句の形で、注（一七）の「以心伝心」と共に広く知られている。

（一四）大総持＝総持は陀羅尼の漢訳語。善法を保持して失わず、悪心を遮断して起こらないようにすること。具体的には、三惑を遮断し、三智を保持することなどとされる。（『翻訳名義集』巻五・T54–1131b）仏弟子で総持第一とされる阿難について、『景徳伝燈録』巻一「第二祖阿難」条に、「［阿難は］多聞博達にして、智慧無礙なり。世尊以て総持第一と為す（多聞博達、智慧無礙。世尊以為総持第一）」（T51–206b）とある。もちろん「多聞博達」に重心が置かれているが、その延長線上に「智慧無礙」も当然存在するから、ここでは、大いなる智慧と訳した。

（一五）入廛垂手＝「廛《まち》に入りて手を垂る」。雑踏の町中に入って教化すること。『碧巌録』第四三則・頌の評唱に「其の実、鄽《まち》に入りて手を垂るると孤峰に独立するとは一般《おなじ》なり（其実入鄽垂手、与孤峰独立一般）」（T48–180c）とある。

（一六）窠臼＝型にはまった紋切り型のやり方。『碧巌録』第七二則の本則・評唱に「語、窠臼を離れずんば、焉《いず》くんぞ能く蓋纏を出でん（語不離窠臼、焉能出蓋纏）」（T48–200b）とある。

（一七）不立文字＝禅宗の標語の一つで、真理は文字で表現できず、概念で規定しうるものではないことを示す。達磨の語として『少室六門』「血脈論」に「以心伝心、不立文字」（T48–373b）とあり、「以心伝心」と対句で挙げられている。

（一八）直指人心＝一般的には「見性成仏」と対句で用いられる。自分の内にある心こそが仏だとズバリと指し示すこと。黄檗希運の『伝心法要』に「祖師（＝達磨）西来し、人心を直指して、見性成仏せしむ（祖師西来、直指人心、見性成仏）」（T48-384a）とある。

（一九）能大師＝達磨から数えて六代目になる中国禅宗第六祖、大鑑慧能（六三八～七一三）のこと。五家七宗の中国禅は、全て慧能の下に出ている。語録として『六祖大師法宝壇経』がある。

（二〇）世尊四十九年説法＝釈尊が悟りを開いてから涅槃に入るまで、諸方で説法した期間について、『景徳伝燈録』巻一「釈尊」条に拠れば、三十歳から七十九歳まで「説法住世四十九年」（T51-205b）であったとされる。

（二一）妄自＝「みだりに」の意。「自」は単なる助字で意味がない。例えば、『碧巌録』第七四則・本則の評唱に「後来《のち》の人妄自《みだ》りに卜度す（後来人妄自卜度）」（T48-201c）とある。

【二】教外別伝について

ある人が質問した、「禅では『教外別伝《きょうげべつでん》（＝教《経典》の外に別に伝える）』と称していますが、果たして〔経典とは〕別に〔真理を〕伝えるという道理が存在するでしょうか。〔仏教の理屈だけを学んでいる〕義学《ぎがく》〔の輩〕が、いつもこれについてあれこれ〔様々な意見を出〕しているのを見ていますので、意見〔をお伺い〕しないわけにはいかないのです」。

幻《わたし》は言った、「義学〔の輩〕は名《名称》と相《形体》とを分別〔して理解〕することを務めとしているが、この〔『教外別伝』という事柄〕については、分別の理《道筋》を尽《つ》く〔しても理解する〕ことはできない。もし、その究極の道理を究《きわ》め尽くすならば、『別伝』の二字についても、きっと一笑のうちに〔疑問が〕氷解するだろう。どうしてかと言えば、そもそも〔密宗・教宗・律宗・禅宗の〕四宗は、ともに同じ仏の旨《おしえ》を伝えたものであるから、一つも欠けてはいけないのである。しかも仏は一つの〔同じ〕音《ことば》で法《真理》を説いている〔のに、聴く側が勝手にいろいろと違うように理解している〕だけであり、『法華経』の中にも、「ただ一仏乗《唯一の教え》があるだけであり、二や三は無い」と言っている。どうして四宗の区別があろうか。要するに、〔四宗は〕各々違った専門〔の教え〕をほしいままに〔主張〕しているが、一仏乗《唯一の教え》と別々なわけではないのである。たとえば四季は〔四つ揃って〕一年のはたらきを成り立たせているわけだが、春夏秋冬の在り方が〔それぞれ〕異なっている様なものだ。一年という〔一つの〕はたらき〔を成り立たせているという点〕では、〔四季は〕別々ではないのである。密宗は春であり、〔智顗の〕天台や賢首〔の華厳〕・慈恩〔の法相〕といった教宗は夏であり、南山の律宗は秋であり、少林《達磨大師》が単《ひとり》伝えた禅宗は冬である。論理的に言うならば、〔人々は〕禅が諸宗とは別に伝えられた〔『別伝《べつでん》』の仏の教えである〕ことが分かっているだけであり、諸宗が禅とは別に伝えられた〔『別伝』の仏の教えである〕ことが分かっていないのだ。〔同じ仏教だという立場から四つの宗を〕一括《ひとくく》りにして言うならば、密宗は同じ仏の、大いなる〔慈〕悲〔によって衆生を〕抜済《きゅうさい》する心を宣べたものであり、教宗は同じ仏の、大〔いなる〕智〔慧によって衆生本来の姿を〕開示する心を明らかにしたものであり、律宗は同じ仏の、大いなる〔善〕行〔によって我が身を〕荘厳《りっぱに》する心を保持させるものであり、禅宗は同じ仏の、大いなる覚《さとり》〔によって得られる〕円満な心を伝えるものである。〔しかし〕ちょうど四季の順序を混乱させてはならないよう〔に、四宗は混同してはならないもの〕なのだ。

〔そして〕混同してはならないからには、どうして別々でないことがあろうか」。

ある者が言った、「ほかの三宗は皆な『別伝』と言わないのに、禅宗だけがはっきりと『〔教外〕別伝』と言うのは何故ですか」。

答えて言った、「道理から言ってそうなるからだ。諸宗は皆な〔特定の〕門《入り口》から入り、学門によって〔修行が〕成就される。ただ、禅だけは、内においては思惟分別の情《こころ》に関わらないし、外においては学問修行の努力を加えないのだ。大昔から今にいたるまで、〔この仏心は〕欠けたことはないのであり、〔もし〕心を働かせてつかみ取ろうとすれば、〔いらぬ〕道筋に関わってしまうし、〔すべてを〕丸ごと引き受けたとしてもスラスラとはいかない。まことに〔禅の別伝は〕別の中の別である。〔名馬の〕絵をたよりにして名馬を探し求めるような〔まねをしている〕者に、どうして分かろうか。吾が禅に『教外別伝』の説があるのを聞いたならば、間違いなくびっくり仰天することであろう」。

*

《原　文》

或問、禅称教外別伝。果有別伝之理否。毎見義学[一]紛紛於此、不能無議。

幻曰、義学以分別名相為務、而於此不能尽分別之理。使尽究其極則[二]、於別伝二字、当一笑而釈矣。何則夫四宗[三]、共伝一仏之旨、不可闕一也。然仏以一音演説法[四]。教中謂[五]、惟一仏乗、無二無三。安容有四宗之別耶。謂各擅専門之別、非別一仏乗也。譬如四序[六]成一歳之功、而春夏秋冬之令、不容不別也。其所不能別者、一歳之功也。密宗[七]、春也、天台[八]・賢首[九]・慈恩[一〇]等宗、夏也。南山律宗[一一]、秋也。少林単伝之宗[一二]、冬也。就理言之、但知禅為諸宗之別伝、而不知諸宗亦禅之別伝也。会而帰之、密宗乃宣一仏大悲抜済之心也。教宗乃闡一仏大智開示之心也。律宗乃持一仏大行荘厳之心也。禅宗乃伝一仏大覚円満之心也。猶四序之不可混。既不可混、非別而何。

或者謂、彼三宗皆不言別伝、惟禅宗顕言別伝者、何耶。

対曰、理使然也。諸宗皆従門而後入、由学而後成。惟禅、内不渉思惟計度之情、外不加学問修証之功。窮劫迨今、不曾欠少、擬心領荷、早渉途程。脱体承当、翻成鈍置(一三)。誠別中之別也。彼按図索馬者、烏足以知之。聞吾禅有教外別伝之説、無怪其驚且駭矣。

*

《書き下し文》

或るひと問う、「禅、教外別伝と称す。果たして別伝の理有りや否や。毎《つね》に義学、此れに紛紛たるを見れば、議無き能わず」と。

幻曰く、「義学は名相を分別するを以て務めと為すも、此《ここ》に於いては分別の理を尽《つ》くすこと能わず。使《も》し尽《ことごと》く其の極則を究むれば、別伝の二字に於いて、当に一笑して釈すべし。何となれば則ち、夫れ四宗は共に一仏の旨を伝うれば、一をも闕《か》く可からず。然も仏、一音を以て法を演説す。教中に謂う、『惟だ一仏乗にして、無二、無三』と。安くんぞ四宗の別有る容《べ》けんや。謂《おも》うに、各おの専門の別を擅《ほしいまま》にするも、一仏乗と別《わか》つには非ざるなり。譬えば四序、一歳の功を成して、春夏秋冬の令、別《わか》たざる容《べ》からざるが如し。其の別《わか》つ能わざる所は、一歳の功なり。密宗は春なり、天台・賢首・慈恩等の宗は夏なり。南山の律宗は秋なり。少林単伝の宗は冬なり。理に就いて之を言わば、但だ禅の、諸宗の別伝為ることを知るのみにして、諸宗も亦た禅の別伝なることを知らざるなり。会して之を帰すれば、密宗は乃ち一仏の大悲抜済の心を宣ぶるなり。教宗は乃ち一仏の大智開示の心を闡《ひら》くなり。律宗は乃ち一仏の大行荘厳の心を持《たも》つなり。禅宗は乃ち一仏の大覚円満の心を伝うるなり。猶お四序の混ず可からざるがごとし。既に混ず可からざれば、別に非ずして何ぞや」と。

或る者謂う、「彼の三宗、皆な別伝と言わず、惟《た》だ禅宗のみ顕《あきら》かに別伝と言うは何ぞや」と。対《こた》えて曰く、「理、然らしむればなり。諸宗は皆な門に従《よ》りて而る後に入り、学に由りて而る後に成ず。惟《た》だ禅のみ内、思惟計度の情に渉らず、外、学問修証の功を加えず。窮劫より今に迨《およ》ぶまで曾て欠少せず。心を擬して領荷せば、早く途程に渉る。脱体承当するも翻って鈍置と成る。誠に別中の別なり。彼の図を按じて馬を索《もと》むる者、烏《いず》くんぞ以てこれを知るに足らん。吾が禅に教外別伝の説有るを聞かば、其の驚きて且つ駭《おどろ》くことを怪しむ無し」と。

＊

《語注》

（一）義学＝【一】注（一）参照。

（二）極則＝究極の真理、定式。たとえば、『臨済録』「示衆」に「経論家に拠れば、三種の身を取りて極則と為す（拠経論家、取三種身為極則）」（T47-497a）とある。

（三）四宗＝文脈から見れば、密宗・天台宗・律宗・禅宗の四つを指す。

（四）仏以一音演説法＝『維摩経』巻上に「仏は一音を以て法を演説するも、衆生は類に随いて各おの解することを得《う》

（仏以一音演説法、衆生随類各得解）」（T14–538a）とあるのを踏まえる。

（五）教中謂、惟一仏乗無二無三＝『法華経』「方便品第二」に「如来は但だ一仏乗を以ての故に、衆生の為に法を説く。餘乗の若しくは二、若しくは三有ること無し（如来但以一仏乗故、為衆生説法。無有餘乗若二若三）」（T9–7b）とあるのを踏まえる。

（六）四序＝春夏秋冬の順序。四季のこと。

（七）密宗＝密教（＝チベット系仏教）のこと。中峰が活躍した元代は、国家政策としてチベットのラマ教が仏教のトップに据えられていた。

（八）天台＝天台智顗（五三八～五九七）のこと。天台宗を指す。

（九）賢首＝華厳宗の僧侶、賢首大師法蔵（六四三～七一二）のこと。

（一〇）慈恩＝唐の慈恩大師窺基（六三二～六八二）が宣揚した教義。すなわち法相宗を意味する。元代は北部において法相宗が盛んであった。

（一一）南山律宗＝南山は道宣の住んでいた終南山のこと。転じて、唐の道宣（五九六～六六七）のこと。中国の律宗は、『四分律』をもとにして恵光によって開かれ、道宣の南山宗、法礪の相部宗、懐素の東塔の三宗が栄えるが、このうち南山宗だけが長く命脈を保った。

（一二）少林単伝＝少林は、嵩山の少林寺で面壁九年したと伝えられる菩提達磨のこと。単は単独、伝は相伝の意味。他のことはさし措いてそれだけを伝えること。純粋に相伝すること。『碧巌録』第一則・本則評唱に「心印を単伝して、迷塗に開示す（単伝心印、開示迷塗）」（T48–140a）とある。

（一三）鈍置＝『祖庭事苑』巻一の「鈍置」条（Z113–5c）には、「置」は「躓」の字とすべきで、「鈍躓」は「礙不行也（礙《さまた》げられて行かざるなり）」の意味だとある。「礙不行也」は、『諸録俗語解』【一三九】に「『邪魔せられてスラスラゆかぬ』なり」（p. 56）と訳されている。『禅語辞典』（思文閣出版）は、『祖庭事苑』巻一が「礙不行也」と解するのを誤りだとし、「頭が上がらなくさせる、コケにする」（p. 354）ことだとする。『漢語大詞典』第一一冊「鈍置」条は「折磨、折騰（＝苦しめる、痛めつける）」（p. 1215）の意味だとしており、『禅語辞典』（思文閣出版）の解釈に近い。今回の訳は『祖庭事苑』に拠った。

【三】永嘉の禅と達磨の禅

ある人が質問した、「〔六祖慧能禅師の弟子である〕永嘉玄覚《ようかげんかく》は惺惺寂寂《せいせいじゃくじゃく》（＝静かで目覚めた状態）を薬とし、昏住乱想《こんじゅうらんそう》（＝頑《かたく》なで乱れた状態）を病としています。この説は、達磨が伝えるところの禅と、どう〔違うの〕でしょうか」。

私は言った。「〔彼の著作である〕『永嘉集』十篇の主旨が明らかにしている『修行によって証《さと》〔りを手に入れ〕る』という説は、およそ〔天台の〕『止観』の法門《おしえ》を手本としたものだ。最初は息念忘塵《そくねんぼうじん》（＝心を空っぽにする）〔ことから始まるの〕であり、ついで境《きょう》智《ち》冥寂《みょうじゃく》（＝主客の冥合）〔と続いていくの〕であるが、別に設けられた『観心十門（＝心を観ずる十種類の修行法）』に至っては、この上なく玄妙であり、〔これを用いれば〕深く無生《さとり》〔の真理〕に達する〔ことができる〕。〔だが、心を明らかにするのに段階的な修行が措定されているし、〕ただ達磨だけが、〔煩わしい手順抜きで〕人々に直下《ずばり》と自らの心をはっきりと捉えさせているのだ。この〔仏の〕心が明らかになったならば、〔ちょうど〕人が〔我が〕家に帰り着いたように、いつでも自分自身で〔全てを切り盛りして〕生きていけるようになれる。〔だから、達磨が〕あれこれと言葉による教えを全く用いていないのは、誠にもっともなことなのである。その〔達磨が〕わざわざ〔言葉を用いて〕神光（＝慧可）を指導した際にも、ただ『外にむかってはもろもろの縁《念慮のはたらき》を絶ち、内においては心が喘《あえ》ぐことなく、心が牆壁《かべ》のようであってこそ、道に入ることができる』と言っただけで、この外《ほか》に別に〔何か〕言葉があったという話を聞かない。もし本当に自分の心の中で悟るところがあるならば、〔永嘉の『観心十門』の説のように、修行の〕段階を守って〔その目指す〕彼方《かなた》に行き着くというやり方が、〔達磨の〕『直指《じきし》（＝ズバリと示す）』の説《おしえ》と全然違うことが分かろう。どうして『永嘉集』だけであろうか。天台宗の〔説く空《くう》・仮《け》・中《ちゅう》の〕三観《さんかん》、華厳宗の〔の説く事法界《じほっかい》・理法界《りほっかい》・理事《りじ》無礙《むげ》法界《ほっかい》・事事無礙《じじむげ》法界《ほっかい》の〕四法界観《しほっかいかん》などに至るまで、〔言葉に拠るとはいえ、もともと〕すべてこの心のこの上ない真理をつぶさに〔明らかにし〕尽くしているのであり、もし過去の諸仏が再びこの世に出現して心〔に具わった〕法《真理》を説き示したとしても、これに過ぎるものでないことは、はなから分かり切ったことである。だから〔『永嘉集』が〕達磨〔の教え〕と違うのは、要するに言教《ことば》に依拠しているか、言教《ことば》に依拠していないかという違いだけなのである。突き詰めて言えば、『円覚経』が〔散乱した心を静めるための奢摩《しゃま》・三摩鉢底《さんまばってい》・禅那《ぜんな》という〕三観を〔更に〕それぞれふり分けて二十五〔種類の清浄な禅定の〕輪《方法》としたり、『楞厳経』が〔六根・六境・六識を合わせた〕十八界と、〔地・水・火・風・空・見・識という〕七大性によって二十五〔種類〕の円通《さとり》を証拠づけたりしている〔のも、達磨の教えと矛盾するものではない〕。〔更に言えば〕どうして、この二つの経典だけであろうか。〔全ての経典がそうなのだ。〕しかし、経典の中に述べられている、修行によって証《さと》りをひらく法門《手段》に手を出すならば、また達磨が伝えた『直指』の禅とは、まったく道筋を違えることになる。なぜかと言えば、もし、経典に関わるならば『教外別伝』とすることができないからだ」。

ある人が言った、「もしそうならば、達磨の禅と諸仏の言教《ことば》とは異なるのですか」。

答えて言った、「仏と祖師《達磨》の道《おしえ》において、〔共通した〕同じ〔普遍的な真理の〕相《すがた》を求めても、得ることなどできない。まして、どうして〔両者の〕違いを見ることができようか。経典に『総持《智慧》に文字は無いが、文字は総持《智慧》を顕らかにする』という説があるのを聞いたことがないのか。『総持《智慧》に文字が無い』とあるから、達磨はこの部分に依拠して『直指』したのであり、『文字は総持《智慧》を顕らかにする』とあるから、諸宗はこの部分に依拠して〔人々を〕引導《みちび》いたのである。また、達磨の道《おしえ》が〔他の〕もろもろの宗と異なっているのは、奇をてらって、ひそかに〔奇異な説を〕自己の胸臆から〔ひねり〕出したわけではない。遠いむかし〔釈尊が〕霊鷲山《りょうじゅせん》で、最後に〔一番弟子の〕大迦葉《だいかしょう》にだけ付与した心法《おしえ》なのである。その大迦葉だけに付与した道《おしえ》は、霊鷲山〔で付与された大迦葉〕一人の私有〔物〕ではない。とりもなおさず全世界の衆生が〔生まれたときから〕共に授けられている霊〔妙なる〕心なのである。だから世尊は慈悲〔の念〕をめぐらし、教化を行う際に、〔誰一人見捨てることなく〕何とかして衆生の能力の良否の差異に合わせ〔ようとし〕たのである。いわゆる大乗と小乗、偏教（＝偏った教え）と円教（＝円満な教え）、同教（＝一乗）と異教（＝三乗）、顕教と密教といった方便〔による教えの設定区分〕は、やむを得ないものなのである」。

*

《原　文》

或問、永嘉(一)以惺惺寂寂(二)為薬、昏住乱想為病。此説与達磨所伝之禅如何。

余曰、永嘉集(三)中、十篇大指、所明修証之説、大約取止観法門(四)。首則息念忘塵(五)、次則境智冥寂(六)。至於別立観心十門(七)、至玄至妙、深達無生。惟達磨只教人直下明取自心。此心既明、如人到家、自能随時作活。更不広引言教者、良有以也。其曲引神光処(八)、惟言(九)、外絶諸縁、内心無喘、心如牆壁、乃可入道。此外不聞別有言説。但真実於自心中有所契証者、則知循階級、歴涯岸、与直指之説、大不侔矣。豈惟永嘉然。至若天台之三観(一〇)、賢首之四法界観(一一)、皆曲尽此心之至理。使過去諸仏、再現世間、演説心法、逆知其無有過於此者。然不与達磨同者、蓋即言教、離言教之別耳。尽理言之、如円覚以三観互分為二十五輪(一二)、及楞厳以十八界七大性証為二十五円通(一三)。豈止此二経。但渉経教中所陳修証法門、亦皆不与達磨所伝直指之禅、同途共轍也。何則使苟渉言教、則不得為教外別伝也。

或謂、若然則達磨之禅与諸仏言教、異耶。

対曰、我於仏祖之道、覓同相尚不可得。而何異之可見耶。爾不聞教中謂総持(一四)無文字、文字顕総持之説乎。然総持無文字、則達磨契之而直指也。文字顕総持、則諸宗即之而引導也。且達磨之道、異於諸宗者、非其尚異而私出乎自己之胸臆也。乃遠継霊山最後独付大迦葉之心法(一五)也。其独付大迦葉之道、亦非霊山一人之私有者。即尽法界衆生共稟之霊心也。故世尊興慈、運悲、垂教、設化之際、曲徇衆生利鈍等差之根器。其所謂大小偏円(一六)・同異顕密(一七)之方便、不容自已也。

《書き下し文》

或るひと問う、「永嘉、惺惺寂寂を以て薬と為し、昏住乱想を病と為す。此の説、達磨所伝の禅と如何」と。

*

余曰く、「『永嘉集』中の十篇の大指の、明らかにする所の修証の説は、大約、止観の法門に取る。首《はじめ》は則ち息念忘塵、次は則ち境智冥寂。別に観心の十門を立つるに至りては、至玄至妙にして、深く無生に達す。惟《た》だ達磨は只だ人をして直下に自心を明取せしむ。此の心既に明らかなれば、人の、家に至りて、自ら能く時に随いて作活するが如し。更に広く言教を引かざるは、良《まこと》に以《ゆえ》有るなり。其れ曲げて神光を引く処、惟だ『外《そと》、諸縁を絶ち、内《うち》心、喘《あえ》ぐ無く、心、牆壁の如くして、乃ち道に入る可し』と言うのみにして、此の外《ほか》、別に言説有るを聞かず。但《も》し真実に自心の中に於いて契証する所有る者は、則ち知らん、階級に循《したが》い、涯岸を歴《ふ》るは、直指の説と大いに侔《ひと》しからざることを。豈に惟だに永嘉のみ然らんや。天台の三観、賢首の四法界観の若きに至るまで、皆な此の心の至理を曲尽す。使《も》し過去の諸仏、再び世間に現じて、心法を演説するも、逆《あらかじ》め其の此れに過ぐる者有る無きを知る。然らば達磨と同じからざるは、蓋し言教に即すと、言教を離るるとの別のみ。理を尽くして之を言わば、円覚の三観を以て互いに分けて二十五輪と為し、及び楞厳の十八界七大性を以て証して二十五の円通と為すが如し。豈に止《た》だに此の二経のみならんや。但だ経教の中に陳《の》ぶる所の修証の法門に渉らば、亦た皆な達磨所伝の直指の禅と途を同じくし轍を共にせざるなり。何となれば則ち、苟《も》し言教に渉らば、則ち教外別伝と為すことを得ざればなり」と。

或るひと謂う、「若し然らば、則ち達磨の禅と諸仏の言教とは異なるや」と。対《こた》えて曰く、「我、仏祖の道に於いて同相を覓《もと》むるも尚お得《う》可からず。而るを何の異なりを見る可けんや。爾《なんじ》、教中に『総持に文字無く、文字、総持を顕らかにす』の説を謂うを聞かずや。然も総持に文字無ければ、則ち達磨、之を契《さと》りて直指するなり。文字、総持を顕らかにすれば、則ち諸宗、之に即して引導するなり。且つ、達磨の道、諸宗に異なるは、其の異なるを尚《たっと》びて私《ひそ》かに自己の胸臆より出すに非ざるなり。乃ち遠く、霊山の最後に独り大迦葉に付するの心法を継ぐなり。其れ独り大迦葉にのみ付するの道なるも、亦た霊山、一人の私有する者に非ざるなり。即ち尽法界の衆生、共に稟《う》くるの霊心なり。故に世尊、慈を興《おこ》し、悲を運《めぐ》らし、教を垂れ、化を設くるの際、曲げて衆生の利鈍等差の根器に徇《したが》う。其れ所謂大小偏円・同異顕密の方便は、自《おのず》から已《や》む容《べ》からざるなり」と。

＊

《語注》

（一）永嘉＝永嘉玄覚（六七五～七一三）。六祖慧能の法嗣。永嘉県（＝浙江省温州府）の人。慧能に参じて直ちに印可を受け、その日、一泊だけして立ち去ったので、一宿覚《いっしゅくがく》と称された。著述に『禅宗永嘉集』一巻、『証道歌』一篇がある。

（二）惺惺寂寂為薬＝『禅宗永嘉集』「奢摩他頌第四」に、「乱想は是れ病、無記も亦た病なり。寂寂は是れ薬、惺惺も亦た薬なり。寂寂は乱想を破り、惺惺は無記を治す（乱想是病、無記亦病。寂寂是薬、惺惺亦薬。寂寂破乱想、惺惺治無記）」（T48-390c）とあるのを踏まえる。

（三）永嘉集＝永嘉玄覚撰、十章一巻（T48所収）。『禅宗永嘉集』もしくは、『永嘉禅集』ともいう。注釈書として明代末期の無尽伝燈（一五五四～一六二七）撰『永嘉禪宗集註』二巻（Z111所収）がある。

（四）止観＝天台智顗の著述である『摩訶止観』十巻（T46所収）を指す。

（五）息念忘塵＝『禅宗永嘉集』「奢摩他頌第四」に「塵忘《ぼう》ずれば則ち念を息《や》みて忘じ、念息まば則ち塵を忘じて息む（塵忘則息念而忘、念息則忘塵而息）」（T48–389b）とあるのを踏まえる。

（六）境智冥寂＝『禅宗永嘉集』「浄修三業第三」には「境智双《ふた》つながら寂す（境智双寂）」（T48–388b）という語はあるが、「境智冥寂」というそのままの言葉は見当たらない。

（七）観心十門＝『禅宗永嘉集』「優畢叉頌第六」に、「復た次に観心十門。初めは則ち其の法爾を言い、次には則ち其の観体を出し、三には則ち其の相応を語り、四には則ち其の上慢を警め、五には則ち其の疏怠を誡め、六には則ち重ねて観体を出し、七には則ち其の是非を明らめ、八には則ち其の詮旨を簡び、九には則ち途に触れて観を成し、十には則ち玄源に妙契す（復次観心十門。初則言其法爾、次則出其観体、三則語其相応、四則警其上慢、五則誡其疏怠、六則重出観体、七則明其是非、八則簡其詮旨、九則触途成観、十則妙契玄源）」（T48–391b）とある十門を指す。

（八）神光＝中国禅宗第二祖である慧可の改名する前の法諱。最初は「光」という名前だったが、四十歳の時、宴坐中に神が現れ、神の助力を知って「神光」と改め（『景徳伝燈録』巻三・T51–220c）、後に達磨に参じて「慧可」という名を与えられた（同前・T51–219b）。

（九）惟言、外絶諸縁、内心無喘、心如牆壁、乃可入道＝達磨の著述とされている『少室六門』「第三門・二種入」の条に、「外息諸縁、内心無喘、心如牆壁、可以入道」（T48–370c）とあり、第一句目と第四句目に文字の異同がある。『景徳伝燈録』巻三（T51–219c）・『五燈会元』巻一（Z138–16b）の「菩提達磨大師」条などの文章も『少室六門』と同じである。ただ、中峰の『天目明本禅師雑録』巻中「示正聞禅人」には「少林謂、外絶諸縁、内心無喘、心如墻壁、乃可入道」（Z122–376b）と、ここと全く同じ文字が用いられているから、中峰の個人的な記憶違いだった可能性もある。

（一〇）天台之三観＝天台智顗が説いた空・仮・中の三種類の観法。三諦ともいう。詳しくは「従仮名入空観（＝仮から空に入る観）」「従空入仮平等観（＝空から仮に入る観）」「中道第一義諦観（＝前述した二観にとらわれずに並べ用いる）」の三つ。

（一一）賢首之四法界観＝華厳宗で、世界の在り方を四つの方面から説明したもの。（一）事法界（＝差別が存する現象世界）、（二）理法界（＝差別を超えた真理の世界）、（三）理事無礙法界（＝現象と真理とが一体不二の関係にある世界）、（四）事事無礙法界（＝現象そのものに絶対の真理を認める世界）の四つ。

（一二）円覚以三観互分為二十五輪＝円覚の三観とは、『円覚経』で、観を修める心の状態を奢摩他（＝止）・三摩鉢底（＝等至）・禅那（＝定）の三種としていること。二十五輪とは、この三種の観門を詳説して二十五種の清浄定輪があることを説いていることを指すものであろう。（T17–918a～919a、柳田訳注本・p. 163～167）

（一三）楞厳以十八界七大性証為二十五円通＝十八界は眼耳鼻舌身意の六根と色声香味触法の六境と、その両者によって生じた眼識などの六識を合わせたもの。七大とは地・水・火・風・空・見・識の七つの原理。『楞厳経』では、これら十八界・七大を機縁とし、その一門に従って悟りを開くことを説く。二十五種の円通とは、十八界と七大によって三昧に入る二十五種類の円通を言う。『楞厳経』では十八界・七大のうち、観音菩薩の教示による耳聞が重視される。『楞厳経』巻六（T19–130a～131b）参照。

（一四）教中謂総持無文字、文字顕総持之説＝『大般若波羅蜜多経』巻五七二に「時に功徳花王菩薩摩訶薩、復た頌を説いて言く、『総持に文字無きも、文字、総持を顕わす』と（時功徳花王菩薩摩訶薩、復説頌言、総持無文字、文字顕総持）」（T7–957a）とある。また、『勝天王般若波羅蜜経』巻六にも「爾《そ》の時、功徳華王菩薩、而《すなわ》ち偈を説きて言く、『総持に文字無きも、文字、総持を顕わす』と（爾時功徳華王菩薩而説偈言、総持無文字、文字顕総持）」（T8–720c）とある。「総持」は【一】の注（一四）参照。

（一五）霊山最後独付大迦葉之心法也＝『無門関』第六則に見える「拈華微笑」の話を指す。釈尊は四十九年の教化を終えた後、霊鷲山で花を拈じて大衆に示した。その時、皆な黙って答えなかったが、摩訶迦葉だけが「破顔微笑」する。釈尊はそれを認めて、「吾に正法眼蔵、涅槃妙心、実相無相、微妙の法門有り。不立文字、教外別伝、摩訶迦葉に付嘱す（吾有正法眼蔵、涅槃妙心、実相無相、微妙法門。不立文字、教外別伝、付嘱摩訶迦葉）」と述べたとされる。（岩波文庫本・p. 43）西天（＝インド）における歴代祖師の伝法の始まりである。

（一六）大小偏円＝「大」は大乗、「小」は小乗のこと。また「偏」は一つの極端に偏したもの、「円」は一切欠けることなく完成成就したものをいう。教理の優劣を判定する基準。大・小乗にあてはめる。ここでは、大小偏円で、大乗小乗、更には『法華経』の一乗をも含む総ての教えを指す。

（一七）同異顕密＝「同」は三乗を分けない一乗の立場、「異」は三乗を分ける立場。「顕」は言語文字の上に明らかに説き示された顕教、「密」は文字に示されない「密教」の意。「大小偏円」と同じく、総ての仏教の教えを包括的に示したもの。

【四】経典の言葉と禅宗の直指の説

ある人が質問した、「経典〔の言葉〕には、禅宗の『直指』の説と同じ〔ような内容の〕ものが、ままあります。『華厳経』に『あらゆる法《存在》がそのまま〔我が〕心の自性《本質》であることを知って、智慧の身を成就するのであり、他のものによって悟るわけではない』と言い、『法華経』に『この法《おしえ》は思量分別で理解できるものではない』と言い、『金剛般若経』に『およそあらゆる相《すがた》はみな虚妄である』とか『この法は平等であって上下がない』と言い、『円覚経』に『〔すべてが〕空華《まぼろしの花》〔の様に実体がない〕ということが分かれば、そのまま輪廻転生はないし、また生死を受ける身心《もの》も無い』と言い、『楞厳経』に『〔認識器官である〕六根（＝眼耳鼻舌身意）と〔認識対象である〕六塵（＝色声香味触法）とは同源であり、縛《煩悩》と脱《悟り》とは無二である』とか『知識見解に知識見解を重ねる〔のは無明の根本〕』と言い、更にはもろもろの経典や、もろもろの論書に至るまで、それに似た言葉がしばしば見え、重ねて出てきます。達磨の『直指』を待つまでもないのではないでしょうか」。

幻《わたし》は言った、「〔先ほど〕言ったではないか。これらの〔経典の〕文字《ことば》は総持《智慧》を顕らかにしたものなのだ。〔だが、これらの文字《ことば》も〕もし自心の中で本当に一回も悟ったためしがないならば、薬〔の効能〕を説く〔効能書きの〕ようなもので病気が治らない〔ことになる〕。もし本当に悟った人〔から見る〕ならば、大乗の経典や論書の言葉が、達磨の禅ときちんと合致するだけではない。粗雑な言葉も緻密な言葉も、〔更には〕風の音や雨のしずくに至るまで、達磨が『直指』した禅と合致しないものはないのである。もし言葉の外で自心を悟ることができず、ただ大乗の経典や論書にある〔達磨の『直指』と〕似通った言葉を心に記憶するだけならば、昔の人が言っている通り、『他のものに寄りかかって理解すれば自分の悟門《さとり》を塞ぐことになる』のである。また、『金の粉〔は貴重なものだ〕が、眼に入る〔と眼が見えなくなってしまう〕』と喩えられている通り、〔その害は〕甚だ明白である。よくよく考えて、惑わされてはいけない。〔こういう状態になってしまったら〕どうして経典の教えの文字《ことば》が、達磨が『直指』している道理と同じでないだけであろうか。〔すべてのものが『直指』の道理から外れてしまう。〕たとえば、禅宗の門下では、二祖が〔達磨から〕心を安んじてもらったり、三祖が〔二祖から〕罪を懺悔してもらったり、南嶽が瓦を〔鏡にするといって〕磨いたり、青原が〔斧を与える代わりに片〕足をおろしたり、〔秘魔が〕擎叉《けいしゃ》〔＝二股の木棒〕を使ったり、〔雪峰が〕三つの毬《まり》を転がしたり、棒や喝を使用したり、更には〔『景徳伝燈録』に見える〕一千七百則の〔さまざまな〕機縁に至るまで、皆な〔達磨が『直指』した道理を〕包み隠すことなく、〔丁寧に〕両手で〔捧げ持って〕分け与えているのだ。ずばり〔そこには道理との間を〕隔てたり、妨げたりするものなどありはしない。おまえがもし、自分の脚下《あしもと》において〔迷いを〕突き抜けてしまっていないのに、感情や意識をもちい、わずかばかりの文字をつかみ取って心に記憶するならば、これを『毒薬が心に入り、油が麺に入った様〔に取り出すことができない〕』と言う。また、『醍醐の優れた味は、世間で〔とても〕珍しいものだが、これらの人に遇《あ》えば反対に毒薬になってしまう』と言われている〔ではないか〕。〔だから〕この事（＝禅門の悟り）は、人が心をはたらかせる所もなく、意識を用いる所もなく、足を置く所もなく、手の付けようもないものであり、必ず自分の脚下《あしもと》において、自分で少しずつ足を踏み出していってこそ、〔達磨が『直指』した道理と〕一体になることができるのだ。〔そうなれば〕どんな言葉や動きも、獅子《ライオン》の子供が〔独立独歩して〕伴侶を求めない様に、ぜんぶ自分自身の胸中から溢れ出すのだ。〔そこで〕始めて先の一千七百則の〔公案〕が、すべてデタラメな嘘であり間違った教えであることが分かろう。どうしてほんの僅かばかりも〔禅の悟りと〕関係があろうか。惜しいことに、ある種の聡明な人がたまにいて、自ら悟ることを求めないで、朝から晩まで〔文字という〕毒薬のあなぐらに坐り込み、向上《こうじょう》（＝平等）や向下《こうげ》（＝差別）、全提《ぜんてい》（＝丸ごと示す）や半提《はんてい》（＝一部分だけ示す）、最初〔の関門〕や末後〔の関門〕、正〔面切っての〕按《質問》や旁《よこ》からの敲《質問》、〔問答における〕照用《さぐり》や主賓《やりとり》、縦奪《主導権の在処》や死活《勝ち負け》などを分別して、あれこれ調べて注釈をつけ、無理やりに〔説を〕たてて巧妙に〔整合性を〕求め、名前を付けて〔これこそが〕宗門の関鍵だと呼び、後世の人を眩惑している。更には言葉を選択分類し、〔禅的な〕機要《はたらき》を区分して、『かの尊宿《禅僧》の語は向上〔の真理〕を丸ごと提示していて、枝葉にわたっていない』と言ったり、『かの尊宿《禅僧》の語は新奇巧妙で、古今を凌駕している』と言ったり、『かの尊宿《禅僧》の語は〔がちがちの修行をするだけの〕道者禅《どうしゃ》であり無味乾燥だ』と言ったり、あれこれ比較し、さまざまに〔頭の中で〕こね回しているものがいるが、先達で大いに悟った人の胸中は、どこもかしこも穴だらけで〔中味が全部こぼれ落ちて空っぽであり〕、守るべきものなど何もないことが、まるで分かっていない。〔悟った人は〕相手に応じて適当に〔言葉や動きを〕取り出して、はなから選択することなどなく、〔そのはたらきは〕ずばり迅雷《かみなり》や掣電《いなずま》のよう〔に素早いもの〕であり、その形跡を求めようとしても〔手遅れで〕、求めている肝心の剣《もの》はとうの昔にはるか彼方に過ぎ去ってしまっているのだ。また、どうして自分で理解できる範囲に限って、〔棒喝といった〕峻厳な機用《はたらき》を弄《もてあそ》び、巧妙な言葉を切り貼りして、後世の人々を鼓舞誘導し、その宗派がいつまでも続くようにすることを望めようか。その上、先達である尊宿《禅僧》たちは相手に応じて教示を行なったが、その言葉には粗雑なもの繊細なもの、明示されたもの秘密なもの、広範なもの簡略なものといった途《みち》を同じくしていないものがある。〔だが〕およそ〔すべての言葉は〕それぞれ真《本質》の心より発したものであり、もとより作為はない。たとえば大きな鐘や大きな太鼓を叩《たた》けば音があるが、その音の大小や清濁〔といった音色の違い〕は、もともと〔それぞれの〕器で決まっているようなものなのだ。もし〔その〕器の〔能力が〕及ばないからといって、もし僅かでも外から助けを加えようとするならば、その本来真実〔の姿〕を失ってしまうことになる。今の禅門の人で、〔指導者として〕説法する椅子に坐って払子《ほっす》を揮《ふる》おうとするときに、のっけから〔禅宗の〕諸家の語録を取り出して、〔役に立ちそうな言葉を〕選び取って暗記したり、諸子百家の雑説を渉猟して話柄の助けとする者は、〔口先だけの〕禅を説く師《やから》である。

鳥もちや縄〔のように束縛している煩悩〕から人々を解き放つことができないだけでなく、自らも本当の真実〔の姿〕を見失い、仏道を見て取る眼〔力〕をだめにしてしまうことになる。〔それなのに〕このようなでたらめなやり方をお互いにもてはやしている。禅門の権威が失われてしまっているのに、またどうして所謂《いわゆる》『叢林《修行の道場》を起こし、法社《仏法の集い》を興隆させる』などという道理があろうか。そもそも、世尊がこの世に出、達磨が西《インド》から来たのは、世界中の人のために、鳥もちや縄〔のような煩悩〕から解き放とうとしたのだ。〔それなのに〕他ならぬ自分自身が、最初〔に出家する以前〕から、物の善し悪しが分からず、自分自身の一片の本来清浄な潔白の田地《こころ》を、妄りに数限りない声色《ことがら》で汚染してしまい、足の措き場も無い〔状態である〕。〔だから〕親を捨てて〔肉親の〕愛を断ち、師に依って道を学ぶようになっても、先の汚れを洗い浄めもせず、更に多くの仏法に関する知解《ちげ》（＝観念的な理解）を添加し、重ねて本来の心を失わせることになるのだ。何とも憐れなことである。だから先達で〔宗旨を〕唱え〔人々を〕導いた師《ひと》は、〔その状態に〕我慢ができず、〔世間に〕出ていって、〔すばらしい〕一機《はたらき》〔の言葉〕を吐き、〔仏法の〕一令《おしえ》を示して、〔切れ味鋭い〕吹毛剣《すいもうけん》〔で物を切るか〕のように、彼が大事にしているところ〔のもの〕をバッサリと切りすて、ただちにその生死の息の根を断とうとしたのだ。まことに真実の慈悲、痛烈な憐憫〔の情〕でそうしたのであり、どうして高く険しい門戸〔を示すこと〕によって、後進の学者たちから、もっと仰《あが》望められようと〔願ったり〕したであろうか。思うに、先達で大いに悟った人は、もともと皆な自己の一大事がまだ間違いなく明らかになっていなかったから、山を越え海を越え、〔立派な〕人を求めて、けりをつけようとしたのであり、たちまち難解な話頭《こうあん》に突き当たって突破できなければ、イガ栗を呑み込んだように、また敵《かたき》として恨む相手に出逢ったように、心の中でせっせとがんばり、寒暑を経、寝食を忘れて、一生涯にわたり、しばらくの間も〔修行を〕途切れさせることがなかったのだ。〔また、更に〕決して安易に人に開示《おしえ》を求めようとしないし、また文字語言の上に〔答えを〕尋ね探ろうともしなかった。〔そして〕ただちに、その真実の機《はたらき》が自然に発揮されて疑団を打破し、〔すべての修行が〕終わることを望んでいたのだ。禅宗が〔この世に〕起こってからずっと、およそ悟りを開いた者は、みなそうであった。だから一人一人その脚跟《あしもと》は平穏綿密であり、適当に歩き回っても、獅子が群衆を驚かすかのようであった。そこで宗門には、この様な関連によって、〔修行者が話頭《こうあん》を用いて〕工夫《しゅぎょう》を行うという教えがあるのだ」。

*

《原　文》

或問、間有言教与禅家直指之説同者。如華厳謂、（一）知一切法、即心自性、成就慧身、不由他悟、〈校1〉如法華謂、（二）是法非思量分別之所能解、如金剛般若謂、（三）凡所有相、皆是虚妄、及是法平等、無有高下、如円覚謂、（四）知是空華、〈校2〉即無輪転、亦無身心、受彼生死、如楞厳謂、（五）根塵同源、縛脱無二、及知見立知等、以至諸経諸論中、其相似之語、層見畳出。亦豈待達磨直指而後然耶。

幻曰、余不云乎。此文字顕総持者也。苟不曾向自心中真実契証一回、徒説薬不療病也。若是真実有所契証之人、豈惟大乗経論之語、能契達磨之禅。但是麤〈校3〉言細語、至若風声雨滴、未有不与達磨所指之禅相契者。苟不能妙契自心於言象之外、但将大乗経論相似之語、記憶在心、古所謂依他作解〈校1〉障自悟門。（六）又以金屑入眼為喩。（七）甚明。宜深思之。勿自惑也。豈惟経教文字不同達磨所指之理。且如禅宗門下、自二祖安心、（八）三祖懺罪、（九）

南嶽磨（一〇）甎〈校4〉、青原垂足（一一）、至若擎叉（一二）、輥毬（一三）、用棒使喝、及一千七百則機縁（一四）、莫不皆是八字打開、両手分付。直下更有何物為間為礙。你〈校5〉若不曾向己躬下透脱得過、擬将情意識、領覧一箇元字脚（一五）、記憶在心、是謂雑毒入心（一六）、如油入麪（一七）。又云（一八）、醍醐上味、為世所珍、遇斯等人、翻成毒薬。蓋知、此事無人用心処、無人著意処、無人措足処、無人下手処。直須親向自己躬下、蹉歩一踏到底（一九）、始解相応。凡咳唾掉臂、一一従自己胸中流出（二〇）。如〈校6〉師子児不求伴侶（二一）。始知前面一千七百則、皆脱空妄語（二二）、狐涎雑毒（二三）。焉肯渉他毫髪〈校1〉。惜乎、間有一等聡明之士、不求自悟。日夕坐在雑毒坑中、分向上向下（二四）、全提半提（二五）、最初末後、正按旁敲（二六）、照用主賓（二七）、縦奪死活等（二八）、曲捜旁注、強立巧求、安箇名字、喚作宗門関鍵、眩惑後人。更或揀弁言語、区分機要、謂那箇尊宿語、全提向上、不帯枝葉、謂那箇尊宿語、新奇巧妙、凌轢古今、那箇尊宿語、是道者禅、乾曝曝地（二九）、百般比況、万種搏量（三〇）。殊不知、前輩大達之士、胸中七穿八穴、無一物可守。臨機応物、信手拈来、初無揀択。直下如迅雷掣電、擬覓蹤由、則剣去久矣。又安肯局於見量、弄峻機、裁巧語、思欲鼓誘後昆、俾其宗尚者哉。且前輩尊宿、応機垂示、其語言有麤細・顕密・広略之不同途者。蓋各各発自真心、初無造作。如洪鐘巨鼓、随叩而声、其声之大小清濁、本乎一定之器。或器之不逮、苟欲微加外助、則失其本真矣。今之禅流、将欲抛大牀揮麈尾（三一）、首取諸家語要、揀択記持、及漁猟百氏（三二）之雑説以資談柄者、是説禅之師也。不惟不能与人解黏去縛、而亦自失本真、喪壊道眼。如此妄習、互相趨尚。既失祖庭之重望、又安有所謂起叢林、興法社之理（三三）哉。原夫、世尊出世、達磨西来、咸欲与尽大地人、解粘去縛。是〈校5〉你最初不識好悪、把自家一片本来清浄潔白田地、妄以無辺声色汚染得、無措足処。及乎捨親割愛、依師学道、且前面之汚染、莫之洗滌、而又添入如許（三四）多仏法知解、使伊重失本心。深可憐憫。所以前輩唱導之師、忍俊不禁（三五）、出来吐一機、垂一令、如吹毛剣（三六）、向伊重処一截、直欲断其生死命根。誠以真慈痛憫而然。豈図門高戸峻、以重後学之仰望邪。蓋前輩大達之士、最初皆是的的以己事未明、跨山越海、求人決択、忽撞著箇聱（三七）訛話頭、透脱不去、如呑栗（三八）棘蓬相似、又如遇怨敵相似。孜孜〈校7〉於懐、経寒渉暑、廃寝忘餐、至於終身、無斯須間断。決不肯容易覓人開示。亦不肯向文字語言上尋討。直欲待其真機自発、打破疑団、而後已。自有宗門以来、凡有契有証者、莫不皆然。所以一箇箇脚跟穏密、等閑動歩、如〈校6〉師子児驚群動衆。故宗門以此相因、而有做工夫之説焉。

〈校1〉他＝佗　〈校2〉華＝花　〈校3〉麤＝麁　〈校4〉甎＝塼　〈校5〉你＝儞　〈校6〉師＝獅

〈校7〉於＝于

＊

《書き下し文》

或るひと問う、「間《まま》、言教と禅家直指の説と同じき者有り。『華厳』に『一切法は即ち心の自性なることを知り、慧身を成就し、他に由りて悟らず』と謂うが如き、『法華』に『是の法は思量分別の能く解する所に非ず』と謂うが如き、『金剛般若』に『凡そ所有《あらゆる》相は皆な是れ虚妄』及び『是の法は平等にして高下有る無し』と謂うが如き、『円覚』に『是れ空華なりと知らば、即ち輪転無く、亦た身心の、彼《か》の生死を受くる無し』と謂うが如き、『楞厳』に『根塵同源、縛脱無二』及び『知見に知を立つ』等と謂うが如き、以て諸経・諸論中に至るまで、其の相似の語、層見畳出す。亦た豈に達磨の直指を待って、而る後に然らんや」と。

幻曰く、「余云わざるか。此の文字は総持を顕らかにする者なり。苟《も》し曽て自心の中に向《お》いて真実に契証すること一回せずんば、徒《いたずら》に薬を説きて病を療ぜざるなり。若是《もし》真実に契証する所あるの人は、豈に惟《た》だに大乗経論の語のみ能く達磨の禅に契せんや。但是《あらゆる》麤言細語、風声雨滴の若きに至るまで、未だ達磨の指す所の禅と相契《かな》わざる者有らざるなり。苟《も》し言象の外に於いて自心を妙契すること能わずして、但だ大乗経論の相似の語を将《もっ》て心に記憶せば、古えの所謂『他に依りて解を作さば自らの悟門を障《ふさ》ぐ』なり。又た金屑、眼に入るを以て喩と為す。甚だ明らかなり。宜しく深く之を思うべし。自《みずか》ら惑うこと勿かれ。豈に惟だに経教の文字のみ達磨の指す所の理に同じからざるのみならんや。且つ禅宗門下の如き、二祖安心、三祖懺罪、南嶽磨甎、青原垂足より、叉を擎し、毬を輥じ、棒を用い、喝を使い、及び一千七百則の機縁の若きに至るまで、皆な是れ八字に打開し、両手に分付せざる莫し。直下に更に何物かありて間を為し、礙を為さん。你、若し曾て己躬下に向《お》いて透脱し得《え》過ぎずして、情意識を将《もっ》て一箇の元字脚を領覧し、心に記憶せんと擬《ほっ》すれば、是れを『雑毒、心に入り、油、麺に入るが如し』と謂う。又た『醍醐の上味は世の珍する所なるも、斯《こ》れ等の人に遇わば、翻って毒薬となる』と。蓋し知る、此の事は人の用心する処無く、人の意を著《つ》くる処無く、人の足を措く処無く、人の手を下す処無く、直須《すべから》く親《みずか》ら自己の躬下に向《お》いて、蹉歩一踏して底に到りて、始めて解《よ》く相応すべきことを。凡そ咳唾掉臂も一一自己の胸中従り流出す。師子児の伴侶を求めざるが如し。始めて知る、前面の一千七百則は、皆な脱空妄語、狐涎雑毒なることを。焉《いず》くんぞ肯えて毫髪に渉《わた》他らんや。惜しいかな、間《まま》一等の聡明の士有りて、自悟を求めず。日夕、雑毒の坑中に坐在し、向上向下、全提半提、最初末後、正按旁敲、照用主賓、縦奪死活等を分けて、曲《つぶ》さに捜り、旁に注し、強いて立し、巧に求めて、箇の名字を安《つ》け、喚んで宗門の関鍵と作し、後人を眩惑す。更に或いは言語を揀弁し、機要を区分して、『那箇の尊宿の語は向上を全提して枝葉を帯びず』と謂い、『那箇の尊宿の語は新奇巧妙にして古今を凌轢す』と謂い、『那箇の尊宿の語は是れ道者の禅にして乾曝曝地なり』と謂い、百般に比況し、万種揣量す。殊に知らず、前輩大達の士は、胸中七穿八穴にして一物の守るべきものなきことを。機に臨み物に応じて、手に信《まか》せて拈じ来たり、初《もと》より揀択無し。直下に迅雷掣電の如く、蹤由を覓《もと》めんと擬《ほっ》すれば則ち剣去りて久し。又た安くんぞ肯えて見量に局《かぎ》りて、峻機を弄し、巧語を裁きて、後昆を鼓誘し、其の宗をして尚《ひさ》しからしめんと思欲《ほっ》する者あらんや。且つ前輩の尊宿、機に応じて垂示するに、其の語言に、麤細、顕密、広略の途を同じくせざる者有り。蓋し各各真心より発して、初《もと》より造作無し。洪鐘・巨鼓の叩《たた》くに随いて声あり、其の声の大小、清濁、一定の器に本《もとづ》くが如し。或いは器の逮《およ》ばざるに、苟《も》し微《わず》かに外助を加えんと欲せば、則ち其の本真を失わん。今の禅流、将に大牀に拠って麈尾を揮わんと欲し、首めに諸家の語要を取りて揀択記持し、及び百氏の雑説を漁猟し以て談柄を資《たす》くる者は是れ説禅の師なり。惟だに人の与《ため》に粘を解き縛を去ること能わざるのみにあらずして、亦た自ら本真を失い、道眼を喪壊す。此くの如き妄習、相互《たがい》に趨尚す。既に祖庭の重望を失わば、又た安くんぞ所謂『叢林を起こし、法社を興す』の理有らんや。原《たず》ぬるに夫れ、世尊の出世、達磨の西来は、咸《み》な尽大地の人の与《ため》に、粘を解き縛を去らんと欲す。是れ你、最初に好悪を識らず、自家一片の本来の清浄潔白の田地を把《もっ》て、妄りに無辺の声色を以て汚染し得て、足を措く所無し。親を捨てて愛を割き、師に依りて道を学ぶに及ぶも、且つ面前の汚染は之を洗滌すること莫くして、又た如許《にょこ》多《た》の仏法の知解を添入し、伊《かれ》をして重ねて本心を失わしむ。深く憐憫す可し。所以に前輩の唱導の師は、忍俊不禁にして、出で来たって一機を吐き、一令を垂れ、吹毛剣の如く、伊《かれ》の重処に向《お》いて一截し、直に其の生死の命根を断たんと欲す。誠に真慈痛憫を以て然らしむ。豈に門高く戸峻《けわ》しくして、以て後学の仰望を重ぬることを図らんや。蓋し前輩大達の士は、最初より皆な是れ的的として己事未だ明らかならざるを以て、山に跨《また》がり海を越え、人を求めて決択せんとし、忽《たちま》ち箇の聱訛の話頭に撞著し、透脱し去らざれば、栗棘蓬を呑むが如くに相似《あいに》、又た怨敵に遇うが如くに相似る。懐に孜孜として、寒を経、暑に渉り、寝を廃し餐を忘れ、身を終うるに至るまで斯須も間断すること無し。決して肯えて容易に人の開示を覓《もと》めず。亦た肯えて文字語言の上に向《お》いて尋討せず。直に其の真機自ら発し疑団を打破するを待って而る後已《や》まんと欲す。宗門有りてより以来、凡そ契有り証有る者は、皆な然らざること莫し。所以に一箇箇の脚跟穏密にして、等閑に歩を動ぜば、師子児の群を驚かし、衆を動かすが如し。故に宗門は此の相因を以て、工夫を做《な》すの説有り」と。

＊

《語注》

（一）華厳謂、知一切法、即心自性、成就慧身、不由他悟＝八十巻本『華厳経』巻一七「梵行品第一六」（T10-89a）にそのままの文章が見える。

（二）法華謂、是法非思量分別之所能解＝『法華経』「方便品第二」（T9-7a）にそのままある。

（三）金剛般若謂、凡所有相、皆是虚妄、及是法平等、無有高下＝『金剛経』に「凡所有相、皆是虚妄」（T8-749a）、「是法平等、無有高下」（T8-751c）と二個所に分かれて見えている。

（四）円覚謂、知是空華、即無輪転、亦無身心、受彼生死＝『円覚経』（T17-913c、柳田訳注本・p. 24）にそのまま見える。

（五）楞厳謂、根塵同源、縛脱無二、及知見立知等＝『楞厳経』巻五に「仏告阿難、根塵同源、縛脱無二。識性虚妄、

猶如空花。阿難由塵発知、因根有相。相見無性、同於交蘆。是故汝今、知見立知、即無明本。知見無見、斯即涅槃、無漏真浄」（T19–124c）とある文章を省略して引用したもの。

（六）古所謂依他作解障自悟門＝『禅林宝訓』巻二に「仏眼曰く、『学者、文字語言に泥む可からず。蓋し文字語言は、他に依りて解を作さば自らの悟門を障《ふさ》ぐ』と（仏眼曰、学者不可泥於文字語言。蓋文字語言、依他作解障自悟門）」（T48–1026a）とある。仏眼清遠（一〇六七～一一二〇）は臨済宗五祖法演の法嗣。同門の仏果克勤・仏鑑慧懃と共に「三仏」と称された。『舒州龍門佛眼和尚語録』一巻（『古尊宿語録』巻二七）が存する。

（七）又以金屑入眼為喩＝『臨済録』「勘弁」に「金屑、貴しと雖も、眼に落つれば翳と成る（金屑雖貴、落眼成翳）」（T47–504a）とあるのを踏まえる。

（八）二祖安心＝二祖と達磨の問答として知られる公案。『無門関』第四一則「達磨安心」条や『景徳伝燈録』巻三（T51–219b）などに見える。「達磨が面壁して〔坐禅して〕いると、二祖〔の慧可〕が〔積もった〕雪の中に立って臂《うで》を断ち切って言った、『弟子《わたし》は心がまだ安らかではありません。どうか師《先生》、心を安んじてください』。達磨が言った、『心を持ってきなさい。〔そうしたら〕汝《おまえ》のために安んじてやろう』。二祖、『心を覓《さが》しても見つかりません』。達磨、『汝《おまえ》のために安んじてやった』。（達磨面壁。二祖立雪断臂云、弟子心未安。乞師安心。磨云、将心来。与汝安。祖云、覓心了不可得。磨云、為汝安心竟。）」（『無門関』T48–298a）

（九）三祖懺罪＝三祖は二祖慧可の法嗣である三祖僧璨のこと。『景徳伝燈録』巻三「第二十九祖慧可」条（T51–220c）に見える「懺罪」の話を指す。まだ居士であった三祖が出家する因縁となった二祖との問答であるが、二祖の安心の話と似通っている。「一人の四十過ぎの居士がいて、名前は名のらなかったが、礼をつくして師（＝二祖）に質問した、『弟子《わたし》は〔行いが悪かったのか〕風恙《病気》をこじらせています。どうか和尚、〔私のために〕罪を懺悔して〔救って〕下さい』。師（＝二祖）、『罪を持ってきなさい。汝《おまえ》のために懺悔してやろう』。居士はしばらく黙ってから言った、『罪を覓《さが》しましたが見つかりません』。師（＝二祖）、『我《わたし》は汝《おまえ》のために罪を懺悔してやったぞ』。（有一居士、年踰四十、不言名氏、聿来設礼而問師曰、弟子身纏風恙。請和尚懺罪。師曰、将罪来、与汝懺。居士良久云、覓罪不可得。師曰。我與汝懺罪竟。）」（『景徳伝燈録』巻三・T51–220c）

（一〇）南嶽磨甎＝『景徳伝燈録』巻五「南嶽懐譲」条（T51-240c）に見える「磨甎成鏡」の話を指す。南嶽懐譲と馬祖道一との次に見える機縁を指す。「開元中（七一三～七四一）に沙門道一有り〈即ち馬祖大師なり〉、伝法院に住して、常日坐禅す。師、是れ法器なることを知り、往きて問いて曰く、『大徳、坐禅して什麼《なに》をか図る』と。一曰く、『仏と作《な》らんことを図る』と。師乃ち一塼《一枚のかわら》を取り、彼の庵前の石上に於いて磨く。一曰く、『師、塼《かわら》を磨きて什麼《なに》をか作《な》す』と。師曰く、『磨きて鏡と作《な》さんとす』と。一曰く、『塼《かわら》を磨きて、豈に鏡と成すことを得んや』と。師曰く、『塼《かわら》を磨きて既に鏡と成らず、坐禅して豈に仏と成ることを得んや』と。（開元中有沙門道一〈即馬祖大師也〉住伝法院、常日坐禅。師知是法器、往問曰、大徳坐禅図什麼。一曰、図作仏。師乃取一塼、於彼庵前石上磨。一曰、師磨塼作什麼。師曰、磨作鏡。一曰、磨塼豈得成鏡耶。師曰、磨塼既不成鏡、坐禅豈得成仏耶。）」（『景徳伝燈録』巻五）

（一一）青原垂足＝『景徳伝燈録』巻五「青原行思」条（T51-240b）に見える石頭希遷と南嶽懐譲を巻き込んだ次の一段を指す。青原が弟子の石頭希遷に南嶽懐譲のところに手紙を持たせるが、石頭は南嶽と問答をしただけで手紙を渡さずに帰ってきた。どうして渡さなかったのかと青原に問われて、石頭は問答のありさまを伝えてから、「出発するときに、和尚から切れ味の悪い斧を下さると約束してもらいました。どうか下さい」と言うと、青原は片足を下におろした、とされる。「師（＝青原行思）、〈石頭〉希遷をして書を持して南嶽譲和尚に与えしめんとして曰く、『汝、書を達《とど》け了《お》わらば速やかに迴《もど》れ。吾に箇の鈯斧《切れ味の悪いオノ》子有り、汝に与えて住山せしめん』と。遷、彼に至りて未だ書を呈せざるに、便ち問う、『諸聖を慕わず、己霊を重んぜざる時、如何』と。譲曰く、『子《あなた》の問は太高生《高きに過ぎる》。何ぞ向下に問わざる』と。遷曰く、『寧《むし》ろ永劫に沈淪を受く可きも、諸聖に従いて解脱を求めず』と。譲便ち休す。遷迴《もど》りて静居に至るに、師（＝青原行思）問いて曰く、『子《あなた》は去ること未だ久しからず、書を送り達《とど》くるや』と。遷曰く、『信も亦た通ぜず、書も亦た達《とど》けず』と。師曰く、『作麼生』と。遷、前話を挙し了わり、却って云く、『発《出発》する時、和尚の箇の鈯斧《切れ味の悪いオノ》子を許すを蒙れり。便ち取らんことを請う』と。師、一足を垂る。遷礼拝す。尋いで辞して南嶽に往く。（師令希遷持書与南嶽譲和尚曰、汝達書了速迴。吾有箇鈯斧子、与汝住山。遷至彼未呈書、便問、不慕諸聖不重己霊時如何。譲曰、子問太高生。何不向下問。遷曰、寧可永劫受沈淪、不従諸聖求解脱。譲便休。遷迴至静居、師問曰、子去未久、送書達否。遷曰、信亦不通、書亦不達。師曰、作麼生。遷挙前話了、却云、発時蒙和尚許箇鈯斧子。便請

取。師垂一足。遷礼拝。尋辞往南嶽。)」(『景徳伝燈録』巻五)

(一二) 擎叉＝「秘魔擎叉」と呼ばれる有名な接化の機用。五臺の秘魔巌和尚こと、南嶽下の常遇(八一七～八八八)は、いつも「木叉(＝木杈。先端が二股に分かれた熊手のような木の棒)」を手に持って修行僧を勘検していたとされる。「擎」は持ち上げるの意。「〔秘魔巌和尚は〕常に一杈を提し、纔《わずか》に僧の来るを見れば、杈を提起して云く、『甚麼《なん》の魔魅《魔物》か、汝をして出家せしめ、甚麼の魔魅か、汝をして行脚せしむ。道《い》い得るも也《ま》た杈の下に死に、道《い》い得ざるも也《ま》た杈の下に死なん。速やかに道《い》え速やかに道《い》え』と。(常提一杈、纔見僧来、提起杈云、甚麼魔魅、教汝出家、甚麼魔魅、教汝行脚。道得也杈下死、道不得也杈下死。速道速道。)」(『聯燈会要』巻七「五臺秘魔巌和尚」条、Z136-279a)

(一三) 輥毬＝雪峰義存(八二二～九〇八)は、「凡そ僧の来参するを見れば、便ち三箇の木毬を輥《ころが》して之に示す(師凡見僧来参、便輥三箇木毬示之)」(『雪峰義存禅師語録』巻下・Z119-483a)とあるように、三つの木製の毬を輥《転が》して修行僧を接化したとされ、特に法嗣の玄沙師備(八三五～九〇八)との遣り取りで知られる。「上堂。衆集定するに、師《雪峰》木毬を輥出す。玄沙遂に捉え来って旧処《もとのところ》に安《お》く。又た一日、師、玄沙の来るに因りて、三箇を一時に輥出す。沙便ち偃倒の勢《格好》を作《な》す。師曰く、『尋常《日頃》、幾個を用うるや』と。〔玄沙〕曰く、『三即一、一即三』と。(上堂。衆集定、師輥出木毬。玄沙遂捉来、安旧処。又一日、師因玄沙來、三箇一時輥出。沙便作偃倒勢。師曰、尋常用幾個。曰、三即一、一即三。)」(同前・Z119-485b)

(一四) 一千七百則機縁＝「一千七百則の公案」とも呼ばれる。『景徳伝燈録』三十巻に収載された内容のことで、禅門に伝えられた全ての機縁を意味する。『景徳伝燈録』には、過去七仏から法眼文益の法嗣にいたる一千七百一人の機縁の語句が載せられている。

(一五) 元字脚＝元字・一字脚・字脚などの形でも用いられるが、すべて同一義で「文字」「一字」の意。『諸録俗語解』【一三九五】参照。

(一六) 雑毒入心＝「雑毒」は分別心のこと。『祖庭事苑』巻五に「相を取りて分別するを、名づけて雑毒と為す(取相分別、名為雑毒)」(Z113-142b)とある。「雑毒入心」の成句の用例としては、『大慧普覚禅師語録』巻二一「示鄂守熊祠部」条に、「近世の士大夫、多く此道を学ばんと欲して、心、純一ならざるは、〔その〕病、雑毒、心に入るに在り。雑毒既に其の心に入れば、則ち途に触れて滞を成す（近世士大夫多欲学此道、而心不純一者、病在雑毒入心。雑毒既入其心、則触途成滞」（T47–898b）とある。

（一七）如油入麺＝心の中に煩悩がしみこんで、取り出しがたい喩え。『大慧普覚禅師語録』巻二六「答李参政別紙」条に「油の麺に入るが如く、永く出す可からず（如油入麺、永不可出）」（T47–922b）とある。

（一八）又云、醍醐上味為世所珍、遇斯等人翻成毒薬＝『景徳伝燈録』巻二八「汾州無業禅師」条（T51–444b）にそのままの語が見える。

（一九）蹉歩一踏到底＝「蹉歩」は「小刻みに歩を運ぶ。すり足」（角川『中国語大辞典』p. 529）の意。「到底」は副詞的用法ではなく、「多く動詞の後について、その動作を最後まで、徹底的に行うことを表す」（角川『中国語大辞典』p. 647）。

（二〇）自己胸中流出＝『碧巌録』第五則・本則の評唱に、「須く是れ自己の胸中より流出し、天を蓋《おお》い地を蓋いて、方《はじ》めて少分の相応有り（須是自己胸中流出、蓋天蓋地、方有少分相応）」（T48–144c）とある。

（二一）如師子児不求伴侶＝似た表現として『大慧普覚禅師語録』巻二七「答張提刑」条に、「師子は遊行するに伴侶を求めず（師子遊行、不求伴侶）」（T47–928a）とあり、『五燈会元』巻二〇（Z138–809b）にも、同文が見える。

（二二）脱空妄語＝でたらめなことを言う。嘘をつく。『雲門広録』（T47–548aなど）に八箇所見えており、雲門文偃が好んで使った言葉として知られる。

（二三）狐涎雑毒＝「雑毒」は注（一六）参照。「狐涎」の類例としては『大慧普覚禅師語録』巻九「秉払」条に「吐出野狐涎」（T47–848a）とある。野狐（＝狐憑きの妖怪）の涎とは、偽の禅僧が唾を飛ばして喋った言葉。

（二四）向上向下＝上の方・下の方という意味で、仏や凡夫といった高い境地や低い境地を指す。『雲門広録』巻上（T47–551a）や『碧巌録』第七七則（T48–204b）などに見える。ここでは、到達した境界の違いから平等、差別と訳した。

（二五）全提半提＝全提とは、全てを提示して機用を丸ごと発揮すること。半提とは、機用を半分だけ提示すること。『雲門広録』巻中に、「一色を見ずして始めて是れ半提。直《たと》い此《か》くの如きを得るも、更に須く全提の時節有るを知るべし（不見一色始是半提。直得如此、更須知有全提時節）」（T47–557a）とある。また『碧巌録』第三六則・頌評唱（T48–174c）、第四二則・頌評唱（T48–180a）参照。

（二六）正按旁敲＝修行者を接化する際に、質問して正面から押さえつけたり、側面からつついたりすること。四字の成句としての使用例は数少なく、唐宋の語録類には見えない。「旁敲」という語は、明代の語録に散見するが、「正打有り、旁敲有り（有正打有旁敲）」（『闢妄救略説』巻一・Z114–112a）とあるように、多くの場合、棒喝禅における「正打」と対で用いられている。その場合、「旁敲」は「横から殴る」の意となる。類似した語として、「正按傍提（真正面から押さえつけたり、側面から引き立てたりする）」（『撫州曹山本寂禅師語録』巻下・T47–544b）という言葉がある。（『禅語辞典』p. 211参照）

（二七）照用主賓＝臨済四照用と臨済四賓主のこと。『臨済録』（岩波文庫本・p. 22, 45）に見える。三玄三要などと共に、臨済の教えの要とされる。

（二八）縦奪死活＝『碧巌録』第七則・本則の評唱に、「縦奪臨時、殺活在我（相手に自由を与えるのも奪うのも臨機応変、殺すも活かすも自分次第）」（T48–147b、末木訳本㊤p. 141）とある。

（二九）乾曝曝地＝かさかさに乾いたさま。無味乾燥。（『禅学大辞典』p. 187~188参照）用例は『円悟仏果禅師語録』巻一四（T47–777a）や『大慧禅師宗門武庫』（T47–950b）などに見える。

（三〇）万種搏量＝摶は、まるめるという意。字形が似ていることから、しばしば「摶」と「搏」とは混用される。ここでは「搏」の間違いと解し「摶量の意で、「こねまわしている」と訳してみた。

（三一）麈尾＝払子のこと。「麈」は、大鹿《おおじか》のこと。鹿に限らず獣毛で作られるが、鹿が移動する時に、前を行く鹿がその尾で方向を示したことから出た呼称だとされる。（『漢語大詞典』第一二冊・p. 1290）

（三二）百氏＝中国の春秋戦国時代に活躍した思想家である「諸子百家」のこと。

（三三）所謂起叢林、興法社之理＝典拠未詳。禅宗を盛んにし栄えさせる道理。

（三四）如許多＝こんなに多くの。「如許」は「これほど（像這様）」（『漢語大詞典』第四冊・p. 274）の意。

（三五）忍俊不禁＝我慢できない。「何かに熱中して自己を抑制できないこと（謂熱中于某事而不能克制自己）」（『漢語大詞典』第七冊・p. 410)。『碧巌録』第四八則・頌の評唱に、「雪竇傍不肯。忍俊不禁、代他出気（雪竇はそこで納得がいかず、こらえきれずに、彼に代わって鬱憤を晴らした）」(T48-184b、末木訳本㊥p. 223) とある。

(三六) 吹毛剣＝名剣の称。吹きかけた毛をも切るほどの鋭利な剣。(『禅学大辞典』p. 635)『景徳伝燈録』巻一二「臨済義玄」条に、「吹毛用了急須磨」とある。また、『碧巌録』第百則・本則の評唱に「剣刃上吹毛試之、其毛自断。乃利剣謂之吹毛也（剣の刃の上で毛を吹いて試してみると、毛は自然に切れる。そこで鋭い剣を吹毛というのである）」とある。(末木訳本㊦p. 331参照)

(三七) 聱訛＝「誵訛《ごうか》」と同じ。複雑で難解な表現や言い回し。特に『碧巌録』など宋代以降の語録類に頻用される語。(『禅語辞典』p. 141参照)

(三八) 栗棘蓬＝飲み込むことができないトゲだらけの毬栗《いがぐり》。楊岐方会（九九二～一〇四九）が使用した語で、難透の公案の譬喩として「金剛圏（＝ダイヤモンドで作った堅固な檻）」と併記して使用される。「楊岐和尚、僧に問う、『栗棘蓬、你《なんじ》作麼生か呑み、金剛圏、你《なんじ》作麼生か跳ばん』と。(楊岐和尚問僧、栗棘蓬你作麼生呑、金剛圏你作麼生跳。)」(『古尊宿語録』巻四七・Z118-409c)

【五】永明《ようみょう》和尚の『宗鏡録《すぎょうろく》』と『万善同帰集《まんぜんどうきしゅう》』について

ある人が質問した、「永明延寿《ようみょうえんじゅ》和尚は『宗鏡録《すぎょうろく》』百巻を作り、広く大乗の経典や論書の文章を引用して、吾が達磨の『直指《じきし》』の禅に当てはめました。その志は奇特なことですが、また〔このことは、経典や論書の〕文章の意味を〔頭で〕考え理解するという〔禅門で禁じられている知解《ちげ》〕の端《いとぐち》を切り開くことになるような気がするのです〔が、どうでしょうか〕」。

幻《わたし》は言った、「そうではない。達磨が〔インドから〕この〔中国の〕地に至ってから、その〔達磨の〕『直指』の道は、六伝して曹渓《そうけい》〔の六祖慧能禅師〕に至り、曹渓からまた九伝して法眼文益《ほうげんもんえき》に至り、法眼からまた二伝して永明延寿に至った。その間、優れた行いをした道理に明るい立派な人々が、前後入り乱れて出現し、古今に輝いているが、〔経・律・論という〕三蔵の〔研究をしている〕学徒は、吾が〔達磨の『直指』の〕道に対して文句がないわけにはいかなかった。そこで、永明和尚は、何度も生まれ変わって積み重ねてきた智慧と弁才の力を広く〔明らかに〕し、経論を網羅して説明をしたのだ。その自由自在ですべてが真理にかなっている〔『宗鏡録』の内容は〕、これを『文字に即した総持《智慧》の法門《おしえ》』と言うのだ。〔経・律・論の〕三蔵の〔研究をしている〕学徒に、吾が〔禅宗の〕徒弟を〔知識がないとバカにして〕仏海《仏の世界》の外に置かせないようにしたのだ。〔永明和尚の『宗鏡録』は、〕明教《めいきょう》〔契嵩《かいすう》〕和尚の『輔教編《ほきょうへん》』とともに精《くわし》く諸氏百家〔の書物〕をさぐり、〔その他あらゆる〕書物に通じて、仏教が説く真実の慈悲を明らかにし、儒教の〔仏教に対する〕深い嫉妬を塞いでいる。この〔『宗鏡録』と『輔教編』の〕二書は、仏祖の〔教えである禅を護る〕防波堤である。〔したがって〕文章の意味を考え理解するという〔禅で禁じられている知解《ちげ》〕の端緒を切り開くことになると言うことはできない。〔とはいえ〕もし〔永明和尚と明教和尚の二師に匹敵するほどの〕誠意ある奥深い理解が無いのなら、決して真似をして本を作ってはいけない」。

ある人が質問した、「永明和尚は、また『万善同帰集《まんぜんどうきしゅう》』〔という三巻の著述〕を出していますが、『宗鏡録』の説と同じではありません。どうして著述〔の内容〕が食い違うのでしょうか」。

私は言った、「心《こころ》はすなわち万善の本《もと》である。『宗鏡録』は、万善を収め取って一心に帰着させ、この『万善同帰集』は、一心を分散させて万善に入れ込んでいるのだ。そのすべての〔演繹的な〕説明や〔帰納的な〕論理は、たがいに貫通していなかった試しはないのだ。思うに、禅者がまだ悟ってもいないのに万行《まんぎょう》（＝様々な修行）をおろそかにするのを防ぎ、また〔経・律・論の〕三蔵の〔研究をしている〕学徒が、吾が禅が万行を兼ね備えていないと文句をつけることを防止〔しようと〕したのだ。だから〔二つの著述にそのことを〕述べて明らかにしたのであり、いいかげんにやったことではないのである。古今天下の師の中で、〔これほどの人は〕永明〔和尚〕を置いて一体誰がいようか」。

ある人が〔質問して〕言った、「禅家でも万行を修めなければならないのでしょうか」。

私は言った、「達磨の門下では、ただ自心を悟り明らかにすることだけを貴ぶのだ。この心が明らかになったならば、六波羅蜜などの様々な修行について、〔それを〕修めているか修めていないかの〔違いによる〕過失はなく、仮に修めたとしても修めている主体や修められている万行に対する執着がなく、修めなかったとしても感情にまかせて正しい念《こころ》を見失うという失敗はない。もしこの心を悟っていなければ、〔万行を〕修めようと修めまいと、どちらも虚妄《いんちき》と呼ばれる。禅者たるものは、心を明らかにすることを肝要とし、万行はその次とすべきである」。

＊

《原　文》

或問、永明和尚作宗鏡録百巻（一）、広引大乗経論之文、配吾達磨直指之禅。其志亦奇矣。似亦不免開鑿尋文解義之端乎。

幻曰、不然。達磨自至此土、其直指之道、六伝至曹渓、（二）渓又九伝至大法眼、（三）眼又二伝而至永明。其間哲人偉士、奇蹤異行、雖後先錯出、（四）照映今古、而三蔵学者、（五）不能無議於吾道。由是永明和尚、弘多生智慧辯才之力、該羅経教、述而辨之。其縦横放肆、左右逢原、是謂即文字之総持門也。俾三蔵学者、不敢置吾徒於仏海之外。与明教和尚之輔教編、（六）精捜百氏、博達群書、伸釈氏之真慈、杜儒門之重嫉。此二書乃仏祖之牆〈校1〉岸。謂開鑿尋文解義之端、不可也。苟無二師之真誠玄解、甚不可倣〈校2〉効而作也。

或謂、永明和尚、復出万善同帰集。（七）与宗鏡之説不同。何著述之自反也。

余曰、心乃万善之本也。宗鏡則巻万善帰一心。此集則散一心入万善。（八）其巻舒開合、未嘗不相通也。蓋防禅者之未悟而略万行也、亦止三蔵学者、議吾禅之不該万行也。故申而明之。非苟然也。古今天下之師、捨永明其誰歟。

或謂、禅家於万行、不可不修〈校3〉邪。

余曰、達磨門下只貴悟明自心。此心既明、於六度万行、（九）無修与不修之過。或修之則無能修所修之執、或不修則無任情失念之差。苟此心未了、則修与不修倶名虚妄。禅者宜以明心為要、万行可以次之也。

〈校1〉牆＝墻　〈校2〉倣＝彷　〈校3〉修＝脩

＊

《書き下し文》

或るひと問う、「永明《ようみよう》和尚、『宗鏡録《すぎようろく》』百巻を作り、広く大乗経論の文を引きて、吾が達磨直指の禅に配す。其の志亦た奇なり。亦た文を尋ね義を解するの端を開鑿することを免かれざるに似たるか」と。

幻曰く、「然らず。達磨、此の地に至りて自《よ》り、其の直指の道、六伝して曹渓に至り、渓は又た九伝して大法眼《だいほうげん》に至り、眼は又た二伝して永明に至る。其の間、哲人偉士の奇蹤異行、後先、錯《まじ》わり出で、今古を照映すと雖も、而れども三蔵の学者、吾が道に於いて議無きこと能わず。是れに由りて、永明和尚、多生の智慧辯才の力を弘め、経教を該羅して、述べて之を辨ず。其の縦横放肆にして、左右に原《みなもと》に逢う、是れを文字に即するの総持門と謂うなり。三蔵の学者をして敢えて吾が徒を仏海の外に置かざらしむ。明教《めいきょう》和尚の『輔教編《ほきょうへん》』と与《とも》に、精《くわし》く百氏を捜り、博く群書に達して、釈氏の真慈を伸べ、儒門の重嫉を杜《ふさ》ぐ。此の二書は乃ち仏祖の牆岸なり。文を尋ね義を解するの端を開鑿すと謂うは不可なり。苟《も》し二師の真誠の玄解無くんば、甚だ倣效して作《な》すべからざるなり」と。

或るひと謂う、「永明和尚、復た『万善同帰集《まんぜんどうきしゅう》』を出す。『宗鏡』の説と同じからず。何ぞ著述の自《みずか》ら反するや」と。

余曰く、「心は乃ち万善の本なり。『宗鏡』は則ち万善を巻きて一心に帰す。此の集は則ち一心を散じて万善に入る。其の巻舒開合は、未だ嘗て相通ぜずんばあらざるなり。蓋し禅者の未だ悟らずして万行を略するを防ぎ、亦た三蔵の学者の、吾が禅の万行を該ねざるを議することを止《と》めんとす。故に申《の》べて之を明らかにす。苟然たるに非ざるなり。古今天下の師、永明を捨てて其れ誰か」と。

或るひと謂う、「禅家、万行に於いて修めざる可からざるや」と。

余曰く、「達磨の門下は、只だ自心を悟明することを貴ぶのみ。此の心既に明らかなれば、六度万行に於いて修と不修との過《とが》無し。或いは之を修むるも則ち能修所修の執無く、或いは修めざるも則ち情に任せ念を失するの差《あやま》り無し。苟《も》し此の心、未だ了せずんば則ち修と不修と倶に虚妄と名づく。禅者は宜しく明心を以て要と為すべく、万行は以て之に次ぐ可きなり」と。

＊

《語注》

（一）永明和尚作宗鏡録百巻＝永明延寿（九〇四～九七五）は、天台徳韶の法嗣で、法眼宗の第三祖。教禅一致を唱え、禅浄を兼修したことで知られる。その著述である『宗鏡録』一〇〇巻（T48所収）は、教禅一致の立場から体系的に教義を説いた大著である。その他、彼の著述としては、後述の『万善同帰集』三巻（同前）がある。

（二）曹渓＝六祖慧能（六三八～七一三）のこと。【一】の注（一九）に既出。

（三）大法眼＝法眼文益（八八五～九五八）のこと。法眼宗の開祖。羅漢桂琛の法嗣。清涼院に住したことから清涼文益とも呼ばれる。語録として『金陵清涼院文益禅師語録』一巻（T47所収）があり、著述として、禅宗諸派の宗旨を論じた『宗門十規論』一巻（Z110所収）の存在が知られる。

（四）後先＝「前後」の意。

（五）三蔵＝仏教の典籍を三つに分類した経蔵・律蔵・論蔵を指し、ひいては全ての仏教の典籍を意味する。

（六）明教和尚之輔教編＝『輔教編』は、雲門宗の明教大師こと仏日契嵩（一〇〇七～一〇七二）の著述で、『鐔津文集』巻一～巻三（T52-648c～664c）に収載されている。韓愈の排仏に対して反論し儒仏道の三教一致を説いた護法書として有名である。訳注書として荒木見悟『輔教編』（筑摩書房・禅の語録・14）がある。その他、契嵩の著述としては、燈史である『伝法正宗記』九巻（T51所収）がある。

（七）万善同帰集＝永明延寿の『万善同帰集』三巻（T48-957b）は、『宗鏡録』同様、教禅一致の立場で書かれた書物で、一一四条の問答からなる。各宗の仏道修行は、つまるところ一心を離れることなく、万善は実相に帰結することが説かれている。

（八）宗鏡則巻万善帰一心、此集則散一心入万善＝後半は特に典拠はないが、前半は『万善同帰集』巻下に「万善は同に此の一心に帰す（万善同帰此一心）」（T48–933a）とあるのに基づいたものであろう。

（九）六度万行＝「六度」は六波羅蜜、「万行」は様々な善行。布施・持戒・忍辱・精進・禅定・智慧の六波羅蜜は、一切の善行の根本であるので、広くいえば万行となり、合わせれば六となるとされる。

【六】『華厳経』の十地《じゅうじ》の説と禅

ある人が質問した、「〔『華厳経《けごんきょう》』などに説かれている菩薩の修行の階梯である〕十地《じゅうじ》の説と、〔階梯を設けない〕禅との関係はどうなのでしょうか」。

幻《わたし》は言った「十地〔の菩薩〕は神通力を具えているが、聖人〔である仏〕はその〔菩薩が修行によって〕到達した真理〔のレベル〕に集約しつつ〔十地の段階を〕建立したと聞いている。だから古人は、『十地は空中の鳥が飛んだ軌跡のよう〔に実体がないの〕だ』と言っているのだ。すべて大乗の菩薩たちは、この〔十地の階級〕に拠り従わないものはいないが、固執してはならない。達磨はただ見性成仏《けんしょうじょうぶつ》（＝ズバリ本性を悟って仏となること）を論じただけで、その他の仏の身《すがた》や仏の土《せかい》、菩薩の地位やそれが得られる因果関係については、ともに略して述べていない。思うに、達磨の禅は諸仏の心〔をそのまま伝える〕宗《おしえ》であり、円満頓速なる〔悟りを開くことができる〕上乗の機《優れた能力のひと》のために設けられたものである。成仏という一句を説くだけでも真詮《真理》に背く。どうしてかと言えば、それ正法眼蔵《真理の眼》で数限りない衆生を見てみるならば、ぞれ本来成仏しているのであり、またどうして見性するよう指示されてから成仏するであろうか。成仏すべき仏すら存在しないのである。どうして〔仏に至る階梯である〕十地を更に問題にしようか」。

*

《原　文》

或問、十地階級(一)、与禅如何。

幻曰、聞十地乃具神通、聖人約其所至之理而建立(二)。故古人謂、十地如空中鳥跡(三)。凡大乗菩薩等、靡不由之、而不可以定執也。達磨只論見性成仏(四)、自餘身土・地位・因果、倶略而不言者。蓋達磨之禅、乃諸仏心宗、独為円頓上乗之機而設(五)。説箇成仏、已背真詮。何則以正法眼蔵(六)、観無辺衆生、各各本来成仏。又何待指其見性而後成邪。仏尚無可成。何十地之復論哉。

*

《書き下し文》

或るひと問う、「十地《じゆうじ》の階級、禅と如何」と。

幻曰く、「聞く、十地は乃ち神通を具し、聖人は其の至る所の理に約して建立すと。故に古人謂う、『十地は空中の鳥跡の如し』と。凡そ大乗の菩薩等、之に由らざる靡《な》きも、以て定執す可からざるなり。達磨は只だ見性成仏を論ずるのみにして、自餘の身土・地位・因果は、倶に略して言わざる者なり。蓋し達磨の禅は乃ち諸仏の心宗にして、独り円頓上乗の機の為にして設く。箇の成仏を説くも已に真詮に背く。何となれば則ち正法眼蔵を以て無辺の衆生を観るに、各各本来成仏す。又た何ぞ其の見性を指すを待ちて後成ぜんや。仏すら尚お成ず可きなし。何の十地か復た論ぜんや」と。

＊

《語注》

（一）十地階級＝『華厳経』などに説かれる。菩薩の修行には五十二の段階があるとされ、そのうちの第四十一位から第五十位が十地と呼ばれる。歓喜地・離垢地・発光地・焔慧地・難勝地・現前地・遠行地・不動地・善慧地・法雲地の十段階。階級とは、修行の階梯のこと。

（二）聞十地乃具神通、聖人約其所至之理而建立＝典拠があると思われるが未詳。神通は仏・菩薩などが備えているとされる六種の特殊な能力。一般に神足通・天眼通・天耳通・他心通・宿命通・漏尽通の六つだとされる。

（三）古人謂、十地如空中鳥跡＝八〇巻本『華厳経』巻三四「十地品」に「地行も亦た是くの如し。……空中の鳥迹の如し（地行亦如是……如空中鳥迹）」（T10–180c）とある。また、同経・巻五八「離世間品」にも「一切の法は、空中の鳥迹の如し（一切法、如空中鳥迹）」（T10–360a）とある。

（四）見性成仏＝「教外別伝」などと共に禅宗の標語とされるが（【一】語注（一三）参照）、『大般涅槃経集解』巻三三に「僧亮曰く、『見性成仏とは、即ち性を仏と為すなり。如来即法とは、法即性空、性空即法なり（僧亮曰、見性成仏、即性為仏也。如来即法者、法即性空、性空即法）」（T33–490c）とあり、もともとは宝亮（四四四～五〇九）の言葉とされている。

（五）円頓上乗之機＝「円頓」は円満頓速、「上乗」は最上の乗り物、最高の仏教の教えの意。四字成句としては法眼文益の『宗門十規論』「不通教典乱有引証第八」（Z110–440d）に見えている。

（六）正法眼蔵＝正しい法《真理》の眼目の蔵《くら》。湛然円澄（一五六一～一六二六）の「重刻正法眼蔵序」には、「正法眼蔵とは言《説明》し難いが、比喩によって明らかにしよう。たとえば浄らかな眼で森羅万象を洞《あき》らかに見れば、窮まりなく取《手に入》り、尽きることなく利用できる。だから蔵《くら》と名付けるのだ（正法眼蔵者、難言也。請以喩明。譬如浄眼洞見森羅、取之無窮、用之無尽。故名曰蔵）」（Z118–1a）という説明がある。『景徳伝燈録』や『五燈会元』など禅録の「西天二十八祖」の伝法の場面に繰り返し出てくる言葉であるが、特に釈尊が迦葉尊者に付法した際の、「吾に正法眼蔵、涅槃妙心、実相無相、微妙の法門有り。不立文字、教外別伝、摩訶迦葉に付嘱す（吾有正法眼蔵、涅槃妙心、実相無相、微妙法門。不立文字、教外別伝、付嘱摩訶迦葉）」（Z138-7a）の語が有名である。

【七】見性という道理について

ある人が質問した、「古人（＝兜率従悦）は『〔煩悩という〕雑草を取り払って〔本来の〕風景を見る〔ため〕には、ただ見性《けんしょう》（＝仏性を見て取ること）を図るしかない』と言い、傅大士《ふだいし》は『この話し声〔の主《ぬし》〕こそがそれ（＝仏）だ』言っていますが、これ以外に別に見性の道理があるのでしょうか。もし無いとするなら、学人《わたし》がこのように〔質問の声を発し、話し声の主を〕負荷《背負っ》ている時はどうでしょう。〔それで見性していることになるのでしょうか〕」。

幻《わたし》は言った、「もし、もっぱら仏性についてしゃべりたいと望むのであれば、古人が説いた究極の真理の言葉を、片っ端から全部暗記してしまっても構わないが、〔そんなことでは〕しゃべればしゃべるほど〔真理から〕遠のいてしまうことになる。思うに、見性という道理は、言説《ことば》という有り様を離れ、思惟という有り様を離れ、分別するという有り様を離れ、取捨選択するという有り様を離れている。〔見性した人が〕大いなる作用をしきりに起こすときには、挙げ示したことが〔そのまま〕必ず完全な真理〔そのもの〕である。〔もし〕おまえが僅かでも〔見性とはこういうものだという〕知識見解を残存させようとするならば、まるごとそっくり〔真理に〕背くことになる。現今、目にし耳にする〔あちこちの禅僧の説法〕では、誰もが見性を説いている。〔ところが〕他人から〔その見性する〕仏性〔とは何であるかを〕を問われると、『仏性でないものはない』と言い、経典（＝『楞厳経』）の中の『生じているあらゆる法《もの》は、惟心《こころ》の現れである』という説を引用して証拠とする。よし、おまえにひとつ分からせてやろう。〔おまえは〕きちんと説明もでき、きちんと証拠立てもできているが、ただ一念一念これ（＝仏性）と〔常に〕合致しようと思っているに過ぎず、〔仏性から〕遠くかけ離れている。どうしてかといえば、要するに、息の根が断ち切られ、主客の区別がなくなってしまったところで丸ごと大悟したことがないならば、すべてが五陰《我が身》の意識の依通《はたらき》に他ならないからだ。およそしゃべっている時には、この仏性が〔きちんと〕存在している〔かのように見える〕。〔だが〕きちんとしゃべって、この〔仏〕性が存在してい〔るかのようではあっ〕ても、まさにしゃべっているその時に、迷っていないためしはないのだ。〔また、しゃべっていない時にだけ〕おまえの煩悩が密かに起こり、邪妄《よこしま》なことが妄りに生じるなどと決して言ってはならない。〔それでは、しゃべっていない時と〕しゃべっている時と、厳然と別々のものが存在することになろう。〔そんなことで〕どうして〔仏性と〕一念一念〔常に〕合致することを望めようか。真正《ほんもの》の人（＝見性した人）の前では、この合致するという道理さえしゃべってはいけないことをわきまえておかねばならない。まして合致しないことがらについてはなおさらだ。知っておいてもらいたいことだが、これらの誤った見解をもった人には二種類の過ちがある。一つには、自分が発心して仏道を学ぶ時に、ただ〔仏教の〕道理にかなったことをしゃべれるようになりたいと思うだけで、もともと、生死の一大事を必ず明らかにしようという正しい思いがないということであり、二つには、ある種の間違った見解の師匠が、修行者の〔修行を始めた〕因地《動機》が正しいか正しくないかをほとんど顧みることなく、ただ少し優れた天性を持っているのを見ると必ずうまく指導を施したいと思い、その〔修行者がきちんと〕工夫《しゅぎょう》をして正しい念《こころ》を守る必要をみとめず、ただ一途に『即心是仏』や『即色明心』といった、それらしい話頭《こうあん》でつかみ所のない荒唐無稽の話をし、ただ彼を〔特定の〕入処《きょうち》に引き入れ、ただ口を開いてしゃべればすぐに了解することを彼に求めるだけになっている、ということである。今の禅林ではお互いに真似をして〔悪しき〕風潮となっている。いったいどうしたいのか全く分からない。『円覚経』や『楞厳経』などは、〔その中で釈尊が〕これらの間違った見解を二千年も前に叱り付けている。恐らく聖人〔である釈尊〕は、あらかじめ末世の衆生がこの様なでたらめな風習に染まることを知っていたのであろう。だからこの様に詳細に述べられた問答を作り、必ず彼らに非《あやまち》を知って自ら改めさせようとしたのだ。いかんせん、生死の一大事を自らの重任と考えない者は、言〔葉でスラスラと真理を語れる〕通《能力》を〔得ることに〕努力して、自分では〔それで〕了《さと》ったと思っている。ふいに真正《ほんもの》の眼目《ちから》をもった人が、手を〔横に〕振って三回「不是《ダメだ》」と言うのに行き当たっただけで、心の中が混乱してしまう。さらに、もしその人に叱り付けられたならば、怒りが沸騰してしまおう。おまえがもし本当にこの〔生死の一大〕事と一度合致したいと思うならば、真っ先にとことんまで、眼で見たり耳で聞いたりした奇言妙語《ありがたいことば》を思い切り捨て去ってしまえ。もし僅かでも心の中に残しているならば、これを『悪い毒が心に入った』と言うのだ。仏でも救うことが難しい。大抵の修行者はもともと師家から一斉に〔奇言妙語《ありがたいことば》の〕住みかに引き入れられてしまっているが、〔それは〕自分自身が〔知的な〕解会《理解》を重んじる所が有るからそうなるのである。おまえがもし必ず生死の岸頭《きわ》で主宰（＝主人公）となりたいと思うなら、たとえ釈迦・弥勒が〔ありがたそうに見える〕禅道や仏法をおまえの肺肝《こころ》に注ぎ込んだとしても、ただ他から〔解答を〕得ることのできない一句子《いっくす》（＝公案）で〔それを〕照して看れば、自然に吐き気がして吐き出してしまうことであろう。〔それなのに〕おまえはどうしてわざわざこの悪い毒を受けているのだろうか。〔それは〕このような正しい見解をもっていないから、眼を開けていながら人からコケにされているのだ。おまえが、もしただ禅を理会したいと思っているだけならば、しばらくの間、適当に〔あれこれ〕比喩を引いて説明しなくても、おまえに千七百則〔あるといわれている全て〕の公案を一気に通過させてしまうのも、何ら難しいことではない。〔そんなことをしても全く〕役に立たないのだから、一生涯〔何も〕理会できない者が最も〔仏道と〕親切《密切》なのには及ばないのだ。この〔生死の一大〕事は、もし〔わたしが〕おまえのために〔解決方法を〕交付することができるのなら、昔、潙山《いさん》の門下にいた香厳《きょうげん》は、南陽（＝河南省）〔の白崖山〕に行って住庵〔し、瓦礫が竹にぶつかる音を聞いて悟道〕する必要はなかっただろうし、阿難《あなん》も〔摩登伽女《まとうぎゃにょ》に誘惑されて戒体を破りそうになり、釈尊が〕『楞厳経』を説いた法会で悲泣する苦労をしなくてよかったであろう。おまえは〔言葉じりで〕折り合いをつけて『これがそうだ』と言ってはならない。〔たとえ〕本当に悟りを開いた人であっても、悟ったところのものを持ってきて主張しようと思うならば、すでに〔仏道を〕外れてしまっている。ましてや心意識《迷いの心》をはたらかせて〔真理と〕そっくりの語言《ことば》の上で、妄りにこの目の前の昭昭《ありあり》と霊霊《かがや》いている浮光幻影《まぼろしのような存在》と折り合いを付けて主人公とみなし、これを心の中で宝〔のように大事〕にするならば、実に迷いに迷いを重ねている人である。〔これからも〕ずっと〔これを〕悛《あらた》めなければ、でたらめに般若を談じた報いを遠い将来に招くだろう。百年たって、この身が終わるときに臍《ほぞ》を噬《か》んで〔後悔しても〕どうしようもないのだ。昔、南陽慧忠《なんようえちゅう》国師（?~七七五）は〔次の様に〕言っている、『近頃、南の方の仏法は大半変質してしまった。誰もが「肉体の中に不生不滅の神性《霊魂》が有って、肉体が壊れる時にも、この性《霊魂》は壊れない」と言う。このような見解は西天《インド》の〔仏教以外の〕外道と同じだ』と。また、長沙景岑《ちょうさけいしん》和尚（生卒年不詳）に、『学道の人が真理が分からないのは、ただ以前から〔ずっと〕識神《霊魂》を〔実在だと〕認めているからだ』といった言葉が有るのは、皆な今日妄《みだ》りに六塵《ろくじん》（＝色・声・香・味・触・法）からなる〔因〕縁〔によって存在する〕影〔のごとき存在〕を自心《こころ》の〔本当の〕相《すがた》だと認めていることを指摘しているのだ。つまり『楞厳経』にいわゆる『果てしない大海を棄却《無視》して、一つの漚《あわ》を海潮《うみ》の全量だとみなす』ものである。更に、真如を儱侗《ぼんやり》としか分かっていないある種のものがいて、『全宇宙は自己そのものであり、この性《こころ》（＝仏性）は、虚空を包みこみ、法界《せかい》に行き渡り、古今〔といった時間を〕混ぜ合わせ、聖者と凡夫〔といった差別〕を融合しており、森羅万象とすき間がない』と言い、ついに古人の『一茎《ひとくき》の草を拈《つま》めば一丈六尺の〔大きさの〕金身《ほとけ》〔となる〕』とか、『一本の毛の先端に宝王刹《仏の世界》をあらわす』といった言葉を引用して証拠とする。いかんせん、食べものの話をしても飢えは癒されないし、衣服の話をしても寒さをしのぐことはできない。必ず一度自分でこの様に悟らなくてはいけない。たとえおまえが自分でこの様に悟ったことがあったとしても、さらに本色《ほんもの》の宗匠《指導者》に遇って、おまえのためにその悟った痕跡を取り除かなければならない。そうでなければ、これを

『刺《とげ》のある見解が心に入りこみ、薬に執着して病気になる』と言うのだ。どうして、言葉や意味が通じてしまえば〔それで仏道修行は〕おしまいということがあろうか。およそ、大昔からずっと積み重ねてきた生死の根塵《そんざい》(=六根、六境)を、今日まるごとひっくりかえし、またおまえのひっくりかえす力と一緒に一瞬にして〔その〕功用《努力》〔そのもの〕をも忘れようと思うのならば、〔それは〕どうして素質能力が劣った者にまねができることだろうか。この話は、本当に大げさなものではない。ただ、とことん生死〔の一大事〕のために〔努力〕する者に〔とって〕切実なことであり、〔彼らはこの話を聞けば〕その通りだとするだろう。この他の、ただ禅を〔口で〕説くことだけに務める人が顔をそむけて唾を吐こうと、私はまたどうして引き下がろうか」。

*

《原　文》

或問、古者(一)謂撥草瞻風只図見性。傅大士(二)謂、只遮語声是。莫離此外、別有見性之理否。或無則学人便与麼負荷時如何。

幻曰、若使一期説性、則不妨偏将古人極理之談、従頭記一偏過、其如転説転遠何。蓋見性之理、離言説相、離思惟相、離分別相、離取捨相。繁興大用、挙必全真。(校1)你擬存一毫知見、則覿体相背矣。今之眼見耳聞、孰不説箇見性。被人問著箇性、便道無有不是者、乃引教中謂諸法所生惟心所現(三)之説為証。好教(校1)你知、説也説得是、証也証得分暁、只是要与之念念相応、不勝其遠矣。何則蓋不曾従命根断処、能所尽時、覿体契悟得来、皆陰識依通爾。凡説時有箇性。雖説得有箇性、於正説時亦未嘗不迷。更莫説、(校1)你無明暗起、邪妄横生。儼然与説時似有両箇。欲望其念念相応、其可得哉。須知真正人前、尚不許説箇相応底道理。矧乎不相応者哉。当知此等異見之人、有二種過差。一則自家発心学道時、只要説得与道相通、初無決定要洞明生死大事之正念。第二是一等謬見之師、略不顧学者因地（四）正不正、惟見其稍負天資、必欲巧施方便、不待其作工夫守正念、惟一味将箇即心是仏（五）、即色明心（六）底相似話頭、互相熱瞞（七）、只要控他箇入処、只待其口開便了。今之禅林、相習成風。正不知何所図邪。如円覚（八）・楞厳（九）訶斥此等謬見於二千年外。蓋聖人預知末世衆生有此妄習。故作如是曲申問答、必使其知非而自改也。奈何其不以生死大事為己重任者、惟務言通自以為了。忽然撞著箇真正眼目人、揺手向伊道三箇不是、早是心中七上八下。便若遭其訶斥、則怒気不勝其高矣。你〈校1〉若真実要与此事相応一回、最先痛以眼見耳聞奇言妙語、尽情掃去。苟使其有糸髪凝滞于心中、是謂悪毒入心（一〇）。仏亦難救。大抵学人固是被他師家一時引入草窠裏。亦是自家有所重於解会而然。你〈校1〉若必欲要向生死岸頭做得主宰、設使釈迦・弥勒、将禅道仏法傾入你〈校1〉肺肝、只把不従他〈校2〉得底一句子照看、自然悪心嘔吐也。你〈校1〉豈肯受此悪毒。以其無此正見、所以開眼受人埋没。你〈校1〉若果然只要会禅、不消頃刻間等閑説箇喩子。便教你〈校1〉将千七百則葛藤（一一）、一時穿過、有甚麼難。以其無益、不如箇尽生不会底最親切。此事若可以与你過付（一二）得、則香厳（一三）昔在潙山門下、不用入南陽住庵、阿難於楞厳会中、不労悲泣（一四）也。你〈校1〉莫説道和会便是。箇真正悟明底人、必欲要将箇悟処来主張、早是不相称矣。而況以心意識、向相似語言上、妄自和会箇目前昭昭霊霊底浮光幻影、認為主人公、宝之於懐抱。実迷中之倍人也。久之不悛、遠招妄談般若之報。百年影謝、噬臍何及哉。昔忠国師（一五）謂、近来南方仏法、大概変了。尽謂四大身中有箇神性、不生不滅。四大壊時、此性不壊。此等見解、与西天外道等。又如長沙和尚（一六）、有学道之人不識真、只為従前認識神之語。皆指今日妄認六塵縁影為自心相者。即楞厳所謂棄却百千大海、認一漚為全潮者也。(一七)更有一等儱侗真如底、便道、尽十方世界是箇自己。(一八)此性包虚空徧法界、混古今融聖凡。与森羅万象無所間然。遂引古人拈一茎草是丈六金身、(一九)一毛端上現宝王刹(二〇)等語為証。争奈説食不療飢、説衣不治寒。何也。須是親曾与麼悟一回始得。直饒你〈校1〉親曾与麼悟了、又要遇本色宗匠、与你掃其所悟之跡。不然則謂之見刺入心、執薬成病。(二一)此豈以言通意達而為了哉。蓋無量劫来生死根塵、今日要与和盤翻転、又要你〈校1〉与所翻之力頓忘功用、豈小根浅器者、所能擬哉。此説実非鼓惑。惟切於痛為生死者以為然。自餘惟務説禅之士、将反面而見唾、則吾亦何敢辞。

〈校1〉你＝儞　〈校2〉他＝佗

*

《書き下し文》

或るひと問う、「古者謂う、『草を撥して風を瞻《み》んとせば、只だ見性を図るのみ』と。傅大士《ふだいし》謂う、『只だ遮《こ》の語声是《こ》れなり』と。此れを離れて外、別に見性の理有ること莫きや否や。或《も》し無くんば則ち学人便ち与麼に負荷する時、如何」と。

幻曰く、「若《も》し一《もっぱ》ら性を説くことを期さば、則ち徧《あまね》く古人の極理の談を将《もっ》て、頭《はじめ》従り記すること一徧し過ごすことを妨げざるも、其れ転《うた》た説かば転《うた》た遠きことを如何せん。蓋し見性の理は言説の相を離れ、思惟の相を離れ、分別の相を離れ、取捨の相を離る。大用を繁興して挙ぐれば必ず全真なり。你、一毫の知見を存せんと擬《ほっ》せば、則ち覿体相背く。今の眼見耳聞、孰れか箇の見性を説かざる。人に箇の性を問著せらるれば、便ち『不是なる者有ることなし』と道《い》い、乃ち教中に『諸法の所生は惟心の所現なり』と謂うの説を引きて証と為す。好《よ》し你をして知らしめん、説くも説き得て是《ぜ》、証するも証し得て分暁なるも、只だ是れ之と念念相応せんと要《ほっ》せば其の遠きに勝《た》えざるのみ。何となれば則ち蓋し曽て命根断つ処、能所尽くる時に従って體体に契悟《かいご》し得来らずんば、皆な陰識の依通なるのみ。凡そ説く時は箇の性有り。説き得て箇の性有りと雖も、正に説く時に於いて亦た未だ嘗て迷わずんばあらず。更に説くこと莫かれ、你の無明暗に起こり、邪妄横に生ずと。儼然として説く時と両箇有るに似たり。其の念念相応せんことを望まんと欲するも、其れ得可《う》けんや。須く知るべし、真正の人の前には、尚お箇の相応の道理を説くことを許さざることを。矧《いわん》や相応せざる者をや。当に知るべし、此れ等の異見の人に二種の過差有ることを。一には則ち自家発心学道の時、只だ説き得て道と相通ぜんことを要《ほっ》するのみにして、初《もと》より決定《かなら》ず生死の大事を洞明せんと要《ほっ》するの正念無し。第二には是れ一等の謬見の師、略《ほ》ぼ学者の因地の正・不正を顧みず、惟《た》だ其の稍《やや》天資を負えるを見て必ず巧みに方便を施さんと欲し、其の工夫を作して正念を守ることを待たず、惟だ一味に箇の即心是仏、即色明心の相似の話頭を将《もっ》て相互に熱瞞し、只だ他を箇の入処に控えんことを要し、只だ其の口開けば便ち了せんことを待つのみ。今の禅林相い習いて風を成す。正に知らず、何の図る所なるかを。『円覚』、『楞厳』の如きは、此れ等の謬見を二千年の外に訶斥す。蓋し聖人は預め末世の衆生に、此の妄習有ることを知る。故に是くの如き曲申の問答を作し、必ず其れをして非を知りて自ら改めしむるなり。奈何《いかん》せん其の生死の大事を以て己が重任と為さざる者、惟だ言通を務むるのみにして自ら以て了すと為すことを。忽然として箇の真正の眼目の人の、手を振りて伊《かれ》に向かって三箇の不是を道《い》うに撞著せば、早や是れ心中七上八下す。便ち若し其の訶斥に遭わば、則ち怒気、其の高きに勝《た》えず。你若し真実に此の事と相応すること一回せんと要《ほっ》せば、最も先ず痛く眼見耳聞の奇言妙語を以て情を尽くして掃去せよ。苟《も》し其れをして糸髪も心の中に凝滞すること有らしむれば、是れを悪毒、心に入ると謂う。仏も亦た救い難し。大抵、学人は固《もと》より是れ他の師家に一時に草窠の裏《うち》に引き入れらる。亦た是れ自家に解会を重んずる所有りて然らしむるなり。你若し必ず生死岸頭に向《お》いて主宰と做り得んと欲要《ほっ》せば、設使《たと》い釈迦・弥勒、禅道・仏法を将《もっ》て你の肺肝に傾入すとも、只だ他従《よ》り得ざるの一句子を把《と》りて照らし看れば、自然に悪心嘔吐せん。你豈に肯えて此の悪毒を受けんや。其れ此の正見無きを以て、所以に眼を開けて人の埋没を受く。你若し果然《はた》して只だ禅を会せんと要《ほっ》するのみならば、頃刻の間、等閑《なおざり》に箇の喩子を説くことを消《もち》いず。便ち你をして千七百則の葛藤を将《もっ》て一時に穿過せしむるも、甚麼《なん》の難きことか有らん。其の益無きを以て、生を尽くして会せざる底《もの》の最も親切なるに如《し》かず。此の事、若し以て你の与《ため》に過付し得可くんば、則ち香厳《きょうげん》、昔、潙山《いさん》の門下に在って南陽に入りて住庵することを用いず、阿難、楞厳会中に於いて悲泣することを労せざるなり。你、和会して便ち是なりと説道《い》うこと莫かれ。箇の真正悟明の人、必ず箇の悟処を将《も》ち来って主張せんと欲要《ほっ》せば、早や是れ相称《かな》わざるなり。而るを況や心意識を以て相似の語言の上に向《お》いて、妄自《みだ》りに箇の目前の昭昭霊霊なる浮光幻影を和会し、認めて主人公と為して、之を懐抱に宝とするをや。実に迷中の倍人なり。之を久しくして悛《あらた》めずんば、遠く妄りに般若を談ずるの報を招かん。百年の影謝するとき、臍《ほぞ》を噬《か》むとも何ぞ及ばん。昔、忠国師謂う、『近来南方の仏法は、大概変じ了《お》われり。尽《ことごと》く謂えり「四大の身中に箇の神性の、不生不滅なる有り。四大壊する時、此の性壊せず」と。此れ等の見解は西天の外道と等し』と。又た長沙和尚に、『学道の人、真を識らざるは、只だ従前、識神を認むるが為なり』の語有るが如き、皆な今日妄りに六塵の縁影を認めて自心の相と為す者を指す。即ち『楞厳』に所謂『百千の大海を棄却して、一漚《おう》を認めて全潮と為す』者なり。更に一等の真如を儱侗する底《もの》有りて便ち道《い》う、『尽十方世界は是れ箇の自己。此の性、虚空を包み、法界に徧く、古今を混じ、聖凡を融す。森羅万象と間然する所無し』と。遂に古人の『一茎の草を拈ずれば是れ丈六の金身』、『一毛端の上に宝王刹を現ず』等の語を引きて証と為す。争奈《いかん》せん、食を説きて飢を療ぜず、衣を説きて寒を治めざることを。何ぞや。須是《すべから》く親しく曾て与麼《よも》に悟ること一回にして始めて得《よ》し。直饒《たと》い你、親しく曾て与麼に悟了するも、又た本色の宗匠に遇い、你が与《ため》に其の所悟の跡を掃わんことを要す。然らずんば則ち之を『見刺、心に入り、薬を執じて病を成す』と謂う。此れ豈に言通意達を以て了すと為さんや。蓋し無量劫来の生死の根塵は、今日、与《とも》に盤を和して翻転することを要し、又た你が所翻の力と与《とも》に頓に功用を忘れんことを要せば、豈に小根浅器の者の、能く擬する所ならんや。此の説、実に鼓惑するに非ず。惟だ痛く生死の為にする者に切にして、以て然りと為さん。自餘の惟だ説禅を務むるの士、将に反面して唾するも、則ち吾亦た何ぞ敢えて辞せん」と。

＊

《語注》

（一）古者謂撥草瞻風只図見性＝臨済宗黄龍派の兜率従悦（一〇四四～一〇九一）の言葉。『五燈会元』巻一七「兜率従悦」条の「室中三語」の第一に、「草を撥して風を瞻んとせば、祇だ見性を図るのみ。即今、上人の性、甚麼《いずれ》の処にか在る（撥草瞻風、祇図見性。即今上人性、在甚麼処）」（Z138-339b）とあるのを踏まえる。

（二）傅大士謂只遮語声是＝『五燈会元』巻二「双林善慧大士」条の偈語に「仏の去処を識らんと欲せば、這《こ》の語声是《こ》れなり（欲識仏去処、這語声是）」（Z138-40b）とあるのを踏まえる。傅大士（四九七～五六九）は、在俗の居士で姓は傅、名は翕。善慧大士と称せられ、弥勒菩薩の化身であったと言われる。『善慧大士語録』四巻（Z120所収）がある。

（三）教中謂諸法所生惟心所現＝『楞厳経』巻一に「如来常に説く、『諸法の所生は、唯心の所現なり』と（如来常説、諸法所生、唯心所現）」（T19-109a、荒木訳注本・p. 61）とある。

（四）因地＝修行中の状態。因地は果地（＝仏果円満の境位）に対した語で、仏果に到達する以前の修行過程の地位をいう。『楞厳経』巻四に、「阿難よ、第一の原則とは、お前たちがもし、声聞の立場を捨て、菩薩の道を修めて、仏の知見に入ろうとするなら、修行過程における発心と修行成果としての覚証とが同じであるか、それとも異なっているかをよくよく観察しなければならぬ。阿難よ、もし修行過程において、生滅変化する不安定な心を本として修行を積み、生滅を超越した仏道を求めるとするならば、それは道理に合ってはいないのである（阿難第一義者、汝等若欲捐捨声聞、修菩薩乗、入仏知見、応当審観因地発心、与果地覚、為同為異。阿難若於因地、以生滅心、為本修因、而仏乗不生不滅、無有是処）」（T19-122a～b、荒木訳注本・p. 321）とある。

（五）即心是仏＝馬祖の語として知られる。『無門関』第三〇則「即心即仏」条に、「馬祖は、あるとき大梅〔法常（七五二～八三九）〕に質問した、『仏とはなんでしょうか』。馬祖は答えた、『即心是仏《心そのものが仏である》』と（馬祖因大梅問、如何是仏。祖云、即心是仏）」（T48-296c）とある。

（六）即色明心＝現象に即して心を明らかにする、の意。「即色明心、附物顕理」と対句で用いられることが多い。『景徳伝燈録』巻一一「香厳智閑」条（T51-284b）などに見える。似た表現として『景徳伝燈録』巻一〇「甘贄」条に「事を借りて心を明らかにし、物に附きて理を顕らかにす（借事明心、附物顕理）」（T51-279b）とある。

（七）熱瞞＝「熱謾」に同じ（『禅語辞典』p. 369）。「荒唐無稽でつかみ所のない話（空泛無稽之談）」（『漢語大詞典』第七冊・p. 241）のこと。「瞞」と「謾」は音通である。

（八）円覚＝具名を『大方広円覚修多羅了義経』（T17所収）という。次の『楞厳経』と共に中国撰述の偽経とされるが、禅門においては唐代より広く読まれてきた。詳しくは、柳田聖山『円覚経』（仏教経典選13中国撰述経典一・筑摩書房・一九八七）の「解説」参照。

（九）楞厳＝具名を『大仏頂如来密因修証了義諸菩薩万行首楞厳経』（T19所収）という。詳しくは、荒木見悟『楞厳経』（仏教経典選14中国撰述経典二・筑摩書房・一九八六）の「解説」参照。禅門で読誦されている『楞厳呪』はこの経典に収載された陀羅尼である。

（一〇）悪毒入心＝成句としては諸経典や禅語録類に見えず、典拠未詳。【四】の語注（一六）に見える「雑毒入心」と同意であろう。

（一一）千七百則葛藤＝【四】の語注（一四）参照。

（一二）過付＝金銭や品物を仲介する人の手を経て交付すること。（『漢語大詞典』巻一〇・p. 958）

（一三）香厳昔在潙山門下、不用入南陽住庵＝香厳智閑（?〜八九八）は潙山霊祐の法嗣。その伝は『景徳伝燈録』巻一一（T51-283c）・『五燈会元』巻九（Z138-164a）などに見える。潙山に参じて機縁契《かな》わず、南陽慧忠（?〜七七五）の故址がある白涯山に入って庵居し、一日、山中で草木を刈り取って掃除をしていて、瓦礫が竹にぶつかる音を聞いて悟道し、潙山に嗣法する。「香厳撃竹」の話として禅門で広く知られる。【一二】の語注〔八〕参照。潙山については、同じく【一二】の語注〔七〕参照。

（一四）阿難於楞厳会中不労悲泣也＝阿難は釈尊の十大弟子の一人で、「多聞第一」と称せられた。『楞厳経』は、その阿難が色町を托鉢していて、摩登伽女に戒体を破られそうになったことをきっかけに説かれた経典であり、釈尊から呼び戻された阿難は釈尊を見て、「ひれ伏し泣いた（頂礼悲泣）」（T19-106c、荒木訳注本・p. 13）とされる。

（一五）忠国師謂、近来南方仏法、大概変了。尽謂四大身中有箇神性不生不滅、四大壊時、此性不壊。此等見解与西天外道等＝南陽慧忠（?〜七七五）は六祖慧能の法嗣。引用そのままの文章は典拠未詳だが、恐らく、次に引く『景徳伝燈録』巻二八「南陽慧忠国師語」（T51-437c）を踏まえたものであろう。同様の文章は大慧宗杲『正法眼蔵』巻三（Z118-37c〜d）にも見える。

南陽忠国師が、禅客《訪問者》に質問した、「どこから来たのか」。対《こた》えて言った、「南の方より来ました」。国師、「南の方にはどのような知識《指導者》がいるのか」。禅客、「知識《指導者》は頗る多くいます」。国師、「どのように人に教示をしているのか」。禅客、「彼方《あちら》の知識《指導者》は、直下《ただち》に『即心是仏（＝心そのものが仏である）』とか『仏是覚義（＝仏は覚りのことだ）』ということを学人《修行者》に教示して〔次の様に言って〕います。『汝《おまえ》は、今、悉《ことごと》く見聞きしたり覚知《きづ》いたりする性《こころ》を具《そな》えているが、この性《こころ》が眉を揚《動》かしたり目を瞬《まばた》きしたり、行ったり来たり、運用《動き回》ったりさせているのであり、身《からだ》の中すべてが、頭を挃《突》けば頭だと知《わか》るし、脚を挃《突》けば脚だと知《わか》る。だから、正偏知《しょうへんち》と名づけるのだ。これ以外に、更に別の仏などいない。この身《からだ》には生滅があるが、心性《こころ》は無始《おおむかし》からずっと生滅した試しはない。身《からだ》が生滅するのは、龍が骨を換え、蛇が脱皮するようなものだ。人が故宅《古い家》から出る〔ようなも〕ので、身《からだ》は無常だが、その性《こころ》は常にあるのだ』と。南方の説示は大約このようなものです」。国師、「もしそうならば、あの〔霊魂の不滅を信じている〕先尼外道と同じだ」。（忠国師問禅客、従何方来。対曰、南方来。師曰、南方有何知識。曰、知識頗多。師曰、如何示人。曰、彼方知識直下示学人即心是仏、仏是覚義。汝今悉具見聞覚知之性。此性善能揚眉瞬目、去来運用、徧於身中、挃頭頭知、挃脚脚知。故名正徧知。離此之外、更無別仏。此身即有生滅、心性無始以来未曾生滅。身生滅者、如龍換骨、如蛇脱皮。人出故宅、即身是無常、其性常也。南方所説大約如此。師曰、若然者、与彼先尼外道無有差別。）（T51–437c）

（一六）又如長沙和尚、有学道之人不識真、只為従前認識神之語＝長沙景岑（唐代の人、生卒年不詳）は南泉普願（七四八〜八三四）の法嗣。『景徳伝燈録』巻一〇「長沙景岑」条（T51–274b）・『五燈会元』巻四「長沙景岑」条（Z138–67d）の偈に、「学道の人、真を識らざるは、只だ従来、識神を認むるが為なり。無始劫来の生死の本《もと》、痴人喚んで本来の身と作《な》す（学道之人不識真、只為従来認識神。無始劫来生死本、痴人喚作本来身）」とある。

（一七）即楞厳所謂棄却百千大海、認一漚為全潮者也＝『楞厳経』巻二に「たとえば、澄みきった果てしない大海は無視して、一つの泡そのものに注目して、それを海潮の全量だとみなし、大海をきわめ尽くしたとするようなものである（譬如澄清百千大海、棄之唯認一浮漚体、目為全潮窮尽瀛渤）」（T19–110c〜111a、荒木訳注本・p. 98）とあるのを踏まえる。

（一八）尽十方世界是箇自己＝似た表現としては、『景徳伝燈録』巻一〇「長沙景岑」条（T51–274a）・『五燈会元』巻四「長沙景岑」条に、「尽十方世界《全宇宙》は、沙門の眼、尽十方世界《全宇宙》は沙門の全身、尽十方世界《全宇宙》は自己の光明（尽十方世界是沙門眼、尽十方世界是沙門全身、尽十方世界是自己光明）」（Z138-67c）とある。

（一九）拈一茎草是丈六金身＝『趙州録』巻上および『景徳伝燈録』巻一〇「趙州従諗」条（T51-277a）・『五燈会元』巻四「趙州従諗」条（Z138-64c）に、「わたしは一本の草を一丈六尺の黄金仏としてはたらかせ、一丈六尺の黄金仏を一本の草としてはたらかせる（老僧把一枝草為丈六金身用、把丈六金身為一枝草用）」（筑摩書房・禅の語録『趙州録』p. 84）とある。

（二〇）一毛端上現宝王刹＝『楞厳経』巻四に「一毛の先端に見事な王国を現出し、微細な塵《ちり》の中に坐って偉大な法を説くこともできる（於一毛端現宝王刹、坐微塵裏転大法輪）」（T19-121a、荒木訳注本・p. 296）とある。

（二一）見刺入心、執薬成病＝前句は典拠が見当たらないが、後句の「執薬成病」は永明延寿の『宗鏡録』巻四六（T48-688c）や『唯心訣』（T48-996a）に見える。「見刺」は、『長阿含経』巻八では「四刺（欲刺・恚刺・見刺・慢刺）」（T1-50c）の一つとして挙げられている。『華厳経』に「邪見の刺を抜く（抜邪見刺）」（巻六三・T10-341b）や「諸見の刺を抜く（抜諸見刺）」（巻六四・T10-343c）とあるように、心に突き刺さる誤った見解を意味するものであろう。禅門の語録類では、圜悟克勤の『円悟仏果禅師語録』や『圜悟心要』に数多く見られる用語である。

【八】禅浄一致

西帰子《さいきし》と号する者がいて〔私の〕門《ところ》に立ち寄って言った、「私は、阿弥陀仏を念じて浄土に生まれたいと思っています。そもそも生死《しょうじ》〔輪廻《りんね》の苦しみを〕抜け出すのに参禅〔して修行する〕より易《やさ》しいようです。恐らく、遙か彼方におられる阿弥陀仏の〔一切衆生を救済しようという〕願力の御加護を受けているから〔容易に生死の苦しみから抜け出せるの〕です。それにひきかえ参禅はとらえ所が無く、仏の御加護もありません。もし、一を聞いて百を知るような優れた素質を持つ者でなければ、〔禅門に〕入〔って悟〕ることは難しいでしょう。だから永明延寿《ようみょうえんじゅ》禅師に、『〔浄土が無くて参禅だけなら〕十人に九人は蹉路《つまづ》いてしまう』という誇りがあるの〔ではない〕でしょう〔か〕」。

〔幻《わたし》は言った、〕「こらこら、何ということを言うのか。もし、そうだとすれば、浄土の外に別に禅が有るのか。もし本当にそうならば、仏と〔仏の教えである〕法の二字が矛盾してしまうことになる。どうして、円融《かんぜん》な〔真〕理に悟入することがあろうか。おまえは善権方便《すぐれたてだて》を達《理解》しておらず、自分の狭い見解にとらわれて〔曲解し〕、先哲を誹謗し〔てしまう結果になっ〕ている。そもそも永明和尚が禅と浄土とを組み合わせて四句をつくったのは、無理して相手の能力に合わせたのであり、方便としての抑揚《上げ下げ》に過ぎない。要するに〔これは〕経（＝『法華経』）の中に言う、『一乗の道において、それぞれにふさわしい様に三乗を分別して説く』という意味だ。長蘆宗賾《ちょうろそうさく》和尚（生卒年不祥）・北磵居簡《ほっかんきょかん》和尚（一一六四〜一二四六）・真歇清了《しんけつせいりょう》和尚（一〇八八〜一一五一）・滅翁文礼《めつおうぶんれい》和尚（一一六七〜一二五〇）などの諸師は浄土〔に関する〕章句《ぶんしょう》を作ったが、皆な話を『心そのものが自性《ほとけ》である』という禅〔の立場〕に引き寄せており、もとより行き着く所は一緒なのだ。この頃〔次の様な〕指摘があった。東都（＝洛陽）の曦《ぎ》法師は、禅定中で、蓮華に円照宗本《えんしょうそうほん》禅師（＝慧林宗本・一〇二〇〜一〇九九）の名が標《しる》してあるのを見て、禅宗の師匠でありながら、どうして〔その〕名前がここに標《しる》してあるのだろうかと疑問に思ったので、〔円照宗本のところへ〕赴いて質問をした。円照は言った、『〔わたしは〕禅門に身を置いているが、浄土を兼ね修めているというだけのことだ』と。

当時、円照〔禅師〕は謾《みだ》りに善権《すぐれた》〔方便《てだて》〕を開き示し、質問に〔やってきた曦法師の期待〕に孤《そむ》かなかったのだ。どうして本当にそう（＝兼修を説く）であろうか。〔道理に〕昧《くら》い者は権変《ほうべん》が分からないで、あたかも『禅の外に別に帰着すべき浄土が有る』と思い、永明禅師の禅と浄土との四句を引用して口実とすることになるのだ。なんともひどい謬《あやま》りではないか」。

客《西帰子》は席《いす》から立って言った、「どうか〔もっとはっきりと〕道理を説き明かしてみてください」。

幻《わたし》は言った、「浄土は心であり、禅もまた心である。本体は一つだが名前が二つあるのだ。〔心に〕迷っている者はその〔浄土とか禅とかいう〕名前に執《とら》われていて、その本体が分からず、〔心を〕悟っている者はその本体に通達していて、その名前が一つになる。どうして浄土だけがそうであろうか。経典（＝『華厳経』）の中に『一切《すべて》の法はそのまま心の自性であることが分かる』と言い、また〔『法句経』に〕『森羅万象は一つの法が印《しんり》れた《あらわ》ものである』と言っている通りだ。もし自心である禅を悟るならば、この世の万法《そんざい》そのものが霊源〔である仏心〕に混入し、〔何かを〕取り上げれば必ず〔それが〕完全なる真理となるのであり、もとより〔そこに〕選択の余地はない。既に東とか西とかいう二つの世界の区別がないからには、どうして浄土と穢土という二つの国の違いがあるだろうか。〔西方浄土までの距離である〕十万億土が一歩に縮まり、〔浄土の〕宝池や金地が世界中に満ちあふれる。一刹那という僅かな時間が〔西方浄土と同じ〕永遠の年月に延び、翠の竹や黄色い花も同じく正受《さとり》に帰着する。世界の海を照らしている月が、〔とるに足らない〕塵《ちり》〔の様なすべての存在の上〕に明るく輝き、宇宙を照らしている〔仏の白《びゃく》〕毫《ごう》〔の光〕が、色々な処に輝きを分け与えている。達磨大師は頓《にわか》に〔手中にした〕明月の珠を忘れてしまい、阿弥陀仏も黄金の印を失《わす》れてしまう。〔そういう究極の状態では〕禅門というのも皆な余計な言葉であり、浄土というのも中身のない名称である。名前とか実体とかいう〔差別的な〕見解は消え失せ、善い悪いとかいう〔区別する〕感情が無くなってしまうのだから、一丈六尺の〔仏の〕身と一茎《ひとくき》の草と優劣があろうか。全宇宙と小さな塵《ちり》と大小があろうか。これを一味平等の法門というのだ。〔とはいえ〕本当に全身をなげうって悟入《さと》らなければ、どうして解脱できるという道理があろうか。その上、参禅は生死にけりをつけなければならないのだし、念仏をして浄土の修行をするのも生死にけりをつけなくてはならないのだ。聖人《ほとけ》の教えは、種々様々あるが、すべて生死に決着をつけるのを結論としている。けれども、生死の原因を打破するには、ただ「一門深入《いちもんしんにゅう》（＝一つの入り口から深く奥に入ること）」を尊ぶのだ。古人（＝徳山宣鑑）も言っている、『少しでも妄念が起こるのは〔地獄・餓鬼・畜生の〕三塗の世界に墜ちる原因であり、チラリとでも感情が生ずれば永遠に〔輪廻の〕くさりに繋ぎ留められてしまうことになる』と。どうして〔禅と浄土とを〕兼修するなどと言おうか。もしこのようにしないで〔兼修し〕、禅や浄土について話すならば、妄念の波が逆巻き、感情の塵が舞い上がって、やむことがなくなってしまうだろう。だから私は説き明かさないわけにはいかないのだ」。

＊

《原　文》

或有号西帰子者、過門曰、某念阿弥陀仏、求生浄土。其透脱生死、似易於参禅。蓋遠承阿弥陀仏願力冥資故也。爾参禅無把捉、無聖力冥資。苟非大根利器、一聞千悟者、難於趣入。以故永明寿禅師有十人九蹉路之讖（一）。

咄、是何言歟。審如是、則浄土外別有禅耶。使果有之、則仏法二字、自相矛盾。安有会入円融之理哉。爾不達善権方便、局於己見、誣謗先哲。夫永明揀禅浄土為四句、乃曲徇機宜、特方便抑揚耳。蓋教中所謂於一乗道、分別説(二)参之意也。如長蘆(三)・北礀(四)・真歇(五)・天目(六)諸師、作浄土章句、皆寄談即心自性之禅、初無異致。間有指。東都曦法師(七)、於定中、見蓮華標円照本禅師(八)之名、疑其単伝之師、安得標名於此、故往質之。照曰、雖在禅門、亦以浄土兼修耳。当時円照、謾展善権、不孤来問。豈真然耶。昧者、不達権変、剛謂禅外別有浄土可帰、及引永明禅浄土四句為口実。不亦謬乎。

客避席曰、試請辨之。

幻曰、浄土心也、禅亦心也。体一而名二也。迷者執其名、以昧其体、悟者達其体、以会其名。豈特浄土然。如教中謂(九)、知一切法、即心自性、又云(一〇)、森羅及万象、一法之所印。但悟自心之禅、即其三界万法、混入霊源、挙必全真、初無揀択。既無東西両土之殊、安有浄穢二邦之異。促十万億土(一一)於跬歩、宝池金地充塞寰区(一二)。延一刹那頃於永年、翠竹黄花同帰正受。四大海月〈校1〉塵塵独朗、五須弥(一三)毫処処分輝。老達磨頓忘明月珠、阿弥陀失却黄金印(一四)。禅門皆剰語、浄土亦虚名。名体見銷、是非情尽、丈六身一茎草(一五)、何劣何優。三千界半点塵、孰多孰少。是謂一味平等法門。苟非真正全身悟入、安有解脱之理哉。且参禅要了生死、念仏修浄土亦要了生死。聖人設教、雖千塗万轍、一皆以決了生死為究竟。然破生死根塵、惟尚一門深入(一六)。古人謂(一七)、毫釐繋念、三途業因、瞥爾情生、万劫羈鎖。兼修云乎哉。或不如此、談禅説浄土、沸騰識浪、鼓扇情塵、卒未有已也。余所以不能無辯。

〈校1〉月＝目

*

《書き下し文》

或るとき西帰子《さいきし》と号する者有り、門を過《よ》ぎって曰く、「某《それがし》、阿弥陀仏を念じて浄土に生まれんことを求む。其れ生死を透脱《とうだつ》すること参禅より易《やす》きに似たり。蓋し遠く阿弥陀仏の願力の冥資を承くるが故なり。爾《しか》るに参禅は把捉無く、聖力の冥資無し。苟《も》し大根利器の、一聞千悟する者に非ずんば趣入するに難し。故を以て永明寿《ようみょうじゅ》禅師に、『十人に九は蹉路す』の譏《そし》り有り」と。

「咄、是れ何の言ぞや。審《も》し是くの如くならば、則ち浄土の外、別に禅有らんや。使果《もし》之れ有らば、則ち仏法の二字自《おの》ずから相矛盾せん。安くんぞ円融の理に会入すること有らんや。爾《なんじ》、善権方便に達せず、己見に局《かぎ》りて先哲を誣謗す。夫れ永明、禅と浄土とを揀《えら》びて四句を為《つく》るは、乃ち曲げて機宜に徇《したが》う、特《ただ》に方便抑揚のみ。蓋し教中に所謂『一乗の道に於いて分別して参を説く』の意なり。長蘆《ちょうろ》・北磵《ほっかん》・真歇《しんけつ》・天目《てんもく》の諸師の如きは浄土の章句を作るも、皆な談を即心自性の禅に寄すること、初《もと》より異致無し。間《この》ごろ指《しめ》すこと有り。東都の曦《ぎ》法師、定中に於いて蓮華に円照本《えんしょうほん》禅師の名を標《しる》すを見て、其の単伝の師、安くんぞ名を此れに標《しる》すやと疑い、故に往って之を質《ただ》す。照曰く、『禅門に在りと雖も、亦た浄土を以て兼修するのみ』と。当時、円照は謾《みだり》に善権を展べ、来問に孤《そむ》かず。豈に真《まこと》に然らんや。味者、権変に達せずして、剛《まさ》に『禅の外に別に浄土の帰すべき有り』と謂《おも》い、永明の禅と浄土との四句を引いて口実と為すに及ぶ。亦た謬《あやま》らずや」と。

客、席を避けて曰く、「試みに請う、之を辨ぜよ」と。

幻曰く、「浄土は心なり、禅も亦た心なり。体は一にして名は二なり。迷える者は其の名に執して以て其の体に昧《くら》く、悟れる者は其の体に達して以て其の名を会す。豈に特《ただ》に浄土のみ然らんや。教中に『一切の法は即ち心の自性なることを知る』と謂い、又た『森羅及び万象は一法の印する所なり』と云うが如し。但《も》し自心の禅を悟らば、其の三界万法に即して、霊源に混入し、挙すれば必ず全真、初《もと》より揀択無し。既に東西両土の殊《こと》なり無し、安くんぞ浄穢の二邦の異なり有らんや。十万億土を跬歩に促《ちぢ》め、宝池金地、寰区に充塞す。一刹那の頃を永年に延ばし、翠竹、黄花は同じく正受に帰す。四大海の月は塵塵に独り朗《あき》らかに、五須弥の毫は処処に輝きを分かつ。老達磨は頓《にわか》に明月の珠を忘れ、阿弥陀は黄金の印を失却す。禅門は皆な剰語、浄土も亦た虚名なり。名体の見銷《き》え是非の情尽《つ》くれば、丈六の身と一茎草と、何れか劣り、何れか優《まさ》らん。三千界と半点塵と、孰《いず》れか多く孰れか少からん。是れを一味平等の法門と謂う。苟《も》し真正に全身悟入するに非ずんば、安くんぞ解脱の理有らんや。且つ参禅は生死を了せんことを要し、念仏して浄土を修するも亦た生死を了せんことを要す。聖人、教を設くること千塗万轍なりと雖も、一に皆な生死を決了するを以て究竟と為す。然れども生死の根塵を破するには、惟だ一門深入を尚ぶ。古人謂う、『毫釐の繋念は三途の業因、瞥爾として情生ずれば万劫の羈鎖』と。兼修をか云わんや。或いは此くの如からずして禅を談じ浄土を説かば、識浪を沸騰し情塵を鼓扇し、卒に未だ已むこと有らざるなり。余、所以に辯ずること無き能わず」と。

*

《語注》

（一）永明寿禅師有十人九蹉路之譏＝永明延寿の「禅浄四料揀」の第一に「禅有りて浄土無ければ、十人に九、蹉路す。陰境若《も》し現前せば、瞥爾として他に随い去らん（有禅無浄土、十人九蹉路、陰境若現前、瞥爾随他去）」（『浄土指帰集』巻上・永明料揀・Z108-68a）とある。「禅浄四料揀」については、野口善敬著『元代禅宗史』（禅文化研究所・二〇〇五）Ⅲ・1の注(1)（p. 361）参照のこと。また、永明については、【五】の語注（一）に既出。

（二）教中所謂於一乗道分別説参＝『法華経』巻二「譬喩品第三」に「一仏乗に於いて、分別して参と説く（於一仏乗、分別説参）」（T9-13c）とあるのを踏まえる。

（三）長蘆＝長蘆宗賾（生卒年不詳）は、宋代の曹洞宗の禅僧で、長蘆応夫の法嗣。その伝は燈史類では『五燈会元』巻一六（Z138-317b）などに見える。禅門においては『禅苑清規』十巻の編者として知られるが、浄土にも深く帰依しており、『楽邦文類』巻三（T47-192c）では「蓮社継祖五大法師」の五番目に名前が挙げられ、『廬山蓮宗宝鑑』巻四（T47-324c）にも名前を連ねている。また、浄土系の文章として、「勧参禅人兼修浄土」（『龍舒増広浄土文』巻一一・283c）・「勧念仏頌」（『楽邦文類』巻五・T47-219b）などが残されている。

（四）北礀＝北礀居簡（一一六四〜一二四六）、字は敬叟。北澗とも書かれる。臨済宗楊岐派の仏照徳光の法嗣で、大慧宗杲の孫弟子に当たる。その伝は、『続伝燈録』巻三五（T51-707a）・『五燈会元続略』巻二（Z138-450b）などに見える。著述として『北礀和尚語録』一巻（Z121所収）や『北礀詩集』九巻・『北礀文集』十巻・『北礀和尚外集』一巻（いずれも内閣文庫所蔵）がある。

（五）真歇＝真歇清了（一〇八八〜一一五一）。曹洞宗の丹霞子淳の法嗣で、宏智正覚の兄弟弟子。日本の永平道元の法祖に当たる。その伝は『五燈会元』巻一四（Z138-269d）などに見える。著書に『真歇清了禅師語録』二巻（Z124所収、上巻「真州長蘆了和尚劫外録」・下巻「真歇和尚拈古」）、及び『真歇了禅師語』一巻（『続古尊宿語要』巻二・Z118所収）がある。

（六）天目＝滅翁文礼（一一六七〜一二五〇）は臨済宗松源崇岳の法嗣。字は滅翁、号は天目。南屏山浄慈寺、四明の天童山に住した。その伝は、『続伝燈録』巻三六（T51-714a）・『五燈会元続略』巻三（Z138-473a）などに見える。

（七）東都曦法師……照曰、雖在禅門亦以浄土兼修耳＝曦法師は未詳。『浄土指帰集』巻下「密修浄業」（Z108-80c）

に同様の話が載せられているが、円照の最後の言葉は「迹は禅門に在りと雖も、心を浄業に留むるが故なり（雖迹在禅門、而留心浄業故也）」となっており同意であるが文章に小異がある。また『釈氏稽古略』巻四に、「汴京に曦法師なる者有り、定中に浄土に遊び、大蓮華の光明の黄色にして、其の上に題名して『宋の比丘宗本の座』と曰うを見る。既にして定より起ち、往きて其の事を述ぶ。是の時、円照、請いて蘇州の霊巌に老帰す。曦問いて曰く、『禅師何が故に位をば浄土に帰す』と。円照曰く、『宗本、禅を修むる時、心は極楽世界に在りて、二相無きなり』と（汴京有曦法師者、定中遊浄土、見大蓮華光明黄色、題名其上曰宋比丘宗本之座。既而定起、往述其事。是時円照請老帰蘇州霊巌。曦問曰、禅師何故位帰浄土。円照曰、宗本修禅時、心在極楽世界、無二相也）」（T49–876c）とある。

（八）円照本禅師＝慧林宗本（一〇二〇〜一〇九九）は、雲門宗の僧侶。天衣義懐の法嗣で、雪竇重顕の孫弟子に当たる。宋の元豊五年（一〇八二）に神宗帝の招請により東京の大相国寺慧林禅院に住したので慧林禅師と呼ばれる。「円照」は哲宗からの賜号。その伝は『続伝燈録』巻八（T51–512a）・『五燈会元』巻一六（Z138–308a）などに見える。著述として『慧林宗本禅師別録』一巻（Z126所収）がある。

（九）教中謂、知一切法、即心自性＝『華厳経』からの引用。【四】語注（一）参照。

（一〇）又云、森羅及万象、一法之所印＝『宗鏡録』巻九四に「『法句経』偈云……」（T48–28c）としてこの語を引用しており、禅門の疑経である『法句経』一巻の偈頌に「参羅及万像、一法之所印」（T85–1435a）とある。

（一一）十万億土＝娑婆世界と西方の極楽世界との間にある仏国土の数。西方十万億土の彼方にあるという極楽国を指す。『阿弥陀経』に「爾《そ》の時、仏、長老の舎利弗に告ぐ、『是《こ》こ従《よ》り西方、十万億仏土を過ぎて、世界有り、名づけて極楽と曰う。其の土に仏有り、阿弥陀と号し、今現在説法す』と（爾時仏告長老舎利弗、従是西方過十万億仏土、有世界名曰極楽。其土有仏、号阿弥陀、今現在説法）」（T12–346c）とある。

（一二）宝池金地＝宝池は、『阿弥陀経』に「極楽国土に七宝の池有り、八功徳の水、其の中に充満し、池の底には純ら金沙を以て地に布く（極楽国土有七宝池、八功徳水充満其中、池底純以金沙布地）」（T12–346c〜347a）とあるのが代表的な表現である。極楽浄土の大地は『観無量寿経』に「瑠璃地」（T12–365a）とあるように、青玉《サファイア》で出来ているとされており、黄金ではない。池の底の地面が黄金で出来ていることと混同した表現であろうか。

（一三）五須弥毫＝「須弥」は須弥山のこと。五須弥は五つの須弥山。「毫」は、仏の白毛のこと。白い羊毛のような一本の長い巻き毛が仏の眉間から現れていると信じられていた。仏に具わっている三十二の特徴の一つでもあり、眉間にある白色の巻き毛で右に回っており、光明を放つという。『観無量寿経』で仏の容貌を表現した中に、「眉間の白い旋毛は右廻りに優雅に回転し、スメール山が五つ並んだようである（眉間白毫右旋宛轉如五須弥山）」（T12-343b、岩波文庫本・p. 22）とある。

（一四）老達磨頓忘明月珠、阿弥陀失却黄金印＝典拠未詳。達磨も阿弥陀も大切な宝物を手にしていることを忘れ去ってしまう。「明月珠」は、「明月珠とは、夜明珠なり（明月珠者、夜明珠也）」（『折疑論』巻二「喩挙第四」T52-801a）とあるように、夜に光を放つ蛍石の類。『仏説大阿弥陀経』巻上（T12-331c）では宝玉として「白珠」や「摩尼珠」などと共に列記されている。禅録の使用例としては、たとえば『円悟仏果禅師語録』巻四に「円かなること明月珠の如し（円如明月珠）」（T47-731b）と、円満な相を示すものとして使用されている。「黄金印」は、黄金で作られた印章のことで、中国古代に諸侯が佩したものであるが、「黄金の印を以て、用《もっ》て十方諸仏に授く（以黄金印用授十方諸仏）」（『法苑珠林』巻一〇「灌帯部第二」T53-355a）とあるように、ここでは仏の証しとして与えられた印章の意であろう。

（一五）丈六身一茎草＝一丈六尺の〔仏の〕身と一茎《ひとくき》の草。『碧巌録』第四則・本則評唱や第八則・垂示に、「一本の草に仏身のはたらきをさせたり、仏身に一本の草のはたらきをさせたりする（有時将一茎草作丈六金身用、有時将丈六金身作一茎草用）」（T48-143b, 148a）とあり「自由なはたらき」を示すが、元々は趙州従諗の言葉を踏まえる。ただ『景徳伝燈録』巻一〇の「趙州」条では、「老僧把一枝草為丈六金身用、把丈六金身為一枝草用」（T51-277a）とあるように、「茎」が「枝」となっている。

（一六）一門深入＝『楞厳経』巻四に「但だ汝下劣にして、未だ中に於いて自在の慧を円にすること能わず。故に我宣揚して、汝をして但だ一門に於いて深く入らしむ（但汝下劣、未能於中円自在慧。故我宣揚、令汝但於一門深入）」（T19-123a、荒木訳注本・p. 336）とある。ここでは禅か浄土かどちらかの一門の意味に用いられているが、『楞厳経』では六根六門の中の何れか一つの意であり、観音菩薩の耳門が強調されている。

（一七）古人謂、毫釐繫念、三途業因、瞥爾情生、万劫羈鎖＝『景徳伝燈録』巻一五（T51-317b）や『五燈会元』巻七（Z138-115d）の「徳山宣鑑」条に見える。但し『景徳伝燈録』では第三句が「瞥爾生情」となっている。

【九】五家の宗派

ある人が質問した、「達磨は始め単伝直指《一人伝えズバリ示》した道を伝えたのに、十数代伝わるうちに五家《いつつ》（＝臨済宗・曹洞宗・潙仰宗・雲門宗・法眼宗）の宗派に分かれたのは、どうしてでしょうか。達磨という一家の説をバラバラにして、〔別々に〕異なった五つとすることはできないのではありませんか。もし〔別々に〕異なっていないのならば〔一家で良いのであり〕、どうして五家という説が存在するのでしょうか」。

幻《わたし》は言った、「いわゆる五家とは、その人を五家にわけるのであり、その道を五家にわけているのではない。おまえは聞いたことがないのか、『仏祖が〔仏法を代々〕授受するという旨《こと》を伝燈と名づける』というのを。もし伝燈という意味が分かるならば、それが五つとなることは不思議ではあるまい。世にある燈火でこのことを説明してみよう。籠燈《とうろう》の燈《ともしび》もあれば、〔小さい燈《ともしび》である〕盞《せん》燈もあるし、〔宝珠の燈《ともしび》である〕瑠璃《るり》燈もあるし、〔蝋燭の燈《ともしび》である〕蝋燭《ろうそく》燈もあるし、〔紙を細く切って紐のようにして火を点《つ》けた燈《ともしび》である〕紙撚《しねん》燈もある。燈火という点では同じだが、〔燈火が〕ついている器が同じでないだけだ。同じではないといっても、生死の長い夜の幽暗《くらやみ》を破ることができないものはない。どうして今の五家だけがそうであろうか。昔、達磨の一つの燈火が凡そ四伝して大医〔こと四祖道信《どうしん》（五八〇～六五一）〕に至って、牛頭《ごず》の一宗が出た。五伝して大満〔こと五祖弘忍《ぐにん》（六〇一～六七四）〕に至って、北宗の神秀《じんしゅう》禅師（?～七〇六）の一宗が出た。六伝して曹渓〔六祖慧能《えのう》大師（六三七～七一三）〕に至って、その下に青原行思《せいげんぎょうし》（?～七四〇）、南嶽《なんがく》懐譲《えじょう》（六七七～七四四）、荷沢神会《かたくじんね》（六八四～七五八）が出た。この三人は、ごちゃ混ぜにはできない。これは勢いがそうさせているのだ。思うに、各宗の下、枝が分かれ支流が広がり、人物が栄えたので、分けようとしないでも〔自然に〕分かれたのだ。今の五家というのは、南嶽・青原の両派の下から出て、流れに沿いながらこの五人（＝臨済・洞山・潙山・雲門・法眼）に至り、知らないうちにその各おのが、勢いよく渦巻いている〔河の〕水が溢れて、巨大な津波となり、前の波と後の浪とが、各自勝手に天にまで届き、太陽にまで沃《そそ》ぎ、広々として限りなく続いているよう〔に盛んになったの〕である。〔このような凄まじい五つの流れを〕一目《ひとめ》で〔簡単に全部〕見わたすことができようか。だから〔五家が〕分かれないわけにはいかなかったのだ」。

ある人が言った、「五家が分れたのは、〔優秀な〕人が盛ん〔に出現したため〕だけではなく、そこに各々の宗旨の内容に同じでない点があった〔からではないでしょうか〕」。

幻《わたし》は言った「同じでないというわけではない。ただ大筋では同じだが、少し違っているだけだ。大筋で同じというのは、少室《しょうしつ》（＝達磨）の一つの燈《ともしび》〔を受け継いでいる〕という点が同じである。少しの違いというのは、〔指導に用いられる〕語言《ことば》や〔棒喝などの〕機境《ほうべん》がたまたま異っていたのだ。潙仰の謹厳、曹洞の細密、臨済の痛快、雲門の高古、法眼の簡明といったものは、各おのその天性から出たものであり、師弟の間で従来のやり方を見失わなかったので、語言《ことば》や機境《ほうべん》をお互いに踏襲しているように見えるのだ。要するに皆なそうなることを期せずして、そうなったのだ。当時の宗師《高僧》たちが、もし〔その〕違いを尊んで自分で一つの宗派の伝統にしたいと思っていたのならば、〔その宗師《高僧》の考えは〕ひどい謬《あやま》りであろう。〔仮にも〕そのようなことをやったのならば、どうして仏祖がこの世を照らしている命燈《ともしび》を伝える資格があるであろうか。今の禅〔宗の〕流《やから》は、宗旨にとらわれて〔身動きが出来ず〕、虚空を断ち切るような、でたらめな見解を起こして、お互いに長短を〔言い〕争っている。私には、五家の高僧たちが、大いなる涅槃の中で、皆な〔今の禅宗の輩の臭気をきらって〕鼻をつまんでいるのが〔良く〕分かる」。

*

《原　文》

或問、達磨始以単伝直指之道、至十餘伝而分為五家宗派者、何也。不可破裂達磨一家之説、異而為五耶。儻不異則安有五家之説乎。

幻曰、所云五家者、乃五家其人、非五家其道也。爾不聞、仏祖授受之旨、目為伝燈（一）。苟知伝燈之義、則不疑其為五也。請以世燈言之。有籠燈焉、有盞燈焉、有瑠璃〈校1〉燈焉、有蝋燭燈焉、有紙撚燈焉。謂燈則一也、而所附之器不同爾。雖曰不同、未有不能破生死長夜之幽暗者。豈惟今之五家為然。昔達磨一燈（二）、凡四伝至大医、則有牛頭一宗。五伝至大満、則有北秀一宗。六伝至曹渓而下、則青原・南嶽・荷沢。此三人者、便自不可得而混矣。此勢使然也。蓋各宗之下、枝分派衍、人物蕃昌、乃不分而分矣。今之謂五家者、乃出自南嶽・青原両派之下、沿流至此五人、不覚、其各各如奔匯之水、溢為巨浸、前波後浪、各不相待而黏天沃日、浩無辺涯。是可以一目観之哉。乃不得不分焉。
或謂、五家之分、不止於人之盛。就中各有宗旨不同。
幻曰、非不同也。特大同而小異爾。云大同者、同乎少室之一燈也。云小異者、乃語言機境之偶異爾。如溈(三)仰之謹厳、曹洞之細密、臨済之痛快、雲門之高古、法眼之簡明、各出其天性、而父子之間、不失故歩、語言機境、似相蹈襲。要皆不期然而然也。使当時宗師、苟欲尚異而自為一家之伝、則不勝其謬矣。以若所為、豈堪伝仏祖照世之命燈乎。今之禅流泥乎宗旨、而起夾截虚空之妄見、互相短長。余知、五宗之師、於大寂定中、莫不掩鼻矣。

〈校1〉瑠＝琉

*

《書き下し文》

或るひと問う、「達磨始め単伝直指の道を以てするに、十余伝に至りて分かれて五家の宗派と為るは、何ぞや。達磨一家の説を破裂して、異なりて五と為る可からざらんや。儻《も》し異ならずんば、則ち安くんぞ五家の説有るや」と。

幻曰く、「云う所の五家とは、乃ち其の人を五家にするにして、其の道を五家にするには非ざるなり。爾《なんじ》聞かずや、『仏祖授受の旨を、目《な》づけて伝燈と為す』ことを。苟《も》し伝燈の義を知らば、則ち其の五と為すことを疑わざるなり。請う、世燈を以て之を言わん。籠燈有り、盞燈有り、瑠璃燈有り、蝋燭燈有り、紙撚燈有り。燈と謂うは則ち一なるも、附する所の器は同じからざるのみ。同じからずと曰うと雖も、未だ生死長夜の幽暗を破ること能わざるものあらず。豈に惟だに今の五家のみ然りと為さんや。昔、達磨の一燈は凡そ四伝して大医に至りて、則ち牛頭の一宗有り。五伝して大満に至りて、則ち北秀の一宗有り。六伝して曹渓に至りて、下に則ち青原・南嶽・荷沢あり。此の三人は便自《すなわ》ち得て混ずべからず。此れ勢いの然らしむるなり。蓋し各宗の下、枝分かれ派衍《ひろ》がり、人物蕃昌すれば、乃ち分けずして分かる。今の五家と謂うは乃ち南嶽・青原両派の下より出で、流れに沿って此の五人に至り、覚えず、其の各各に奔匯の水溢れて巨浸と為り、前波後浪、各おの相待たずして天に黏じ日に沃《そそ》ぎ、浩として辺涯無きが如し。是れ一目を以て観る可けんや。乃ち分かれざることを得ざるなり」と。

或るひと謂う、「五家の分かるるは、人の盛んなるのみに止《とど》まらず。中に就きて各おの宗旨の同じからざる有るなり」と。

幻曰く、「同じからざるに非ざるなり。特《ただ》に大同にして小異あるのみ。大同と云うは、少室の一燈を同じくするなり。小異と云うは、乃ち語言機境の偶《たま》たま異なるなり。潙仰の謹厳、曹洞の細密、臨済の痛快、雲門の高古、法眼の簡明の如き、各おの其の天性より出でて、父子の間、故歩を失わざれば、語言機境、相《あい》蹈習するに似たり。要するに皆な然るを期せずして然るなり。当時の宗師をして苟《も》し異を尚《たっと》びて自ら一家の伝と為すことを欲せしむれば、則ち其の謬《あやま》ちに勝えず。若《かくのごと》く為す所を以てせば、豈に仏祖、世を照らすの命燈を伝うるに堪えんや。今の禅流は宗旨に泥《なず》んで、虚空を夾截するの妄見を起こして、互《たが》いに相短長す。余は知る、五宗の師、大寂定中に於いて鼻を掩わざること莫きことを」と。

＊

《語注》
（一）仏祖授受之旨、目為伝燈＝出典が存するような書き方であるが、典拠未詳。
（二）昔達磨一燈、凡四伝至大医、則有牛頭一宗。五伝至大満、則有北秀一宗。六伝至曹渓而下、則青原・南嶽・荷沢。此三人者、便自不可得而混矣＝伝燈の法系における分派現象の中でも、正系と見なされるものと、傍系としての支派に過ぎないものがある。五家七宗の流れは分派の中でも正系だとされる。四祖道信の下には弘忍と牛頭法融が出るが、弘忍が正系の五祖となり、牛頭は傍系と見なされる。また五祖弘忍の下には慧能と神秀が出るが、慧能が六祖となり、神秀は傍系と見なされる。しかし必ずしも正系は一つとは限らず、六祖慧能の下に出た青原行思・南嶽懐譲・荷沢神会の三人のうち、青原と南嶽の二系統は五家に連なる正系である。ただ、青原・南嶽と同門である六祖下の荷沢神会は慧能から「知解の宗徒（知解宗徒）」（『六祖壇経』T48–359c）と評されており、正系とは見なされていないから、この三者は混同できないと言うのであろう。
（三）如潙仰之謹厳、曹洞之細密、臨済之痛快、雲門之高古、法眼之簡明＝五家の宗風に対して評価を加えた著述としては、宋の晦巌智昭編『人天眼目』六巻（T48所収）や、清の三山燈来編『五家宗旨纂要』三巻（Z114所収）の存在が良く知られている。

【一〇】公案とは

ある人が質問した、「仏や祖師の〈悟りを開く〉機縁《きっかけ》が、世間で公案と呼ばれているのはどうしてでしょうか」。

幻《わたし》は言った、「『公案』は公府（＝政府）の案牘《あんとく》（＝公文書）に喩えられる。法（＝規範）の所在であり、王道《良い政治》

〔によってこの世〕が治まるか乱れるかは実にこれに係っている。『公』とは、聖賢が轍《わだち》を一つにし〔て通り〕、天下〔の人々〕が途《みち》を同じくする、この上ない道理である。『案』とは聖賢が行うこの上ない道理を記す正しい文章である。およそ天下〔に国〕があれば公府（＝政府）が無かったためしはないし、公府（＝政府）が有れば案牘（＝公文書）が無かったためしはない。要するに、〔案牘（＝公文書）を〕用いて法（＝規範）として天下の不正を断とうと思うからである。〔だから〕公案が行われれば理法（＝規範）が用いられ、理法（＝規範）が用いられれば天下は正しくなり、天下が正《きちん》となれば、王道《良い政治》〔によって国〕が治まる。そもそも仏や祖師の〔悟りを開く〕機縁《きっかけ》を公案と名づけるのも、また同じことだ。恐らく、〔私〕一人の勝手な憶測ではない。霊妙な根源〔である仏心〕に出会って妙旨を契《さと》り、生死を打破し、〔観念的分析的な思量である〕情量を越えて〔こそ理解できるものであり〕、全宇宙の数多くの菩薩と同じように授かっているこの上ない道理なのである。その上、意味で理解できず、言葉で伝えられず、文字で説きあかせず、認識作用で推し量れないものである。〔『涅槃経』に出てくる〕塗毒鼓《ずどっこ》のように〔この音を〕聞く者は皆な死んでしまい、大火事のようにこれにかかれば焼け〔死んで〕しまう。だから、霊鷲山《りょうじゅせん》〔で釈尊が〕『別伝』と言ったのはこれを伝えているのであり、達磨が『直指』と言うのはこれを指しているのだ。〔六祖慧能の下で〕南・北という宗が分かれ、〔その後〕五家という派が分かれて以来、諸もろの善知識《しどうしゃ》は〔釈尊が〕伝えたものを〔しっかりと手に〕操《と》り、〔達磨の〕指すところを担っ〔てき〕た。〔そして〕弟子が質問したら師匠が〔それに〕応《こた》え、〔弟子と師とが〕牛を貫ったら馬をお返しにする〔といった平常を超越した問答をする〕間に、いろいろな言葉を口に信《まか》せて捷《すみや》かに出し示す様《さま》は、〔あたかも〕耳をふさぐいとまもない迅雷《かみなり》のよう〔な素早さ〕だ。『庭前《ていぜん》の栢樹子《はくじゅし》』『麻三斤《まさんぎん》』『乾屎橛《かんしけつ》』といった類〔の公案〕となると、人にほじくれる論理的な道筋はほぼ存在しない。ちょうど〔取り付く島もない難攻不落の堅固さをもった壁である〕銀山の鉄壁のように突き抜けることができないのだ。ただ〔物事の道理をよく見通せる〕明眼の者だけがよく言葉を超えたところで予《あらかじ》め手に入れる〔ことができる〕のだ。〔師と弟子との〕問答やり取りは、鳥が〔飛んだ〕空中の跡や、水底の月の痕跡のよう〔にとらえどころがないの〕である。色々なやり方があり自由自在であって、すべて〔あれこれ考えて〕推し量ることなどできはしないのだ。〔このような公案は〕むかし霊鷲山《りょうじゅせん》での拈華《ねんげ》（＝釈尊と迦葉とのやりとり）から、ここ今日におよぶまで〔無数にあるのであり〕、またどうして〔『伝燈録』に載せられた〕一千七百則だけに止《とど》まろうか。他でも無い、必ず心を悟った人が〔これらの公案を〕取りだして〔自分の悟りの〕証拠とすることを期待するだけであり、人が知識を増やして話柄の助けとすることなど、まったく求めてはいないのだ。世〔の中〕で長老と称《よ》ばれている者は、つまり禅門における公府（＝政府）の長吏（＝高官）である。『伝燈録』として編集されたものは、つまりその説法や提唱を記録した案牘（＝公文書）である。古人は、弟子を指導する合間《あいま》や、戸を閉ざ〔し閉じこもって坐禅〕している時に、折に触れて〔公案を〕持ちだし、〔修行のために〕取り挙げ、判定し、詩にし、批評したのだ。どうして、見聞をひけらかし、古の祖師に張り合おうとして、そんなことをしただろうか。思うに、大いなる仏法が今にも廃《すた》れそうなのを、とても心配したから、むりやり方便《てだて》を施して、後世の人々の智慧の眼を明らかに開かせ、共に証《さと》らせようとしただけなのである。『公』と言うのは、〔公正で〕自分かってな理解を防ぎ、『案』とは必ず仏祖と一致する〔普遍的な『案（＝文書）』

となる〕ことを期待しているのである。だから、公案が分かれば〔凡夫の迷妄の見解である〕情識《まよい》がなくなり、情識《まよい》が尽きれば生死は無くなり、生死が無くなれば仏道が治まるのだ。いわゆる一致とは、衆生が自らの生死〔を繰り返す〕情妄《まよい》の領域に縛られ、大昔から今にいたるまで、自分で釈《ほど》くことが〔でき〕ないことを、仏祖はとても気の毒に思ったので、言葉が無い中において言葉を顕わし、形が無い中に形を示したのだ。その迷いの縄がすでに釈《ほど》けてしまった時には、どうして問題とすべき言葉や形があろうか。その上、世の〔中の〕人は、事件がおこって解決することができなければ、必ず〔解決の〕道筋を公府（＝政府）に求め、役人が案牘（＝公文書）を挙げ示して解決をする。〔それは〕ちょうど修行者が悟解《さと》って〔も、その悟りの正否を〕自分で決《判断》することができず、それ（＝悟った内容）を師に問い質《ただ》すならば、〔師が〕公案を挙げ示して決着をつけるようなものなのだ。そもそも公案は、情識《まよい》の暗闇を照らす智慧の燈火であり、見たり聞いたり〔といった経験や知識〕の覆いを剥がす金の小刀であり、生死の息の根を断ちきる鋭い斧であり、〔悟りを得た〕聖人と〔迷いの中にある〕凡人の顔かたちを〔映して〕鑑別する霊妙な鏡である。祖師の意《こころ》はこれによってすっかり明らかになるし、仏の心もこれによって顕らかになる。その完全に〔生死を〕超え、はるかに〔輪廻を〕抜け出し、大いに〔仏心に〕到達し、ともに〔仏法を〕証《さと》る要《かなめ》は、これを越えるものではない。いわゆる公案とは、〔仏〕法が分かった者だけが〔その威力が分かって〕恐れるものなのだ。もしそのような人でなければ、どうしてぼんやりとでも〔公案の中味を〕窺い知ることができようか。ああ、世の中の〔心の〕迷妄《まよい》〔に惑わされた〕者は、その〔迷いの〕根源を考えずに、常に聡明な資質によって広範に調べ、博く暗記し、〔師から弟子に〕色々な形で伝え、ただ言葉でスラスラと語る能力に務めるだけで、心に悟り〔を開くこと〕を求めないから、棒喝が入り乱れる勝れた軌範も、迷いの森に墜ちこむことになってしまい、優れた修行者が踏み行なった足跡も、善いとか悪いとかいう深い落とし穴に陥ることになってしまう。愛するとか憎むとか〔いう区別〕が目に溢れ、取るとか捨てる〔という区別〕が心の中にいっぱいであり、古人（＝汾州無業禅師）の〔『醍醐の優れた味は、世間ではとても珍しいものだが、これらの人に会えば毒薬になってしまう』という〕醍醐と毒薬との喩《たとえ》〔が正しいこと〕が、ここに明らかになるのである。禅門が廃れるのは、これに本《もと》づかないことはない。ああ、ちょうど、役人が法を犯して〔自分のために〕天下《世間》での賄賂を行うようなものだ。もし利己心が一度《ひとたび》〔良心に〕勝つならば、公正な道に天下太平をもたらす効能を望みたくても、どうして得られようか」。

＊

《原　文》

或問、仏祖機縁、世称公案者、何耶。

幻曰、公案乃喩乎公府之案牘也。法之所在、而王道之治乱、実係焉。公者乃聖賢一其轍、天下同其途之至理也。案者乃記聖賢為理之正文也。凡有天下者、未嘗無公府。有公府者、未嘗無案牘。蓋欲取以為法而断天下之不正者也。公案行則理法用、理法用則天下正、天下正則王道治矣。夫仏祖機縁、目之曰公案亦爾。蓋非一人之臆見。乃会霊源(一)契妙旨、破生死越情量、与三世十方百千開士同稟之至理也。且不可以義解、不可以言伝、不可以文詮、不可以識度。如塗毒鼓(二)、聞者皆喪、如大火聚、嬰之則燎。故霊山謂之別伝者伝此也。少林謂之直指者指此也。自南北分宗、五家列派以来、諸善知識、操其所伝、負其所指、於賓叩主応、得牛還馬之頃、〔三〕麤〈校1〉言細語信口捷出、如迅雷不容掩耳。如庭前栢樹子・麻三斤・乾屎橛之類、〔四〕略無義路与人穿鑿。即之如銀山鉄壁之不可透。惟明眼者能逆奪於語言文字之表。一唱一和、如空中鳥跡、水底月痕。雖千途万轍、放肆縦横、皆不可得而擬議焉。遠自鷲嶺拈〔五〕華〈校2〉、迨于今日、又豈止乎一千七百則〔六〕而已哉。無他〈校3〉、必待悟心之士、取以為証拠耳。実不欲人益記持而資談柄也。世称長老者、即叢林公府之長吏也。其編燈集録者、即記其激揚提唱之案牘也。古人或匡徒隙、或掩関之暇、時取以拈之判之、頌之別之。豈為炫耀見聞、抗衡古徳而然。蓋痛思大法之将弊。故曲施方便、開鑿後昆之智眼、欲俾其共証之爾。言公者防其己解、案者必期与仏祖契同也。然公案通則情識尽、情識尽則生死空、生死空則仏道治矣。所云契同者、乃仏祖大哀衆生自縛於生死情妄之域、積劫迨今莫之自釈。故於無言中顕言、無象中垂象。待其迷縄既釈、安有言象之可復議乎。且世之人、有事不得其平者、必求理於公府、而吏曹則挙案牘以平之。猶学者有所悟解不能自決、乃質之於師、則挙公案以決之。夫公案、即燭情識昏暗之慧炬也。揭見聞翳瞙之金篦也。断生死命根之利斧也。鑑聖凡面目之神鏡也。祖意以之廓明、仏心以之開顕。其全超・迥脱・大達・同証之要、莫越於此。所謂公案者、惟識法者懼。〔七〕苟非其人、詎可窺其彷彿也。嗟、世之迷妄者、不考其源、毎以聡明之資、広尋博記、顕授密伝、惟務言通、匪求心悟、致使棒喝交馳之勝軌、堕情想之稠林、龍象蹴〔八〕踏之霊蹤、陥是非之深穽。愛憎溢目、取捨盈懐。古人醍醐毒薬之喩〔九〕、験於斯矣。叢林之替、莫有不本於此者。嗚呼、猶吏曹竊法以貨天下之賄賂。己私一勝、欲望公道有治平之効、其可得乎。

〈校1〉麤＝麁　〈校2〉華＝花　〈校3〉他＝佗

＊

《書き下し文》

或るひと問う、「仏祖の機縁、世に公案と称するは何ぞや」と。

幻曰く、「公案は乃ち公府の案牘に喩《たと》うるなり。法の在る所にして、王道の治乱は実に焉《これ》に係れり。公とは、乃ち聖賢、其の轍を一つにし、天下、其の途を同じくするの至理なり。案とは乃ち聖賢の理と為すものを記すの正文なり。凡そ天下有れば、未だ嘗て公府無くんばあらず。公府有れば、未だ嘗て案牘無くんばあらず。蓋し取りて以て法と為して、天下の不正を断ぜんと欲するものなり。公案行わるれば則ち理法用いられ、理法用いらるれば則ち天下正しく、天下正しければ則ち王道治まる。夫れ仏祖の機縁、之を目《な》づけて公案と曰うも亦た爾《しか》り。蓋し一人の臆見にあらず、乃ち霊源に会して妙旨に契い、生死を破して情量を越え、三世十方の百千の開士と同《とも》に稟くるの至理なり。且つ義を以て解す可からず、言を以て伝う可からず、文を以て詮す可からず、識を以て度《はか》る可からず。塗毒鼓の如く、聞く者皆な喪び、大火聚の如く之に嬰《かか》れば則ち燎《や》かる。故に霊山、之を別伝と謂うは此れを伝うるなり。少林、之を直指と謂うは此れを指すなり。南北、宗を分かち、五家、派を列してより以来、諸もろの善知識は其の伝うる所を操り、其の指す所を負いて、賓叩き主応じ、牛を得て馬を還すの頃に於いて、麤言細語をば口に信《まか》せて捷出すること、迅雷の耳を掩う容《べ》からざるが如し。庭前の栢樹子・麻三斤・乾屎橛の類の如きは、略《ほぼ》、義路の人に与えて穿鑿《せんさく》せしむるもの無し。之を即《たと》うれば銀山鉄壁の透《とお》る可からざるが如し。惟だ明眼の者のみ能く語言文字の表に逆奪す。一唱一和は、空中の鳥跡、水底の月痕の如し。千途万轍、放肆縦横なりと雖も、皆な、得て擬議す可からず。遠く鷲嶺の拈華より今日に迨《およ》ぶまで、又た豈に一千七百則のみに止まらんや。他無し、必ず悟心の士、取りて以て証拠と為すを待つのみ。実に人の記持を益して談柄を資《たす》くることを欲せざるなり。世に長老と称する者は即ち叢林公府の長吏なり。其れ燈を編み、録を集むる者は即ち其の激揚の提唱を記すの案牘なり。古人、或いは徒を匡《ただす》の隙、或いは掩関《えんかん》の暇、時に取りて以て之を拈じ之を判し、之を頌し之を別す。豈に見聞を炫耀し、古徳に抗衡せんが為にして然らんや。蓋し痛く大法の将に弊《やぶ》れんとするを思う。故に曲げて方便を施し、後昆の智眼を開鑿して、其れをして共に之を証せしめんと欲するのみ。公と言うは其の己解を防ぎ、案とは必ず仏祖と契同せんことを期するなり。然らば公案通ぜば則ち情識尽き、情識尽くれば則ち生死空じ、生死空ずれば則ち仏道治まる。云う所の契同とは、乃ち仏祖大いに衆生の自ら生死情妄の域に縛られて、積劫より今に迨ぶまで之を自ら釈《と》くこと莫きを哀れむ。故に無言の中に於いて言を顕わし、無象の中に象を垂る。其の迷縄既に釈くことを待たば、安くんぞ言象の復た議す可きこと有らんや。且つ世の人、事有りて其の平らぐることを得ざれば、必ず理を公府に求めて、吏曹は則ち案牘を挙げて以て之を平らぐ。猶お学者の、悟解する所有るも自ら決すること能わず、乃ち之を師に質せば、則ち公案を挙げて以て之を決するがごとし。夫れ公案は即ち情識の昏暗を燭《てら》すの慧炬なり。見聞の翳瞙を掲ぐるの金篦なり。生死の命根を断つるの利斧なり。聖凡の面目を鑑《かんがみ》るの神鏡なり。祖意は之を以て廓明し、仏心は之を以て開顕す。其の全超・迥脱・大達・同証の要は、此れを越ゆることなし。所謂《いわゆる》公案とは惟だ法を識る者のみ懼る。苟《も》し其の人に非ずんば、詎《いず》くんぞ其の彷彿を窺う可けんや。嗟《ああ》、世の迷妄の者、其の源を考えず、毎《つね》に聡明の資を以て、広く尋ね博く記し、顕授密伝して、惟だ言通に務むるのみにして、心悟を求むるに匪《あら》ざれば、棒喝交馳の勝軌をして情想の稠林に墜ち、龍象蹴踏の霊蹤をして是非の深穽に陥らしむることを致す。愛憎、目に溢れ、取捨、懐に盈《み》つ。古人の醍醐毒薬の喩《たとえ》は、斯《こ》に験あり。叢林の替《すた》ること此れに本づかざる者有る莫し。嗚呼《ああ》、猶お吏曹の法を窃んで以て天下の賄賂を貨《まいな》うるがごとし。己私一たび勝たば、公道に治平の効有ることを望まんと欲するも、其れ得可けんや」と。

＊

《語注》

（一）霊源＝霊妙なる根源。根源的な真理そのもの、仏心のこと。禅録の用例としては、『参同契』の「霊源は明に皎潔たるも、枝派は暗に流注す（霊源明皎潔、枝派暗流注）」（『景徳伝燈録』巻三〇・T51–459b）や、『禅宗永嘉集』「優畢叉頌第六」の「霊源、状せざるも、之を鑒すれば則ち千差を以てす（霊源不状、鑒之則以千差）」（T48–391b）などがある。

（二）塗毒鼓＝毒を塗った鼓。『涅槃経』巻九に「譬えば人有り、雑毒の薬を以て用いて大鼓に塗り、大衆中に於いて、之を撃ちて声《おと》を発するが如き、心に聞かんと欲すること無しと雖も、之を聞かば皆な死す（譬如有人以雑毒薬用塗大鼓、於大衆中、撃之発声、雖無心欲聞、聞之皆死）」（T12–420a, 661a）とある様に、その音を聞いた者は全て死ぬとされる。禅門では、たとえば『大慧普覚禅師語録』巻一六に、「塗毒鼓の軒に当たるが如き、一撃して之を聞かば皆な脳裂し、無辺の煩悩悉く蠲除して、夙業旧殃、湯の雪に沃《そそ》ぐがごとくならん（如塗毒鼓当軒、一撃聞之皆脳裂、無辺煩悩悉蠲除、夙業旧殃湯沃雪）」（T47–881c）とあるように、すべての煩悩や悪業を滅除する真理の比喩として用いられる。

（三）得牛還馬＝そのままの語の使用例は少ないが、径山の仏海禅師こと石渓心月（?～一二五四）の拈古に「牛を得て馬を還し、兎を見て鷹を放つは、総て是れ平常の用なり（得牛還馬、見兎放鷹、総是平常之用）」（『拈八方珠玉集』巻上・Z119–108a）とある。禅僧の問答における遣り取りを形容したもの。『雲門広録』巻下などに見える「人に一牛を得れば、人に一馬を還せ（得人一牛、還人一馬）」（T47–571c）を省略したものであろう。【三七】に「得馬還牛、而道出平常」とあり、平常を超越した道理だとされている。『禅語辞典』（思文閣出版）はこの『雲門広録』の語を、唐代の格言集『太公家教』を典拠として、「人から牛一頭をもらったら、馬一頭のお返しをせよ。義理を欠いて面目をつぶしてはいけない」（p. 352）という意味だとしているが、今回は取らない。

（四）如庭前栢樹子・麻三斤・乾屎橛之類＝公案の代表的な例。趙州従諗の「庭前栢樹子」は『無門関』第三七則に、「趙州、因僧問、如何是祖師西来意。州云、庭前柏樹子（趙州和尚にある僧が、『達磨大師がはるばるインドからやってこられた意図は何ですか』と尋ねた。すると趙州は、庭を指さして『あの柏の樹じゃ』と答えた）」（岩波文庫本・p. 144）とある。「柏樹子」はヒノキ科の常緑樹。日本で言うカシワの木ではない。洞山の「麻三斤」は『碧巌録』第一二則・『無門関』第一八則に見える。「洞山和尚、因僧問、如何是仏。山云、麻三斤（洞山和尚はあるとき一人の僧から、『仏とはどのようなものですか』と尋ねられ、『麻、三斤』と答えた）」（岩波文庫本『無門関』p. 85）。洞山は雲門宗の洞山守初（九一〇〜九九〇）のこと。斤は重さの単位で、唐代の中国では約六〇〇gであり、「麻三斤」は「衣一着分が作れる麻糸」（『禅語辞典』p. 433）の意味だとされる。入矢義高「麻三斤」（増補『自己と超越』・岩波現代文庫・二〇一二年、所収）に詳しい。雲門文偃の「乾屎橛」は『無門関』第二一則に、「雲門、因僧問、如何是仏。門云、乾屎橛（雲門和尚はある僧から、『仏とはどういうものですか』と尋ねられて、『乾いたクソの塊りじゃ』と答えた）」（岩波文庫本・p. 93）とある。また、入矢義高「乾屎橛」（増補『自己と超越』所収）を参照。

（五）鷲嶺拈華＝霊鷲山における釈尊と摩訶迦葉の「拈華微笑」の遺り取りを指す。【三】語注（一五）参照。

（六）一千七百則＝【四】語注（一四）参照。

（七）惟識法者懼＝宋代以降の語録類にしばしば見られる語で、たとえば『碧巌録』第三七則「盤山三界無法」の本則著語に「識法者懼」とあり、岩波文庫本には「法を心得ているものは自らを慎むものだ」（中冊・p. 66）と注されている。『大慧普覚禅師語録』巻二九「答王教授〔書〕」には、「縦《たと》い説き得て分暁、和会し得て下落有り、引証し得て差別無きも、尽く是れ鬼家の活計にして、都《すべ》て我が一星事に干《かか》わらず。禅門種種の差別異解、唯だ法を識る者のみ懼る。大法の明らかならざるは、往往にして多く病を以て薬と為せばなり。知らざる可からざるなり（縦説得分暁、和会得有下落、引証得無差別、尽是鬼家活計、都不干我一星事。禅門種種差別異解、唯識法者懼。大法不明者、往往多以病為薬。不可不知）」（T47-934c）とあって、この『山房夜話』と同じく、公案を情識によって理解しようとする弊害を否定する語として用いられている。「識法」の「法」は、「真理」や「本当のこと」といったニュアンスとなる。

（八）龍象蹴踏＝『維摩経』の句で、龍象は象のうちで最も優れたもの。優れた修行者の意。『維摩経』「不思議品第六」に、「譬えば龍象の蹴踏の如き、驢の堪うる所に非ず（譬如龍象蹴踏、非驢所堪）」（T14–547a）とあり、『臨済録』「示衆」にも、「〔そんな時には〕、『巨象の一蹴りは、驢馬ではとても太刀打ちできぬ』と、そいつに言ってやろう（我向伊道、龍象蹴踏非驢所堪）」（T47–503a、岩波文庫本・p. 143）とある。

（九）古人醍醐毒薬之喩＝『景徳伝燈録』巻二八「汾州無業」条に、「且つ醍醐の上味は世の珍奇たるも、斯《こ》れ等の人に遇わば翻って毒薬と成る（且醍醐上味為世珍奇、遇斯等人翻成毒薬）」（T51–444b）とある。その他、『碧巌録』第六二則・本則評唱に「識り得る時は是れ醍醐の上味。若し識り得ずんば、反って毒薬と為るなり（識得時是醍醐上味。若識不得、反為毒薬也）」（T48–194b）など、しばしば禅録の中で用いられる比喩である。

【一一】公案について

ある人が質問した、「祖師の公案は修行者が〔自らの〕疑問によって質問することに本《もと》づいています。そして、古人の大寂滅《さとり》の心の中は、空っぽの谷や大きな太鼓が、敲くのに随って応答するように、ただ相手のために疑情を破り、紋切り型のやり方を切り裂くだけのことなのです。だから〔徳山宣鑑禅師も〕『我が宗に〔説くべき〕語句《ことば》は無く、また人に与える法《おしえ》など一つも無い』と言うのです。思うに、先輩方は、人から師匠に祭り上げられてしまい、やむをえず問答やりとりをしたので、〔そのやりとりの〕僅かな言葉が禅門に流布し、その中身がない言葉を受け継いだ後世のものが、それを公案と名づけたのです。つまり〔公案というのは〕この〔語句も無く、法も無いという〕一つの道理に本づいて〔存在して〕いるのです。〔ところが〕今の禅門のやりとりは、全くこのようではありません。仏〔とは何か〕とか、〔達磨が〕西《インド》から〔中国に〕やってきた意図〔は何か〕とかを質問して、一問一答〔の中〕で、〔洞山の〕『麻三斤《まさんぎん》』とか、〔雲門の〕『乾屎橛《かんしけつ》』とか、〔同じく雲門の〕『須弥山《しゅみせん》』とか、〔無業《むごう》の〕『莫妄想《まくもうぞう》』といった〔公案の〕類を『単提浅近（＝単純で簡単なもの）』とし、〔趙州の〕『勘婆《かんば》』、〔雲門の〕『話堕《わだ》』、〔徳山の〕『托鉢《たくはつ》』、〔香厳《きょうげん》の〕『上樹《じょうじゅ》』などを、『向上全提（＝真理丸出し）』としています。あるいはもろもろの〔悟りの〕機縁《きっかけ》〔となった問答やりとり〕を列挙して〔臨済の〕三玄に帰属させ、あるいは諸もろの語言《ことば》を判定して〔汾陽《ふんよう》の〕四句に入れたりします。〔また〕その中間で、〔ねじ〕曲げて喋り、巧みに言いつくろって、千七百則の公案を網羅し、各おの異なった名称を立てて、互いに品定めしています。古人の意図は、果たしてそうなのでしょうか、それとも違うのでしょうか」。

幻《わたし》は言った、「祖師の語言《ことば》は、およそ〔煩悩がない〕大空寂《からっぽ》で〔作為のない〕無為の心の中から出たものであり、適当にとりだして来て、はなから選択することなどない。取り出したり発せられたりする言葉は、すべて達磨が一人で伝えた教えに本《もと》づいており、口を開けば胆《きも》まで見え、まったく隠すことが無い。譬えば月は天にあるが、東に行く者は月を視て、月とともに東にいくと思い、西に行く者は、月とともに西にいくと思い、その中間《まんなか》で動かない者は、月とともに動いていないと思うようなもので、各おの〔自分の〕見る所に執われて、互いに東に動く、西に動く、動かないといった異なった見方をするのである。満月は空に浮かんで、今までにその人の東行や西行に循って動いたり、じっと動かない状態におちついていたことはないのだ。あれこれ違う色々な意見があるのは、恐らく、まだ仏法の根源に徹していないからに他ならない。だから『器《うつわ》に循《よ》って〔物を入れる〕空《空間》〔の大きさ〕が定まる』という喩《たとえ》があるのだ。先輩で〔物事の道理がよく分かった〕明眼の高僧が、〔言葉を〕挙げ示す時に、あるいは〔仏法を〕抑制し〔て説い〕たり、あるいは持ち上げ〔て説い〕たりしているのも〔それなりの意味があるのであり〕、〔『無門関』に見える〕『この口を開け〔て話し〕てはいるが〔その本旨は〕舌の上にはない』という言葉を証拠として〔その説示を無視し〕、〔言葉以外の〕その一つ一つの動きや物事の上〔だけ〕で理解してはならない。縦奪逆順〔といった宗師の自在な策略〕に足を踏み入れたとたんに、どう対処してよいかわからなくなるのは、他でもない、ただ道理をまだ十分に悟り尽くしていないだけなのだ。だから公案は一つの道理ではあるが、その〔公案の参究に浅深の〕相違する処〔があるの〕は、人が海に入って、入れば入るほど深くなっていくが、長い時間をかけて深い海溝の底に着いてから、ふいに首を回し〔振り返っ〕て看てみるならば、〔ずっと同じ海の中であり〕ほかに海などなかったことが分かる様なものである。もし自分で一度〔悟りという海の底に〕到っていなければ、胸中の疑〔いの情〕が〔問答を通して〕期せずして自然にやってくるものだ。たとえば僧が馬祖に質問した、『どういうものが仏ですか』。馬祖が〔答えて〕言った、『即心《そくしん》是《ぜ》仏《ぶつ》（＝心こそが仏である）』と。この公案は今までに一度も参禅したことがない者でも、また皆な〔頭で〕理解してしまっている。〔ところが〕その〔公案の意味する〕極致を質問してみると、長年修行を積んだ人や深く学問を研究している人でも、誤って理解している者が少なくない。どうしてかといえば、恐らく〔誤って理解している〕人に『何を心とよぶのか』と質問したら、あらかじめ〔頭で理解する〕路頭《すじみち》が出来上がっているからである。ここでズバリと〔根本の真理を〕指し示したいと思うならば、是非とも〔路頭《すじみち》を〕超越して〔公案の答えを自分で〕手に入れ、一通り反覆して〔正しいかどうかを〕看〔てみ〕る必要がある。〔自分で〕看て〔取り〕、町の真ん中で父親に出会ったように明明白白《めいはく》になるならば、自然に〔公案を〕取り挙げれば〔仏法の〕道筋に合致するのである。あるいはある種の、今までに一度も〔公案での〕工夫《しゅぎょう》をしたことがなく、今までに一度も心を明らかにしたことがなく、今までに一度も足下にある生死の大疑団の息の根を切断したことがないものがいて、ただ聡明な資質で古今の文章の中のもっともらしい言葉を図り考え、推量して、古今の公案を理解しつくしてしまっている。〔彼らは〕生死〔の根因〕を了《さと》っていない以上、〔何も〕理解していない本物に及ばないことが、全く分かっていない。〔何も理解していない者は、〕理解していないとは言っても、ある日ふいに信心を起こして本当に〔公案を〕参究するならば、悟明《さとり》の時節が存在するのである。ただ聡利《そうめい》で理解している者は、決して正しい信心を起こして頴悟《さと》ることがないのである。〔ところが〕近ごろの禅門は、弟子を得ることに性急で、修行者の聡利《そうめい》ささえ期待していない。師家《せんせい》〔となったもの〕が、書物を手にとって一句ずつ逐《お》い〔教えるさまは〕、幼い子どもに『上大人《いろはにほへと》』を読んで〔教えて〕いるようなものである。その〔弟子が、自分の教えを〕理解して、〔自分と〕一緒に教化を助けてもらいたいと思っているのである。これは、網《あみ》を〔口で〕吹いて〔空気で〕膨らまそうと思うものと一緒だ。本物の修行者は、あえてこの様な悪毒を食《く》らわないばかりか、もし古今の因縁に出会っても全く心で理解しようとはしない。ただ一つ〔の公案〕を取り挙げて目の前に置き、必ず生死〔の根因〕を了《さと》ろうと思う正しい志を起こし、切り立った崖に臨んでいるかのように、その公案を永遠に参究していくだけだ。突然、疑団が突き破れれば、百千万則の公案は、深いとか浅いとか、難しいとか易しいとか、同じとか別とか〔を含め、すべて〕一串《ひとくし》に突き通してしまい、自然に人に質問するまでもなく〔分かるように〕なるであろう。もし心の眼がまだ開いていないのに、あえて自分自身を尋ねて参究せず、必ず人に説明を求めようとするならば、たとえ釈迦や達磨が〔自分の〕肝胆《きも》を取り出して示したとしても、ますますその心の眼を障《ふさ》ぐだけだ。よくよく考えてもらいたい」。

＊

《原　文》

或問、祖師公案、本於学者因疑致問。而古人大寂滅心中、如虚谷巨鼓随扣而応、特不過与人破疑情、裂窠臼而已。所以云（一）、我宗無語句、亦無一法与人。蓋前輩既為人所師、不得已而酬酢、一言半句流落叢林、後之承虚接響者、目之為公案。乃本於此一箇道理。今之叢林商量、大不如此。乃以問仏問西来意之一問一答、如麻三斤・乾屎橛・須弥山・莫妄想之類（二）、喚作単提浅近者、以勘婆・話堕・托鉢・上樹等為向上全提者（三）。或以衆機縁列帰三玄（四）、或以諸語言判入四句（五）。中間、曲談・巧弁、網羅千七百則公案（六）、各立異名、互存高下。不識、古人之意果爾否。

幻曰、祖師語言、蓋出於大空寂無為心中、信手拈来、初無揀択。凡一拈一放、本於達磨単伝之旨。口開見胆、絶無覆蔵（七）。譬如（八）月之在天、其東行者視之則月与之倶東、西行者謂月与之倶西、中間不動者謂月与之不動、各執所見、互有東西不動之殊。而満月当空、実未曾循其東西、而依其不動者也。其泛説不同者、蓋由未徹法源底耳。所以有循器定空之喩(九)。前輩明眼宗師挙似之頃、或抑或揚、又不可以此開口不在舌頭上之語(一〇)為証、其有於一機一境上会得。纔渉著縦奪逆順処、罔知所措、無他〈校1〉、特悟理之未尽。然公案雖是一箇道理、其差別処、如人入海、転入転深、久之直到九淵之底(一一)、驀忽回首一看、則知未嘗別有海也。苟不親到一回、則胸中之疑、不約而自至矣。只如僧問馬祖、如何是仏。祖云、即心是仏(一二)。此箇公案雖不曾参禅者、亦皆領会得過。及乎叩〈校2〉其極致、則久参宿学亦少有不錯会者。何則殆問伊喚甚麼作心、早是路頭生也。遮裏要指点得的当、直須親曾逴得在手、反覆看一遍。看教明明白白、如十字街頭撞著親爺相似(一三)、自然挙起便合轍也。或有一等不曾做工夫、不曾洞明心地、不曾截得脚跟下生死大疑命根子断、惟以聡明之資、向古今文字上、将相似語言、較量卜度会尽古今公案。殊不知、既不了生死、返不如箇不会底最真。雖曰不会、忽然一日、発起信心真参実究、却有箇悟明之時。惟聡利而領会者、不復生正信而頓悟也。近来叢林、欲速於得人、亦不待学者聡利。師家把著本子逐一句、如教童蒙、読上大人相似(一四)。欲其領会共資玄化。此無異吹網欲満者。本色道流、既不肯食此悪毒、但遇著古今因縁、都不要将心解会。只消挙起一箇、頓在面前、発起決要了生死之正志、壁立万仞、与之久遠参去。驀爾撞破疑団、則百千万則公案、深与浅、難与易、同与別、一串穿過、自然不著問人也。如或心眼未開、不肯叩〈校2〉己而参、必欲求人開示、縦使釈迦・達磨、披肝瀝胆以示之、益障其心眼耳。思之思之。

〈校1〉他＝佗　〈校2〉叩＝扣

*

《書き下し文》

或るひと問う、「祖師の公案は、学者の疑に因り問を致すを本とす。而して古人大寂滅の心中は、虚谷巨鼓の、扣《たた》くに随いて応ずるが如く、特《た》だ人の与《ため》に疑情を破し窠臼を裂するに過ぎざるのみ。所以に云う、『我が宗に語句無く、亦た一法の人に与うる無し』と。蓋し前輩、既に人の師とする所と為りて、已《や》むを得ずして酬酢すれば、一言半句、叢林に流落し、後の虚を承け響を接する者、之を目《な》づけて公案と為す。乃ち此の一箇の道理に本づく。今の叢林の商量、大いに此くの如からず。乃ち仏を問い西来意を問うの一問一答、麻三斤・乾屎橛・須弥山・莫妄想の類の如きを以て、喚《よ》んで単提浅近の者と作し、勘婆・話堕・托鉢・上樹等を以て向上全提の者と為す。或いは衆《もろ》もろの機縁を以て列《つら》ねて三玄に帰し、或いは諸もろの語言を以て判じて四句に入る。中間に、曲談、巧弁し、千七百則の公案を網羅して各おの異名を立て、互いに高下を存す。識らず、古人の意、果たして爾《しか》るや否や」と。

幻曰く、「祖師の語言は、蓋し大空寂の無為の心中より出で、手に信せて拈じ来たって、初《もと》より揀択無し。凡そ一拈一放は達磨単伝の旨に本づく。口を開けば胆を見、絶《た》えて覆蔵無し。譬えば月の天に在りて、其の東行する者之を視れば則ち月之と倶に東し、西行する者は、月之と倶に西すと謂い、中間不動の者は、月之と与《とも》に不動なりと謂うが如く、各おの所見に執じて、互いに東西不動の殊なり有り。而して満月、空に当たり、実に未だ曾て其の東西に循《したが》い、而も其の不動に依らざる者なり。其の泛説同じからざるは蓋し未だ法の源底に徹せざるに由るのみ。所以に器に循いて空を定むるの喩え有り。前輩明眼の宗師、挙似するの頃《あいだ》、或いは抑し或いは揚するも、又た『此の口を開くこと舌頭の上に在らず』の語を以て証と為し、其の一機一境の上に於いて会得すること有る可からず。纔《わず》かに縦奪逆順の処に渉著せば、措く所を知ること啚《な》きは、他無し、特《た》だ理を悟ることの未だ尽くさざるのみ。然らば公案は是れ一箇の道理なりと雖も、其の差別の処は、人の海に入るが如く、転《うたた》入れば転《うたた》深く、之を久しくして直ちに九淵の底に致り、驀忽に首を回して一看せば、則ち未だ嘗て別に海有らざることを知る。苟《も》し親《みずか》ら到ること一回せずんば、則ち胸中の疑、約せずして自《おのずか》ら至らん。只如《たと》えば僧、馬祖に問う、『如何なるか是れ仏』と。祖云く、『即心是仏』と。此箇の公案は曾て参禅せざる者と雖も、亦た皆な領会し得過《えすご》す。其の極致を叩《と》うに及ばば、則ち久参宿学も亦た錯《あやま》って会せざる者有ること少し。何となれば則ち殆《おそ》らく伊《かれ》に甚麼《なに》を喚んで心と作すと問わば、早や是れ路頭生ずるなり。遮裏に指点して的当することを得んと要《ほっ》せば、直須《すべから》く親《みずか》ら曾《すなわ》ち手に逴得して、反覆して看ること一遍すべし。看て明明白白たること、十字街頭に、親爺に撞著すると相似たらしめば、自然に挙起すれば便ち轍に合せん。或いは一等の、曾て工夫を做《な》さず、曾て心地を洞明せず、曾て脚跟下の生死大疑の命根子を截《き》り得て断ぜざるもの有って、惟だ聡明の資を以て古今の文字の上に向《お》いて、相似の語言を将《もっ》て較量卜度して、古今の公案を会し尽くすとす。殊に知らず、既に生死を了せざれば、返って箇の会せざる底の最も真なるに如《し》かざることを。会せずと曰うと雖も、忽然として一日、信心を発起して真参実究すれば、却って箇の悟明の時有らん。惟だ聡利にして領会する者は、復た正信を生じて頴悟せざるなり。近来の叢林、人を得ることに速やかならんことを欲し、亦た学者の聡利を待たず。師家、本子を把著して一句を逐《お》うこと、童蒙を教えて上大人を読むと相似たり。其の領会して共に玄化を資《たす》けんことを欲す。此れ網を吹いて満つることを欲する者に異なること無し。本色の道流は、既に肯えて此の悪毒を食らわず、但《も》し古今の因縁に遇著するも、都《すべ》て心を将《もっ》て解会することを要《ほっ》せざるのみ。只だ一箇を挙起して面前に頓在し、決して生死を了せんと要《ほっ》するの正志を発起して、壁立万仞、之と与《とも》に久遠に参じ去るを消《もち》うるのみ。驀爾として疑団を撞破せば、則ち百千万則の公案は、深と浅と、難と易と、同と別と、一串に穿過し、人に問うことを著《もち》いざらん。如《も》或し心眼、未だ開かざるに、肯えて己を叩いて参ぜず、必ず人の開示を求めんと欲せば、縦使《たと》い釈迦・達磨、肝を抜き、胆を瀝《したた》らせ以て之を示すとも、益《ます》ます其の心眼を障うるのみ。之を思え、之を思え」と。

*

《語注》

(一) 所以云、我宗無語句、亦無一法与人＝『景徳伝燈録』巻一五「徳山宣鑒」条に、「雪峰問う、『従上の宗風は何の法を以て人に示すや』と。師曰く、『我が宗に語句無く、実に一法の人に与うる無し』と（雪峰問、従上宗風、以何法示人。師曰、我宗無語句、実無一法与人）」（T51-318a）と、弟子の雪峰義存との問答の中にそのまま見える。

(二) 如麻三斤・乾屎橛・須弥山・莫妄想之類＝「麻三斤」「乾屎橛」は【一〇】語注（四）を参照。雲門文偃の「須弥山」は『従容録』第一九則に「僧問雲門、不起一念還有過也無。門云、須弥山（ある僧が雲門和尚に質問した、『妄念がまったく起こらないときに咎はあるのでしょうか』。雲門和尚は言った、『須弥山だ』）」（T48-239b）とある。馬祖道一の法嗣である汾州無業（七六〇～八二一）の「莫妄想」は、『碧巌録』や『無門関』『従容録』に立項されていないが、『碧巌録』第一九則の中に引用されている。『景徳伝燈録』巻八の「汾州無業」条に拠れば、「凡学者致問、師多答之云、莫妄想（およそ修行者から質問を受けると、師は多くの場合答えて『妄想するな』と言った）」（T51-257a）とある。

(三) 勘婆・話堕・托鉢・上樹等＝何れも公案として知られるが、麻三斤や乾屎橛などに比べると長文である。趙州の「勘婆」は『無門関』第三一則（岩波文庫本・p. 128）に、雲門の「話堕」は同じく第三九則（p. 149）、徳山の「托鉢」は第一三則（p. 66）、香厳の「上樹」は第五則（p. 39）に見えるので、そちらを参照されたい。

(四) 三玄＝臨済義玄が用いた「三玄三要」という言葉に基づく。『臨済録』「上堂」で臨済は、「一句の語には三玄門が具わっていなくてはならず、一玄門には三要が具わっていなくてはならない。そうあってこそ方便もあり、はたらきもある（一句語須具三玄門、一玄門須具三要、有権有用）」（T47-497a）と述べたとされる。ただ、三玄や三要についての具体的な説明がなく、その内容は不明である。禅門では、後に「三玄」を分類して「玄中玄（＝そのものとしての真実）」「句中玄（＝言葉や認識の上に現れる真実）」「体中玄（＝実践の中に現れる真実）」などとして説明されており、臨済宗の宗旨として重視されている。

（五）四句＝師家が修行者を試すのに用いた四つの語句。汾陽善昭の「汾陽四句」（『人天眼目』巻二、T48-306c）、洞山守初の「洞山初有四句」（『五家宗旨纂要』巻二、Z114-546a）が知られるが、一般には汾陽の四句である、一「接初機句（＝初心の学人を接化するとき時は、機関を弄せず、そのまま、すぐ裁決する）」、二「験衲僧句（＝衲僧の力量を弁別するためには、夕日が東の方から出たというごとく、思量分別を超えたところでなければならない）」、三「正令行句（＝大力量の修行者のあるところ、正令全提して及ばぬところはない）」、四「定乾坤句（＝仏法の及ぶところは、自然に貪瞋癡の煩悩はなくなり、天上天下定まらぬところはない）」（『禅学大辞典』p. 1105参照）が知られている。汾陽善昭（九四七〜一〇二四）は臨済五伝の法孫である。

（六）千七百則公案＝【四】語注（一四）参照。

（七）口開見胆、絶無覆蔵＝そのままの典拠は見あたらない様だが、『五燈会元』巻一六「天章元善」条に「開口見胆」（Z138-310d）と前半の句が見える。大慧宗杲が自らの禅を「海蚌禅」と呼び、「口を開いたならば、心肝五臓や様々な珍宝が、すべて面前にある（開口便見心肝五臓差珍異宝、都在面前）」（『正法眼蔵』巻六・Z118-78a）と述べたのと同意であろう。

（八）譬如月之在天、其東行者視之則月与之倶東、西行者謂月与之倶西、中間不動者謂月与之不動＝似た表現としては『楞厳経』巻四に「富楼那よ、たとえば、ある水面に日の光が映っている時に、二人の人間が同じようにこの水面の日を見ながら、東西別々に歩むと、どちらにも日が見えて、それぞれの行く先に、ついて行くようなものである。東に行こうと、西に行こうと、初めからきまった基準は、ありはしない。だから、日は一つしかないのに、どうしてそれぞれ行く先にめいめいの日が同時に存在するのか、どうして唯一の日があちこちに出現するのか、と疑ってはならない（富楼那、如一水中現於日影、両人同観水中之日、東西各行則各有日、随二人去。一東一西、先無准的。不応難言此日是一云何各行、各日既雙云何現一）」（T19–120a、荒木訳注本・p. 292）という文章がある。

（九）循器定空之喩＝典拠および意味未詳。臨済宗黄龍派の霊源惟清（?～一一一七）が昭聖四年（一〇九七）に書いた『薦福承古禪師語録』の「前序」に、「情猜の士、或いは譏評を致すも、是れ猶お器に循いて空を定め、舟に刻みて剣を尋ぬるがごとし（情猜之士、或致譏評、是猶循器定空、刻舟尋剣）」（Z126–435a）とあり、「循器定空」と「刻舟尋剣（＝見当はずれで無駄なことをする喩え）」とが並記されている。また時代は新しいが『蔗菴範禅師語録』巻二三に「病に随いて薬を受くるの権、器に循いて空を定むるの喩（随病受薬之権、循器定空之喩）」（J36–1008c）とあり、「随病受薬（応病与薬）」と併記されている。今回は、これらの資料に拠って、「自分の力量で真理を推し量り、誤った理解をする」、もしくは「その人の力量によって理解できる事柄の多少が決まる」という意味に取った。

（一〇）此開口不在舌頭上＝『無門関』第二則「大力量人」（T48–295b）に見える松源崇岳（一一三二～一二〇二）の語。

（一一）九淵＝「深淵」のこと（『漢語大詞典』第一冊・p. 749）。『荘子』「列禦寇篇」に、「夫れ千金の珠は、必ず九重の淵にして、驪龍の頷《あご》の下に在り（夫千金之珠、必在九重之淵、而驪龍頷下）」（岩波文庫本④p. 191）とあるのに拠る。

（一二）如何是仏。祖云、即心是仏＝【七】語注（五）参照。

（一三）如十字街頭撞著親爺相似＝『無門関』第四五則「他是阿誰」条の無門慧開の評語に、「譬如十字街頭撞見親爺相似（＝たとえば街の雑踏の中で自分の親爺に出会ったようなもの）」（T48–298c、岩波文庫本・p. 170）とある。但し、「撞見」が「撞著」となっている。

（一四）上大人＝昔、中国で学童が入学した時、最初に習字の練習のために用いられる文字で、「上大人、孔乙己、化三千、七十二」などと続く。唐末には既に用いられていたとされる。極めて簡単な文字の比喩で、それを習う初学者を指す。（『漢語大詞典』第一冊・p. 265、参照）用例としては、『大慧普覚禅師語録』巻二八「答呂郎中（書）」に見える、「平生、読む所の書、一字も也《ま》た使い著《え》ざるは、蓋し『上大人、丘乙己』の時従《よ》り、便ち錯り了《お》わるなり（平生所読底書、一字也使不著、蓋従上大人丘乙己時、便錯了也）」（T47–930b）などが分かり易い。

中峰明本『山房夜話』巻中

【一二】工夫《しゅぎょう》についての種々の問題

ある人が質問した、「達磨が西《インド》から〔伝えに〕やって来た〔その〕家風はとても険《けわ》しく、言葉〔になる〕前に把握しても〔把握するという〕道筋に関わってしまいます。どうして、いわゆる工夫《しゅぎょう》を行なう〔必要が〕あるでしょうか。まして屍《しかばね》を〔大事に〕守っている化け物のように、座布団〔の上〕で枯れ木そっくりに〔無駄に〕坐っているのはなおさらです。禅ではどうして坐ることで〔悟りを〕得られるでしょうか。〔それは〕祖師方を侮辱するものではないでしょうか」。

私は言った、「〔祖師方〕を侮辱してはいない。思うに、おまえは〔ものごとの一面しか見ておらず、〕こちら側のことは分かっていてもあちら側のことが分かっていない。たとえば龍潭《りゅうたん》〔崇信《そうしん》〕（生卒年不詳）が天皇《てんのう》〔道悟《どうご》〕（七四八～八〇七）に質問した、『学人《わたし》は長い間、和尚《あなた》に従っておりますが、心要《おしえ》を説き示して頂いておりません』と。天皇は言った、『おまえがお茶を持って来れば私は手を差し出し、おまえが〔やって〕来て挨拶すれば私もお辞儀をする。どこがおまえのために心要《おしえ》を説き示していない所だというのか』と。龍潭は、やっと〔天皇のいう〕意味を領解した。この公案は、修行者〔の立場〕をもって言えば、何よりも痛快〔な指導〕であるし、禅宗〔の指導者の立場〕をもって言えば、また、ただ〔いらぬ〕道筋に関わっていないだけなのだ。また、たとえば〔潙山《いさん》の門下である〕香厳《きょうげん》は、潙山に『父母《両親》から生まれる前の事（＝本来のあり方）』を問われ、答えを出すことができなかった。そこで潙山に〔自分の〕為に〔答えを〕説いてくれるよう求めたが、潙山は許さなかった。〔香厳は〕遂に一切の修行を止《や》めて、南陽（＝河南省）〔の白崖山〕に入り住庵した。だいぶ経って、ふと瓦礫が竹にぶつかる音を聞いて、始めて悟った。その〔庵居していた〕時には『工夫《しゅぎょう》を行なっている』という言い方はしていなかったものの、しっかりと〔修行を〕堅持し、この〔潙山のこと〕を思い、この〔潙山の質問の上〕にいたのだ。どうして〔悟りを〕意図していたであろうか。〔香厳は〕すぐさま悟ることができず、歳月が過ぎてはじめて悟ったとはいえ、その悟った内容は、達磨が伝えた内容でないと言えようか。当今、工夫《しゅぎょう》を行なって霊験がないのは、第一に古人の本当の志気《こころざし》が無く、第二に生死無常を一大事とせず、第三に大昔からずっと染みついたことや大切にしてきたことを捨て去ることができず、一日中、人のする通りに話頭《こうあん》を取り挙げてはいるが、座布団に上がって〔坐禅し〕まだ座席が温まらないうちに、沈んだ心や散乱〔した心〕が左右《まわり》を取り巻き、また、永遠に引き下がらないという心構えを具えることができていないからだ。難しいことよ。『どうして生まれつきの弥勒〔菩薩〕がいるだろうか』。〔黄檗禅師の〕この言葉は、これを〔言い〕尽くしてしまっている。しばしば〔修行が〕成就しない者を見ていると、自分の〔努力が〕足りないことを責めずに、かえって、仏法が衰退し、禅門が廃れていることを言い訳にして〔次の様に〕言う、『どこにいっても、上に〔きちんとした〕鍛錬をしてくれる師匠もいないし、傍らにむち打って励ましてくれる〔立派な〕友人もいない。ましてや、湯や〔それを沸かす〕火も不便だし、〔朝の〕粥や〔昼の〕飯も〔きちんと〕準備できず、規矩は荒れ果て、環境も乱れているではないか。これによって工夫《しゆぎよう》がダメになったのだ』と。このような説が行われる様になって、すっかりこれを口実とする修行者ばかりになってしまった。それはちょうど、農夫が雨や晴れ〔といった天候〕が時宜を得ていないのを責めて、田畑を耕すことをやめてしまうようなものだ。〔このようなことで〕どうして、秋に〔穀物が〕成熟することを望めようか。〔今時の〕すべての修行者は、〔自分にとって都合が〕悪いとか善いとかの回りの事柄に対して、チラリと心を生じて、それ〔の好悪〕を分別しているが、永遠に続く生死輪廻に縛りつけられるという失敗が、必ずこれを原因にして〔起こって〕いることが、私には〔ハッキリと〕分かっている。おまえは聞いたことがないのか。雪嶺《ヒマラヤ》の老沙門〔である釈尊〕は、国王の高い身分を棄て、六年間、氷〔の上〕に横たわり、檗《きはだ》を齧《かじ》り、寒さや飢えの中で我が身を忘れ〔て修行し〕、夜明けに明星を見て悟った。釈尊より以降、西天《インド》の二十八祖は、皆な巌穴に潜んだり、あるいは姿を俗世間に紛れ込ませたりしながら、真心《しんしん》（＝悟りのこころ）が滅びることなく、実践が伴わないことがないようにして、皆な良く仏の心印《こころ》を我が身に伝えていることを証明した。達磨が東〔の中国〕に行き、百丈《ひやくじよう》がまだ出現しないうちに、牛頭《ごず》宗が横に一つ枝分かれし、〔その後〕南北の宗が両派に分かれると、皆な鎌《かま》を腰にはさみ鋤《すき》を担ぎ、野焼きして種をまき、草刈りして耕し、竈《かまど》〔の火〕を取り臼を搗《つ》き、鶉《うずら》〔のようにみすぼらしい〕衣を〔着て〕乞食《こつじき》し、身や心を鉄や石のように〔堅固に〕し、気持ちを厳格にして、仏や祖師が〔この世に出現した目的である〕一大事因縁《いちだいじいんねん》を肩に担ぎ、恐れるものなどなにもなかった。要するに、修行の段階がしっかりとしていれば、到達する悟りも確実なものとなるのだ。その〔百丈以前の〕時には、どうして、五山十刹といった広い寺や、〔臨済の〕三玄や〔曹洞の〕五位といった奇抜な説法や、放（＝好きにやらせたり）収（＝引き締めたり）・殺〔したり〕活〔かしたり〕といった変わったやり方や、頌古（＝公案を称賛した詩）・拈古（＝公案を評釈した語）・判語（＝他人の論を批判した語）・別語（＝他人に代わって問答に答えた語）といった立派な言葉が〔必要で〕あったろうか。削ったり叩いたり〔といった加工〕を加えなくとも、玉にはもともと瑕《きず》などないのだ。どうして〔決まりきった修行の〕法式を用いる必要があったであろうか。そうしなくても〔心の〕眼はもともと正しかったのだ。百丈が叢林《そうりん》（＝修行道場）を建てて以後、広い田や大きな建物もすぐに思いのままとなってしまった。〔ところが〕真っ当な心構えは日ましに〔地に〕墜ち、いい加減さが日ましに増え、〔外的な〕紀綱《規則》は日ましに繁雑となって、〔心のこもった〕礼義は日ましに減っていった。数百年前に説法を行なった宗師である臨済義玄《りんざいぎげん》・徳山宣鑑《とくざんせんかん》・雲門文偃《うんもんぶんえん》・真浄克文《しんじょうこくぶん》などは、息を荒げ、遊女や兵隊・奴隷を見るかの様に諸方の僧侶を罵った。思うに、その道の根本を体得せず、ただ言葉尻で理解することだけを務め、たがいに騙しあっている者たちを叱ったのだ。のちに、目玉をキョロキョロさせている指導者がいて、〔自分のことはさておき、〕あちこちの〔口先だけで〕禅を説くものを、〔本物ではない絵に描かれた〕葉公《しょうこう》の龍や、趙昌《ちょうしょう》の花に喩えている。葉公や趙昌〔の龍や花〕でさえすでに本物ではないのに、まして〔その〕葉公や趙昌を真似て出てきた〔だけの〕者はいうまでもあるまい。『〔文字を三回も書き写すうちには〕烏や焉〔といった文字〕が馬に変わってしまう』〔という〕嘆きは、まさに今日《こんにち》〔だけ〕

のことではないのだ。このことから見てみるならば、本当に修行し本当に悟った人は、ただ、今日《こんにち》において出会うことが少ないだけではなく、昔でも多く見たためしはないのである。〔これは〕他でもない、恐らく、生死の情妄《まよい》や、無明の染みつきが、間髪を入れず、常に移ろっているからだ。もし、骨にしみて痛烈に生死の〔大事を解決しようという〕正しい信念をもち、怨みのある敵に出会ったかのように話頭《こうあん》を取り挙げ、一つや二つの命を捨てて、〔この話頭《こうあん》を〕突き詰めて、カラリと悟ろうとしないならば、〔見かけ倒しの〕葉公や趙昌に惑わされないものはいないであろう。あるいは、三祖〔僧璨《そうさん》〕の言う『もし憎しみや愛が無ければ、〔真理は〕ハッキリと明白である』（『信心銘』）や、永嘉《ようか》の『妄想を除かないし、真理を求めない』（『証道歌』）といった語を引用して証拠として〔次の様に〕言うものがいる、『これこそが取りも直さず悟〔りで得られる道〕理であり、どうして一、二度の生涯、肉体を悩ませ志を苦しめたくらいで、〔悟りを〕手に入れたなどとできようか』と。この説が流行ってから、葉公や趙昌の〔ような見かけ倒しの人々の〕心を揺り動かしてとどまることがなくなり、永嘉に『仏法という財宝を損《そこな》い、功徳を滅《ほろぼ》すのは、この心意識《迷いの心》に由来しないものはない』（『証道歌』）との言葉が有って、〔この言葉が、〕正しい悟りを求めない者が、妄りに迷いの心でソックリの言葉と折り合いをつけ、一人が伝えた嘘を万人が真実として伝えることを痛く指弾しているものであることを、考えたこともないのだ。もはや、『烏や焉という文字が馬に変わる』どころではないのである。だから古人は『修行は真実の修行をし、悟りは真実の悟りを開かなくてはならない。閻魔大王は、口数が多い相手を恐れはしない』と言っているが、この言葉は、このことを〔言い〕尽くしているのだ。私はもとより本当に悟った者ではない。ただ、決して軽率に葉公や趙昌の轍を蹈まないだけである。〔私は〕日ごろ人とあれこれ話をして、この〔仏教の〕一大事を推し量ってしゃべっているが、〔それは〕すべて自分で〔心から正しいと〕信じている法門《おしえ》である。もとより見聞をひけらかして、人に誉《ほ》められることを求めているのではない。もし人に信じられたとしても、喜びが加わるものではないし、もし信じられなかったとしても、またどうして、わざわざ怒ったりするだろうか。しかも信じるか信じないかは、すべて当人の心〔の問題〕である。どうして喜んだり怒ったりするだろうか。ただ同じ道〔を歩んでいくものに〕しか分からないのだ。もしデタラメなことだと謗られたとしても、またどうして私は諱《い》み嫌おうか」。

＊

《原　文》

或問、達磨西来、門風険絶、言前薦得、已渉途程（一）。安有所謂做工夫。況枯坐蒲団、如守屍鬼。且禅豈可以坐而得邪。無乃辱累先宗者乎。

余曰、不辱累也。爾蓋知此而不知彼也。如龍潭（二）問天皇（三）、学人久依和尚、不蒙開示心要。皇曰、你〈校1〉擎茶来、我則挙手。你〈校1〉来問訊、我則低頭。那裏不是与你〈校1〉開示心要処（四）。潭遂領旨。此箇公案、以学者言之、不勝快便、以宗門言之、又不止渉途程而已。又如香厳（五）被潙山問父母未生已前事（六）、不能加対。乃求潙山（七）為説、山不允。遂尽棄所習、入南陽住庵。久之忽以瓦礫撃竹有声、始能瞥地（八）。彼時雖不形做工夫之名、其孜孜退守、念茲在茲（九）。為何所図邪。雖不能直下領略、而歴渉歳月方乃省悟、其悟之之旨、謂非達磨所伝之旨乎。今之做工夫不霊験者、第一無古人真実志気、第二不把生死無常做一件大事、第三拌捨積劫已来所習所重不下、十二時中、雖随人挙箇話頭、方上蒲団坐席未温、其昏沈散乱左右囲繞、又不具久遠不退転身心。難矣哉。安有天生弥勒(二〇)。斯言尽之矣。往往見無所成者、不責己之不逮、而返以仏法下衰叢林秋晩、為辞而言、在処上無煅煉之師、旁無策進之友。况是湯火不便、粥飯不斉、規矩荒蕪、境縁謬乱。致使工夫由之而廃墜。此説之行、更無有学道之人、不以此為口実。譬如農夫責水旱不時而廃耕耘。則安有秋成之望哉。但是学道人対違順境、甞生一念欲与之分別、(校2)余知其纏縛万劫生死之咎、必基於此矣。爾不聞、雪嶺老沙門、棄万乗尊栄、六年之間、臥氷齧蘖、忘形於凍餒之中、乃有夜覩明星之悟。自仏以降、西天二十八祖(二一)、皆巌棲穴処、或混跡於差別門頭、以真心不泯実行無差、皆克証己躬伝仏心印。及達磨東邁、百丈未生、牛頭横出一枝、南北宗分両派、皆腰鎌荷鍤、火種刀耕、執爨負舂、鶉衣丐食(二二)、鉄石身心、氷霜懐抱、以仏祖大事因縁、一肩負荷、了無畏怯。蓋行処既親、所到必的矣。彼時安有五山十刹(二三)之広居、三玄(二四)五位(二五)之奇唱、放収殺活之異作、拈頌判別之殊音。不加雕琢而玉本無瑕。安用規模。而眼元自正。自百丈建叢林已来(二六)、広田大宅指顧如意。其奈正因日墜、謬妄日滋、紀綱日繁、禮義日削。数百載前提唱之師、如臨済・徳山・雲門・真浄(二七)、気憤憤地、怒罵諸方、如娼女兵奴視之。蓋責其不体道本、惟務言通、互相欺誑者也。已而間有眼目定動之師、喩諸方説禅(二八)、如葉公之龍、趙昌之花(二九)。然葉公・趙昌已自不真。矧乎復有効葉公・趙昌者出。烏焉成馬之歎(三〇)、正不在今日也。由是観之、其真参実悟之士、不惟鮮遇於今日、在往昔亦未嘗多見也。無他(校3)、蓋生死情妄、無明結習、念念遷流、間不容髪。苟不有入骨入髄、痛為生死之正念、提起話頭、如遇怨敵、便拌一生両生、与之抵賍、待其廓然開悟、靡有不為葉公・趙昌之所惑者。或有引三祖謂但莫憎愛洞然明白(三一)、与永嘉不除妄想不求真之語相証云(三二)、只遮箇便是悟理、何假一生両生労形苦志、以為得邪。此説之行、揺動葉公・趙昌之心、卒莫之已也。殊不思、永嘉有損法財滅功徳、莫不由斯心意識之語(二三)、痛指其不求正悟者、妄将心意識、和会相似語言、一人伝虚、万人伝実(二四)。又不翅烏焉成馬也。所以古人道(二五)、参須実参、悟須実悟。閻羅大王不怕多語。斯言尽之矣。余固非実悟者。惟不敢軽蹈葉公・趙昌之轍耳。尋常与人東語西話、較量此事、皆是自信法門。初非炫耀見聞要誉於人也。人或見信、余不加喜、或不見信、亦何敢怒。然信不信、皆当人之自心。庸何喜怒為哉。惟同道乃知。或若以妄誕見譏、則吾亦何敢諱。

〈校1〉你＝儞　〈校2〉余＝予　〈校3〉他＝佗

＊

《書き下し文》

或るひと問う、「達磨西来、門風険絶なり、言前に薦得するも已に途程に渉る。安くんぞ所謂、工夫を做すこと有らんや。況や蒲団に枯坐すること、屍鬼を守るが如きをや。且つ禅は豈に坐を以てして得可けんや。乃ち先宗を辱累すること無からんや」と。

余曰く、「辱累せざるなり。爾《なんじ》蓋し此れを知って彼を知らざるなり。如《たと》えば龍潭、天皇に問う、『学人久しく和尚に依るも、心要を開示することを蒙《こうむ》らず』と。皇曰く、『你、茶を擎《ささ》げ来れば、我則ち手を挙ぐ。你、来って問訊すれば、我則ち低頭す。那裏《なり》か是れ你の与《ため》に心要を開示せざる処』と。潭、遂に旨を領す。此箇の公案、学者を以て之を言わば快便に勝えず、宗門を以て之を言わば、又た止《た》だ途程に渉らざるのみ。又た如《たと》えば香厳、潙山に父母未生已前の事を問われ、対《こた》えを加うること能わず。乃ち潙山の、為に説かんことを求むるも、山、允《ゆる》さず。遂に尽く習う所を棄て、南陽に入りて住庵す。之を久しくして、忽ち瓦礫、竹を撃って声有るを以て、始めて能く瞥地なり。彼の時は『工夫を做す』の名を形《あら》わさずと雖も、其れ孜孜として退守し、茲《これ》を念《おも》い茲《ここ》に在り。何の図る所を為さんや。直下に領略すること能わずして、歳月を歴渉して方《はじ》めて乃ち省悟すと雖も、其の之を悟るの旨は、達磨所伝の旨に非ずと謂わんや。今の工夫を做して霊験あらざるは、第一に古人の真実の志気無く、第二に生死無常を把《もっ》て一件の大事と做さず、第三に積劫已来の習う所、重んずる所を拌捨し下さず、十二時中、人に随って箇の話頭を挙すと雖も、蒲団に上がり坐席未だ温まらざるに方《あた》りて、其の昏沈散乱、左右に囲繞し、又た久遠不退転の身心を具えず。難きかな。安くんぞ天生の弥勒有らんや。斯《こ》の言、之を尽くす。往往に成る所無き者を見るに、己の逮ばざることを責めずして、返って仏法下衰し、叢林秋晩なるを以て、辞を為して言う、『在処《いたるところ》、上に煅煉の師無く、旁に策進の友無し。況や是れ湯火便《べん》ならず、粥飯斉《ととの》わず、規矩荒蕪し、境縁謬乱するをや。工夫之に由りて廃墜せしむることを致す』と。此の説の行われて、更に学道の人の、此れを以て口実と為さざるもの有ること無し。譬えば農夫の、水旱の時ならざるを責めて、耕耘を廃するが如し。則ち安くんぞ秋成の望み有らんや。但是《あらゆ》る学道の人、違順の境に対して、瞥として一念を生じて、之が与《ため》に分別せんと欲するも、余は知る、其の万劫の生死に纏縛するの咎《とが》は、必ず此れを基《もと》とすることを。爾《なんじ》聞かずや、雪嶺の老沙門、万乗の尊栄を棄て、六年の間、氷に臥し、檗《きはだ》を齧《かじ》り、形を凍餒の中に忘れ、乃ち夜に明星を覩《み》て悟ること有り。仏自《よ》り以降、西天二十八祖は、皆な巌に棲み穴に処し、或いは跡を差別の門頭に混じて、真心泯《ほろ》びず実行差《たが》うこと無きを以て、皆な克《よ》く己躬の、仏の心印を伝うることを証す。達磨、東に邁《ゆ》き、百丈未だ生ぜざるに、牛頭、横に一枝を出し、南北の宗、両派に分かるるに及んで、皆な鎌を腰にし鍤《すき》を荷いて、火種刀耕し、爨《かまど》を執り舂《うす》を負《お》いて、鶉衣丐食し、身心を鉄石にして、懐抱を氷霜にし、仏祖大事の因縁を以て、一肩に負荷して、了《つい》に畏怯すること無し。蓋し行処既に親《した》しければ、到る所必ず的《たし》かなり。彼の時、安くんぞ五山十刹の広居、三玄五位の奇唱、放収殺活の異作、拈頌判別の殊音有らんや。雕琢を加えざるも、玉は本より瑕《きず》無し。安くんぞ規模を用いんや。而も眼元《もと》自より正し。百丈、叢林を建ててより已来、広田大宅、指顧《すぐ》に意の如し。其れ奈《いかん》せん、正因は日に墜ちて、謬妄は日に滋《しげ》り、紀綱は日に繁りて、礼義は日に削らるることを。数百載前の提唱の師、臨済・徳山・雲門・真浄の如きは、気憤憤地にして、諸方を怒罵し、婬女、兵奴の如く之を視る。蓋し其の道の本を体さず、惟だ言通を務めて、互《たが》相いに欺誑する者を責むるなり。已にして、間《まま》、眼目定動の師有りて、諸方の説禅を喩うること、葉公《しょうこう》の龍、趙昌《ちょうしょう》の花の如し。然も葉公・趙昌は已自《すで》に真ならず、矧《いわ》んや復た葉公・趙昌に効《なら》う者有って出づるをや。『烏焉、馬と成る』の歎《なげ》きは正に今日のみに在らざるなり。是れに由りて之を観れば、其の真参実悟の士は、惟だに今日に遇うこと鮮《すくな》きのみならず、往昔に在りても亦た未だ嘗て多く見ざるなり。他無し、蓋し生死の情妄、無明の結習は、念念遷流して、間髪を容《い》れざればなり。苟《も》し骨に入り髄に入り、痛く生死の為にするの正念有りて、話頭を提起すること、怨敵に遇うが如くし、便ち一生両生を拌《す》て、之と抵捱して、其の廓然として開悟することを待たざれば、葉公・趙昌の惑わす所と為らざる者有ることなし。或いは、三祖の『但だ憎愛莫ければ、洞然として明白なり』と謂うと、永嘉の『妄想を除かず。真を求めず』の語とを引きて相証するもの有りて云う、『只だ遮箇便ち是の悟理、何ぞ一生両生、形を労し志を苦しむることを仮《か》りて、以て得たりと為さんや』と。此の説の行われてより、葉公・趙昌の心を揺動して、卒に之を已むること莫し。殊に思わず、永嘉に『法財を損し、功徳を滅するは、斯の心意識に由らざること莫し』というの語有り、痛く其の正悟を求めざる者、妄りに心意識を将《もっ》て相似の語言を和会し、一人虚を伝えて万人実を伝うことを指すことを。又た翅《た》だに烏焉、馬と成るのみにあらざるなり。所以《ゆえ》に古人道《いわ》く、『参は実参を須《もと》め、悟は実悟を須む。閻羅大王、多語を怕《おそ》れず』と。斯《こ》の言、之を尽くせり。余、固《まこと》に実悟の者に非ず。惟だ敢えて軽がるしく葉公・趙昌の轍を蹈まざるのみ。尋常、人と東語西話して、此の事を較量するは、皆な是れ自信の法門なり。初《もと》より見聞を炫耀して人に誉《ほま》れを要《もと》むるにあらざるなり。人、或《も》し信ぜらるるも、余、喜びを加えず、或《も》し信ぜられざるとも、亦た何ぞ敢えて怒らん。然も信と不信とは皆な当人の自心なり。庸何《いずく》んぞ喜怒することを為さんや。惟だ同道にして乃ち知るのみ。或若《も》し妄誕を以て譏《そし》らるれば、則ち吾亦た何ぞ敢えて諱《い》まんや」と。

*

《語注》

（一）言前薦得、已渉途程＝そのままの語は禅語録類に見られないが、『景徳伝燈録』巻一三に「設使言前薦得、猶是滞殻迷封（設使《たと》い言前に薦得するも、猶お是れ滞殻迷封す〈たとえ言葉以前のところで受け止めても、殻を破れず迷って出られない〉）」（T51–302b）という風穴延沼（八九六～九七三）の言葉があり、『碧巌録』第六一則・九八則などにも引用されている（末木訳『碧巌録』㊥p. 349、㊦p. 310）。

（二）龍潭＝龍潭崇信（生卒年不詳）。六祖慧能下の青原派、天皇道悟の法嗣。天皇については次注参照。天皇は門下に徳山宣鑑を出しており、その法脈は後の雲門・法眼宗の源流となっている。伝は『景徳伝燈録』巻一四（T51–313b）・『五燈会元』巻七（Z138–115a）などに見える。

（三）天皇＝天皇道悟（七四八～八〇七）。その伝は、『景徳伝燈録』巻七（T51–309c）・『五燈会元』巻一四（Z138–114b）

などに見えるが、現存する資料としては、『宋高僧伝』巻一〇（T50-769a）の伝が最も詳しい。また、符載撰「荊州城東天皇寺道悟禅師碑」があり『全唐文』巻六九一に収載されているが、『景徳伝燈録』に「丘玄素撰の塔銘、文幾千言（丘玄素撰塔銘、文幾千言）」（T51-310b）とあるのに比して全体的にかなり短く、『全唐文』のものが原形のままであるかどうかは疑わしい（『全唐文』所収の碑文は『五燈会元』巻一四（Z138-114c～d）所引の同碑文より長いが、『宋高僧伝』巻一〇より遙かに短い。また法嗣の名前の順序が他の資料と異なっている）。尚、宇井伯寿「薬山惟儼と天皇道悟」（『第二禅宗史研究』岩波書店・一九四一、p. 457以下）に、道悟の行状に関する詳しい解説がある。天皇道悟については、同時代に馬祖の法嗣の天王道悟なる人物がいたとする説が、宋の達観曇穎（九八九～一〇六〇）によって唱えられ、以後、清代に至るまで大きな物議を醸している。

（四）那裏不是与你開示心要処＝『景徳伝燈録』巻一四や「『五燈会元』巻七の「龍潭崇信」条に、「一日問いて曰く、『某、到来してより、心要を指示することを蒙らず』と。悟曰く、『汝到来してより、吾未だ嘗て汝に心要を指《しめ》さずんばあらず』と（一日問曰、某自到来、不蒙指示心要。悟曰、自汝到来、吾未嘗不指汝心要）」（T51-313b・Z138-115a）とあるのを踏まえる。

（五）又如香厳被潙山問父母未生已前事、不能加対＝『五燈会元』巻九「香厳智閑」条に、「〔香厳、〕潙山に参ず。山問う、『我聞く、汝、百丈先師の処に在りて、一を問わば十を答え、十を問わば百を答うと。此れは是れ汝の聡明霊利、意解識想にして、生死の根本なり。父母未生の時、試みに一句を道《い》い看よ』と。師（＝香厳）、一問せられて、直に茫然たるを得たり（参潙山。山問、我聞汝在百丈先師処、問一答十、問十答百。此是汝聡明霊利、意解識想、生死根本。父母未生時、試道一句看。師被一問、直得茫然）」（Z138-163d）とある。同様の文章は、大慧宗杲『正法眼蔵』巻二之上「香厳和尚」条（Z118-36c）などにも見える。「香厳」は【七】の語注（一三）を、「潙山」は本条の語注（七）を、「父母未生已前事」は本条の語注（六）を、それぞれ参照。

（六）父母未生已前事＝従来の解釈によれば「父母さえまだ生まれていない時の事」という意味になるが、小川隆氏の教示に拠れば、前注に引用した『五燈会元』巻九の「父母未生の時、試みに一句を道《い》い看よ（父母未生時、試道一句看）」の部分が、『祖堂集』巻一九「香厳和尚」条では「汝初め父母の胞胎の中より未だ出ず、未だ東西を識《し》らざる時の本分の事、汝試みに一句を道《い》い来れ（汝初従父母胞胎中未出、未識東西時本分事、汝試道一句来）」（禅文化研究所本・p. 700）となっており、『景徳伝燈録』巻一一「香厳智閑」条でも、「汝未だ胞胎を出ず、未だ東西を辨ぜざる時の本分の事、試みに一句を道《い》い来れ（汝未出胞胎、未辨東西時本分事、試道一句来）」（T51–284a）となっている。よって「両親からまだ生まれていない時の本来のあり方」の意となる。ちなみに圜悟克勤（一〇六三～一一三五）の語録に見える、「父母未生已前は、浄裸裸赤灑灑にして、一糸毫を立てず。胎に投じ既に生ずるの後に及ぶも、亦た浄裸裸赤灑灑にして、一糸毫を立てず（父母未生已前、浄裸裸赤灑灑、不立一糸毫。及乎投胎既生之後、亦浄裸裸赤灑灑、不立一糸毫）」（『円悟仏果禅師語録』巻一二・T47–768c）や、「父母未生已前も、既に生ずるの後も、全体露現す（父母未生已前、既生之後、全体露現）」（同前・巻一六・T47–790b）といった表現も、ここと類似している。尚、「父母未生已前」を用いた公案として、「父母未生已前、那箇か是れ本来の面目（父母未生已前、那箇是本来面目）」（『円悟仏果禅師語録』巻一六・T47–790c）がある。この公案は、六祖慧能が弟子の蒙山道明に質問した「善を思わず悪を思わざる、正与麼の時、那箇か是れ明上座本来の面目（不思善不思悪、正与麼時、那箇是明上座本来面目）」（『六祖壇経』T48–349b）という言葉に基づいたもので、『無門関』第二三則「不思善悪」条（T48–295c）はそのままこの語を使用している。これに「父母未生」を加えたのは『伝心法要』であり、「六祖云く、『善を思わず悪を思わざる、正当与麼の時、我に明上座父母未生の時の面目を還《かえ》し来れ』と（六祖云、不思善不思悪、正当与麼時、還我明上座父母未生時面目来）」（T48–384a）と変化している。この『伝心法要』の形を踏まえた発言が、『宏智禅師広録』巻五（T48–60b）、『大慧普覚禅師語録』巻一四（T47–868b）、『密菴和尚語録』（T47–979c）に見えており、宋代に一般に使用されていたことが知られる。また、中峰がこれを元にした話頭を、「父母未生前、那箇是我本来面目」という形で好んで用い、弟子に参究指示していた事実は、『天目明本禅師雑録』巻下に載せられた四つの法語によって知られる（「示日本平親衛直菴知陟居士」Z122–389a、「示本浄上人」389d、「示無我敬禅人」390c、「示栢西庭禅人」392d）。尚、『「朱子語類」訳注・巻一二六・釈氏（上）』（汲古書院・二〇一三年、p. 100）の【16】の注（3）を併せて参照。

（七）潙山＝潙山霊祐（七七一～八五三）。弟子の仰山慧寂（八〇七～八八三）と共に禅宗五家の一つである潙仰宗の開祖とされる。その伝は、『宋高僧伝』巻一一（T50–777b）・『景徳伝燈録』巻九（T51–264b）などに見える。著述として『潙山警策』一巻（世界古典文学全集『禅家語録Ⅱ』・筑摩書房・一九七四年、所収）があり、この書物は『仏祖三経指南』の巻下に収載され、中国禅門においては仏教修行者の必読書とされた。

（八）久之忽以瓦礫撃竹有声、始能瞥地＝『五燈会元』巻九「香厳智閑」条に、「瓦礫を抛ちて、竹を撃ちて声を作し、忽然として省悟す（抛瓦礫、撃竹作声、忽然省悟）」（Z138-164a）とある。「聞声悟道」の代表的な例として知られる。

（九）念茲在茲＝『尚書』虞書「大禹謨」に見える語。

（一〇）安有天生弥勒＝『宛陵録』に「那《なん》ぞ天生の弥勒、自然の釈迦を得ん（那得天生弥勒自然釈迦）」（T48-387a）とある。

（一一）西天二十八祖＝釈尊の弟子の摩訶迦葉を第一祖とし、以下、第二祖阿難、第三祖商那和修などを経て、第二十八祖の達磨に至るインドの二十八代の祖師たちのこと。『景徳伝燈録』巻一や『五燈会元』巻一などに列挙されている。達磨は、インドの第二十八祖であると同事に、東土（＝中国）の初祖とされる。

（一二）鶉衣丐食＝「鶉衣」は粗末な衣服。鳥のウズラの羽がまだらになっていることから、つぎはぎした衣のことをこう呼ぶ。仏教用語では無く、中国の古典である『荀子』「大略篇」などに見える語。「丐食」は「乞食《こつじき》」に同じ。

（一三）五山十刹＝南宋代に確立された官立寺院の寺格制度。南宋の丞相であった史弥遠（一一六四～一二三三）が嘉定年間（一二〇八～二四年）に始めたものとされる。寺院のランク付けを行い、官吏の監督下、僧侶にも序列を付けて住持を任命したもの。杭州の径山《きんざん》をトップにした五山と呼ばれる五つの寺の下に、杭州の中天竺寺以下の十刹（＝十の寺）があり、更にその下に甲刹《かっさつ》と呼ばれる三十数ヶ寺があって、その住持は甲刹から十刹へ、十刹から五山へ、更に同じ五山や十刹の中でもランクが下の寺院から上の寺院へと段階を踏んで昇進させるという制度であった。中世日本にも取り入れられて、鎌倉五山・京都五山が設けられた。

（一四）三玄＝【一一】語注（四）参照。

（一五）五位＝曹洞宗の開祖である洞山良价（八〇七～八六九）が創始した教説。「偏正五位は、洞山大師の作る所なり（偏正五位者、洞山大師之所作也）」（『曹洞五位顕訣』序・Z111-115b）と言われる様に、洞山自身が説いたのは「偏正五位（正中偏・偏中正・正中来・偏中至・兼中到）」である。弟子の曹山本寂は別に「五位君臣旨訣」を説いている。曹洞宗の宗旨としては、「偏正五位」「君臣五位」の他にも、五位説として「功勲五位」「王子五位」がある。『人天眼目』巻三「曹洞門庭」（T48-320c）や『五家宗旨纂要』巻中「曹洞宗」（Z114-265a）に詳しい。

（一六）自百丈建叢林已来＝百丈懐海（七四九～八一四）は禅林の規矩である「清規」を始めて制定したことで知られる。「清規」は禅宗寺院における行事法要や日常生活の軌範を定めた独自のものであり、その意味で百丈は叢林を創建したとされる。「古清規」と呼ばれる百丈が著したもともとの『百丈清規』は逸書で現存せず、宋代に「古清規」を踏まえて編纂された長盧宗賾の『禅苑清規』などによって、その一部が知られる。「清規」は元代に入って勅命により東陽徳煇が『勅修百丈清規』八巻を編纂し、以後、中国の五山十刹ではこの清規が使われることになる。

（一七）真浄＝真浄克文（一〇二五～一一〇二）。臨済宗黄龍慧南の法嗣。語録として『雲庵真浄禅師語録』六巻があり、覚範慧洪撰「雲庵真浄和尚行状」（『石門文字禅』巻三〇所収）が存する。また、石井修道「真浄克文の人と思想」（『駒澤大学仏教学部研究紀要』三四・一九七六年）がある。

（一八）已而間有眼目定動之師、喩諸方説禅＝『碧巌録』第一則の本則・評唱に、「直得武帝眼目定動、不知落処。是何言説（そのあげく武帝は眼をきょろきょろさせたまま、どこが勘どころなのか、一体どういう答なのかわからなかった）」（T48-140b、末木訳㊤p. 33）とある。

（一九）如葉公之龍、趙昌之花＝何れも「見かけ倒しで本物ではない」という喩え。春秋時代の楚の貴族であった葉公は龍を好んだが、本物の龍が好きなのではなく、絵で画かれた龍が好きなだけであったとされる。漢代・劉向『新序』「雑事」に見える話を踏まえる。宋代の趙昌については、『石門文字禅』巻二三「昭黙禅師序」の条に、「趙昌、花を画くに、生を写すこと真に逼り、世に伝えて宝と為す。然れども終に真の花に非ざるのみ（趙昌画花、写生逼真、世伝為宝。然終非真花耳）」（J23-689b）とある。

（二〇）烏焉成馬之歎＝禅籍でしばしば使用されている言葉で、たとえば『禅林僧宝伝』巻二一に、「諺に曰く、『字、三写を経て、烏焉、馬と成る』と（諺曰、字経三写、烏焉成馬）」（Z137-263b〜c）とある。
（二一）或有引三祖謂但莫憎愛洞然明白＝三祖の著とされる『信心銘』の出だしに「至道無難、唯嫌揀擇。但莫憎愛、洞然明白」（T48-376b）と、そのまま見える。
（二二）与永嘉不除妄想不求真之語相証＝永嘉玄覚の著述である『証道歌』（T48-395c）に同じ語がある。永嘉については、【三】語注（一）参照。
（二三）永嘉有損法財、滅功徳、莫不由斯心意識之語＝同じく『証道歌』（T48-396b）とに、そのままの語が見える。
（二四）一人伝虚、万人伝実＝『五燈会元』巻一一「興化存奨」条（Z138-196d）に見える語。興化は臨済義玄の法嗣。
（二五）所以古人道、参須実参、悟須実悟。閻羅大王、不怕多語＝『五燈会元』巻一一「神鼎洪 」条（Z138-209a）からの引用。神鼎は、首山省念の法嗣で、臨済下の第五世に当たる。

【一三】参禅と開悟

ある人が質問した、「参禅して悟りを開くことができない修行者に、悟りを開かせることができる方便があるのでしょうか。〔また〕もしあれこれ〔と方便を用いて修行〕して〔今の世で〕悟れなければ、生死無常〔から解脱するという〕その〔人生の〕一大事について、〔生まれ変わった〕次〔の世〕や、さらに〔その〕次の世において、悟れるという道理があるでしょうか」。

幻《わたし》は言った、「痛快な質問だ。この〔人生の一大〕事は、本人の足下にある事であり、もともと他人とは関わり合いがないし、また他人に無いようにしてもらえるといった性格のものでもない。だから、『迷うのも自分で迷っているのだから、悟るのも自分で悟らねばならぬ』と言うのだ。もし自分で悟らなければ、たとえ釈迦や達磨でも、おまえのために何もできない。今の指導者は、大てい修行者が悟れないことをどうにもできないので、巧みに〔悟りの〕機縁《きっかけ》〔になる問答や遣り取り〕を設けて、無理やり方便を施して導いている。しかも修行者〔の方〕も、また生死の一大事を自らの重任と考えずに、ただ禅を速やかに理解しようとするだけだ。そこで、その方便の中に座り込み、ことごとく古今の公案を〔ワンパターンで〕一串《ひとくし》に突き通し〔て理解し〕、それを〔悟りの〕関門を通過することだと言っている。足下にある一つの生死の関門は、まだ通過できていないのも同然であり、その通過した所は言葉の関門にすぎないことが、まったく分かっていない。どうして、益がないだけであろうか。かえって自分の一大事〔を究明するの〕に害がある。もし本当に生死の一大事のために〔修行〕するような立派な人ならば、たとえ達磨大師が、この世に出現して諸もろの仏や祖師の奥深い道理を、心を尽くして、その〔人の〕第八識という心〔の一番奥底〕に置いたとしても、また、〔そのありがたい道理を〕きっと根っ子もろとも吐き出してしまう。どうしてこのようなことになるのだろうか。要するに、悟りとは、必ず自分で悟らなければならないのだ。どうして他人と〔わずか〕一銭でも〔利害的な〕関わりがあろうか。もし身を終えるまで悟れなくても、ただ正しい念《こころ》を堅く保持して、生きる〔とき〕も〔この正しい念《こころ》と〕ともに生き、死ぬ〔とき〕も〔この正しい念《こころ》と〕ともに死ぬのであり、〔理屈による〕理解を僅かばかりも妄りに求めてはならない。もし、このように〔正しい念《こころ》を堅く〕守ることができるならば、〔悟れるまで〕ただ一度か二度生まれ変わるだけであり、悟れないことを心配しないでよいだろう。あるいは静かな中に坐り、煩悩〔のはたらき〕がしばし休息する間に、ふいに我が身の意識の中で、〔真理と〕そっくりな道理を獲得してしまうと、〔それに〕寄りかかって正しいと思いこみ、経典の中の言葉を引っ張ってきて証拠付けをし、心の中にしまい込んでしまう。この病は、我が身の意識のはたらきであって、まぎれもなく生死の根本であり、見性ではないことが分かっていない。〔それなのに〕固執して〔修行は〕お仕舞いだと思い、あえて〔しかるべき〕人に決着を〔つけてもらうことを〕求めず、行く先々で、人々から冬瓜《とうがん》〔で作ったニセ物の大きな〕印《ハンコ》でお墨付きをもらおうとするだけだ。一体、〔そんな役に立たないことをして〕どうしようというのだろうか。また、ある種の六塵（＝色・声・香・味・触・法）からなる因縁によって存在する影のようなものを妄りに認めて自己の主人公とするものがおり、古人（＝宝誌和尚）の、『〔まだ〕了《さと》っていない人は〔これから言う〕言葉を聴きなさい。今、口を動かしているのは誰か』（『大乗讃』）と言う語を引用して証拠とすることにもなる。概ね、参禅修行して仏道を学び正しい悟りを獲得していなければ、単に生死の際で役に立たないだけでなく、今、真っ昼間に、両眼を大きく開いて、音に遇い、物に出遇うと、ともすれば〔好き嫌いといった〕感情を生みだし、妄念を起こして自由を得ることができなくなる。〔また〕もし人がそれを非難すると、根本《おおもと》の〔醜い〕無明《ぼんのう》を起こし、〔その人と〕争うことになる。これは恐らく精神が狂った人がすることだ。また、あるいは一生涯を尽くして仏道を学びながら悟る所が無ければ、〔悟りの存在を〕信じなくなり、さらに仏道を学ぼうという正しい思いを、何事もないというおさまりかえった境地に打ち捨て、悟りを求めようという心を二度と起こそうとしなくなる。このような人たちは、『正しい念《こころ》を失っている』と言われる。すでに正しい念《こころ》を失っているならば、一度や二度生まれ変わっても悟ることはできないなどと言ってはならない。たとえ、無数〔の人生〕を遍歴し、〔遥か〕未来の果てを尽くしても、悟れる時はないであろう。これを、〔たとえ〕良い田であったとしても、手入れを加えないで穀物が自然に稔ることを望むのに譬《たと》える。そんな道理は無いのだ」。

＊

《原　文》

或問、参禅不克開悟、還有方便可使其開悟否。如或展転不悟、其生死無常大事、向後之又後世、還有自了之理否。

幻曰、快哉問。此事是当人己躬下事。初不干第二人連累、亦不属第二人排遣。所以云（一）、迷是自迷、悟須自悟。苟不自悟、縦是釈迦・達磨、亦為你不得。今時師家、多是不奈学者之不悟何。所以巧設機縁、曲施方便、以啓迪之。而学者又不以生死大事、為己重任、惟欲速於会禅。於是便向他方便中蹲坐〈校1〉、尽将古今公案一串穿却、謂之透関（二）。殊不知、脚跟下一座生死牢関、政好不曾透得（三）、其所透者乃言説之関耳。豈惟無益。返有害於己事也。若是箇真実為生死大事底好人、縦是達磨大師出現世間、把諸仏祖玄要道理、尽情放在伊八識田中（四）、也須和根吐却。何以如此。蓋悟須自悟。豈干他人半銭事。若也終身不悟、但只堅持正念、生与同生、死与同死、不必妄求一毫知解。苟能如是操守、只隔得一生両生、不患其不悟明也。或有坐在静黙中、於塵労暫息之頃、忽於陰識中、遽省得箇相似底道理、便乃依約為是、勾引経教中語言証過、含於心中。不知、此病是陰識依通、真生死本、非見性也。堅執為了、不肯求人決択、到処只要人把冬瓜印子（五）与之印過。

此何所図哉。又有一等妄認六塵縁影為自己主人公、及引古人謂未了之人聴一言、只遮如今誰動口之語為証。(六)大率参学不獲正悟者、不惟生死岸頭用不得、即今白日青天、大開両眼、遇声遇色、動輒生情起念、不得自由。人或非之、則発起根本無明(七)、与之争執。此蓋狂人之所為也。又或有尽生学道、無所悟入、便乃不信、尋而把箇学道之正念、擎在無事甲中、更不復起求開悟之心。如此等人、謂之失正念。既失正念、莫説後之又後世不能自了。縦使徧暦塵沙、尽未来際、亦無自了之時。譬之良田不加耕耨、而望其五穀自生。無是理也。

〈校1〉他＝佗

＊

《書き下し文》

或るひと問う、「参禅して開悟すること克《あた》わずんば、還《は》た其れをして開悟せしむ可きもの有りや否や。如或《も》し展転として悟らざれば、其の生死無常の大事、後の又た後の世に向《お》いて、還《は》た自了の理有りや否や」と。幻曰く、「快なるかな問いや。此の事は是れ当人の己躬下の事なり。初《もと》より第二人の連累に干《かか》わらず、亦た第二人の排遣に属さず。所以に云う、『迷うも是れ自ら迷わば、悟るも須く自ら悟るべし』と。苟《も》し自ら悟らずんば、縦《たと》い是れ釈迦・達磨なるも亦た你が為にし得ず。今時の師家、多くは是れ学者の悟らざることを奈何ともせず。所以に巧みに機縁を設け、曲げて方便を施して、以て之を啓迪す。而も学者、又た生死の大事を以て己が重任と為さず、惟だ禅を会するに速《すみ》やかならんと欲するのみ。是こに於いて便ち他の方便の中に向《お》いて蹲坐し、尽《ことごと》く古今の公案を将《もっ》て一串に穿却し、之を関を透ると謂う。殊に知らず、脚跟下、一座の生死の牢関、政《まさ》に曾て透得せざる好《べ》く、其の透る所は、乃ち言説の関なるのみなることを。豈に惟だに益無きのみならんや。返って己事を害すること有るなり。若し是れ箇の真実に生死大事の為にするの好人ならば、縦《たと》い是れ達磨大師、世間に出現して、諸もろの仏祖の玄要の道理を把《もっ》て、情を尽くして伊《かれ》が八識田中に放在すとも、也《ま》た須く根を和して吐却すべし。何を以てか此くの如くなる。蓋し悟りは須く自ら悟るべし。豈に他人の半銭の事に干《かか》わらんや。若し也《ま》た身を終えるまで悟らざるも、但只《た》だ堅く正念を持して、生は与《とも》に同じく生き、死は与《とも》に同じく死し、必ずしも妄りに一毫の知解を求めざれ。苟《も》し能く是くの如く操守せば、只だ一生両生を隔得するのみにして、其の悟明せざることを患《うれ》えざるなり。或《も》し静黙の中に坐在し、塵労暫息の頃に於いて、忽ち陰識の中に於いて遽《にわか》に箇の相似底の道理を省得することを有らば、便乃《すなわ》ち依約して是《ぜ》と為し、経教の中の語言を勾引して証過し、心中に含む。知らず、此の病は是れ陰識の依通にして、真に生死の本にして見性に非ざることを。堅執して了すと為し、肯《あ》えて人に決択を求めず、到処に只だ人の、冬瓜の印子を把《もっ》て、之が与《ため》に印過せんことを要するのみ。此れ何の図る所ぞ。又た一等の妄りに六塵の縁影を認めて自己の主人公と為すもの有りて、古人の『未了の人は一言を聴け。只だ遮《こ》れ如今、誰か口を動かす』と謂うの語を引きて証と為すに及ぶ。大率《おおむね》、参学して正悟を獲ざるものは、惟だに生死岸頭に用い得ざるのみならず、即今、白日青天、大いに両眼を開きて、声に遇い色に遇わば、動《やや》もすれば輒《すなわ》ち情を生じ念を起こして自由を得ず。人或《も》し之を非とせば、則ち根本の無明を発起して之と争執す。此れ蓋し狂人の為す所なり。又た或いは生を尽くして道を学ぶも悟入する所無ければ、便乃《すなわ》ち信ぜず、尋《つい》で箇の学道の正念を把《もっ》て無事甲中に撃在して、更に復た開悟を求むるの心を起こさざるもの有り。此れ等の人の如きは、之を正念を失うと謂う。既に正念を失わば、説くこと莫かれ、後の又た後の世に自了すること能わずと。縦使《たと》い塵沙を徧暦し未来際を尽くすとも、亦た自了の時無し。之を良田、耕耨を加えずして其の五穀の自《おのずか》ら生ずることを望むに譬う。是の理無きなり」と。

＊

《語注》

（一）所以云、迷是自迷、悟須自悟＝そのままの典拠は未詳だが、類似した語として『真浄克文禅師語録』巻二に「迷者自迷、悟者自悟」（『古尊宿語録』巻四三・Z118-359c）とあり（真浄については【一二】の語注（一七）参照）、また、中峰の『幻住庵清規』に「迷是自迷、悟亦自悟」（Z111-504d）とある。

（二）尽将古今公案一串穿却、謂之透関＝「一串穿却」は「一串で突き通す」こと。圜悟克勤の『円悟仏果禅師語録』や『碧巌録』に用例が見える。「透関」の使用例としては、黄龍慧南（一〇〇二～一〇六九）の「黄龍三関」の末尾に「此れ未だ関を透らざる者なり（此未透関者也）」（Z137-528a）とあるのが最初のようであるが、これも圜悟が好んで用いており、『円悟仏果禅師語録』や『碧巌録』にしばしば使用されている。

（三）政好不曾透得＝「政好」は「正好」に同じで、一般には「①正宜・正応（～すべきだ）。②只好（～するしかない）。③恰好（～するのにちょうどよい）」（『漢語大詞典』第五冊・p. 310、角川『中国語大辞典』p. 3975、『中日大辞典』増訂第二版・p. 2399）という意味で用いられるが、このままではこの個所にそぐわず、意味が通らない。今回は「～と同然」といったニュアンスに取った。

（四）八識田中＝八識については、【一】語注（五）参照。仏教語や禅語で「心田」「福田」など「田」を使用した用語は、田畑が物を生み出すことを比喩として用いたものである。

（五）冬瓜印子＝冬瓜で作ったハンコ。いい加減な師家の印可証明のこと。たとえば『碧巌録』第九八則の本則・評唱に、「ただもう、あちこちで冬瓜製のはんこで鑑定印を押されると、すぐに『私は仏法の素晴らしさをつかんだ。人に知らせてはならぬ』などという（只管被諸方冬瓜印子印定了、便道、我会仏法奇特、莫教人知）」（T48-221b）と

ある。（末木訳『碧巌録』㊦p. 304参照）

（六）及引古人謂未了之人聴一言、只遮如今誰動口之語為証。＝『景徳伝燈録』巻二九「梁宝誌和尚大乗讃」の末尾の二句に、「未了之人聴一言、祇這如今誰動口」（T51–450c）とあるのを踏まえる。

（七）根本無明＝「無始無明」と同じ。この世が始まった時から存在する無明。生死流転のもととなる無明は常に存在していて、その根元がないことを表す。『大乗起信論』に「本《もと》より来《このか》た、念念相続し、未だ曾て念を離れざるを以ての故に、無始の無明と説く（以従本来念念相続未曾離念故、説無始無明）」（T32–576a）とあり、『起信論』の原文に「根本無明」という語そのものは見えないが、浄影寺慧遠『大乗起信論義疏』や長水子璿『起信論疏筆削記』などの注釈書に多く用いられている言葉。禅門でも『宗鏡録』にしばしば用いられており、圜悟克勤や大慧宗杲の語録などにも時折見られる。

【一四】参禅について

ある人が質問した、「一生涯参禅して悟りを得ることができなくても、何か良いことがあるのでしょうか」。

幻《わたし》は言った、「豆の種をうえても麻や麦は生えないし、草の根からは松や椿は生えてこない。およそ、参禅は『〔修行の結果として得られる〕功用《はたらき》の無い法門《おしえ》だ』と言われるけれども、ただ、真剣に参究しないことだけが心配なのだ。永明《ようみょう》和尚が、『もし参禅してまだ徹底せず、学道をして成果があがらなくても、はっきりと耳の底に残っていて、永く仏道を修行する種子《たね》となり、なんど生まれかわっても〔地獄・餓鬼・畜生といった〕悪趣《あくしゅ》に落ちることなく、人間の身《すがた》を失わず、〔この世に〕生まれたとたんに、一を聞いて百を知るであろう』と言っているのは、皆な誠実な言葉である。世間〔の人々〕がしばらくの間、少しの善行を修めただけでも、勝《すぐ》れた利益《りやく》を獲られる。『〔円覚〕経』の中に、『〔『円覚経』の〕五種類の名前を聞く功徳は、仏国土いっぱいに積み上げられた宝を布施する功徳に勝る』とあるのは、どうして嘘をついているであろうか。最初に〔出家し〕求道の念を起こした時には、もともと生死の一大事にケリを着けようと決心していたのだから、たとえ三十年だろうが二十年だろうが、〔もし〕開悟《さと》らなくても別に方便《てだて》を求めず、ただ心に他のことを考えず、意識からいろいろな妄念を絶ち切り、せっせと頑張ってほったらかしにせず、ひたすら参究しているところの話頭《こうあん》の上に足を〔しっかり〕据えて、一途に、生きるも一緒、死ぬも一緒と成り切れば、三回だろうと、五回だろうと、十回だろうと、百回だろうと、〔輪廻して〕生まれ変わるのを誰が気にしようか。『もし徹底して悟らなければ、絶対に〔参究を〕止《や》めない』。この正しい心構えが有るならば、〔生死の一〕大事が自分自身明らかになっていないことを憂えることはないのだ。だから経典の中に、『末世の衆生でも、絶対に引き下がらないという心を一念でも起こせば、そのまま正覚《さとり》と同じだ』と言っているが、この言葉は、これを言い尽くしている。今の修行者は、これに反して、最初の〔求道の〕発心に際して穏当《おんとう》に足を据えていない。〔だから、修行する〕環境が急に変化すると、〔いらぬ〕念慮《かんがえ》が俄《にわか》におこり、主体性が堅牢ではなくなって、間違った路《みち》に入り込む心配がある。そこで何時も〔あれこれ〕求めまわり、〔修行をしないで〕速《すみや》かに超越し〔て悟り〕たいと期待することになる。〔そして〕かえって、この求めまわる念《こころ》に遮《さえぎ》られることになり、この生死の一大事を悟りたいと思っている〔最初の〕正しい心構えを、妄りに〔自分で〕遮《さえぎ》ってしまっていることが、まったく分かっていないのだ。〔また〕長い時間が経っても決着がつかないので、突然、〔その志を〕変えてしまう人に三種類がある。あるいは、〔悟りをもとめようという〕立派な心は捨てていないが、非常に聡明〔な資質〕を担《にな》っている人である。まして〔その人の〕師匠や友人までもが悟りという道理を無視して、ただ言〔葉づらでスラスラ意味が〕通〔ること〕を尊ぶだけならば、自分で気づかないうちに、〔禅で禁じられている〕知解《ちげ》〔＝観念的な理解〕に入り込み、〔見た目だけ〕そっくりな般若《智慧》〔らしきもの〕を、識田《こころ》に貼り付けてしまう。〔そして〕自分では『悟って明らかだ』と言うが、〔それが〕嘘偽りであることに気付いていないから、口から〔言葉を〕出して、耳から〔言葉を〕入れるという習慣〔そのもの〕が、ゴタゴタとして〔どれもこれも〕皆な同様〔にデタラメなものとなってしまうの〕である。〔宗匠の〕教化する力が衰えてしまっているから、この轍に陥らないものはほとんどいない。これが〔三つのうちの〕その一番目である。あるいは、志気《こころざし》が低劣で、見識が狭く、いつも工夫《しゅぎょう》する段階で、〔話頭《こうあん》といった〕穏当なものに依拠することがなく、『この〔禅という、修行で得られる〕功用《はたらき》のない法門《おしえ》には、全く霊験がない』と思い、十年、二十年に限定して〔修行をし〕、もし〔禅の悟りと〕合致しなければ、にわかにこれまでの手立てを変え、あるいは念仏が〔仏になる〕近道の修行だというので、朝な夕なに数珠《じゅず》を爪繰《つまぐ》って、念仏の修行を追い求め、あるいは、『〔釈尊が一生涯にわたって説いた一切の教えである〕一代時教は、釈尊の口から宣《の》べられたものであり、わたしは参禅はしているが〔何も〕霊験がないから、〔印刷された経本に並んでいる文字の〕行《ぎよう》を追い、墨《文字》〔の数〕を数えて、善〔い果報を生ずる原〕因を種《う》えるようにしないわけにはいかない』と考え、自分では、『無駄に〔時間を〕過ごしてはいない』と言い、あるいは〔きちんとした修行を〕経験するのを嫌がり、〔修行を捨てた〕報縁《むくい》を恐れて、自ら甘んじて市井《しせい》に身を隠し、汚れた顔、粗末な衣で、竈《かまど》〔の火〕をとり臼を搗《つ》く〔といった雑用をし〕、〔自分の〕身体を苦しめて修行を補い、あるいは密《ひそ》かに呪語《じゆもん》を受持し、あるいは潜かに罪過を悔いるなど〔の行いをするが〕、これら〔の行いをする人〕はみな、自ら正しい信心を取り違えてしまい、遠く〔仏道から離れ〕異端に関わってしまっていることになる。これが〔三つのうちの〕二番目である。あるいは、もともと、信心の種子が無く、〔色・声・香・味・触・法という六〕境に出会うと〔妄〕心を興し、〔貪・瞋・痴という〕三根の椽《たるき》の下で、〔坐禅する〕座席が温ま〔るほどの坐禅もせ〕ず、〔迷いを生み出す根本である〕第八識（＝アラヤ識）の田んぼの中で、〔物事に〕取り付いて〔妄念を〕断つことができず、一箇の話頭《こうあん》を、嚙み砕くことができず、さまざまな情妄《まよい》がいつも起滅しており、〔修行を始めてから〕三年や五年にもならないのに、にわかに『参禅しても悟らない』と言って、〔なすべき〕事は何もないという〔おさまりかえった〕境地に〔自分を〕置きっぱなしにし、常に煩悩に従い、念々流浪して、〔何の成果もないうちに〕甘んじて〔死後の世界へ入る関門である〕死門に赴き、一度も反省したためしがない人がいる。これが〔三つのうちの〕三番目である。この禅宗の像季（＝教えや修行はあっても証《さとり》のない時期）、〔また〕祖師方が伝えられた禅道の荒れ果てた時代に当たって、参禅学道する修行者は、もし、しっかりした、絶対に引き下がらないという鉄や石の〔ように堅固な〕身心を具えていなかったなら、この三種類の道筋において〔足下が定まらず〕、こちらに行かなければ、あちらに行ってしまうことになるだろう。すでに自分の心にもっていた大きな志を失ってしまったならば、仏や祖師の深い哀れみを増やすことになる。仏教が落ちぶれるのは、これに本づかないものはないのだ。参禅修行の正しい信心は、千回生まれる中で僅か一回出遇え、百回生まれる中で僅か一回現れる〔といった非常に希有なものである〕ことを、まったく分かっていない。もし真っ直ぐに突き進んで真の解脱を〔得ることを〕願わないならば、一念が動く間に遙かかけ離れてしまうことになる。〔仏の智慧である〕般若の種智《たね》が、再び心に入って〔芽を出したい〕と思っても、ちょうど、腐った穀物の種が再び芽を出すことが無いのと同様なのである」。

*

《原　文》

或問、尽世参禅不獲開悟、有何果報。

幻曰、豆種不生麻麦、草根不産松椿。蓋参禅雖曰是無功用法門(一)、但恐其不真参耳。如永明和尚謂、假使参而未徹、学而未成、歴在耳根、永為道種、世世不落悪趣、生生不失人身、纔出頭来、一聞千悟(二)、皆誠言也。世之暫修片善、尚獲勝利。教中有聞五種名、超刹宝施福(三)、豈事虚語哉。最初発心、本期決了生死大事、或三十年二十年、未即開悟、不須別求方便、但心不異縁、意絶諸妄、孜孜不捨、只向所参話上、立定脚頭、只拌取生与同生死与同死、誰管三生五生、十世百世。如不徹悟、決定不休。有此正因、不患大事之不我明也。故教中謂(四)、末世衆生、能発一念不退転心、即同正覚。斯言尽之矣。今之学者反是、於最初発心、便自立脚不穏。惟恐境縁倏変、念慮俄興、做主不牢、流入異路。以之念念馳求、速期超越。殊不知、返為此馳求之念所障、把箇要了生死大事底正因、妄自遮障。久之不決、忽爾遷変者有三。或者勝心不捨、頗負聰明。矧乎師友之罔其悟理、惟尚言通、不自覚知、渉入知解、以相似般若、粘綴識田。(五)自謂了明、莫知虚妄、則其口出耳入之習、紛紛皆是。化権衰替、鮮有不堕其轍者。此其一也。或者志気狭劣、識見浅陋、毎向工夫辺、倚靠不穏、将謂此無功用法門、絶無霊験、惟限以十年二十年、或不相応、遽変前因、或以念仏為径路修行、朝暮掐数珠、求浄業、或以一代時教、仏口所宣。我既参禅不霊、未免循行数墨、旋種善因、自謂不為虚度、或厭煩受用、畏懼報縁、自甘陸沈、垢面草衣、負舂執爨、苦其形体、以資事行、或密持呪語、或潜懺罪愆等、皆是自違正信、遠渉異端。此其二也。或元無信種、遇境興心、三根椽下、坐席未温、八識田中、(六)攀縁不断、一箇話頭、咬嚼未破、百般情妄、起滅無時、不至三年五載、遽謂参禅不悟、擎向無事甲中、念念循塵、心心流浪、甘赴死門、未嘗返省者。此其三也。当此叢林像季、(七)祖道荒涼、参学道流、苟不負決定不退転鉄石身心、則於此三途、不之此則之彼。既失自心之大志、益増仏祖之深哀。法社凋零、未有不本於此者。殊不思、参禅正信、是千生一遇、百世一出。儻不能一往直前以期真脱、転念之間、白雲万里。欲望般若種智(八)復入于心、猶敗穀之芽無復萌矣。

*

《書き下し文》

或るひと問う、「世を尽くすまで参禅して開悟することを獲ずんば、何の果報有るや」と。

幻曰く、「豆の種は、麻・麦を生ぜず、草の根は、松・椿を産ぜず。蓋し参禅は『是れ無功用の法門なり』と曰うと雖も、但だ其の真参せざるを恐るるのみ。永明和尚の、『仮使《も》し参じて未だ徹せず、学びて未だ成らずとも、歴として耳根に在れば、永く道種と為り、世世、悪趣に落ちず、生生、人身を失わず、纔《わずか》に出頭し来たれば一聞千悟せん』と謂うが如きは、皆な誠言なり。世の暫く片善を修むるすら、尚お勝利を獲《う》。教の中に、『五種の名を聞くは刹宝の施福に超ゆ』ということ有るは、豈に虚語を事とせんや。最初の発心、本と生死大事を決了せんことを期し、或いは三十年、二十年、未だ即ち開悟せざるも、別に方便を求むること須《もち》いず、但《た》だ心、異縁せず、意、諸妄を絶ち、孜孜として捨てず、只だ参ずる所の話の上に向《お》いて、脚頭を立定し、只だ生は与《と》同《も》に生じ、死は与《と》同《も》に死することを拌取せば、誰か三生、五生、十世、百世を管せん。如《も》し徹悟せざれば、決定して休まず。此の正因有れば、大事の、我れ明らかならざること患えざるなり。故に教中に謂う、『末世の衆生、能く一念不退転の心を発《おこ》さば、即ち正覚に同じ』と。斯《こ》の言、之を尽くせり。今の学者は、是れに反して、最初の発心に於いて、便《すなわ》ち脚を立つること穏やかならず。惟だ恐るらくは、境縁倏《すみ》やかに変ずれば、念慮俄《にわか》に興り、主と做ること牢ならずして、異路に流入せん。之を以て念念馳求し、速かに超越せんことを期す。殊に知らず、返って此の馳求の念の障《さまた》ぐる所と為り、箇の生死の大事を了せんと要《ほっ》する底の正因を把《もっ》て、妄《みだ》りに遮障することを。之を久しくして決せず、忽爾として遷変する者に三有り。或いは勝心捨てざるも、頗る聡明を負う。矧《いわん》や師友も之れ其の悟理を罔《なみ》して、惟だ言通を尚《たっと》ぶのみならば、自ら覚知せずして、知解に渉入し、相似の般若を以て、識田に粘綴す。自ら『了明なり』と謂うも、虚妄を知ることなければ、則ち其の口より出で耳より入るの習、紛紛として皆な是れなり。化権の衰替すれば、其の轍に堕ちざる者有ること鮮《すくな》し。此れ其の一なり。或いは志気狭劣、識見浅陋にして、毎《つね》に工夫の辺に向《お》いて、倚靠すること穏やかならず、将に『此の無功用の法門には、絶えて霊験無し』と謂《おも》い、惟だ限るに十年、二十年を以てし、或《も》し相応せざれば、遽《にわか》に前因を変え、或いは念仏を以て径路の修行と為し、朝暮に数珠を掐《つま》んで、浄業を求め、或いは、『一代時教は、仏口の宣ぶる所なり。我れ既に参禅するも霊あらざれば、未だ行に循い墨を数えて、旋《かえ》って善因を種《う》うることを免れず』と以《おも》い、自ら『虚しく度《わた》ることを為さず』と謂《い》い、或いは受用を厭煩し、報縁を畏懼して、自ら甘んじて陸沈し、垢面草衣、舂《うす》を負い爨《かまど》を執り、其の形体を苦しめて以て事行を資《たす》け、或いは密かに呪語を持し、或いは潜かに罪愆を懺《く》いる等、皆な是れ自ら正信に違い、遠く異端に渉る。此れ其の二なり。或いは元《も》と信種無くして、境に遇って心を興し、三根の椽下、坐席未だ温まらず、八識田中、攀縁し断たず、一箇の話頭、咬嚼し未だ破れず、百般情妄、起滅するに時無く、三年五載に至らざるに、遽《にわか》に『参禅するも悟らず』と謂いて、無事甲の中に撃向し、念念塵に循い、心心流浪して、甘んじて死門に赴きて、未だ嘗て返省せざる者あり。此れ其の三なり。此の叢林の像季、祖道の荒涼なるに当たって、参学の道流、苟《も》し決定不退転の、鉄石の身心を負わざれば、則ち此の三途に於いて、此れに之《ゆ》かざれば則ち彼れに之かん。既に自心の大志を失わば、仏祖の深哀を益増す。法社の凋零、未だ此れに本づかざる者有らず。殊に思わず、参禅の正信は、是れ千生の一遇、百世の一出なることを。儻《も》し一往直前して以て真脱を期すること能わずんば、念を転ずる間に白雲万里なり。般若の種智、復た心に入ることを望まんと欲するも、猶お敗穀の芽の復た萌ゆること無きがごとし」と。

*

《語注》

（一）蓋参禅雖曰是無功用法門＝『宝峰雲庵真浄禅師住金陵報寧語録』に「道人の分上に於いては、一切の所作にして、作為無し。既に作為無くんば、則ち是れ無功用大解脱の法門なり（於道人分上、一切所作、而無作為。既無作為、則是無功用大解脱法門）」（『古尊宿語録』巻四四・Z118–369c）とあり、また大慧宗杲『正法眼蔵』巻六「妙喜示衆」に「此れは是れ無為・無漏・無功用の大法門なり（此是無為無漏無功用大法門）」（Z118–75c）という文が見える。

（二）假使参而未徹、学而未成、歴在耳根、永為道種、世世不落悪趣、生生不失人身、纔出頭来一聞千悟＝「永明寿禅師垂誡」（『万善同帰集』附録・T48–993b）からの引用。『禅関策進』（T48–1098b～c）にも引かれている。

（三）教中有聞五種名超刹宝施福＝『円覚経』に「是の経をば『大方広円覚陀羅尼』と名づけ、亦た『修多羅了義』と名づけ、亦た『秘密王三昧』と名づけ、亦た『如来決定境界』と名づけ、亦た『如来蔵自性差別』と名づく（是経名大方広円覚陀羅尼、亦名修多羅了義、亦名秘密王三昧、亦名如来決定境界、亦名如来蔵自性差別）」（T17–921c、柳田訳注本・p. 251～252）と五つの経名を挙げ、「仮使《も》し人有り、純《もっぱ》ら七宝を以て三千大千世界に積満し、以て布施に用うるも、人の此の経の名を聞く有るに如《し》かず（仮使有人、純以七宝積満三千大千世界、以用布施、不如有人聞此経名）」（同前、柳田訳注本・p. 255）とあるのを踏まえたもの。

（四）故教中謂、末世衆生、能発一念不退転心、即同正覚＝典拠未詳。そのままの語は、経典類に見あたらないが、六十巻本『華厳経』巻八に見える有名な「初発心の時に便ち正覚を成ず（初発心時、便成正覚）」（T9–774a）の語を想起させる。

（五）以相似般若、粘綴識田＝「相似般若」は『摩訶般若波羅蜜経』巻一〇「法施品」に「般若波羅蜜を得る所有りと説かば、是れ相似の般若波羅蜜為り（説有所得般若波羅蜜、是為相似般若波羅蜜）」（T8–295b）とあり、禅録では『碧巌録』第七八則の本則・評唱（T48–205a）などに引かれている。

（六）八識田中＝【一三】語注（四）参照。

（七）像季＝像法の時代の末期。末法に入る直前。仏教では、釈尊の死後、その変遷を「教」「行」「証」の三つの要素により三つの時期に分ける「三時」という考え方がある。正法の時期には三つの要素が揃っているが、像法の時期には「証」が欠け、末法の時期には「行」「証」の二つが無くなって「教」のみになるとされ、仏教は徐々に衰退していくとされている。それぞれの時期の長さには諸説があるが、たとえば『南嶽思大禅師立誓願文』では、正法が五百年、像法が千年、末法が一万年とされている（T46-789c）。

（八）般若種智＝「種智」の二字だけで仏の完全な智慧を指す。『円覚経大疏釈義鈔』巻一に、「種智と称するは、梵《インド》には薩婆若と云い、此《中国》には一切種智と云う。即ち諸仏の究竟円満なる果位の智なり。種とは種類を謂う。即ち法として通ぜざる無きの義なり。世・出世間、種種の品類、了知せざる無きを謂う。故に一切種智と云うなり（称種智者、梵云薩婆若、此云一切種智。即諸仏究竟円満果位之智也。種謂種類。即無法不通之義也。謂世出世間種種品類、無不了知。故云一切種智）」（Z14-223d）とある。ただし「般若種智」と四字句で使われる場合は、「種」は「種類」ではなく、「たね」の意味を含んでおり、「般若の種智を植ゆ（植般若種智）」（『密菴和尚語録』T47-981c、『大慧普覚禅師語録』巻二五・T47-917b）、「般若の種智を種《たね》うえ得《う》（種得般若種智）」（『大慧普覚禅師語録』巻二一・T47-900a、巻三〇・941b）といった形で用いられている。

【一五】偸　心①

ある人が質問した、「昔の人と今の人とでは、参禅して仏道を学ぶ心構えが、異なっているでしょうか、異なっていないでしょうか」。

幻《わたし》は言った、「昔の人の修行は、仏道が得られたとか、まだ得られていないとかを問わず、その脚がまだ〔道場の〕入り口を越えない先に、〔他に向かって道を求めようとする〕偸心《ちゆうしん》を一刀両段して〔真っ二つに断ち切り〕、もう二度と〔偸心《ちゆうしん》が〕生じることがなかった。今の人は、もっぱら〔他に向かって道を求めようとする〕偸心《ちゅうしん》を主としている。まさしく今と昔の同異はハッキリとしており、相互のつながりなどないのだ。〔それでは〕何を生死と言うのだろうか。〔外に求め回る〕偸心《ちゅうしん》が有るのがそれである。何を涅槃と言うのだろうか。偸心《ちゅうしん》が尽きてなくなるのがそれである。それでは、喩《たと》えで言ってみよう。生死は大病であり、仏や祖師の教えの言葉は良薬であるが、偸心《ちゅうしん》は〔その〕薬が忌み嫌う所である。仏や祖師の教えの言葉で生死の大病を治すのは、昔も今も同じである。どうして、これを治療しないという道理が有るだろうか。ただ、薬には禁忌がある。昔の人はもっぱら〔きちんとした〕薬を服用しており、その霊妙な効き目を獲られない者はほとんどいなかった。今の人は、〔医者のきちんとした〕処方と投薬が終わっていないのに、ずっと禁忌の薬を与えてしまっている。〔これでは〕その病が治らないだけでなく、間違った理解を増やし、名医でも〔手を拱《こまね》き〕、襟を正して退かせることになる。何を偸心《ちゅうしん》と言うのだろうか。識情《まよい》（＝誤った心のはたらき）の異名であり、自分の中のこの上ない仏法という財宝を奪う〔ものである〕。だから永嘉が言うのだ、『仏法という財宝を損《そこな》い、功徳をダメにするのは、この心意識《迷いの心》に由来しないものはない』と。そのうえ、〔ここで〕古人の数段の因縁話で、今の手本となるものを簡単に示してみよう。たとえば、六祖〔慧能《えのう》〕は〔五祖弘忍《ぐにん》のいる〕黄梅山《おうばいざん》に到って、ただ米つき場に行かされ、潙山《いさん》は百丈《ひゃくじょう》の道場において典座《てんぞ》（＝台所）の仕事に充《あ》てられ、楊岐《ようぎ》〔方会《ほうえ》〕は十余年のあいだ、ただ寺の事務を統理し、演祖《えんそ》（＝五祖法演）は海会寺《かいえじ》において、〔米つき小屋の〕磨主《ましゅ》〔という精米、製粉を管理する役職〕に充《あ》てられ、雲峰《うんぽう》〔文悦《ぶんえつ》〕は〔財施供養の寄付集めである〕化縁《けえん》をし、雪竇《せっちょう》は〔東司《とうす》（トイレ）を掃除する役である〕持浄《じじょう》をし、慈明《じみょう》（＝石霜楚円）は汾陽《ふんよう》〔善昭《ぜんしょう》〕に参じて、ただ笑われたり叱られたりし、黄龍《おうりゆう》〔慧南《えなん》〕は慈明（＝石霜楚円）に参禅して、ただ罵られるなど、その間にさまざま異なった因縁が〔交錯して〕現れ、良し悪しの事柄がみだりに生じているが、すべて当事者〔である古人たち〕は、正しい心構えが明らかで、偸心《ちゆうしん》を滅ぼし尽くし〔てしまっ〕ていたから、その〔心に〕違《たが》う、入り乱れた事柄〔のまま〕に任せていながら、一つ一つ〔のこと〕がこの上ない真理に帰着していたのだ。また、どこへ行こうとも、仏の真理と出会わない〔ことがあった〕であろうか。今の人が、偸心《ちゆうしん》が決してすぐに滅びないのは、他でもない、要するに、自己の一大事のためにするという心構えが本物でないだけなのだ。〔たとえ〕身を空寂《仏教》の〔修行〕場に寄せていたとしても、取るとか捨てる〔とかいう差別〕の領域に念《こころ》を馳せている。ある種〔の人〕は、寺院を新たに起こしているが、その優劣を〔古人と〕比べれば、頭にかぶる冠と足に履く履き物〔の差〕ほど互いに等しくない。どうしてかと言えば、今の人は、少しでも優れた天賦の才能を自負していると、必ず遙かに有名で高い地位の人に取り入〔って偉くな〕りたいと思い、およそつまらない〔役職といった〕事柄は一生相手にしない。どうして、〔精米、製粉を管理する役職である〕磨主《ましゆ》となったり、〔台所の役職である〕典座《てんぞ》に〔甘んじて〕充てられたりするだろうか。およそ、住む所が安らかで、ゆっくり食事が〔できる環境に〕あったとしても、その求めている〔名誉という〕ものを成し遂げることがないのだから、どうして米つき場に入ったり、化士《けし》（＝寄付集めの係）に〔甘んじて〕なったりするだろうか。〔そんな人が〕手には〔説法の時に持つ〕麈尾《しゆび》（＝払子《ほっす》）の柄《え》を持ち、身《からだ》は説法の倚子に坐るようになると、正しい心構えはますます微《かす》かになり、偸心《ちゆうしん》はいよいよ盛んになる。その〔正しい仏法の〕念《こころ》を後世の人々に示して、涼しい影を作りたいと思ったとしても、そのようなことが、どうしてできるだろうか。これによって〔教化する力である〕化権の盛衰や、古今における得失〔の違い〕を推察してみるに、いまだ偸心《ちゅうしん》の有無に関係していないことはないのである。私は、ここにおいて〔以上のような意見を〕言わざるを得ないのだ」。

＊

《原　文》

或問、古人今人参学用心有以異乎、無以異乎。

幻曰、古人学道、未問道之得与不得、脚未跨門首、先将箇偸心（一）、一斬両段、更不復生。今人純以偸心為主。此正今古之同異、判然不相渉矣。何謂生死。有偸心是。何謂涅槃。尽偸心是。請以喩言之。生死是大病、仏祖言教是良薬、偸心是薬之所忌。以仏祖言教、治生死之大病、此古今之同然者。安有不治之理。惟是薬有所忌。古人純服薬、鮮有不獲其神効者。今人方薬之未已而継投之以忌。不惟不治其病、将見増益異証、使大医王亦歛（ママ）袵而退矣。何謂偸心。乃識情之異名也。能劫奪自家無上法財。故永嘉謂（二）、損法財滅功徳、莫不由斯心意識。且略挙前輩数段因縁、可為今時亀鑑者。只如六祖到黄梅、但令槽廠去（三）、潙山在百丈会中充典座（四）、楊岐十餘年惟総院事（五）、演祖於海会充磨主（六）、雲峰之化縁（七）、雪竇之持浄（八）、慈明参汾陽、惟戯笑譏訶（九）、黄龍扣慈明、惟遭詬罵（一〇）。中間差別之縁錯出、違順之境横生、但是当人、正因炳煥、死尽偸心、任其異境紛如、一一消帰至理。又何所往而不与道相遇哉。今之人偸心不肯遽死者無他〈校1〉、蓋已事之不真切耳。雖寄身於空寂之場、而馳念於取捨之域。一種是作興保社。較其優劣、則天冠地履之不相侔矣。何則如今人稍負天資、必欲遠附清名、高攀勝軌、凡猥屑等事、終身不歯。安肯作磨主充典座乎。凡住処雖安居暇食、尚不遂其所欲。安肯入槽廠而為化士乎。至若手横麈柄身坐猊牀、正因益微、偸心愈熾。欲其垂念後昆作清涼樹、其可得哉。用是卜化権之盛衰、今古之得失、未有不係乎偸心之有無也。〈校2〉余於此不容不辯。

〈校1〉他＝佗　〈校2〉余＝予

*

《書き下し文》

或るひと問う、「古人と今人と、参学の用心、以て異なること有りや、以て異なること無しや」と。

幻曰く、「古人の学道は、未だ道の得と不得とを問わず、脚、未だ門首を跨がざるに、先ず箇の偸心を将《もっ》て一斬に両段して、更に復た生ぜず。今人は、純《もっぱ》ら偸心を以て主と為す。此れ正に今古の同異、判然として相渉らず。何をか生死と謂う。偸心有る、是れなり。何をか涅槃と謂う。偸心尽《つ》く、是れなり。請う、喩《たと》えを以て之を言わん。生死は是れ大病、仏祖の言教は是れ良薬にして、偸心は是れ薬の忌む所なり。仏祖の言教を以て、生死の大病を治むるは、此れ古今の同然たる者なり。安くんぞ之を治めざる理有らんや。惟だ是れ薬に忌む所有るのみ。古人は、純《もっぱ》らに薬を服し、其の神効を獲ざる者有ること鮮《すくな》し。今人は、方薬の未だ已まずして、継《つい》で之を投ずるに忌を以てす。惟だ其の病を治めざるのみにあらず、将に異証を増益するを見、大医王をして、亦た袵《えり》を斂《おさ》めて退かしめんとす。何をか偸心と謂う。乃ち識情の異名なり。能く自家無上の法財を劫奪《ごうだつ》す。故に永嘉謂く、『法財を損し、功徳を滅するは、斯の心意識に由らざること莫し』と。且つ略ぼ前輩数段の因縁の、今時の亀鑑と為す可き者を略挙せん。只如《たと》えば、六祖、黄梅に到るに、但だ槽廠に去らしめ、潙山、百丈の会中に在りて典座に充てられ、楊岐十餘年、惟だ院事を総《す》べ、演祖、海会に於いて磨主に充てられ、雲峰の化縁、雪竇の持浄、慈明、汾陽に参じて惟だ戯笑譏訶せられ、黄龍、慈明を扣《たた》きて惟だ詬罵に遭うのみ。中間、差別の縁、錯《まじわ》り出て、違順の境、横に生ずるも、但是《すべ》て当人、正因炳煥として、偸心を死尽すれば、其の異境、紛如たるに任せて、一一至理に消帰す。又た何《いづ》れの往く所としてか、道と相遇わざらんや。今の人、偸心、肯《あ》えて遽《にわ》かに死せざるは、他無し。蓋し己事の真切ならざるのみ。身を空寂の場に寄すと雖も、念を取捨の域に馳す。一種は是れ保社を作興す。其の優劣を較《くら》ぶれば、則ち天冠、地履之《こ》れ相侔《ひと》しからざらん。何となれば則ち、如今の人、稍《やや》天資を負わば、必ず遠く清名に附し高く勝軌に攀せんことを欲し、凡そ猥屑等の事は、身を終うるまで歯せず。安くんぞ肯《あ》えて磨主と作り、典座に充《あ》たらんや。凡そ住処、安居し暇食すと雖も、尚お其の欲する所を遂げず。安くんぞ肯えて槽廠に入りて化士と為らんや。手に塵柄を横たえ、身は猊牀に坐すが若きに至っては、正因は益《ます》ます微にして、偸心は愈《いよ》いよ熾《さかん》なり。其の念を後昆に垂れて清凉の樹を作さんと欲するも、其れ得可けんや。是れを用《もっ》て化権の盛衰、今古の得失を卜《ぼく》するに、未だ偸心の有無に係らずんばあらざるなり。余、此こに於いて辯ぜざる容《べ》からず」と。

*

《語注》

(一) 偸心＝外に求め回る心。『諸録俗語解』【五六五】には「『不正念』なり」とある。もともとは『楞厳経』巻六の後半で、釈尊が「不婬」「不殺」「不偸」「不妄語」の戒を説いた中の「不偸」の個所に見える語である。「阿難よ、又復《ま》た世界の六道の衆生、其の心、偸せざれば、則ち其れに随いて生死相続せず。汝、三昧を修するは、本《も》と塵労を出でんがためなり。偸心、除かずんば、塵出づ可からず。縦《たと》い多智禅定の現前すること有るも、如《も》し偸を断ぜずんば、必ず邪道に落ちん。（阿難、又復世界六道衆生、其心不偸、則不随其生死相続。汝修三昧、本出塵労。偸心不除、塵不可出。縦有多智禅定現前、如不断偸必落邪道。）」（『楞厳経』巻六・T19–132b）

（二）故永嘉謂、損法財、滅功徳、莫不由斯心意識＝【一二】語注（一三）に既出。

（三）只如六祖、到黄梅、但令槽廠去＝六祖が初めて五祖弘忍に相見した時、五祖が六祖を米つき場の係としたことを指す。『六祖大師法宝壇経』「行由品第一」に拠れば、五祖は六祖に「槽廠に著き去れ（著槽廠去）」（T48–348a）と命じたとされる。同様のことは『五燈会元』巻一（Z138–18c）などにも載せられている。

（四）潙山在百丈会中充典座＝『五燈会元』巻九「潙山霊祐」条に、「師（＝潙山）、時に典座為り。陀（＝司馬頭陀）一見して乃ち曰く、『此れ正に是れ潙山の主人なり』と（師時為典座。陀一見乃曰、此正是潙山主人也）」（Z138–158b）とある。

（五）楊岐十餘年惟総院事＝『五燈会元』巻九「楊岐方会」条に、「慈明（＝石霜楚円）、南源より道吾〔山〕・石霜〔山〕に徙《うつ》るに、師皆な之を佐《たす》けて、院事を総《す》ぶ（慈明自南源徙道吾石霜、師皆佐之、総院事）」（Z138–361b）とある。

（六）演祖於海会充磨主＝演祖は、臨済宗楊岐派の五祖法演（?～一一〇四）のこと。海会は法演の嗣法師である白雲守端が開いた舒州（＝安徽省）白雲山海会寺のこと。法演はここで白雲守端に参じて開悟し、投機の偈を献じる。この時、白雲は特に印可を与えて、「磨事を掌らせた（令掌磨事）」（『五燈会元』巻一九・Z138–365b、『続伝燈録』巻二〇・T51–602a）という。「磨主」は『勅修百丈清規』巻四に立項されており、「磨主は、兼ねて碓坊の米麺を主《つかさど》り、衆に供するに極めて関系有り。須く道心有る人の、春磨等の事を諳暁する者を択びて之に充《あ》つべし（磨主、兼主碓坊米麺、供衆極有関系。須択有道心人、諳暁春磨等事者充之）」（T48–1133a）とある。

（七）雲峰之化縁＝雲峰は雲峰文悦（九九八～一〇六二）のこと。南昌（＝江西省）の人。筠州（＝江西省）の大愚守芝に参じて嗣法し、南嶽の雲峰寺に住した。大愚は汾陽善昭の法嗣で、石霜楚円の法弟に当たる。その伝は、『続伝燈録』巻九（T51–518a）・『五燈会元』巻一二（Z138–225a）などに見える。語録として『雲峰文悦禅師語録』二巻がある。「化縁」は、もともとは、仏・菩薩がこの世で教化する縁のこと。たとえば『大荘厳論経』巻一三に、「過去に仏有り、迦葉と号す。彼の仏世尊、化縁已《すで》に訖《お》わり、涅槃に入らんとす（過去有仏号迦葉。彼仏世尊、化縁已訖、入於涅槃)」(T34-349a) とあり、『景徳伝燈録』巻二「第二十六祖不如密多」条にも「吾が化縁已《すで》に終われば、当に寂滅に帰すべし(吾化縁已終、当帰寂滅)」(T51-216a) などとある。但し、禅門では「募化(=財物をつのる)」の意に用いる場合があり、化米・化炭・化斎・化浴・化燈・化柴・化茶などの募財用語がある。その募財のために作成された募集の要請書を「化疏」と呼ぶ。『禅林象器箋』第二二類「文疏門」の「化疏」条(活字本・p. 611) 参照。ここでは、雲峰の化炭の話を踏まえている。雲峰が大愚に参じて修行していた時、大愚から「どうして皆なのために乞食《こつじき》しないのか(何不為衆乞食)」と言われて、指示どおりにし(師不敢違)、冬になって今度は大愚から「雪が降って寒いから皆なのために炭を乞うてこい(雪寒宜為衆乞炭)」と言われて、また命令どおりにした(師亦奉命)とされる(『五燈会元』巻一二・Z138-445a、『続伝燈録』巻九・T51-518a)。

(八) 雪竇之持浄＝『禅林備用清規』巻七「浄頭」の条に、「雪豆《(ママ)》は、霊隠・牧庵・妙喜・宝峰の会中に在りて、皆な斯の務めに服勤す(雪豆在霊隠牧庵妙喜宝峰会中、皆服勤斯務矣)」(Z112-57c) とある。雪竇が誰を指すのかは未詳。浄頭もしくは持浄は、トイレ掃除の係のこと。『禅林象器箋』第七類「職位門」の「浄頭」条(活字本・p. 285) 及び「持浄」条(p. 288) 参照。

(九) 慈明参汾陽、惟戯笑譏訶＝慈明禅師こと石霜楚円(九八六～一〇三九)は、汾陽善昭の法嗣。白隠慧鶴が座右の書とした『禅関策進』の「引錐自刺(慈明引錐)」(T48-1105b) の話によって知られる。その伝は、『続伝燈録』巻三(T51-482a)・『五燈会元』巻一二(Z138-211d) などに見え、語録として『石霜楚円禅師語録』一巻(Z120) がある。その弟子の黄龍慧南と楊岐方会の二人は、後に五家七宗の中の黄龍派・楊岐派の派祖と仰がれることになる。『五燈会元』巻一二「石霜楚円」条に、「汾陽〔善昭〕の道望を聞き、遂に往きて焉《これ》に謁す。〔汾〕陽顧みて之を器とす。二年を経るも、未だ入室を許さず(聞汾陽道望、遂往謁焉。陽顧而黙器之。経二年、未許入室)」(Z138-211d) とある。

(一〇) 黄龍扣慈明、惟遭詬罵＝黄龍慧南(一〇〇二～一〇六九)は、石霜楚円の法嗣。黄龍派の派祖。その伝は、『続伝燈録』巻七(T51-505c)・『五燈会元』巻一七(Z138-325c) などに見え、語録として『黄龍慧南禅師語録』一巻(T47) がある。黄龍慧南が慈明の石霜楚円に参じた時、慈明は詬罵《ののし》ってやまなかった(明詬罵不已)。そこで黄龍は、

「罵っているのは慈悲の法を施しておられるのではないですか（罵豈慈悲法施耶）」と問い、慈明が「お前は罵っているという理会をしているのか（你作罵会耶）」と切り返されて、言下に大悟したとされる（『五燈会元』巻一七・Z138-325d、『聯燈会要』巻一三・Z136-324b）。

【一六】偸　心②

ある人が質問した、「偸心《ちゆうしん》（＝外に求め回る心）は、聖人と凡夫とのあいだに、違いが有るのでしょうか、違いが無いのでしょうか」。

私は言った、「偸心《ちゆうしん》（＝外に求め回る心）とは、どんなものか。とりもなおさず如来の妙明《たえ》なる元心《こころ》のこの上ない本体にほかならない。その道を求める志が真剣切実でないから、いろいろな妄念に覆われて、偸心に変わってしまうのだ。ちょうど〔それは〕害虫が稲より生まれていながら、稲を害するのが〔他ならぬその〕害虫であるようなものであり、またちょうど、火が木より生まれていながら、木を焼くのが〔他ならぬその〕火であるようなものである。寝食は人にとって一日も無くすことができない事ではあるが、もし道を求める念《こころ》が真剣切実ならば、〔その寝食さえ〕忘れて無くすことができる。〔では〕どうして偸心は滅び〔て無くなら〕ないのだろうか。〔それは〕譬《たと》えば人が〔自分の〕利益のために、仕方なく賤《いや》しい仕事を他人〔のため〕に行うようなもの〔だから〕だ。〔利益を得られる場合には、〕一日中、〔大いに〕

苦労をさせられても、疲れや嫌気が生じないであろう。〔もし〕少しでも〔その賤《いや》しい〕仕事を〔きちんと〕やりおおせない時に、鞭打ちや罵倒がすぐに加えられ〔たとし〕ても、〔利益のためにはその賤しい仕事を〕まったく嫌がることがない。どうして〔自分の欠点を恥じ、他人の悪い点を憎む〕羞悪《しゅうお》〔の心〕をこのように忘れて〔そんな賤しい仕事をして〕しまうのであろうか。〔それは〕他でもない、利益を求める心が真剣切実だから、そうなってしまうのだ。もし苦労を嫌がり苦しみを恐れるならば、利益を失うことになってしまうから、彼らはこせこせと浮幻《まぼろし》のような利益をはかって、極めて大切な羞悪《しゅうお》〔の心〕を忘れているのだ。〔そのような人たちと、〕私たち〔のように〕、聖なる道を求めながら、あえて実体のない偸心を〔心の本体だと確信して〕滅ぼそうとしないものと較べてみて、〔一体、どこが〕どう〔違うの〕であろうか。〔その心は本質的には違いなどないのである。〕だから、〔もともと〕凡夫はどうして聖人と異なっていようか、聖人はどうして凡夫と異なっていようか。〔凡夫も聖人も同じであり、〕ただ〔外に向かって求め回る〕偸心が〔その〕違いを作り出しているだけなのだ。僧侶たるものは、このことを慎しまなくて良いであろうか」。

*

《原　文》

或問、偸心於聖凡、有間邪、無間邪。

余曰、偸心何物。即如来妙明元心（二）之至体耳。以其求道之志不真不切、為諸妄所蔽、転為偸心也。猶蝨生於禾、害禾者蝨也。亦猶火生於木、焼木者火也。但求道之念真切、雖寝食於人不可一日無之之事、尚能廃忘。

何偸心之不泯哉。譬如人之為利養甘執賤役於人。雖竟日奉労苦、而不生疲厭。方一毫不尽其役、則鞭笞罵辱、応時交接、皆所不憚。何其忘羞悪之若是邪。無他〈校1〉蓋求利養之心真切而致然也。使其憚労苦畏楚辱、則失利養矣。彼区区為浮幻之利養、而能忘極重之羞悪。較吾儕之希求聖道而不肯死虚妄之偸心者、何如哉。然凡何異聖、聖何異凡。惟偸心而成異耳。道人可不慎諸。

〈校1〉他＝佗

*

《書き下し文》

或るひと問う、「偸心の聖凡に於ける、間《へだ》て有りや、間《へだ》て無しや」と。

余曰く、「偸心は何物ぞ。即ち如来の妙明なる元心の至体なるのみ。その道を求むるの志、真ならず切ならざるを以て、諸妄の蔽《おお》う所と為り、転じて偸心と為るなり。猶お蝥《ぼう》の禾《いね》より生じ、禾《いね》を害するものは蝥なるがごときなり。亦た猶お火の木より生じ、木を焼くものは火なるがごときなり。但《も》し道を求むるの念、真切ならば、寝食の人に於ける、一日も之れ無かる可からざる事なりと雖も、尚お能く廃忘せん。何ぞ偸心の泯《ほろ》びざる。譬えば人の利養の為に甘んじて賎役を人に執るが如し。日を竟《お》えるまで労苦を奉《う》くと雖も、而も疲厭を生ぜず。一毫も其の役を尽くさざるに方《あ》たっては、則ち鞭笞罵辱、時に応じて交接するも、皆な憚《はばか》らざる所なり。何ぞ其の羞悪を忘ることの是くの若くなるや。他無し、蓋し利養を求むる心真切にして、然ることを致すなり。使《も》し其れ労苦を憚《はばか》り楚辱を畏《おそ》るれば、則ち利養を失せん。彼は区区として浮幻の利養を為して、能く極重の羞悪を忘る。吾儕の聖道を希求して、肯えて虚妄の偸心を死《ころ》さざるものに較ぶるに、何如《いかん》ぞや。然らば凡、何ぞ聖に異ならんや。聖、何ぞ凡に異ならんや。惟だ偸心にして異を成すのみ。道人、諸《これ》を慎しまざる可けんや」と。

＊

《語注》

（一）妙明元心＝『楞厳経』巻二に見える阿難の質問に、「若し我が心性、各おの還《かえ》る所有らば、則ち如来の説く妙明元心は、云何《いかん》が還ること無き（若我心性各有所還、則如来説妙明元心、云何無還）」（T19-111a、荒木訳注本・p. 105）とあり、同経巻三に「一切世間の、諸もろの所有《あらゆ》る物は、皆な即ち菩提妙明の元心なり（一切世間、諸所有物、皆即菩提妙明元心）」（T19-119b、荒木訳注本・p. 261）とある。

【一七】昏沈・散乱

ある人が質問した、「工夫《しゆぎよう》をするのに、多く〔の人〕は、昏沈《こんじん》（＝しずんだ心）や散乱（＝散乱した心）に邪魔されて、神力《こころ》を使い尽くして〔それを取り去ろうとして〕も排除することができません。生まれつきの能力に不十分な所が有って、そうなってしまうのではないでしょうか」。

幻《わたし》は言った、「そうではない。〔おまえは次の様に〕理解しなさい。昏沈《こんじん》（＝しずんだ心）や散乱（＝散乱した心）が、〔そのまま〕丸ごと本地風光《本来の面目》であり、実際理地《絶対の境地》の中には〔昏沈や散乱といった対立した〕二つの法《もの》は無いのである。昏沈や散乱にはもともと本性は無く、また実体も無いのであり、どちらも自分の中の参禅をしようという一つの正しい念《こころ》が本当に切実でないところから入り込んで来たということが、おまえは分かっていないのだ。〔だから、次の様に〕理解しなさい。最初の念《こころ》が本当に切実でなければ、〔昏沈・散乱が〕最初の念《こころ》から入り込むし、二番目の念《こころ》が本当に切実でなければ、二番目の念《こころ》から入り込むし、ないし百番目や千番目の念《こころ》が〔逆に〕本当に切実であれば、〔昏沈・散乱が〕ついに入る所は無いものの、もし最後の一念《こころ》が少しでも本当に切実でなければ、〔昏沈・散乱は〕最後〔の一念《こころ》〕から入り込んでしまうのだ。もし、最初の一念《こころ》から本当に切実で、そのままずっと心の花が満開になる時に至るまで、その本当に切実な心が、まったく途ぎれることがなければ、いわゆる昏沈・散乱は、杳《よう》としてその〔存在する〕痕跡すらわからなくなるであろう。往往にして、仏道を求める為に修行しようとする念《こころ》が本当に切実でないことを責めないで、昏沈・散乱が〔修行の〕碍《さまたげ》になっているとする者は、ちょうど自分が暗室にいながら、自分の眼が物を明らかに視ることができないことを責める者と、異なることが無いのである。また本当に工夫《しゆぎよう》をしている人でも、目の前に昏沈・散乱が有ると見るならば、〔もうすでに〕間違ってしまっている。更に念《こころ》を起こして昏沈・散乱を排除したいと思うならば、また〔一段とひどい〕間違いをしてしまっている。しかし、〔昏沈・散乱を〕排除することができないからといって、憂いを生ずる者は、〔それよりも〕更に〔一層〕間違ってしまっていることになる。もし昏沈・散乱を排除することができて、目の前に何も無い状態になったとしても、間違いに更に間違い〔を重ねる〕者なのである。更に、そそっかしい人で、昏沈・散乱がもともと本地風光《本来の面目》〔である〕と説くのを見て、正しいと思いこみ、一日中これとひとかたまりになって転がって分別を生じない者がいるが、これは、さらにその間違いにたえないものである」。

ある者が、余《わたし》がしきりに多くの「間違い」という言葉を説くのを見て、質問した、「どのように心を用いるならば、昏沈・散乱について間違わないですむのでしょうか」。

そこで〔その人に〕言った、「もし用いることができる心〔というもの〕があるならば、つぎつぎと間違いと成ってしまう。昏沈・散乱があると見たとたんに、凡そ心を用いようと心を用いまいと、すべてがとんでもない間違いなのだ」。

ある人が言った、「このような向上《たかい》（＝高尚なレベル）の話では、私〔のような〕初学の修行者は、悟り〔への手がかり〕をつかむことができません」。

幻《わたし》は言った、「学道《がくもん》というものは、ただ自分の本当の心を悟りさえすればよいのだ。悟ってピタリと合ってしまえば、仏と衆生と道筋を同じくし、もともと向上《たかい》も向下《ひくい》もないのだ。ただ、おまえが、昏沈・散乱〔の本質〕を知らず、どうかすると惑《まど》わされてしまっているから、〔私は〕文字言説〔を用いて〕強いて〔あれこれ〕説明をしたのだ。今、仕方ないから、思い切り昏沈・散乱の根本について、ありったけ提示しよう。おまえは大昔から、実体がない煩悩が染み込んでしまっているが、これが昏沈・散乱の根本である。おまえは今、物を見、音を聞き、常に事柄と向き合い、その愛するとか憎むとか、取るとか捨てるとかいう情《こころ》が、起きたり滅したりして定まることがないが、これが昏沈・散乱の根本である。おまえは、最初の〔求道する〕一念《こころ》で、生死を超越したいと思っているが、これが昏沈・散乱の根本である。参禅して仏道を学びたいと思っているが、これが昏沈・散乱の根本である。仏や祖師と〔同じ境地に〕なりたいと思っているが、これが昏沈・散乱の根本である。この上ない仏の悟りを求め、〔煩悩の消え失せた〕涅槃に入りたいと思っているが、これが昏沈・散乱の根本である。世間と出世間の種々の法《おしえ》の中で、もし僅かでも〔いらぬ〕念慮《おもい》があれば、皆な昏沈・散乱の根本である。もし根本が断〔ち切られ〕てしまったならば、全宇宙の内とか外とか中間に、僅かな昏沈・散乱を求めたいと思っても、まったく得られないのだ。〔その昏沈・散乱を〕得られない処では、ただ昏沈・散乱が無いだけではなくて、〔素晴らしいとされる〕真如実際《絶対的な真理の境地》にいたるまで、みな存在することができないのだ。まして、聖人や凡夫、迷いや悟りといった痕跡は、どこにいられるだろうか。無用な学問的な理解で祖師の心を埋没させることはやめなさい」。

*

《原　文》

或問、做工夫多為昏沈散乱(一)所障、用尽神力、屏打不去。無乃(二)根力有所不逮而使之然乎。

幻曰、非也。当知昏沈散乱、全体是本地風光(三)。其実際理地(四)中、無二法也。爾其不委。且昏沈散乱初無自性、亦無実体、皆是自家一箇参禅底正念不真不切上入来。当知、第一念不真切、即従第一念入、第二念不真切、即従第二念入、乃至百千念真切、竟無所入、或最後一念稍不真切、則便従最後入矣。若使自最初一念真切、直至心花発明(五)之際、其真切之心、了不間断、則所謂昏沈散乱、杳不知其蹤矣。往往不責為道之念不真切、而以昏沈散乱為礙者、是猶自処暗室而責己眼之不能洞視物象者(六)、無以異也。且真実做工夫之人、面前見有昏沈散乱、錯了也。更起念要屏打箇昏沈散乱、又錯了也。然而屏打不去而生憂懼者、更是錯了也。設使屏打得箇昏沈散乱去、面前浄躶躶地(七)、錯之又錯者也。更有箇鹵莽(八)之人、見説昏沈散乱元是本地風光、認以為是、終日与之輥作一団、而不生分別者。此又不勝其錯也。

或者見余連説許多錯字乃問、如何用心、即得於昏沈散乱上不錯去。

乃謂之曰、苟有心可用、則展転成錯矣。纔見有昏沈散乱、凡用心不用心、都是顛倒錯謬(九)。

或謂、遮箇向上話、我初機学人、不能得入。

幻曰、学道只要悟明自己真実心地。既悟得諦当、仏与衆生、同途共轍、初無向上向下。只為你不識昏沈散乱、動遭其惑、於是語言露布(一〇)、強為指陳。今則事不獲已、索性将箇昏沈散乱根本、尽情掲露去也。你〈校1〉無量劫来、為客塵煩悩(一一)染習太重、是昏沈散乱之根本。你〈校1〉即今見色聞声、念念与諸縁作対、其愛憎取捨之情、起滅無定、是昏沈乱之根本。你〈校1〉最初一念、要超生越死、是昏沈散乱之根本。要参禅学道(一二)、是昏沈散乱之根本。要成仏作祖、是昏沈散乱之根本。要希求無上大菩提、趣向涅槃、是昏沈散乱之根本。乃至於世間出世間種種法中、苟存毫髪念慮、莫不皆是昏沈散乱之根本。若根本既断、於三千大千世界(一三)内外中間、欲覓一毫昏沈散乱、了不可得。於不可得処、不惟無昏沈散乱、至若真如実際(一四)、倶不可得而有也。且聖凡迷悟之跡、向甚処安著。休将閑学解埋没祖師心。

〈校1〉你＝儞

*

《書き下し文》

或るひと問う、「工夫を做すに、多く昏沈・散乱の障うる所と為り、神力を用い尽くすも屏打し去らず。

乃ち根力に逮《およ》ばざる所有りて、之をして然らしむること無からんや」と。

幻曰く、「非なり。当に知るべし、昏沈・散乱は、全体是れ本地の風光なることを。其れ実際理地の中には、二法無きなり。爾《なんじ》其れ委《あき》らかにせざるなり。且つ昏沈・散乱は初《もと》より自性無く、亦た実体無く、皆な是れ自家一箇の参禅の正念、真ならず切ならざる上より入り来たることを。当に知るべし、第一念、真切ならざれば即ち第一念従り入り、第二念、真切ならざれば、即ち第二念従り入り、乃至、百千念真切なれば、竟に入る所無きも、或《も》し最後の一念稍《や》や真切ならざれば、則便《すなわ》ち最後従り入ることを。若《も》し最初の一念自《よ》り真切にして、直に心花発明の際に至るまで、其の真切の心了《つい》に間断せざれば、則ち所謂昏沈・散乱、杳《よう》として其の蹤《あと》を知らず。往往にして道の為にするの念の真切ならざることを責めずして、昏沈・散乱を以て礙と為す者は、是れ猶お自ら暗室に処して、己の眼の物象を洞《あき》らかに視る能わざることを責むる者と、以て異なる無きなり。且つ真実に工夫を做すの人、面前に昏沈・散乱有りと見れば、錯《あやま》り了《お》われり。更に念を起こして箇の昏沈・散乱を屏打せんと要《ほっ》せば、又た錯り了《お》われり。然《しか》而れども屏打し去らずして憂懼を生ずる者は、更に是れ錯り了われり。設《も》使し箇の昏沈・散乱を屏打し得去りて、面前浄躶躶地なるも、之を錯ること又た錯る者なり。更に箇の鹵莽の人の、昏沈・散乱は元と是れ本地の風光と説くを見て、認めて以て是《ぜ》と為し、終日之と輥じて一団と作《な》りて、分別を生ぜざる者有り。此れ又た其の錯りに勝《た》えざるなり」と。

或る者、余の連《しき》りに許多《きょた》の錯の字を説くを見て、乃ち問う、「如何に用心せば、即ち昏沈・散乱の上に於いて錯り去らざることを得んや」と。

乃ち之に謂いて曰く、「苟《も》し心の用う可きこと有れば、則ち展転して錯りと成らん。纔《わづか》に昏沈・散乱有りと見れば、凡そ心を用うるも心を用いざるも、都《すべ》て是れ顚倒錯謬ならん」と。

或るひと謂う、「遮箇の向上の話、我は初機の学人なれば、入ることを得る能わず」と。

幻曰く、「学道は只だ自己の真実の心地を悟明することを要するのみ。既に悟り得て諦当なれば、仏と衆生と、途を同じくし轍を共にし、初《もと》より向上・向下無し。只だ你、昏沈・散乱を識らず、動《やや》もすれば其の惑《まど》いに遭うが為に、是こに於いて語言露布もて強いて指陳を為す。今則ち事已《や》むを獲ずして、索性にして箇の昏沈・散乱の根本を将《もっ》て情を尽くして掲露し去らん。你、無量劫来、客塵煩悩の為に染習せらるること太《はなは》だ重し、是れ昏沈・散乱の根本なり。你、即今、色を見、声を聞き、念念、諸縁と対を作し、其の愛憎取捨の情、起滅して定まること無し、是れ昏沈・散乱の根本なり。你、最初の一念に生を超え死を越えんと要《ほっ》す、是れ昏沈・散乱の根本なり。参禅学道せんと要《ほっ》す、是れ昏沈・散乱の根本なり。成仏作祖せんと要《ほっ》す、是れ昏沈・散乱の根本なり。無上の大菩提を希求《もと》め、涅槃に趣向せんと要《ほっ》す、是れ昏沈・散乱の根本なり。乃至、世間・出世間の種種の法中に於いて、苟《も》し毫髪の念慮を存せば、皆な是れ昏沈・散乱の根本ならざる莫し。若《も》し根本既に断ずれば、三千大千世界の内外中間に於いて、一毫の昏沈・散乱を覓《もと》めんと欲するも、了《つい》に不可得なり。不可得の処に於いては、惟だに昏沈・散乱無きのみにあらず、真如実際の若きに至るまで、倶に得て有る可からざるなり。且つ聖凡迷悟の跡、甚処《いずこ》に向《お》いてか安著せん。閑学解を将《もっ》て祖師の心を埋没することを休《や》めよ」と。

*

《語注》

（一）昏沈散乱＝昏沈は、朦朧として心が沈み込んだ状態。一般に反対の語としては散乱ではなく掉挙《じょうこ》という言葉が用いられており、たとえば「坐する時は、昏沈せむることを得ざれ、亦た掉挙することを得ざれ。昏沈・掉挙は、先聖の訶する所なり（坐時不得令昏沈、亦不得掉挙。昏沈掉挙、先聖所訶）」（『大慧普覚禅師語録』巻二六・T47–922b）など、禅門の語録にもしばしば見えている。昏沈と掉挙の詳しい語義は『大乗広五蘊論』（T31–853c）を参照。

（二）根力＝生まれつき具わっている能力。根は根器。『出三蔵記集』巻五「小乗迷学竺法度造異儀記第五」に、「夫れ至人、世に応じ、衆生の根を観るに、根力同じからざれば、設教も亦た異なれり。是こを以て三乗、軌を立て、機に随いて発し、五時の説法、応契して化す（夫至人応世、観衆生根、根力不同、設教亦異。是以三乗立軌、随機而発、五時説法、応契而化）」（T55–40c）とある。禅録の用例では『圜悟心要』巻下始「示元賓」の「直下に見諦する者数うるに勝《た》えざるは、皆な当人の根力智見の高明爽快なるに由《よ》る（直下見諦者不勝数、皆由当人根力智見高明爽快）」（Z120–378a）などがある。尚、意味は異なるが、『法門名義集』の「十力」条に、仏の十力の四番目として「根力」が挙げられ、「衆生の諸根の上下の相、皆な如実に知る。是れを根力と名づく（衆生諸根上下之相、皆如実知。是名根力）」（T54–198a）と述べられている。

（三）本地風光＝本来いるべき落ち着きどころの風景。圜悟克勤や大慧宗杲が好んで用いた表現であり、『円悟仏果禅師語録』や『圜悟心要』などに見える。『碧巌録』第九七則の本則・評唱に、「もしこの経（＝『金剛経』）を持する者があれば、それこそ本来の風景、本来の面相だ（若有人持此経者、即是諸人本地風光、本来面目）」（末木訳㊦p. 290）とあるように、「本来面目」と同義に用いられている。

（四）実際理地＝究極的な絶対の真理。禅門の用例としては、潙山霊祐の「実際理地には、一塵を受けず。万行門中には、一法を捨てず（実際理地、不受一塵。万行門中、不捨一法）」（『潭州潙山霊祐禅師語録』T47–577c、『景徳伝燈録』巻九・T51–265a）という語が良く知られている。

（五）心花発明＝『円覚経』に「心花発明して、十方刹を照らす（心花発明、照十方刹）」（T17–920b、柳田訳注本・p. 213）とある。

（六）洞視＝明らかに見る。禅録にも見られる表現だが、経典では、「見」について詳述した経典である『楞厳経』巻二に「衆生は洞らかに視ること、分寸に過ぎず（衆生洞視、不過分寸）」（T19-111b、荒木訳注本・p. 114）とある。

（七）面前浄躶躶地＝「面前」は、目の前の意。「浄躶躶」は「素っ裸」の意で、「赤洒洒」と対で用いられることが多い。『碧巌録』第六則・頌の評唱に、「まるはだかできれいさっぱり（浄躶躶赤洒洒）」（末木訳㊤p. 135）とある。ここでは、「目の前に何もない状態」と訳した。

（八）鹵莽＝粗忽・軽率の意。禅語録の用例としては、『碧巌録』第三九則の本則・著語の「問いがまともでないので、答えもいいかげんになった（問処不真、答来鹵莽）」（末木訳㊥p. 110）などがある。

（九）顚倒錯謬＝「顚倒」は、ものごとを真逆に見誤ること。経典類に頻用される語で、「顚倒」の具体的な内容としては、たとえば「無常を常と謂い、不浄を浄と謂い、苦を謂いて楽と為し、無我を我と謂う（無常謂常、不浄謂浄、苦謂為楽、無我謂我）」（『摩訶般若波羅蜜経』巻一一・T8-298a）ことなどが挙げられている。「錯謬」は、間違い・誤りの意。「顚倒」と「錯謬」が対で用いられている用例としては、『涅槃経』「迦葉菩薩品」に、「其の心顚倒して、常に錯謬するが故に（其心顚倒、常錯謬故）」（北本・巻三六・T12-575a、南本・巻三二・T12-822a）がある。

（一〇）語言露布＝人々に報《しら》せるための文字言説。「露布」は、檄文・触れ文の意。「露布」は圜悟克勤が頻用した語で、この「語言露布」と類似した語に「言詮露布」（『円悟仏果禅師語録』巻一四・T47-779c）があり、似た表現に「言句上に於いて露布を作す（於言句上作露布）」（同前・巻一四・T47-779a）や、「言詮に随いて露布に入る（随言詮入露布）」（同前・巻一七・T47-794a）がある。

（一一）客塵煩悩＝心の外からきた煩悩。『楞厳経』巻一に「一切衆生、菩提及び阿羅漢を成ぜざるは、皆な客塵煩悩の誤る所に由る（一切衆生、不成菩提及阿羅漢、皆由客塵煩悩所誤）」（T19-109c）とあるのを踏まえる。客塵とは、鳩摩羅什の説明によれば、「心は本《も》と清浄にして、塵垢有ること無し。塵垢は事会して生ずれば、心に於いて客塵と為すなり（心本清浄、無有塵垢。塵垢事会而生、於心為客塵也）」（『注維摩詰経』巻五・T38-378b）とあるように、煩悩が本来、心に無いことから、煩悩を「客」と表現したもの。

（一二）参禅学道＝禅の真理を学ぶこと。「参学」ともいう語もあり、「参学禅道」の互文。禅語録での用例は多いが、たとえば『無門関』第一六則「鐘声七条」の無門慧開の評語に、「大凡《おおよ》そ参禅学道は、切に声に随い色を逐うことを忌む（大凡参禅学道、切忌随声逐色）」（T48-295a）とある。

（一三）三千大千世界＝一人の仏が教化する世界。『大唐西域記』巻一に、「三千大千国土は、一仏の化摂為《た》るなり（三千大千国土、為一仏之化摂也）」（T51-869a）とある。三千とは千の三乗の意。須弥山を中心にした我々の世界を「小世界」と呼び、それが千個集まったものを「中千世界」、その「中千世界」が千個集まったものを「大千世界」と言う。小・中・大の三つの千世界が重なっていることから「三千世界」とも称される。

（一四）真如実際＝真理のこと。『大般若波羅蜜経』に頻出する語。「真如」は「理を真如と謂う（理謂真如）」（『維摩義記』巻一・T38-422c）とあるように真理のこと。「実際」は真理の境地。「『際』は際畔の処を謂うの別称なり。実を窮むるの処を、名づけて実際と為す（際謂際畔処之別称。窮実之処、名為実際）」（同前・巻二・T38-448b）とある。

【一八】出家の前と後

〔修行を始めた時の〕初心に背《そむ》かない修行者が少ないことについて質問した人がいた。

幻《わたし》は言った、「〔自分が決めた目標にくらべてまだ〕欠けている所〔があるという意識〕を背負っている者は、その心が〔満たされずに〕空っぽだし、期待していた所を満たした者は、その気持ちがだらけてしまう。これは人の世の常なる〔不変の〕道理であり、世界中、何時でも、いっしょのことである。しかし、心は空っぽにさせてよいが、気持ちはだらけさせてはならない。どうしてかと言えば、果てしない仏の道は、空っぽの心によって納め取られ、〔煩悩によって生起する〕数限りない善悪の業は、だらけた気持ちによって増殖するからである。およそ、心念《こころ》に主体が無ければ、善悪の縁に随って、僅かな時間の間にさまざまに変化する。仏道に向かわなければ〔善悪の〕業に向かい、悟りに向かわなければ迷いに向かう。どうして終わりがあるだろうか」。

たまたまこのことに論及すると、ふいに年老いた僧侶が立ち上がって言った、「昔、世俗にいた時のことを思いだしますに、『法華経』〔七巻のうち〕四巻をきちんと暗誦していました。自分では、『頭を丸め、袈裟をつけ〔て出家し〕た後に、必ずそのまだ憶えていない〔残りの〕三巻を通しで暗記しよう』と思っていましたが、どうして予期したでしょうか、出家して二十年にもなるのに、まだ憶えていなかった三巻を〔おぼえるのを〕やめたばかりではなく、すでに〔おぼえて〕誦《とな》えていた四巻さえも、皆な忘れてしまいました」。その時、〔その話を〕聞いた者は、〔とんでもない話に〕鼻をつまんだ。

そこで衆徒に〔向かって、私は〕言った、「在家の時には、出家者に〔比べて〕欠けた所〔があるという意識〕を背負っているから、常にその心を空っぽに〔して努力して修行〕する。だから、よく朝夕に思いをめぐらして〔やるべき修行を〕受け〔入れ〕るだけである。ところが既に出家〔したい〕という望みを満たし、にわかに〔世俗の〕煩いを脱してしまうと、〔修行を求めていた〕静かな心が日〔一日〕とダメになり、〔やるべきことを〕忘れる気がなくても、忘れてしまうのだ。その失敗した所〔の原因〕を遡って考えてみるに、今の〔他の〕修行者と異なってはいない〔同じ問題があるのだ〕。まあ〔出家した以上は〕世界中に〔住むべき〕家も無いし、この世にこの私一人だけであり、その背負っている所で欠如しているものは、ただ禅を会得してしまいたいという〔気持ち〕だけなのだ。〔そんな人は、〕ひとたび〔あやまった導き方で人を駄目にする〕口先だけの師匠が、巧みに質問を設けて〔煩悩の〕草むらに引き入れ、あるいは聡明な資質によって迷った考えと折り合いをつけて、言葉や文字の上で、一つの印《ハンコ》を押してお墨付きをもらってしまうと、自分で『望んでいた目的を満たせた』と思ってしまう。静かな心が日〔一日〕と失われてしまえば、デタラメな考えが密かに生れてしまうことが、まったく分かっていないのだ。しゃべっている時には悟っているようでも、〔実際に〕物事に対処する段になると迷ってしまう。単に古人の大いなる解脱《さとり》の境地に到っていないだけではなく、以前、欠けた所〔があるという意識〕を背負い懸命に会得したいと思っていた心を求めても、またボンヤリとして無くなってしまっている。ああ、聖人賢者の学問は、どうしてこれに止《とど》まろうか。要するに、欠けている所〔があるという意識〕を背負っているという思いが深くなく、満たしたいと願っているゴールが〔身近すぎて〕遠くないから〔そうなってしまうの〕だ。修行者は慎しまなくてはならない」。

*

《原　文》

或以学人鮮有不背其初心者為問。

幻曰、負所欠者其懐虚。満所期者其情逸。此人之常理、天下古今共之。然懐可使之虚、情不可使之逸也。何則無辺聖道、未有不由虚懐以納受之、無窮結業、未有不因逸情以滋聚之。蓋心念無主、染浄随縁、一刹那間、変化万状。不之道則之業、不之悟則之迷。曷有已也。

偶論及此、忽有老比丘作而言曰、憶昔在俗時、能背誦法華経四巻。自謂、童顱方服(一)之後、必可通背其所未記之三巻。豈期、出家二十年、不惟廃其未記之三巻、其已誦之四巻亦皆忘失。時聞者莫不掩鼻。因謂衆曰、当在家也、以負出塵之所欠、毎虚其懐抱。故能朝思暮想而受之已。而既満出家之所期、頓脱塵累、閑情日逸、曾不期忘而忘之矣。原其所失、与今之参学者無以異焉。且四海無家、一身万里。其所負之欠、惟欲会禅而後已。一旦遇教壊（二）之師、巧設問端、控其入草、或将聡明之資和会情識、於語言文字上、一印印住、自謂満所期矣。殊不知閑情日逸、妄見潜生。則説時似悟、対境還迷。不惟不到古人大解脱之地、求如前日負所欠而孜孜欲会之心、亦茫然無有矣。嗚呼、聖賢之学、豈止是哉。蓋負所欠之懐不深、而希所満之期不遠也。学者可不慎諸。

*

〔書き下し文〕

或るひと、学人、其の初心に背《そむ》かざる者有ること鮮《すくな》きことを以て問を為す。

幻曰く、「欠くる所を負う者は、其の懐、虚なり。期する所を満たす者は、其の情、逸す。此れ人の常理にして、天下古今、之を共にす。然《しか》れども懐は之をして虚にせしむ可きも、情は之をして逸せしむ可からざるなり。何となれば則ち無辺の聖道は、未だ虚懐に由りて以て之を納受せずんば有らず、無窮の結業は、未だ逸情に因りて以て之を滋聚せずんばあらざればなり。蓋し心念に主無くんば、染浄、縁に随い、一刹那の間に変化万状なり。道に之《ゆ》かざれば則ち業に之き、悟りに之かざれば則ち迷いに之く。曷《いず》くんぞ已《や》むこと有らんや」と。

偶《たま》たま論じて此れに及ぶに、忽《たちま》ち老比丘有って作《た》ちて言いて曰く、「憶《おも》うに、昔、俗に在りし時、能く

『法華経』四巻を背誦す。自ら謂う、『童顱方服の後は、必ず其の未だ記せざる所の三巻を通背すべし』と。豈に期せんや。出家して二十年なるに、惟だに其の未だ記せざるの三巻を廃するのみならず、其の已《すで》に之を誦するの四巻も亦た皆な忘失す」と。時に聞く者は、鼻を掩わざる莫し。

因りて衆に謂いて曰く、「在家に当たりてや、出塵の欠くる所を負うを以て、毎《つね》にその懐抱を虚しくす。故に能く朝に思い暮に想いて之を受くるのみ。而して既に出家の期する所を満たし、頓に塵累を脱すれば、閑情、日に逸し、曾《すなわ》ち忘るることを期せずして之を忘る。其の失する所を原《たず》ぬれば、今の参学者と以て異なること無し。且つ四海に家無く、一身万里なり。其の負う所の欠は、惟だ禅に会して後に已《や》まんことを欲するのみ。一旦、教壊の師の、巧みに問端を設けて其れを控えて草に入れ、或いは聡明の資を将《もっ》て情識を和会して、語言文字の上に於いて一印に印住するに遇わば、自ら『期する所を満たす』と謂《おも》えり。殊に知らず、閑情、日に逸すれば妄見潜かに生ずることを。則ち説く時は悟るに似たるも境に対すれば還って迷う。惟だに古人大解脱の地に到らざるのみにあらず、前日の欠く所を負いて孜孜として会せんと欲するの心の如きを求むるも、亦た茫然として有ること無し。嗚呼《ああ》、聖賢の学、豈に是れに止《とど》まらんや。蓋し欠く所を負うの懐、深からずして、満たす所を希《ねが》うの期、遠からざるなり。学者、諸《これ》を慎しまざる可けんや」と。

＊

《語注》

（一）童顱方服＝頭を丸め袈裟を着て出家すること。同じ語の用例は語録類に見えないが、似た表現として「方服円顱」（『了菴清欲禅師語録』巻八・Z123–387a）がある。一般的には同じ意味を示すものとして「円頂方袍」（『黄龍慧南禅師語録』T47–637c）という語が用いられる。「童」には、「頭が禿げている（頭禿。没有頭髪）」（『漢語大詞典』第八冊・p. 389）という意味がある。「顱」は、「頭」（『漢語大詞典』第一二冊・p. 378）の意。「方服」は、もともと仏教で僧侶に所持が許された三種類の衣のこと。九条以上の大衣、七条衣、五条衣と呼ばれる袈裟を指す。何れも形状が長方形であるのでこう呼ばれる。

（二）教壊＝誤った導き方で人を駄目にすること。用例としては、『碧巌録』第八則の頌・著語に、「這《こ》の老賊、人家の男女を教壊す（這老賊、教壊人家男女）」（末木訳㊤p. 162）とあり、また『大慧語録』巻二七「答劉宝学書」の条に、「彦沖は此の輩に教壊し了《お》わらる（彦沖被此輩教壊了）」（T47–925a）とある。

【一九】悟後の修行

ある人が質問した、「〔仏〕心を悟った後に、〔やるべき〕履践《しゅぎょう》は有るのでしょうか」。

幻《わたし》は言った、「この問題は、言葉では説明しにくい。いわゆる〔仏〕心を悟るとは、〔もし仏の〕心が自分の心でないならば、どうして悟りが得られようか。悟りが成り立たないからには、〔その自分の〕心もまた無心である。心に心〔とすべきもの〕がなければ、空間や物事、生き物や物体といったものを自由に観てみても、〔差別対立するものは存在せず〕まるごと一体になっている。僅かでも、自分とか他人とか、あちらとかこちらとかいった〔対立する〕ありさまを求めようとしても、結局、〔そんな差別のありさまを〕得ることはできない。〔差別のありさまを〕得ることができない所では、煩悩も無く悟りも無く、取るとか捨てるということもなく、嘘や真実を離れ、迷いも悟りもないし、一念〔の心のはたらき〕は〔差別を離れて〕平等であり、一切の存在は皆な真理そのままなのである。また〔更に〕修行と言うべきものが存在しようか」。

ある人が言った、「大昔から〔私に付きまとっているところ〕の煩悩や細かな汚れは、まだ眼や耳に残っていて、すぐに消えないのですから、修行は無くてはならない〔と思うのですが〕」。

幻《わたし》は言った、「〔『伝心法要』にもあるように、〕心の外に法《真理》は無く、法《真理》の外に心は無いのだ。もし僅かな迷いが、まだ尽きずに〔残って〕いると見るならば、〔それは〕取りも直さず悟りの心が〔まだ〕完全円満でなくてそうなったのである。もし心の悟りが完全円満でないならば、そのまだ完全でない痕跡を必ず取り除いて、別に生涯《生き方》を確立して〔修行をし〕、大悟徹底を望むようにすればよいのだ。もし、心を悟り尽くしていないから修行で尽くすのだと言うならば、〔それは〕薪《たきぎ》を抱いて〔火の中に飛び込んで〕火を消そうとして、ますます燃え盛らせるようなものだ。古人は言っている、『仏の知見《ちえ》で治療しなければならない』と。余《わたし》は仏の知見《ちえ》がどういうものなのか分からないが、もし、〔本当に〕仏の知見《ちえ》と合致するならば、治療するという話もまた余分であろう」。

〔ある人が〕言った、「もし、そうだとすれば、修行するという話〔そのもの〕が無いのでしょうか」。

答えて言った、「これ〔について〕は必ずしも修行の有る無しで、自分で心を惑わせてはならない。どうか勉めて努力を加えなさい。〔煩悩が入った〕桶の底《そこ》がひとたび抜け落ち〔て、はっと悟りを開い〕たならば、その修行の有る無しは、黙っていても、きっと〔胸の〕中で分かるだろう」。

*

《原　文》

或問、悟心之後、有履践否。

幻曰、此説難於措言也。所云悟心者、心不自心、悟従何得。悟既不立、心亦無心。心無其心、縦観虚空万象、有無情等、覿体混融(一)。欲覓一毫自他〈校1〉彼此之相、了不可得。於不可得処、無縛無脱、不取不捨、離妄離真、非迷非悟、一念平等(二)、万法皆如(三)。復有何事可言履践哉。

或謂、積劫無明、微細染習、尚留観聴、未即頓消、不可無履践也。

幻曰、心外無法、法外無心(四)。若見有繊毫情習未尽、即是悟心不円而然也。或心悟不円、須是掃其未円之跡、別立生涯(五)以期大徹可也。其或謂悟心未尽、以履践尽之、如抱薪救焚、益其熾矣(六)。古人謂(七)、当以仏知見治之。余不識仏知見為何事。或果与仏知見相応、則治之之説亦贅且剰矣。

曰、若然則無履践之説乎。

答曰、茲不必預以有無履践自惑于心。請勤加鞭策。到桶底子一回脱落(八)、其履践之有無、当有以黙契于中矣。

〈校1〉他＝佗

*

《書き下し文》

或るひと問う、「悟心の後、履践有りや否や」と。

幻曰く、「此の説、言を措《お》き難きなり。云う所の悟心とは、心、自心にあらずんば、悟り何に従りてか得ん。悟り既に立たざれば、心も亦た心無し。心、其の心無くんば、縦《ほしいまま》に虚空万象、有無の情等を観て、覿体混融す。一毫も自他、彼此の相を覓めんと欲するも、了《つい》に不可得なり。不可得の処に於いては、縛無く脱無く、取らず捨てず、妄を離れ真を離れ、迷に非ず悟に非ず、一念平等にして、万法皆な如なり。復た何事の履践と言う可き有らんや」と。

或るひと謂う、「積劫の無明、微細の染習、尚お観聴に留まりて、未だ即ち頓には消えざれば、履践無かる可からざるなり」と。

幻曰く、「心外に法無く、法外に心無し。若し繊毫の情習、未だ尽くさざること有りと見れば、即ち是れ悟心円《まど》かならずして然るなり。或《も》し心悟、円かならざれば、須是《すべから》く其の未だ円かならざる跡を掃いて、別に生涯を立てて以て大徹を期して可なり。其れ或《も》し悟心未だ尽くさざれば、履践を以て之を尽くすと謂わば、薪を抱きて焚くを救わんとし、其の熾んなることを益すが如し。古人謂う、『当に仏知見を以て之を治すべし』と。余は仏知見の、何事を為るかを識らず。或《も》し果たして仏知見と相応せば、則ち之を治すの説も亦た贅《ぜい》にして且つ剰なり」と。

曰く、「若し然らば則ち履践の説無きや」と。

答えて曰く、「茲《こ》れ必ずしも預め有無の履践を以て自ら心を惑わさざれ。請うらくは勤めて鞭策を加え、桶底子、一回脱落するに到らば、其の履践の有無、当に以て中に黙契すること有るべし」と。

＊

《語注》

（一）覿体混融＝丸ごと一つに混じり合う。「覿体」は、身ぐるみ・まるごとの意。『圜悟心要』巻上始「示才禅人」に、「拄杖子を見れば只だ喚んで拄杖子と作《な》す、之を覿体と謂う（見拄杖子只喚作拄杖子、謂之覿体）」（Z120–359c）とある。語録類では「覿体全真」（『雲門広録』巻中・T47–558c、『円悟仏果禅師語録』巻九・T47–753c、巻一〇・758b）という形が良く見られ、その他、「覿体承当」（『円悟仏果禅師語録』巻一五・T47–785b）や、「覿体、全機を露《あら》わす（覿体露全機）」（同前・巻五・T47–735b）などの用例がある。

（二）一念平等＝一念のはたらきの中において差別が存在しない様子を示したもの。用例は少ないが、『宗鏡録』巻一九に「一念平等にして、理事に差無し（一念平等、理事無差）」（T48–519c）とあり、中峰の「結夏上堂」にも「記得す古人（＝龐居士）に偈有りて謂う、『護生は須く是れ殺すべし、殺し尽くして始めて安居なり。箇中の意を会得せば、鉄船、水上に浮く』と。是れ殺生と護生と、一念平等なること莫からんや（記得古人有偈謂、護生須是殺、殺尽始安居。会得箇中意、鉄船水上浮。莫是殺生与護生、一念平等麼）」（『中峰広録』巻一下、和刻本・35b）とある。

（三）万法皆如＝「如」は、真実ありのままの姿の意。『禅宗永嘉集』「毘婆舎那頌第五」に、「当に知るべし、法に定相無し。縁に随いて搆集す。縁は我が有に非ず。故に性空と曰う。空なるが故に異に非ず、万法皆な如なり。故に経に云く、『色は即ち是れ空なり、四陰も亦た爾《しか》り』と（当知法無定相。随縁搆集。縁非我有。故曰性空。空故非異、万法皆如。故経云、色即是空、四陰亦爾）」（T48–391a）と、そのままの語が見える。

（四）心外無法、法外無心＝黄檗希運の『伝心法要』に、「此の法即ち心にして、心外に法無し。此の心即ち法にして、法外に心無し（此法即心、心外無法。此心即法、法外無心）」（T48–379c、入矢訳注本・p. 13）とある一段を踏まえる。

（五）別立生涯＝別に生き方を確立する。違った人生をきちんと打ち立てる。『虚堂和尚語録』巻三（T47–1010b）にも見える。似た成句として「別有生涯（別の人生を生きる）」（『圜悟仏果禅師語録』巻一四・T47–777c）、「別展生涯（新たな人生を繰り広げる）」（『虚堂和尚語録』巻一・T47–984c）、「別討生涯（違った生き方を求める）」（『無準師範禅師語録』巻二・Z121–441d）などがある。また、「『圜悟心要』訳注（一）」（『臨済宗妙心寺派教学研究紀要』第一一号・二〇一三年、p. 42）の(b)の注（12）参照。

（六）如抱薪救焚益其熾矣。＝本末転倒のたとえ。『文子』巻上に、「其の本を治めずして、之を末に救わんとするは、以て渠《水路》を鑿して水を止め、薪を抱きて火を救うに異なること無し（不治其本而救之於末、無以異於鑿渠而止水、抱薪而救火）」とある。

（七）古人謂、当以仏知見治之＝『宗鏡録』巻四〇に、「所以《ゆえ》に『華厳論』に云う、『若し習気有れば、還って仏知見を以て之を治す』と（所以華厳論云、若有習気、還以仏知見治之）」（T48–653c）とあり、李通玄の『新華厳経論』巻一に「設《も》し餘習有らば、仏知見を以てして用いて之を治す（設有餘習、以仏知見而用治之）」（T36–727a）とある。

（八）到桶底子一回脱落＝そのままの語は語録類に見あたらない。「桶底脱（桶底脱す）」は、身心脱落の喩え。『五燈会元』巻七「雪峰義存」条に、「〔我れ〕後に徳山に問う、『従上宗乗中の事、学人還《は》た分有りや』と。徳山打一棒して曰く、『甚麼《なに》を道《い》うや』と。我れ当時、桶底の脱するが如く相い似たり（後問徳山、従上宗乗中事、学人還有分也無。徳山打一棒曰、道甚麼。我当時如桶底脱相似）」（Z138–118a）とある。圜悟克勤の『語録』や『碧巌録』などにも多用される表現である。

【二〇】煩悩即菩提

ある人が質問した、「禅者で、悪を断たず、善を修めず、貪《むさぼ》り・瞋《いか》り・痴《無知》〔の三毒〕を捨てず、持戒・禅定・智慧〔という三学〕を修めないで、それを『一性平等（＝差別が存在しない唯一の本性）の説』だと言っているものがいます。このようなことが有るのでしょうか」。

幻《わたし》は言った、「これは、余《わたし》が日頃、説き明かしたいと深く思っていながら、まだそうする暇がなかったことである。今、質問があったので、簡単に述べてみよう。そもそも達磨は諸仏の心の宗《おしえ》を悟ったのであり、外道や〔声聞・縁覚の〕二乗と道筋を同じくしていない。ただ〔本性である〕一心《こころ》の法界《せかい》の中では、仏や衆生も無いし、生死《まよい》や涅槃《さとり》〔といった言葉〕にいたるまで、全て余計な言葉と名づけられるのだ。また、断ずべきどのような悪があり、修めるべきどのような善があり、更には貪りなど〔の三毒〕を捨てて持戒や禅定〔といった三学〕を修める〔必要が、どうしてある〕だろうか。禅を学んでいる今の禅者は、〔その〕一心《こころ》の中味を悟ったためしもないのに、にわかにこのような究極の真理の話を、こっそりと自分の見解だとし、妄りに狂った理解をおこして、〔正常な〕当たり前の考えを好き勝手に追いはらってしまい、戒律を破って、自分から牢獄に入ってしまっている。これを『虎を画こうとして〔虎には〕成らず、かえって犬に似てしまう』と言うのだ。〔おまえが〕もし、悪を断ち切り、善を修める内実を知りたいと思うのなら、必ずしも広く文献に〔その答えを〕探してはならない。ただ、つとめて自心《こころ》を究めなさい。究め〔に究め〕て究めることがない所に到達して、心の眼がパッと開いたら、そこで始めて、悪を断ち切らなければならないか、断ち切らなくてよいか、善を修めなくてはならないか、修めなくてよいかといったことがわかるだろう。〔その時には〕きっと〔言葉がしゃべれない〕障害者が夢を見〔ても人に説明することができない〕ようなものである。つまり、究極の真理に立脚した話では、悪とか貪《むさぼ》りといったものは皆なすべて自心《こころ》だと言っているのだから、〔もともと差別が存在しない〕自心《こころ》には、断ち切らなくてはならないとか捨てなくてはならないといった道理など無いのだ。だから、『必ずしも断ち切らなくてよい、捨てなくてよい』と言うのだ」。

ある人が言った、「必ずしも、〔悪を〕断ち切ったり、〔貪りを〕捨てたりしなくてもよいと言われるからには、それ（=悪や貪り）を行なっても問題ないことになるのでしょうか」。

幻《わたし》は言った、「おまえが言っていることは、本当に仏や祖師が憐れんでやまないことである。悪などが皆な自心《こころ》であると言ったが、更に、心を起こして断ち切ってもいけないのだ。また、どうして心を起こして、これ（=悪や貪り）を行うことが許されようか」。

ある人が言った、「今、悪や貪りなどが、自〔分の本来の〕心であると分かったとしても、すでに断ち切ることを許さないばかりか、さらに〔悪や貪りを〕行うのを許さない〔と言う〕のならば、その悪や貪りなどは、いったいどこに居場所があるのでしょうか」。

幻《わたし》は言った、「おまえは、なんともひどい惑いようだ。〔次のように〕理解しなさい、一切の悪業および貪《むさぼ》り・嗔《いか》り・痴《無知》〔の三毒〕や無明・煩悩といった種々の汚れには、すべて実体は無いのだ。皆な自〔分の本来の〕心に迷うから、妄念に依って存在することになるのだ。〔それは〕水が寒さにより凍結して氷となるようなものだ。この心が、悟ってしまったときには、諸もろの妄念が、その悟りに乗じて消えてしまう。〔それは〕氷が太陽に照らされて、また水に戻るようなものだ。〔悟りを開いて〕水に戻ってしまっているのに、今、『水はいったい何処に居場所があるのか』などと言う。これは本当に、迷いに迷いを重ねているやからである」。

ある人が言った、「とある人で、すでに悟ってしまっていて、悪や貪りなどの事柄に出会っても、まるで何ともない人がいます。これはまた、どうでしょうか」。

幻《わたし》は言った、「これには二種類がある。一つには、心を悟ることが、まだ十分ではなく、もろもろの妄念がまだ残っている場合だ。もし〔更に前に〕進んで修行しなければ、結局、とんでもない間違いに陥ってしまう。〔もう〕一つは、心をすでに完全円満に悟っており、もろもろの事柄〔が虚妄であること〕を、昨夜みた夢のように、はっきりと見ぬいている場合だ。〔ただ〕そうであっても、世間に〔姿を〕現して、〔四《し》摂《しょう》事《じ》の中の〕同事摂《どうじしょう》（＝相手と同じ立場に身を置いて同じ行いにいそしむこと）の教えを行うから、悪や貪りなどが有るよう〔に見えるの〕であり、その本当の心は、明らかに〔すべてを〕超越していることが全くわからないのである。このような〔同事摂の〕行いは、もし力量が及ばない者が、少しでも無理じいを加え〔てやろうとす〕れば、だれでも失敗を免れないことを、よくよくわきまえておかなければならない」。

＊

《原　文》

或問、禅者有不断悪、不修〈校1〉善、不捨貪嗔痴、不習戒定慧、是謂一性平等之説（一）。有諸。

幻曰、此余平生深欲辯而未暇也。今既有所問、当略而言之。夫達磨悟諸仏心宗、不与外道二乗同轍。惟一心法界中無仏、無衆生、至於生死涅槃、皆名剰語。又何悪可断、何善可修、及捨貪等而習戒定耶。今之学禅者、於一心之要旨、曾未悟入、遽以此極理之談、窃為己見、妄興狂解、恣逐凡情、破壊律儀、自投籠檻。是謂画虎不成反類狗（二）也。若必欲要知断悪修善之底蘊（三）、不必広尋文義、但只勤究自心。究到無可究処、心眼洞開、始知悪之可断、不可断、善之可修、不可修等。当如唖子得夢（四）。所以極理之談者、謂悪与貪等皆是自心、則自心無可断可捨之理。所以云、（五）不必断不必捨也。

或謂、既曰不必断与捨、則行之可無礙乎。

幻曰、爾作是説、誠仏祖之所哀矜而不已者。謂悪等皆是自心、尚不許起心断。又焉得許伊起心行之也。

或曰、今雖悟知悪貪等是自心、既不許断、又不許行、其悪貪等、必向何処安著。

幻曰、爾甚惑也。当知、一切悪業、及貪嗔痴、与無明煩悩、種種塵労等、倶無自性。皆由迷自心、故依妄而有。如水因寒結而為氷〈校2〉。此心既悟、則諸妄乗其所悟而消。如氷〈校2〉因慧日所照、復化為水。既化水已、今云、水復向何処安著。此寔迷中倍人也。

或謂、某人者、已嘗有所悟入、而悪貪等対境遇縁、亦猶自若。此又何如。

幻曰、此有二種。一者悟心未尽、諸妄尚存。苟不進修、則終帰顛倒。一者悟心已円、洞視諸法、了如昨夢。因示現世間、行同事摂法、似有悪貪等。殊不知、其真心了然超越。当知、此行或力量不及者、少加勉強、倶不免過失矣。

〈校1〉修＝脩　〈校2〉氷＝冰

*

《書き下し文》

或るひと問う、「禅者に、悪を断たず、善を修めず、貪嗔痴を捨てず、戒定慧を習わず、是れを一性平等の説と謂うもの有り。諸《こ》れ有りや」と。

幻曰く、「此れ余が平生深く辯ぜんと欲するも未だ暇あらざるものなり。今既に問う所有れば、当に略して之を言うべし。夫れ達磨は諸仏の心宗を悟り、外道二乗と轍を同じくせず。惟だ一心法界の中には、仏も無く、衆生も無く、生死・涅槃に至るまで、皆な剰語と名づく。又た何の悪か断つ可く、何の善か修む可く、及び貪等を捨てて戒定を習わんや。今の禅を学ぶ者は、一心の要旨に於いて、曾て未だ悟入せざるに、遽《にわか》に此の極理の談を以て、窃かに己見と為し、妄りに狂解を興《おこ》して、恣《ほしいまま》に凡情を逐《お》い、律儀を破壊して、自ら籠檻に投ず。是れを『虎を画くこと成らずして、反って狗に類す』と謂うなり。若し必ず悪を断じ善を修むるの底蘊を知らんと欲《ほっ》せば、必ずしも広く文義を尋ねず、但只《た》だ勤めて自心を究めよ。究めて究む可き無き処に到って、心眼、洞開せば、始めて悪の断つ可きか、断つ可からざるか、善の修む可きか、修む可からざるか等を知らん。当に啞子の夢を得るが如くなるべし。所以に極理の談には、悪と貪等と皆な是れ自心と謂えば、則ち自心には、断つ可き捨つ可きの理無し。所以に云う、『必ずしも断たざれ、必ずしも捨てざれ』」と。

或るひと謂う、「既に必ずしも断つことと捨つることをせずと曰わば、則ち之を行じて無礙なる可けんや」と。

幻曰く、「爾《なんじ》是の説を作《な》すは、誠に仏祖の哀矜して已《や》まざる所の者なり。悪等は皆な是れ自心なりと謂うも、尚お心を起こして断つことを許さず。又た焉《いずく》んぞ伊《か》の心を起こして之を行うことを許すことを得んや」と。

或るひと曰く、「今、悪と貪等と是れ自心なりと悟知すと雖も、既に断つことを許さず、又た行ずることを許さざれば、其の悪と貪等は、必ず何れの処に向《お》いて安著せんや」と。

幻曰く、「爾《なんじ》甚だ惑うなり。当に知るべし、一切の悪業及び貪嗔痴と、無明・煩悩、種種の塵労等とは、倶に自性無し。皆な自心に迷うに由るが故に、妄に依りて有り。水の寒に因りて結んで氷と為るが如し。此の心、既に悟れば則ち諸妄、其の悟る所に乗じて消ゆ。慧日の照す所に因りて、復た化して水と為るが如し。既に水と化し已《お》わるに、今、『水は復た何れの処に向《お》いて安著せんや』と云う。此れ寔《まこと》に迷中の倍人なり」と。

或るひと謂う、「某人、已に嘗て悟入する所有りて、悪貪等の境に対し、縁に遇うも、亦た猶お自若たり。此れ又た何如」と。

幻曰く、「此れに二種有り。一つには悟心未だ尽くさずして、諸妄尚お存す。苟《も》し進修せざれば、則ち終に顛倒に帰す。一には悟心已に円かにして、諸法を洞視するに、了《つい》に昨夢の如し。因りて世間に示現して、同事摂の法を行えば、悪貪等有るに似たり。殊に知らず、其の真心、了然として超越することを。当に知るべし、此の行、或《も》し力量及ばざる者、少しく勉強を加うれば、倶に過失を免れず」と。

＊

《語注》

（一）是謂一性平等之説＝「一切平等」という言葉の禅語録の用例としては、黄檗希運の『伝心法要』に「一切平等にして、彼我の相無し（一切平等、無彼我相）」（T48–380b）とある。経典類には数多く見られ、『円覚経』の「一切平等、清浄不動」（T17–914c〜915a、柳田訳注本・p. 64）や、八〇巻『華厳経』巻四九の「一切平等、無有増減」（T10–259a）、『大般若経』巻五六九の「一切平等、本来寂静」（T7–937b）などがある。

（二）是謂画虎不成反類狗也＝『五燈会元』巻一六「大梅法英禅師」条に、「虎を画きて成らず反って狗に類す（画虎不成反類狗）」（Z138–307d）とある。

（三）底蘊＝ここでは「内情、中身」の意（『漢語大詞典』第三冊・p. 1221）。禅録の用例は多くないが、『圜悟心要』巻上始「宗覚禅人」の「切に宜しく諸縁を撥退し、便ち能く古来大達大悟の底蘊を識破すべし（切宜撥退諸縁、便能識破古来大達大悟底蘊）」（Z120–358c）や、『請益録』巻上の「天童、伊《かれ》の底蘊を覷破す（天童覷破伊底蘊）」（Z117–412b）などがある。

（四）当如啞子得夢＝楊岐方会に「啞子、夢を得るも誰に向かって説かん（啞子得夢向誰説）」（『楊岐方会和尚語録』T47–642a、『正法眼蔵』巻四・Z118–82a）の語があり、『無門関』第一則「趙州無字」条にも、「自然に内外打成一片するも、啞子の夢を得るが如く、只だ自ら知るを許すのみ（自然内外打成一片、如啞子得夢、只許自知）」（T48–293a）とある。

（五）所以云、不必断不必捨也＝典拠未詳。禅録にはこのままの文章は見えない。ただ、『黄氏日抄』巻六〇に「禅者謂、悪不必断、善不必修」とある。恐らくは『証道歌』に見える「真を求めず妄を断ぜず（不求真不断妄）」（T48–396a）を念頭に置いたものであろう。

【二一】万　善

ある人が言った、「毎日、多くの善行をつんでいる人がいますが、この上ない道の本体と、近いのでしょうか、遠いのでしょうか」。

幻《わたし》は言った、「道の本体は無為（＝作為を加えないこと）を根本としており、善や悪によって増減できない。そもそも悪を造るのは迷妄《まよい》を本としており、仏は迷妄《まよい》を〔打ち〕破るのは漸次的だと観てとっている。だから、善を行わせるのだ。善業が勝れば、迷妄《まよい》は消え、迷妄《まよい》が消えれば、悪は自然に追い払われる。諸もろの悪が追い払われてしまえば、多くの善もまた忘れられる。古人（＝六祖慧能）に、『善も悪も倶に思量することがなければ、自然に〔悟って〕心の本体に入ることができる』という説が有る。心の本体というのは、この上ない道の異名である。もし悪を追い払い善を残すならば、吾が〔禅宗の〕この上ない道の本体を望みたいと思っても、はるか彼方である。試しに譬喩をもって〔説き〕明かしてみよう。便所の臭いを嫌がって、香《こう》を焚い〔て臭いを消そうとす〕る人がいるが、〔それよりもむしろ、その〕身を糞尿のない場所に置くにこしたことはない。便所は悪に喩え、香《こう》を焚くことを善に喩えたのであり、糞尿のない土地とはこの上ない道の本体のことである。〔また〕暗い部屋の暗闇を畏れて炬《たいまつ》を持って照らす人がいるが、〔それよりも〕太陽や月が照らす場所に住むにこしたことはない。暗い部屋は悪に喩え、炬《たいまつ》を持つのは善に喩えたのであり、太陽や月が照らす場所とはこの上ない道の本体のことである。また氷や雪の寒さを恐れて、必ず薪を燃やしてこれを溶かそうとする人がいるが、〔それよりも〕我が身を春ののどかな部屋に置くにこしたことはない。氷の寒さは悪に喩え、薪を燃やすのは善に喩えたのであり、春ののどかな部屋はこの上ない道の本体である。しかも、香《こう》を焚くときには途絶えたり続いたりすることがあるし、炬《たいまつ》を持つときには火がついたり消えたりすることがあるし、薪を燃やすときには〔炎が〕遠かったり近かったりすることがあるが、ただこの上ない道の本体だけは大昔から変わることなく、いつの世にも常に存在している。どうして断続・起滅・遠近といったこと〔と関わり〕が有るだろうか。善を修めて仏道に合致しようとするのが、〔この上ない道の本体と〕近いのか遠いのかという道理は、この通りである。どうして、解き明かさなくて良いであろうか」。

＊

《原　文》

或曰、人有日営万善者。与至道（一）之体親乎、疎耶。

幻曰、道体本乎無為、善悪不可加損也。原夫造悪根於迷妄。聖人観破迷妄之漸。故使之為善也。善業勝而迷妄消、迷妄消則悪自遣矣。諸悪既遣、万善亦忘。古人有善悪倶莫思量、自然得入心体之説（二）。謂心体者即至道之異名也。苟遣悪而存善、欲望吾至道之体、不勝其邈矣。試以喩明之。人有悪厠屋之臭以香熏之。莫若置身於無糞穢之地可也。然厠屋喩悪也、香熏喩善也。無糞穢之地、乃至道之体也。人有畏幽室之暗、則執炬以燭之。莫若処於大明之地可也。暗室喩悪也、執炬喩善也。大明之地即至道之体也。復有懼氷〈校1〉雪之寒者、必燔薪以解之。莫若措躬於陽和之室可也。氷〈校1〉寒喩悪也、燔薪喩善也。陽和之室、乃至道之体也。然焚香有断続、執炬有起滅、燔薪有離在。惟至道之体窮劫不変、積世常存。安有断続起滅離在之謂哉。修善之於合道也、其親疎之理若是。豈容不辯哉。

〈校1〉氷＝冰

＊

《書き下し文》

或るひと曰く、「人に、日に万善を営む者有り。至道の体と親《したし》きや、疎《うと》きや」と。

幻曰く、「道の体は無為を本とし、善悪もて加損す可からざるなり。原《たず》ぬるに夫れ悪を造るは迷妄を根とす。聖人、迷妄を破るの漸なるを観る。故に之をして善を為さしむるなり。善業勝りて迷妄消え、迷妄消ゆれば則ち悪自ら遣《や》る。諸悪既に遣れば、万善も亦た忘る。古人に、善悪倶に思量すること莫ければ自然に心体に得入するの説有り。心体と謂うは即ち至道の異名なり。苟《も》し悪を遣り善を存せば、吾が至道の体を望まんと欲するも、其の邈《はる》かなるに勝えず。試みに喩えを以て之を明かさん。人、厠屋の臭を悪《にく》みて香を以て之を熏ずること有り。身を糞穢無き地に置くの可なるに若《し》くは莫きなり。然らば厠屋は悪に喩え、香熏は善に喩うるなり。糞穢無き地は乃ち至道の体なり。人、幽室の暗を畏れて則ち炬《たいまつ》を執って以て之を燭《てら》すこと有り。大明の地に処するの可なるに若《し》くは莫きなり。暗室は悪に喩え、炬を執るは善に喩うるなり。大明の地は即ち至道の体なり。復た氷雪の寒を懼るる者有り、必ず薪を燔《や》きて以て之を解《とか》さんとす。躬《み》を陽和の室に措くの可なるに若《し》くは莫きなり。氷寒は悪に喩え、薪を燔《や》くは善に喩うるなり。陽和の室は、乃ち至道の体なり。然れども香を焚くに断続有り、炬を執るに起滅有り、薪を燔くに離在有り。惟だ至道の体は窮劫変わらず、積世常に存す。安くんぞ断続・起滅・離在の謂《いい》有らんや。修善の道に合うに於けるや、其の親疎の理、是くの若し。豈に辯ぜざる容《べ》けんや」と。

＊

《語注》

（一）至道＝『信心銘』の出だしに「至道無難」とあるのが良く知られている。この上ない道。『少室六門』「第六門血脈論」に「至道は幽深なり（至道幽深）」（T48-375a）とあり、『禅宗永嘉集』「浄修三業第三」には「勤めて至道を求む（勤求至道）」（T48-389a）とある。
（二）古人有善悪倶莫思量、自然得入心体之説＝『五燈会元』巻一「慧能大鑑」条に、「但《もし》一切の善悪都《すべ》て思量することを莫くんば、自然に清浄の心体に得入して、湛然常寂、妙用恒沙ならん（但一切善悪都莫思量、自然得入清浄心体、湛然常寂、妙用恒沙）」（Z138-20a、また『六祖壇経』T48-360a）とある。

【二二】善　悪

ある人が質問した、「善と悪という二つの言葉〔の意味について〕は、すでに聞きました。〔ただ〕思いますに、善悪の道理については、世間でまだ明らかにできていないようです。あるいはムチで打ったり、怒鳴ったりするのを悪として、この悪を耐え忍ぶことができ、報復を加えない者を善とし、あるいは刃を持って人を殺すのを悪とし、その殺害を素直に受けて〔恨みの〕念慮《おもい》を外に現さない者を善とし、あるいは、だらしなくて、乱暴で、多くを貪り、〔必要以上の物を〕得ることに精を出すことを悪とし、安らかで静かにして身を清め、経典を読むことを善としています〔が、どうなのでしょうか〕」。

幻《わたし》は言った、「このような説は、皆な善と悪の痕跡であり、恐らく、〔善悪の〕道理はそうでない。もし、善悪の道理を完全に言うならば、他でも無い、およそ心念《こころ》を動かして、〔何か成し遂げようと〕期待する事柄は、〔その〕大小、優劣に関係なく、ただ人に利益を与えようと思うならば、皆な善であり、ただ自分に利益を得ようと思うならば、皆な悪である。もし人に利益を与えることができる事ならば、怒鳴ったり、排除したとしても、皆な善である。もし自分に利益を得るための事ならば、穏やかで従順〔そうに見える事柄〕でも、皆な悪である。だから、聖人賢者が、教化を設け、世間を済《すく》うことに汲々として、休む暇も無いのは、皆な最高の善の心なのである。ただ人々はこれに反しているのだ。その衣服や冠が聖人賢者〔と同じ〕で、その言葉や行いが立派であっても、もし人に利益を与えようという心が無ければ、すでにひどい悪である。ましてや、激しい怒りの気持ちが、揺れ動いて止まらないものは、いうまでもない。そんなやり方で、善という一言《ことば》を〔実現したいと〕望んだとしても、〔それは〕天と地の隔たりがある。どうして、この上ない道であろうか」。

*

《原　文》

或問、善悪二言、已嘗聞矣。謂善悪之理、世或未能辨。有以鞭笞怒罵為悪、能忍是悪而不加報者為善。有以持刃殺人為悪、以順受其害而不形諸念慮者為善。（一）有以淫蕩暴乱貪多務得為悪、以安舒静黙斎戒誦持為善。幻曰、斯説皆善悪之跡也。謂理則未然也。使尽言善悪之理、無他、〈校1〉凡起念動心、所期之事、無大小無優劣、但欲利人皆善也。惟欲利己皆悪也。事或可以利人、雖怒罵擯斥、皆善也。事或可以利己、雖安徐承順、皆悪也。以故、聖賢垂教立化、汲汲於済世、而無食息之暇者、皆至善之心也。惟衆人反是。雖聖賢其衣冠、文藻（二）其言行、苟不有利人之心、已不勝其悪矣。況暴怒之気揺動而不息者乎。以若所為而望善之一言、猶隔霄壌。豈至道云乎哉。

〈校1〉他＝佗

＊

〔書き下し文〕

或るひと問う、「善悪の二言、已に嘗て聞く。謂《おも》うに善悪の理、世、或いは未だ辨ずること能わず。鞭笞怒罵を以て悪と為し、能く是の悪を忍んで報いを加えざる者を善と為すもの有り。刃を持って人を殺すを以て悪と為し、其の害を順受して諸《これ》を念慮に形《あらわ》さざる者を以て善と為すもの有り。淫蕩暴乱にして、多くを貪り、得ることを務むるを以て悪と為し、安舒静黙にして斎戒・誦持するを以て善と為すもの有り」と。

幻曰く、「斯《こ》の説は皆な善悪の跡なり。謂《おも》うに理は則ち未だ然らざるなり。使《も》し尽《ことごと》く善悪の理を言わば、他無し、凡そ念を起こし、心を動かして、期する所の事は、大小と無く、優劣と無く、但だ人を利せんと欲すれば皆な善なり。惟だ己を利せんと欲すれば、皆な悪なり。事或《も》し以て人を利す可くんば、怒罵擯斥すと雖も、皆な善なり。事或《も》し以て己を利す可くんば、安徐承順すと雖も、皆な悪なり。故を以て、聖賢は教を垂れ化を立て、世を済《すく》うに汲汲として、食息の暇無きは、皆な至善の心なり。惟だ衆人は是れに反す。其の衣冠を聖賢にし、其の言行を文藻にすと雖も、苟《も》し人に利せんとするの心有らざれば、已に其の悪に勝えず。況や暴怒の気、揺動して息《や》まざる者をや。若《かくのごと》く為す所を以て、善の一言を望むも、猶お霄壌を隔つるがごとし。豈に至道の云いならんや」と。

＊

《語注》

（一）有以持刄殺人為悪、以順受其害而不形諸念慮者為善＝仏典に見える有名な例としては、『金剛経』に見える忍辱仙人の話がある。忍辱仙人は歌利王から身体をバラバラに切り刻まれたが、瞋恨を生じなかったという。『金剛般若経』（T8–750b）参照。

（二）文藻＝あやもよう。文章や言葉のあや（『漢語大詞典』第六冊・p. 1545）。もともと、「文藻高妙」（『仏祖統紀』巻一六・T49–234a）などのように名詞として用いられるが、ここでは動詞として用いられているから、言葉や行いを飾ることであろう。

【二三】三　教

ある人が質問した、「孔子や孟子〔といった儒教〕の書物は、王道〔という、道徳によって、人民の幸福をはかって、天下を治める政治のやり方〕を述べており、〔その内容は〕仁（＝親愛の心）と義（＝道理にかなうこと）に極まるだけです。老子や荘子〔といった道家〕の書物は、皇道〔という、古えの三皇五帝の道〕を述べており、無為〔という自然ありのまま〕に極まるだけです。諸子百家の書物は覇道〔という、武力で天下・国家を手に入れて治めること〕をあれこれ述べて、功績と利益に極まるだけです。私たちの仏教の書物は、ひとえに性理《本性》を明らかにし、〔『楞厳経』にあるように〕『諸もろの法が生まれる所は、心が現れる所に他ならないのである』と言って、一念不生〔という心の本来の姿〕に極まるだけです。各おの一つの門《おしえ》をもっぱらにして、〔それら全てを包み込んだ〕大同《ひとつ》の領域に融合することができないようです。果たして〔私が知っている以外に〕別に〔これらを統合する〕道理が存在しないのでしょうか、あるいは別に道理が存在するのでしょうか」。

幻《わたし》は言った、「無いと言えば限定され、有ると言えば、けじめがなくなる。聖なる道は、〔有る無しの説を〕両方とも採用しない。その採用する〔説〕は、『一つの門《おしえ》に深く入って』、〔その人を〕自分で悟らせてしまうことが大切だということだ。悟った後に、〔三教の門《おしえ》を隔てている〕垣根が壊れてしまえば、三教の聖人は、言葉や形を超えたところで手を握りあっており、出世間法〔である仏教〕と世間法〔である儒教とのあいだ〕に違いがないことがはっきりわかるだろう。もし、まだ悟っていなければ、たとえ〔経・史・子・集という〕四庫《すべて》の書物〔を読ん〕で大切なものを探し回り、口舌《ことば》を自由に使えたとしても、ただ知識が多いだけで、自分だけの狭い見解だという誇りを免れることはできない。西天《インド》にいわゆる『聡明な外道（＝仏教以外の教え）』というのが、これである。だから〔もし〕修行者が正しい悟りを求めず、その上、文字を追ってこせこせと努力するだけならば、愚か者以外の何ものでもない。今の、すこしでも聡明を自負している者は、多くの場合、わざわざ心情《こころ》をほったらかしにして、正しい悟りを求めることをせず、常に〔自分の考えが正しいという〕証《あかし》を文字や言葉に得ようとする。〔これは〕単に道理を〔悟るのに〕補うことが無いだけでなくて、迷いの心や差別の心を増長させ、どうかすると聖なる道からはずれてしまう。教化の力が衰えず、禅門が廃れないようにするには、どうしたら良いのだろうか」。

＊

《原　文》

或問、孔孟之書、言王道、極於仁義而已矣。(一) 老荘之書、言皇道、極於無為而已矣。(二) 百氏之書、雑入霸道、極於功利而已矣。(三) 吾仏之書、単明性理、謂諸法所生、惟心所現、極於一念不生而已矣。(四) 似各擅一門、而不能融会於大同之域。果別無理乎、或別有理乎。

幻曰、謂無則局、謂有則放。聖道倶不取也。其所取者、貴在一門深入、使之自悟。悟後藩籬既決、洞見三教聖人、握手於言象之表、而不有出世世間之間。脱或未悟、縦以四庫書、漁獵于肺肝、含吐於歯頬、特不能脱多聞我見之誚。如西天所謂聡明外道者是也。(五) 故学者不求正悟而尚区区於文字之間者、非愚而何。今之稍負聡明者、多不肯死心忘情、以求正悟。毎取証於文字語言。不惟無補於理、而増長識情分別、動違聖道。如之何、化権之不衰、叢林之不替也。

*

〔書き下し文〕

或るひと問う、「孔孟の書は、王道を言い、仁義に極まるのみ。老荘の書は、皇道を言い、無為に極まるのみ。百氏の書は、霸道を雑入し、功利に極まるのみ。吾が仏の書は、単《ひとえ》に性理を明らめ、諸法の所生は惟心の所現なることを謂い、一念不生に極まるのみ。各おの一門を擅《もっぱら》にして、大同の域に融会すること能わざるに似たり。果たして別に理無きや、或いは別に理有りや」と。

幻曰く、「無しと謂えば則ち局《かぎ》るなり、有りと謂えば則ち放なり。聖道は倶に取らざるなり。其の取る所の者は、貴ぶらくは、一門より深く入り、之をして自悟せしむるに在り。悟りて後、藩籬《はんり》既に決すれば、三教の聖人、手を言象の表《そと》に握って、出世、世間の間《へだて》有らざることを洞見せん。脱或《も》し未だ悟らざれば、縦《たと》い四庫の書を以て肺肝を漁猟し、歯頬を含吐するも、特《た》だ多聞・我見の誚《そしり》を脱すること能わざるのみ。西天に所謂『聡明外道』という者の如き、是れなり。故に学者、正悟を求めずして、尚お文字の間に区区たれば、愚に非ずして何ぞや。今の稍《や》や聡明を負う者は、多くは肯えて心《こころ》を死し情を忘れて以て正悟を求むることをせず。毎《つね》に証を文字語言に取る。惟だに理を補うこと無きのみならずして、識情分別を増長し、動《やや》もすれば聖道に違う。之を如何にせば、化権の衰えず、叢林の替《すた》れざらんや」と。

＊

《語注》

(一) 孔孟之書、言王道、極於仁義而已矣＝「王道」は天下の王として仁による徳治を行なうこと。武力による「覇道」の対語。『孟子』「公孫丑篇上」などを参照。仁は儒教の徳目の代表的存在であり、たとえば程伊川は、「孟子は聖門に功有ること、勝《あ》げて言う可からず。仲尼（＝孔子）は只だ一箇の仁の字を説くのみ。孟子は口を開かば便ち仁義を説く（孟子有功於聖門、不可勝言。仲尼只説一箇仁字。孟子開口便説仁義）」（『二程遺書』巻一八、中華書局本・p. 221）と述べており、この語は朱子の『孟子集註』「孟子序説」にも引かれている。

(二) 老荘之書、言皇道、極於無為而已矣＝「皇道」は、古の帝王（＝三皇五帝）の治世の道、つまり「大道」のことであり（『漢語大詞典』第八冊・p. 264）、『老子』第一八章に言う「大道廃れて仁義有り（大道廃、有仁義）」を念頭に置いての発言であろう。「無為」は「大道」のはたらきの特性であり、『老子』第三七章に「道は常に無為にして為さざる無し（道常無為而無不為）」とある。また『荘子』の「天地篇」には、無為による治世について「玄古の天下に君たるや、無為なり（玄古之君天下、無為也）」と明言されている。

(三) 百氏之書、雑入覇道、極於功利而已矣＝「百氏」は、ここでは儒家と道家を除いた諸子百家のことであろう。

「覇道」は、権謀術数や武力を尊ぶ覇者の道。注（一）に出ている「王道」の対。「功利」は諸子百家の中でも『韓非子』など法家で説かれた。

（四）吾仏之書、単明性理、謂諸法所生、惟心所現、極於一念不生而已矣＝「性理」は、本来具わっている本性と理智を指す。『新華厳経論』に「本性理智」（巻三・T36–736c）、「仏性理智」（巻四・744c）とある。「諸法所生、惟心所現」は、『楞厳経』巻一に、「如来常説、諸法所生、唯心所現」（T19–109a、荒木訳注本・p. 61）とそのまま見える。「一念不生」は、妄念がまったく生起しない境地をいう。禅門では圜悟克勤が好んで用いており、「一念不生、前後際断」（『景徳伝燈録』巻三〇・T51–459b〜c、『円悟仏果禅師語録』巻一〇・T47. 759cなど）という成句が広く知られている。

（五）如西天所謂聡明外道者是也＝『大法炬陀羅尼経』巻六に、「一切皆な是れ聡明外道なり（一切皆是聡明外道）」（T21–684b）とある。禅宗で似た表現としては、『証道歌』の「外道の聡明は智慧無し（外道聡明無智慧）」（T48–396c）がある。

【二四】碧巌録

ある人が質問した、「宗門の中に『碧巌集《へきがんしゅう》』と言われている書物があります。圜悟克勤《えんごこくごん》禅師が、夾山《かっさん》〔の霊泉院〕に住している時に、雪竇《せっちょう》〔重顕《じゅうけん》禅師〕の頌古（＝詩）を取り挙げて、要点を整理し、言葉や語句〔を使って著語《じゃくご》の形で〕批評したものであり、取り上げ方は細やかで、〔内容の〕説明はハッキリとしています。その美しさを語るならば、宝箱《たからばこ》を開け広げると、宝石や大きな〔宝〕貝がうず高く敷き詰められているようであり、その充実ぶりを語るならば、禹門《うもん》〔の滝の急な流れ〕を断ち切ると、浪が逆巻いたり、渦巻いたり、〔水面が〕高く上がったり、〔低くなったり、大きな〕起伏があらわれるようなものです。〔何と〕並はずれていることでしょうか。自在に仏法を得た者でなければ、及ぶことができるものではありません。それなのに、自分で〔悟りの〕入り口を開けようとしている人が、常にこれ（＝『碧巌集』）をもちいて〔悟りに至る形式化した〕階段としてしまいました。〔そこで〕まもなく妙喜《みようき》（＝大慧宗杲）は、このことを知って、修行者が〔文字言語に〕流れてしまい、〔修行本来の目的に立ち〕返ることを忘れてしまうのを恐れて、かつて閩《びん》（＝福建省）に行った時に、〔『碧巌集』の〕版木を砕《くだ》きました。〔ところが〕今、書店でまた、ふたたび刊行されています。この末法の時代にあたって、修行者が頭で理解しようとする弊害がふえることにならないでしょうか」。

幻《わたし》は言った、「そうではない。数限りない〔多く〕の衆生は、各おの足下に、一則の現成公案《げんじようこうあん》（＝ありのままの目前の真理）が有る。〔釈尊は〕霊鷲山《りようじゆせん》で〔迦葉に付法するまで〕四十九年のあいだ〔説法したが〕、説明することができなかったし、達磨は〔遠く〕万里〔の彼方にある〕西《インド》から〔それを伝えに〕やって来たが、指し示すことができなかったし、徳山、臨済のごときに至るまで、探りあてることができなかった。それなのに、またどうして雪竇は、〔それを〕頌（＝詩）にすることができ、圜悟は批評することができるであろうか。たとえ『碧巌集』が、百千万巻あったとしても、その現成公案の上には、なに一つとして増減できないのだ。昔、妙喜（＝大慧宗杲）はこの道理を窮めないで、その版木を砕いた。まったく、不妊の女性に子供を生んではならないと禁ずるようなものだ。今、またこの〔『碧巌集』の〕板木を彫る人には、不妊の女性を励まして子供を生ませようという意志が有るのであろうか。ますます笑うべき〔行い〕である」。

〔あるものが〕言った、「そうならば当人の足下にある現成公案は、つまるところ仏や祖師の言教《おしえ》と関係が無いことになります。〔だとすれば、その〕当人は、〔その現成公案を〕どのように考えて証明すればよいのでしょうか」。

余《わたし》は言った、「考えられるものでも無いし、また、証明されるものでもない。ただ大切なのは、本人がパッと回光《反省》して一歩引き下がり、一蹴りで、目の前にある見聞きしたり気づいたものを、〔もろともに〕いっぺんにひっくり返してしまうならば、風にのってくる滝の声《おと》や、雨あがりの谷川の声《おと》は、一字として頌（＝詩）でないものはないことが分かるのだ。雷《かみなり》が人気《ひとけ》のない山を震動させたり、雷鳴が清く〔晴れた〕昼間に響くのも、一音として批評でないものは無いのだ。〔更には〕天が高く大地が深く、夜が暗く昼が明るいといったことに至るまで、森羅万象が〔常に〕さかんに〔仏法を〕説いているのだ。これが現成公案の『碧巌集』と言うものなのだ。百千の雪竇や圜悟がいたとしても、またきっと〔登ることの出来ない切り立った〕崖《がけ》を見上げて〔何も出来ないのと同様に〕、言葉や形〔の世界〕をこえた外側で衽《えり》を正さなくてはならないだろう。また、どうして一つでも文字を、その間に置くことができようか。おまえは、そのように、まだこの旨を熟知していない。彼《か》の方便門の中では、一つの成功や失敗、一つの貶《けな》すことや褒めることは、世間的なあり方にすぎないのだ。おまえは、『「碧巌集」は必ず修行者に、頭で考えたり、穿鑿《せんさく》したり理解させたりして、自ら悟りの入り口をふさいでしまう』と言ったが、逆に二師の心を推《お》しはかるならば、恐らくそうではないのだ。世尊は、正法《真理》の眼で、世界中の衆生を見抜いて、『各々が如来の智慧や〔仏の〕優れた容貌を具えているが、ただ、妄想や執著によって悟ることができずにいる。私はきっと仏道を教えて諸もろの執著から離れさせよう』〔と言っている〕。だから、仏の真理が衆生の持ち前に各々〔本来〕具わってはいるが、語言《ことば》で〔それを〕彼らに教えることができないことを、仏がどうして知らなかったであろうか。三百以上の〔説法の〕会座にきている色々な相手に対応する際に及んでは、〔釈尊の〕大小・偏円・頓漸・半満、様々な教えの声が、一日として口より出ないことはなかったが、今も昔も修行者は、その『語言《ことば》』という〔釈尊の〕方便が分からず、〔その『語言《ことば》』を〕指し示して本物の教えだとし、各々理解したものに執着し、間違った見解が、ごたごたと〔噴出〕し、是非〔という対立する概念〕の場に舞い上がり、主客〔対立の〕轍《わだち》に入り込んでしまっている。厖大な経典から『碧巌集』を取り去っても、またそう変わるまい。仏教聖典でさえそうなのだから、ましてや他の文字《書物》については、なおさらである。そうとはいえ、経典の良い点と欠点を究めるならば、実に本人が、自己の一大事のために、本気で取り組んでいるか、本気でないかということにかかっている。もし自己の一大事のために、本気で取り組んでいるならば、一字一句の言葉でも、つまるところ生死〔の一大事〕を超越する効き目があることが分かるだろう。〔これは〕経典の中に、〔ものごとの真偽、善悪などを見分ける並々ならない能力がある喩えとして〕『鵝王《がおう》が乳を択《えら》ぶ』と言っているようなものなのだ。もし師匠と弟子の間に、本当に自己の一大事を明らかにし、禅宗の教えを担おうという志が有るならば、決してわざわざ文章に依って意味を理解したりせず、すすんで自分自身を尋ねて修行をすることができるだろう。『碧巌集』の有る無しには関係ない。どうして問題にするに足りようか」。

*

《原　文》

或問、宗門中、有碧巖集者。乃円悟住夾山時、取雪竇頌古、分綱列要、言批句判。挙揚細密、開発詳明。語其富麗、則如掲開宝聚、而明珠大貝委積横陳。語其充溢、則如掣断禹門〔一〕、而逆浪回瀾掀昂起伏。偉矣哉。非得法自在者、不可及矣。奈何、自開戸牖之士〔二〕、毎資此為階級。尋而妙喜知之、恐学者流而忘返、嘗入閩砕〔三〕其板。今書坊仍復刊行。丁茲季運、無乃益学者之穿鑿乎。

幻曰、非也。無辺衆生、各各脚跟下、有一則現成公案〔四〕。霊山四十九年〔五〕、詮註不出。達磨万里西来、指点不破。至若徳山・臨済、摸索不著。此又豈雪竇能頌、而円悟能判者哉。縦使碧巖集有百千万巻、於〈校1〉他現成公案上、一何加損焉。昔妙喜不窮此理、而砕其板。大似禁石女之勿生児也。今復刊此板之士、将有意於攛掇石女之生児乎。益可笑也。

曰、然則当人脚跟下見成公案、了不与仏祖言教有交渉。則当人何所考而証之乎。

余〈校2〉曰、無所考也。亦無所証也。惟貴当人瞥爾回光〈校3〉退歩、一踏与目前見聞覚知、一翻翻転、則知風前瀑韻、雨後渓声、無一字非頌也。雷震空山、籟鳴清昼、無一音非判也。至若天高地厚、夜暗昼明、万象森羅、熾然常説。是謂見成公案之碧巖集者也。雖百千雪竇・円悟、亦当望崖歛〔ママ〕衽於言象之表。又安能置一元字脚於其間哉。爾其未諳此旨。彼之建化門中、一成一壊、一抑一揚、特世相之常分耳。爾謂、碧巖集必使学人穿鑿知解、障自悟門。逆推二師之心、恐不爾也。如〔六〕世尊以正法眼、洞観法界衆生、各各具有如来智慧徳相、但以妄想執著、不能証得、我当教以聖道、令離諸著。然仏豈不知聖道亦在衆生分上、各各具足、非可以語言教之者。及乎応酬三百餘会差別之機[七]、則大小・偏円・頓漸・半満之声[八]、無日不出乎口。而今古学者不達其語言方便、指以為実法、各執所解、異見紛然、鼓舞於是非之場、交馳於能所之轍。俾一大蔵教去碧巌集、亦不相遠。且聖教尚爾、況他[校1]文字乎。雖然、逮極究言教之得失、実在当人為己事之真切不真切耳。或為己事真切、則知片言隻字、果有超越生死之験。如教中謂鵝王択乳也[九]。或師資之間、誠有志於克明己事、荷負宗乗、決不肯依文解義、自能扣己而参。政不在碧巌集之有無也。何足議哉。

〈校1〉他＝佗　〈校2〉余＝予　〈校3〉回＝廻

*

《書き下し文》

或るひと問う、「宗門の中に『碧巌集』という者有り。乃ち円悟、夾山に住せし時、雪竇の頌古を取りて、綱を分け要を列し、言拈し句判す。挙揚は細密にして、開発は詳明なり。其の富麗を語れば、則ち宝聚を掲開して、明珠、大貝、委積し横に陳《なら》ぶが如く、其の充溢を語れば、則ち禹門を掣断して、逆浪回瀾し、掀昂起伏するが如し。偉なるかな。法を得ること自在なる者に非ずんば、及ぶ可からず。奈何せん、自ら戸牖を開くの士、毎《つね》に此れに資《よ》りて階級を為すことを。尋《つ》いで妙喜之《これ》を知り、学者の流れて返ることを忘るるを恐れて、嘗て閩に入りしときに其の板を砕く。今、書坊に仍《な》お復た刊行す。茲の季運に丁《あた》って、乃ち学者の穿鑿を益すこと無きや」と。

幻曰く、「非なり。無辺の衆生、各各脚跟下に、一則の現成公案有り。霊山四十九年、詮註し出ださず。

達磨、万里に西来し、指点し破らず。徳山、臨済の若きに至るまで、摸索し著《え》ず。此れ又た豈に雪竇能く頌して、円悟能く判する者ならんや。縦使《たと》い『碧巌集』、百千万巻有るも、他《そ》の現成公案の上に於いて、一も何ぞ加損せん。昔、妙喜は此の理を窮めずして、其の板を砕く。大いに石女に禁じて之れ児を生むこと勿からしむるに似たるなり。今、復た此の板を刊《けず》るの士、将《は》た石女を攛掇《さんてつ》して児を生ましむるの意有らんや。益々笑う可きなり」と。

曰く、「然らば則ち当人の脚跟下の見成公案は、了《つい》に仏祖の言教と交渉有らず。則ち当人、何の考うる所にして之を証せんや」と。

余曰く、「考うる所無きなり。亦た証する所無きなり。惟だ貴ぶらくは、当人、瞥爾として回光退歩し、一踏に目前の見聞覚知と一翻に翻転せば、則ち風前の瀑韻、雨後の渓声、一字として頌に非らざること無きを知るなり。雷、空山に震え、籟、清昼に鳴るも、一音として判に非ざること無きなり。天高く地厚く、夜暗く昼明るきが若きに至るまで、万象森羅、熾然として常に説く。是れを見成公案の『碧巌集』と謂う者なり。百千の雪竇・円悟と雖も、亦た当に崖を望んで衽《えり》を言象の表《そと》に斂《おさ》むべし。又た安くんぞ能く一も元字脚を其の間に置かんや。爾《なんじ》其れ未だ此の旨を諳《そら》んぜず。彼《か》の建化門中の一成一壊、一抑一揚は、特《た》だ世相の常分なるのみ。爾《なんじ》謂う、『「碧巌集」は必ず学人をして、知解を穿鑿し、自悟の門を障《さ》えしむ』と。逆に二師の心を推すに、恐らく爾《しか》らざるなり。世尊の如き、正法眼を以て法界衆生を洞観するに、各各如来の智慧・徳相を具《そな》うること有り、但だ妄想執著を以て、証得すること能わざれば、我れ当に教うるに聖道を以てし、諸もろの著を離れしむ〔べしと言う〕。然らば仏、豈に聖道の、亦た衆生分上に在《お》いて各各具足するも、語言を以て之を教う可き者に非ざることを知らざらんや。三百餘会の差別の機に応酬するに及んでは、則ち大小・偏円・頓漸・半満の声は、日として口より出でざること無し。而して今古の学者、其の語言方便に達せず、指して以て実法と為し、各おの所解に執し、異見紛然として、是非の場に鼓舞し、能所の轍に交馳す。一大蔵教をして、『碧巌集』を去らしむるも、亦た相い遠からず。且つ聖教すら尚お爾《しか》るに、況や他の文字をや。然りと雖も、言教の得失を極究《きわ》むるに逮《およ》んでは、実に当人、己事の為にすること之れ真切なるか、真切ならざるかに在るのみ。或《も》し己事の為にすること真切なれば、則ち知る、片言隻字も、果たして生死を超越するの験有ることを。教の中に、『鵝王、乳を択ぶ』と謂うが如くなり。或《も》し師資の間に、誠に己事を克明し宗乗を荷負するに志有れば、決して肯えて文に依って義を解さず、自ら能く己を扣いて参ぜん。政に『碧巌集』の有無に在らざるべし。何ぞ議するに足らんや」と。

＊

《語注》

（一）語其充溢則如掣断禹門＝禹門は、龍門のこと。山西省龍門山にある水門。夏の禹王が、黄河の上流の龍門の滝を三段のダムにして治水したという故事。毎年三月三日に鯉がそこを遡って禹門を通過すれば角を生じて龍となると伝えられる。『碧巌録』第六〇則の頌・評唱にも、「そもそも禹門に三段の浪があり、三月になるといつも、雪解けの水が満ちる。魚が水流に逆らい、浪を躍りこえることができれば、龍と化す（蓋禹門有三級浪、毎至三月、桃花浪漲。魚能逆水而躍過浪者、即化為龍）」（T48–192c、末木訳本㊥p. 341）とある。

（二）奈何自開戸牖之士＝「戸牖」は、戸と窓。「戸牖を開く」とは、自ら一宗、一派を店だしして開くこと。『禅源諸詮集都序』巻上に、「数十年来、師法益ます壊れ、承稟を以て戸牖と為して、各自開張し、経論を以て干戈と為して、互相《たがい》に攻撃す（数十年来師法益壊、以承稟為戸牖、各自開張、以経論為干戈、互相攻撃）」（T48–398b）とある。

（三）嘗入閩碎其板＝大慧が『碧巌録』を焚棄した事情について、元の虚谷希陵（一二四七～一三二二）の『碧巌録』「後序」は次の様に述べている。「圜悟禅師は、雪竇和尚の頌古百則を評唱された。……後に大慧禅師は、修行者が参禅して境地を述べるのに、はなはだ優れているのを疑問に思った。ちょっと試してみると、〔修行者の〕邪《よこし》まな切先は挫け、さらに取り調べると白状して降参し、『私は「碧巌集」から覚えて来ました。実際に悟ったのではありません』と言った。後に〔修行者が〕根本をはっきり知らずに、言葉だけを重んじ、口達者になろうとするのを心配して、火中に投じて、この弊害を救ったのである。（圜悟禅師、評唱雪竇和尚頌古一百則。……後大慧禅師、因学人入室、下語頗異、疑之。纔勘而邪鋒自挫、再鞠而納欵、自降曰、『我「碧巌集」中記来。実非有悟』。因慮其後不明根本、専尚語言以図口捷、由是火之以救斯弊也。）」（T48–224c、末木訳本㊦p. 348）

（四）現成公案＝「見成公案」とも書かれる。現にある目前のそのままが判決前の案件だということ。また、目前にありのままに完成している公案の意で、すべての存在の上に真理が常にあらわれていることを指す。ここでは後者の意味である。『雲門広録』巻上に「睦州和尚、僧の門に入り来るを見れば便ち云う、『現成公案』と（睦州和尚見僧入門来便云、現成公案）」（T47–547a）とあるように、黄檗希運の法嗣である睦州道蹤（生卒年未詳）が頻用したことで知られる。

（五）霊山四十九年、詮註不出＝四十九年は釈尊が説法を行なった期間。【一】語註（二〇）参照。ここは「四十九年、一字不説」と同意。達磨大師がインドから将来したとされる四巻本『楞伽経（楞伽阿跋多羅宝経）』に、「私（＝釈尊）はある夜、この上ない覚りを得てから、ある夜、般涅槃に入るまで、その間についに一字も説いていない（我従某夜得最正覚、乃至某夜入般涅槃、於其中間、乃至不説一字）」（巻三・T16–499a）とあり、禅宗ではこれを「四十九年、一字不説」と呼ぶ。経典は「指月」（『楞厳経』巻二・T19–111a、荒木訳注本・p. 105、『楞伽経』巻四・510c）、つまり「月（＝真理）を示す指」に過ぎず、「あらゆる言葉には真理はない（但有言説、都無実義）」（巻三・T19–117c、荒木訳注本・p. 232等七個所）とされている。

（六）如世尊以正法眼、洞観法界衆生、各各具有如来智慧徳相、但以妄想執著、不能証得、我当教以聖道令離諸著＝釈尊が悟道した時の言葉として伝えられる有名な一段を踏まえたもの。八〇巻『華厳経』巻五一「如来出現品」

三七之二に、迷える衆生を見た釈尊が、「奇なるかな、奇なるかな。此の諸もろの衆生は、云何《いかん》が如来の智慧を具有するに、愚痴迷惑して、知らず見ざる。我れ当に教うるに聖道を以てして、其れをして永く妄想執著を離れ、自ら身中に於いて、如来の広大なる智慧、仏と異なる無きを見ることを得しむべし（奇哉、奇哉。此諸衆生云何具有如来智慧、愚痴迷惑、不知不見。我当教以聖道、令其永離妄想執著、自於身中、得見如来広大智慧、与仏無異）」（T10–272c～273a）と述べたとある。『華厳経』には、この言葉が説かれた時の具体的な状況が記されていないが、禅門では、「釈迦老子の如き、初め正覚山前に在りて、頭を挙げて明星の出現するを見、忽然として悟道し、遂に乃ち歎じて曰く、『奇なるかな、一切衆生、如来の智慧徳相を具有す。但だ妄想執著を以てして証得せず』と（如釈迦老子、初在正覚山前、挙頭見明星出現、忽然悟道、遂乃歎曰、奇哉、一切衆生具有如来智慧徳相。但以妄想執著而不証得）」（『大慧普覚禅師語録』巻一六・T47–878b）とあり、正覚山で明星が出るのを見て悟ったとされている。

（七）応酬三百餘会差別之機＝釈尊が説法を行い経典を説いた会座の数は、一般的に「三百餘会」という概数で示され、禅門でも『碧巌録』第八七則の本則・評唱に、「世尊、四十九年、三百餘会、機に応じて教を設くるは、皆な是れ病に応じて薬を与うるなり（世尊四十九年、三百餘会、応機設教、皆是応病与薬）」（T48–212a）とある。ただ、中峰より少し早く活躍した彦美子成（生卒年未詳）の『折疑論』巻五では「〔世尊〕世に住すること七十九年、経を譚ずること三百五十度（住世七十九年、譚経三百五十度）」（T52–816a）と、回数を「三百五十」としている。

（八）大小・偏円・頓漸・半満之声＝「大小」「偏円」「頓漸」「半満」は、すべて経典の内容分類の仕方。『摩訶止観』巻三（T46–32a、岩波文庫本㊤p. 177）に分類法として、「大小」「半満」「偏円」「漸頓」「権実」の五つを挙げており、「権実」を除く四つに該当する。『大明三蔵法数』に、「偏円とは、小乗の法の談ずる所の理の、中に非ざるを謂いて、偏と名づけ、大乗の法の談ずる所の理の、具足円満するを、円と名づくるなり（偏円者、謂小乗之法所談之理非中、名偏、大乗之法所談之理、具足円満、名円也）」（巻二八「十妙」条・P182–572a）とあるように、「大小」は大乗と小乗を指し、「偏円」はその大乗と小乗が説く理法の内容の、「円満」と「偏向」の違いを示したもの。「頓漸」と「半満」については、『止観輔行伝弘決』巻三に、「半・満は大・小に同じく、漸・頓は偏・円に同じきなり（半満同大小、漸頓同偏円）」（T46–245c）とあるように、「半満」は小乗・大乗に、「頓漸」は円満・偏向にそれぞれ相当する。また、これらの権・実における違いについて、同書に、「小・半は一向に是れ権なり。大・満には権有り実有り。円・頓の二種は一向に是れ実なり。偏・漸の二種は一向に是れ権なり（小半一向是権。大満有権有実。円頓二種一向是実。偏漸二種一向是権）」（同前）と説明されている。これらの分類法を列挙した禅録の用例としては、『景徳伝燈録』巻一の「昔、釈迦文、然燈の夙記を受けて賢劫の次補に当たるを以て、神を降して演化すること四十九年。権実・頓漸の門を開き、半満・偏円の教を垂れ、機に随いて理を悟らしめ、爰《ここ》に三乗の差有り（昔釈迦文、以受然燈之夙記当賢劫之次補、降神演化四十九年。開権実頓漸之門、垂半満偏円之教、随機悟理、爰有三乗之差）」（T51–196b）や、『大慧普覚禅師語録』巻一九の「仏は是れ無事の人なり。世に住すること四十九年、衆生の根性に随い、病に応じて薬を与え、権実・頓漸・半満・偏円、一大蔵教を説くも、皆な無事の法なり（仏是無事底人。住世四十九年、随衆生根性、応病与薬、権実頓漸、半満偏円、説一大蔵教、皆無事法也）」（T47–893c）などがある。

（九）如教中謂鵝王択乳也＝「鵝王」は「鵞鳥の王」。仏の比喩。「如来三十二相」の五番目に「手足縵網相」があり、「手指の中間に縵網交合し、文、綺画に同じきこと、猶お鵞王の足の如きを謂うなり（謂手指中間、縵網交合、文同綺画、猶如鵞王之足也）」（P183–25a）とあり、仏の手の指の間には、鵞鳥の足の様な水かきがあることから「鵝王」と呼ばれたとされる。典拠としては、『正法念処経』巻六四に、「譬えば水と乳をば同じく一器に置くが如し。鵝王、之を飲むに、但だ乳汁を飲むのみにして、其の水は猶お存す（譬如水乳同置一器。鵝王飲之、但飲乳汁、其水猶存）」（T17–379c）とある。

【二五】戒律について

ある人が質問した、「諸方《あちこち》〔の禅僧〕で、〔あなたの師匠であった〕高峰和尚が人に指を燃やして戒を受けさせていたことを奇異だとしない者はいません。その通りなのでしょうか」。

幻《わたし》は言った、「〔私も〕また以前、自分でその奇異〔な話〕を聞いていたので、それを奇異だとする説について先師（＝高峰和尚）に尋ねた。〔その時〕先師は〔答えて〕言われた、『奇異ではない。彼らは、〔それが〕権変《方便》であることが分からないので、そう〔いうことを言うの〕だ。私がどうして、達磨大師の単伝《たんでん》（＝そのまま伝えること）、直指《じきし》（＝ズバリと示すこと）、見性《けんしょう》（＝本性を見て取ること）という教えを知らないであろうか。〔禅門では〕文字すら立てないのだから、受けるべき戒などあろうか。しかし、達磨が戒を言わないのには、二つの理由が存在する。一つには〔禅宗の〕宗旨を鑑みてのことであり、二つには〔禅宗の対機となる〕人〔の能力〕を調べてのことである。宗旨を鑑みるとは、達磨はひたすら仏心印《さとり》を伝えることを宗旨とし、ただ単伝《たんでん》（＝そのまま伝えること）だけを務めて、ひとっ飛びに如来《ほとけ》の位に入らせ、大乗とか小乗といった階級に関わらないようにさせた。その宗旨がこのようであるからには、戒を説けば、〔宗旨に〕背《そむ》いてしまう。〔また二番目の、〕人〔の能力〕を調べるというのは、およそ達磨の門下〔の弟子たち〕は、皆な優れた素質をそなえた立派な人であり、〔生まれかわってくる〕以前から、般若の智慧を培っていて、最上の教え〔を受ける〕能力を具《そな》えている者でなければ、関与することができなかった。このような人たちは、戒・定・慧という修行において、深く熟達しており、再度、戒を受けさせるまでもなかったのだ。だから、達磨の時代に〔おいて〕、戒を言わなかったのは、もっともなことなのである。〔だが〕彼（＝達磨）は〔戒を〕言わなかったとはいえ、人にわざわざ〔戒を〕破らせたということも聞いたことがない。達磨以降、大乗の能力を具えた者が、四方八方で、雲が起こり海〔の水が〕湧きだすかのように〔数限りなくたくさん出現して〕、昔から今日まで〔達磨の教えを〕受け継いでおり、同様に皆な省略して戒を説かなかったのは、宗旨〔として〕の必然なのだ。〔とはいえ〕戒律を守らないで仏心宗《ぶっしんしゅう》（＝禅宗）を伝えた人がいたとは、もとより聞いたことがない。昔、慈受《じじゅ》和尚（＝慧林懐深（一〇七七～一一三二））は、禅門の〔中の〕高僧であったが、常に説法のおりに、人が具《つぶ》さに戒法《かいりつ》を受けるのを極めて讃歎したし、真歇《しんけつ》和尚（＝真歇清了（一〇八八～一一五一））は、勧発菩提心会《かんほつぼだいしんえ》〔なる集まり〕を開いて、在家や出家（＝比丘・比丘尼）のために〔戒律を〕宣揚した。この二師は、漸次的な方便〔を用いたの〕である。昔、湛堂準《たんどうじゅん》和尚（＝湛堂文準（生卒年不詳））が、梁山《りょうざん》の乗《じょう》禅師に参じたとき、乗禅師は言った、「おまえは、まだ戒も受けていないのに、どうして仏教を学ぼうというのか」。湛堂和尚は手を上げて〔挨拶して〕言った、「〔戒を授ける場所である〕戒壇が戒なのですか。〔それとも授戒の行事の内容である〕三羯磨《さんこんま》・梵行《ぼんぎょう》・阿闍黎《あじゃり》が戒なのですか」。乗禅師は驚いた。湛堂和尚が言った、「そうとはいえ、〔戒律の〕教えを受けないわけにはいきますまい」。〔そこで湛堂和尚は、〕遂に康安《こうあん》律師〔のところ〕に行って具足戒を受けた。代々禅門の中で、戒の事を言うものは、〔その数が〕とりわけ多く、列挙するまでもない。このことから言えば、受戒することは、どうして、達磨の宗旨に背くと言ったり、奇異なことだとすることができるだろうか。いわゆる方便とは、その時々に適合し、道理を助けることが有ると分かっているから、疑わ〔れることが〕ないのだ。思うに、私が初めて〔修行を開始して大〕衆〔の中〕に入った時は、〔南宋の〕開慶・景定年間（一二五六～一二六四）であった。浄慈《じんず》寺や双径《そうけい》（＝径山万寿寺）〔といった大寺〕は、皆な四、五百の衆徒は下らなかった。その〔寺の〕住持や頭首《ちょうしゅ》〔といった偉い役の僧侶〕は、もとより論外だが、もろもろの寮舎の中には、酒を飲むひとが少しばかりいた。常に〔酒を〕飲むというわけではないが、村の人や仲間〔の僧侶〕たちは、そのことで〔その僧侶を〕謗らないことがなかった。〔しかし、酒を〕飲むことを除いて、他の事〔で戒律を破っているという話〕は聞いたことがなかった。今は、上〔の僧侶〕から下〔の僧侶〕に至るまで、放蕩して〔本来の僧侶の姿に〕立ち返ることを忘れ、〔戒律を破り放題で〕忌避する所が無い。昔、仏が五戒を説いたのは、世俗の人のために設けたものである。比丘には、もとより四分〔律〕や僧祇〔律〕などの律や、三聚〔浄戒〕や具足〔戒〕といった大戒がある。〔今の僧侶は〕世俗の人の〔守るべき〕戒さえ逸脱してしまっている。まして〔出家が守るべき〕律儀については、なおさらである。潙山《いさん》も言っている、「止持《しじ》（＝禁止条項）と作犯《さぼん》（＝罰則）は、初心を引き締めるためのものだ」と。しかるに、初心は第一歩であり、仏心宗（＝禅宗）を伝えるのは千里〔の道程〕である。まだ一歩も行くことができていないのに、千里に到ることができた者などいたためしがない。古人は言っている、「戒を守って道を学ぶのは、根本を確立した修行だ」と。もし、能力が劣っていて、一生、仏道を見てとる眼が明らかにならなくとも、また戒の力の擁護を得ることができているのであり、仏道を得たいと思う念を失わないならば、来世で〔仏道を〕成就することは容易である。経典の中では、思うに『楞厳経』と『円覚経』の二つの経が、大乗の円満頓速な要詮《真理》なのである。どうか試しに、調べてみなさい。その中では、かならず戒を要務としている。だから古人は言っている、「戒を土台とし、仏道を家屋とする。もし二つが無ければ、この身をどこに寄せようか」と。これが、余《わたし》が〔受戒という〕方便を用いる所以である。また、どうして奇異なことであろうか。もし人に戒を守らせることを奇異だとするならば、百丈《ひやくじょう》はたくさんの行事作法や礼法《きまり》をつくっており、およそ日常の立ち居振る舞いについて、全て具えられているが、これを達磨の直指人心《じきしにんしん》（＝ずばりと心を指し示す）という教えと較べるならば、奇異でないことがありえようか。あるいは、「衆徒を〔禅門に〕安住させて〔修行をするようになって〕から、禅門の礼法《きまり》は、一日として無くさせるわけにはいかない」と言いながら、戒律が〔その〕禅門の礼法《きまり》の根本であることが全くわかっていない〔人がいる〕。その根本を断ち切って、枝や葉が自然に生き長らえることができることなどないのだ。ああ、仏道の本体が喪《ほろ》べば戒の力が消えるし、戒の力が消えれば禅門の礼法は失われてしまう。どうして天下の人の心に、仏道をとどめることができようか。わたしが、今日《こんにち》、戒を人に示しているのは、何で奇異なことがあろうか』と。これは、皆な今は亡き師〔匠である高峰禅師〕のまごころのこもった真理の言葉である。たまたま質問されたので、覚えずこの様に〔記憶の〕布袋《ふくろ》を開いてべらべら〔としゃべって〕しまった。見識のある人は、わたしをおしゃべりだと思わないでほしい」。

*

《原　文》

或問、諸方莫不以高峰和尚令人然指(一)受戒為異者。然乎否耶。

幻曰、亦嘗親聞其異矣。因以異之之説、扣之先師。先師曰、不異也。彼不識権変而然。我寧不知、達磨大師単伝直指見性之旨。文字尚不立、何戒可受乎。然達磨不言戒者、有二理存焉。一観宗、二験人。観宗者、達磨専以伝仏心印(二)為宗、惟務単伝(三)、俾之一超直入如来地、不渉大小二乗階級。其宗旨如是、言戒則背矣。験人者、凡達磨門下、皆上根利器之士、非夙熏般若種智具最上乗根性者、不可渉入。如此等人其於戒定慧之学、深熏熟煉、政不待復令其受戒也。故達磨之時、宜乎不言戒。彼雖不言、而亦未聞令人故毀之也。自達磨而下、其具大乗根性者、四方八面、雲興海湧、古今沿襲而来、亦皆略而不言戒者、乃宗旨之当然也。初未聞有不守戒律而伝仏心宗者（四）。昔慈受和尚（五）、乃宗門碩徳、毎於挙揚之次、極讃人具受戒法。真歇和尚（六）、建勧発菩提心会、与四衆敷宣。此二師、乃権変之漸也。昔湛堂準和尚（七）、参梁山乗禅師（八）。乗曰、駆烏未受戒（九）、敢学仏乗乎。堂捧手曰、壇場是戒耶（一〇）。三羯磨（一一）・梵行（一二）・阿闍黎是戒耶（一三）。乗乃驚異。堂曰、雖然、敢不受教。遂詣康安律師（一四）、受具足戒（一五）。従上宗門中言戒之事、尤多、不及繁挙。由此言之、則受戒、豈可謂之背少林宗旨而為異也。所云権変者、随時適宜、知有補於理。故不疑也。思、我初入衆時、乃開慶・景定間。如浄慈・双径、皆不下四五百衆（一六）。其住持・頭首（一七）、固不在言、衆寮中間、有一人半人飲酒。雖不常飲、而郷人・鄰単、未嘗不以此誚之。除飲之外、他事鮮有所聞〈校1〉。今則自上至下、蕩而忘返、無所避忌。昔仏説五戒（一八）、為白衣設。比丘自有四分（一九）・僧祇等律（二〇）、及三聚（二一）・具足大戒。且白衣之戒尚逸。而況律儀乎。潙山亦云（二二）、止持作犯、束斂（ママ）初心。然初心一歩也。伝仏心宗千里也。未有一歩不能行而能到千里者。古人謂（二三）、持戒学道、是把本修行。或根性遅鈍、一生道眼不明、亦得戒力擁護、道念令不忘失、則来生易於成辦也。如言教中、以楞厳・円覚二経、是大乗円頓之要詮。請試検閲。其中未嘗不以戒為要務。故古者謂（二四）、戒為基址、道為屋廬。二者若無一身安寄。此余所以従権設変也。復何異哉。若以教人持戒為異、如百丈建立許多威儀・礼法（二五）、凡行住坐臥、靡不周該而悉備。較之達磨直指人心之旨、得非異乎。或謂（二六）、自安衆以来、其叢林礼法、不可使一日無也。殊不知、戒律乃叢林礼法之根本。未有絶其根本而枝葉自能存者。嗟乎、道体喪而戒力消、戒力消則叢林之礼法失矣。安得天下人心復存乎道。我於今日、而以戒示人者、何異之有。此皆先師誡諦之語。偶因所問、不覚打開布袋、譊譊若此。識者、毋以我為好辯云。

〈校1〉他＝佗

＊

《書き下し文》

或るひと問う、「諸方、高峰和尚の、人をして指を然《もや》し、戒を受けしむるを異と為さざる莫し。然るや否や」と。

幻曰く、「亦た嘗て親《みずか》ら其の異を聞けり。因りて之を異とするの説を以て、之を先師に扣《と》う。先師曰く、『異《い》ならざるなり。彼、権変を識らずして然るなり。我れ寧《なん》ぞ達磨大師の、単伝・直指・見性の旨を知らざらんや。文字すら尚お立てず、何の戒をか受く可けん。然れども達磨、戒を言わざるは、二理の存する有り。一には宗を観る、二には人を験《しら》ぶ。宗を観るとは、達磨専ら仏心印を伝うるを以て宗と為し、惟だ単伝を務めて、之をして一超、直に如来の地に入り、大小二乗の階級に渉らざらしむ。其の宗旨、是くの如ければ、戒を言わば則ち背く。人を験《しら》ぶとは、凡そ達磨の門下は、皆な上根利器の士なり、夙に般若の種智に薫じ、最上乗の根性を具する者に非ずんば、渉入す可からず。此くの如き等の人は、其れ戒定慧の学に於いて深熏熟煉して、政《まさ》に復た其れをして戒を受けしむるを待たざるなり。故に達磨の時、宜《むべ》なるかな、戒を言わざること。彼れ言わずと雖も、而も亦た未だ人をして故《ことさ》らに之を毀《こぼ》たしむるを聞かざるなり。達磨よりして下、其の大乗の根性を具うる者は、四方八面、雲興《おこ》り海湧《わ》くが如く、古今沿襲して来るも、亦た皆な略して戒を言わざるは、乃ち宗旨の当然なり。初《もと》より未だ戒律を守らずして仏心宗を伝うる者有ることを聞かず。昔、慈受和尚は、乃ち宗門の碩徳にして、毎《つね》に挙揚の次《ついで》に於いて、極めて人の、具《つぶさ》に戒法を受くるを讃ず。真歇和尚は、勧発菩提心会を建て、四衆のために敷宣す。此の二師は、乃ち権変の漸なり。昔、湛堂準和尚、梁山の乗禅師に参ずるに、乗曰く、「駆烏、未だ受戒せざるに、敢えて仏乗を学ばんや」と。堂、手を捧げて曰く、「壇場、是れ戒なりや。三羯磨・梵行・阿闍黎、是れ戒なりや」と。乗乃ち驚異す。堂曰く、「然りと雖も敢えて教を受けざらんや」と。遂に康安律師に詣《いた》りて具足戒を受く。従上、宗門の中、戒の事を言うこと尤も多く、繁挙するに及ばず。此れに由りて之を言わば、則ち受戒は、豈に之を少林の宗旨に背くと謂いて異と為す可けんや。云う所の権変とは、時に随い宜に適《かな》いて、理に補い有ることを知る。故に疑わざるなり。思うに、我れ初めて衆に入りし時、乃ち開慶・景定の間なり。浄慈・双径の如きは、皆な四五百の衆を下らず。其の住持・頭首は、固より言に在らざるも、衆寮の中間に、一人、半人の酒を飲むもの有り。常に飲まずと雖も、郷人・鄰単、未だ嘗て此を以て之を誚《そし》らずんばあらず。飲むことを除くの外、他の事は聞く所有ること鮮《すくな》し。今は則ち上より下に至るまで、蕩して返ることを忘れ、避忌する所無し。昔、仏、五戒を説くは、白衣の為に設く。比丘は自《もとよ》り四分・僧祇等の律、及び三聚・具足の大戒有り。且つ白衣の戒すら、尚お逸す。而るを況や律儀をや。潙山も亦た云う、「止持作犯、初心を束歛《(ママ)》す」と。然るに初心は一歩なり。仏心宗を伝うるは千里なり。未だ一歩も行く能わずして、能く千里に到る者有らず。古人謂う、「持戒学道は、是れ把本の修行なり」と。或いは根性遅鈍にして、一生道眼明らかならざるも、亦た戒力の擁護を得て、道念、忘失せざらしむれば、則ち来生に成辧し易きなり。言教中の如き、以《おも》うに『楞厳』・『円覚』の二経是れ大乗円頓の要詮なり。試みに請う、閲せよ。其の中に未だ嘗て戒を以て要務と為さずんばあらず。故に古者謂う、「戒を基址と為し、道を屋廬と為す。二者、若し無くんば、一身安《いず》くにか寄せん」と。此れ余の、権に従い、変を設くる所以なり。復た何ぞ異《い》ならんや。若し人をして戒を持せしむるを以て異と為さば、百丈の、許多の威儀・礼法を建立するが如き、凡そ行住坐臥、周該して悉備せざること靡《な》し。之を達磨の直指人心の旨に較ぶれば、異に非ざることを得んや。或いは謂う、「衆を安んじてより以来、其れ叢林の礼法は、一日も無からしむる可からざるなり」と。殊に知らず、戒律は乃ち叢林礼法の根本なることを。未だ其の根本を絶ちて、枝葉自ら能く存する者有らず。嗟乎《ああ》、道体喪して戒力消え、戒力消ゆれば則ち叢林の礼法失す。安くんぞ天下の人心、復た道を存することを得ん。我、今日に於いて、戒を以て人に示すは、何の異か之れ有らん』と。此れ皆な先師誡諦の語なり。偶たま問う所に因って、覚えず布袋を打開して譊譊なること此くの若し。識者、我を以て辯を好むと為すこと毋かれと云う」と。

＊

《語注》

（一）然指＝燃指のこと。燃指は、「焼指」、「然指」ともいい、ともに指を燃やすこと。経典では、『法華経』「薬王菩薩本事品第二十三」や『楞厳経』巻六に説かれている。修行者が発心決定し、三菩提を修得するためには、仏塔や如来の形像の前で、手の指や足の指を燃やして供養することが肝要だとされる。中峰自身が燃指を実践していたであろうことについては、井手誠之輔「中峰明本の自讃像をめぐって」（『美術研究』第三四三号・p. 106～107）参照。

（二）仏心印＝禅門で「仏の心」もしくは「仏の悟り」の意で用いられている語。単に「仏印」や「心印」とも言う。

『伝法正宗記』巻二に「夫れ心印とは、蓋し大聖人の種智の妙本なり（夫心印者、蓋大聖人種智之妙本也）」（T51−725b）とあり、『石門文字禅』巻二四に「夫れ所謂《いわゆる》仏心印とは、衆生の霊智の府なり。其の体本自《もとより》妙にして常に明なり（夫所謂仏心印者、衆生霊智之府也。其体本自妙而常明）」（J23−697b）とある。経典では『仏説大乗随転宣説諸法経』巻下に「法中に安住して、諸仏の心印を得たり（安住於法中、得諸仏心印）」（T15−782−b）という用例がある。

（三）惟務単伝、俾之一超直入如来地＝『証道歌』に「一超直入如来地」（T48−396a）とそのままの語がある。

（四）仏心宗＝禅宗のこと。『少室六門』「第三門二種入」の偈の後半に、「仏心宗を明らめ、等しくして差誤無し。行解相応、之を名づけて祖と曰う（明仏心宗、等無差誤。行解相応、名之曰祖）」（T48−370a）とあるのが良く知られている。用例としては、『碧巌録』第一三則の本則・評唱の「第十五祖の提婆尊者は、亦た是れ外道中の一数なり。因みに第十四祖の龍樹尊者に見《まみ》え、針を以て鉢に投ず。龍樹深く之を器として、仏心宗を伝え、継いで第十五祖と為る（第十五祖提婆尊者、亦是外道中一数。因見第十四祖龍樹尊者、以針投鉢。龍樹深器之、伝仏心宗、継為第十五祖）」（T48−153c、岩波文庫本㊤p. 194）などがある。

（五）慈受和尚＝慧林懐深（一〇七七〜一一三二）のこと。長蘆崇信の法嗣。雲門宗の禅僧であるが、浄土を専修し、「修行の捷径は、浄邦に越ゆる無し（修行捷径、無越浄邦）」（『浄土資糧全集』巻一・Z108−223d）と述べたことで知られる。語録として『慈受深和尚広録』四巻（Z126）が存する。その伝は、燈史類では『続伝燈録』巻一八（T51−588a）や『五燈会元』巻一六（Z138−321c）などに見え、浄土関係では『角虎集』巻下（Z109−277c）に見える。

（六）真歇和尚＝【八】語注（五）参照。

（七）湛堂準和尚＝湛堂文準（一〇六一〜一一一五）のこと。黄龍派・真浄克文の法嗣。看話禅の大成者である大慧宗杲が参禅し、湛堂の遺命で圜悟克勤に参じたことで知られる。その伝は、『続伝燈録』巻二二（T51−617b）・『五燈会元』巻一七（Z138−366a）などに見え、その他、『続古尊宿語要』巻一に「湛堂準和尚語」（Z118−436c）がある。

（八）梁山乗禅師＝未詳。湛堂が参じたことで知られる以外、その詳細は分からない。以下、本文に見える梁山と湛堂とのやりとりは、『石門文字禅』巻三〇「泐潭準禅師行状」（J23−727a）、及び『続伝燈録』巻二二（T51−617b）・『嘉泰普燈録』巻七（Z137−62c）の「湛堂」条などに見える。

（九）駆烏＝駆烏沙弥のこと。若い沙弥を言う。『摩訶僧祇律』巻二九に、「沙弥に三品有り。一には、七歳従り十三に至るまでを、名づけて駆烏沙弥と為す。二には、十四従り十九に至るまで、是れを応法沙弥と名づく。三には、二十従り上、七十に至るまで、是れを名字沙弥と名づく（沙弥有三品。一者従七歳至十三、名為駆烏沙弥。二者従十四至十九、是名応法沙弥。三者従二十上至七十、是名名字沙弥）」（T22-461b）とある。「駆烏」という語は、「食物の上にたかってくる烏を追い払うことができる（能於食上駆烏）」（『沙弥塞部和醯五分律』巻一七・T22-117a）の意。

（一〇）壇場＝広義では、祈禱などの儀式を行うための壇を広く指すが、ここでは戒律を受けるための戒壇のこと。『釈氏要覧』巻上「立壇始」条に、「西天《インド》にては、祇園の比丘楼至、仏に請いて壇を立てて、比丘の為に受戒せんとす。如来、園外院の東南に於いて、一壇を置く。此れを始めと為すなり。此土《中国》にては、宋（南朝）の元嘉七年庚午（四三〇）に当たりて、天竺僧の求那跋摩、揚都に至り、南林寺前の竹園に壇を立て、比丘の為に受戒するを始めと為すなり（西天祇園比丘楼至、請仏立壇、為比丘受戒。如来於園外院東南、置一壇。此為始也。此土当宋元嘉七年庚午、天竺僧求那跋摩至揚都、南林寺前竹園立壇、為比丘受戒、為始也）」（T54-273b）とある。

（一一）三羯磨＝授戒の作法。「一白三羯磨」のこと。「白」は告白の意で、授戒に際して表白文を宣読するが、まず四人以上の羯磨師の前で表白文を読むのを「一白」と言い、その後、更に三度、表白文を読むのを「三羯磨」と言う。「一白」と「三羯磨」と、合計四回、表白文を宣読することから「白四羯磨」「白四」とも呼ばれる。『仏光大辞典』「一白三羯磨」条（p. 31）参照。

（一二）梵行＝「梵は浄なり（梵者浄也）」（『翻梵語』巻三「梵行」条・T54-1003c）、「此《中国》には清浄と云い、或いは清潔と曰う（此云清浄、或曰清潔）」（『一切経音義』巻五九「梵行」条・T54-698c）とあるように、梵は清浄・清潔の意。「梵行」は、「六度之梵行」（『翻訳名義集』巻一・T54-1060b）などとあるように、具体的には六波羅蜜などの修行を指す。

（一三）阿闍梨＝師匠の意。『一切経音義』巻一三「阿遮利耶」条に、「梵語なり。唐には軌範師と云い、或いは受教師と云う。旧に阿闍梨と曰うは、訛なり（梵語也。唐云軌範師、或云受教師。旧曰阿闍梨、訛也）」（T54-384a）とある。

（一四）康安律師＝未詳。

（一五）具足戒＝出家した比丘・比丘尼が守る正式の戒。大戒や具戒とも言う。『四分律』などの小乗律に規定する戒律で、沙弥・沙弥尼が受ける十戒と比較して、戒品が具足していることから、こう呼ばれる。一般に、守るべき戒の数は、「比丘二百五十条、尼三百五十条」（『釈氏要覧』巻一・T54-272b）とされている。比丘尼戒は三四八戒であり、三五〇はその概数である。『仏光大辞典』「具足戒」条（p. 3078）参照。

（一六）如浄慈双径、皆不下四五百衆＝浄慈寺は、中国五山第四位の寺院。浙江省杭州府銭塘県南屏山にある。双径は径山万寿寺のこと。中国五山第一位の寺院。浙江省杭州府餘杭県西北の径山にある。径山の僧衆の数としては、南宋の大慧宗杲の時に「千五百衆」（『普覚宗杲禅師語録』巻二・Z121-38c）いたとされている。大慧の師である圜悟が昭覚寺に住した時には「五百衆」（『釈氏稽古略』巻四・T49-894b）とあるなど、「五百衆」という数は、修行僧が多い場合の表記としてよく用いられている（『景徳伝燈録』巻一五・T51-320c、巻二五・412c）。

（一七）頭首＝東序の知事（都監寺・維那・副寺・典座・直歳）とともに、大衆を統理する西序の役職。『禅林象器箋』「頭首」条に「参請多く、叢林熟する者を以て、西序に帰し、之を頭首と謂う（以参請多、叢林熟者、帰西序、謂之頭首）」（活字本・p. 221）とあり、具体的には『勅修百丈清規』巻四「西序頭首」条（T48-1130c）に、前堂首座・後堂首座・書記・知蔵・知客・知浴・知殿・焼香侍者・書状侍者・請客侍者・衣鉢侍者・湯薬侍者・聖僧侍者の名前が列挙されている。

（一八）五戒＝在家の仏教信者が守るべき五つの戒。①不殺生戒（＝生き物を殺さないこと）、②不偸盗戒（＝盗みをしないこと）、③不邪婬戒（＝男女の間を乱さないこと）、④不妄語戒（＝嘘をつかないこと）、⑤不飲酒戒（＝酒を飲まないこと）。『釈氏要覧』巻一「五戒」条（T54-271a）などを参照。

（一九）四分＝『四分律』六〇巻（T22）のこと。

（二〇）僧祇＝『摩訶僧祇律』四〇巻（T22）のこと。

（二一）三聚＝三聚浄戒のこと。①摂律儀戒（＝全ての悪行を断ち切る）、②摂善法戒（＝すべての善行を積む）、③摂衆生戒（＝すべての衆生を済度する）の三つ。大乗菩薩の戒。『梵網経』や『瓔珞経』に説かれた大乗独自の戒律。十重禁戒や四十八軽戒などを含む。『釈氏要覧』巻一「三聚戒」条（T54-272a）・『法門名義集』「三聚浄戒」条（T54-196c）などを参照。

（一二）潙山亦云、止持作犯、束歛《ママ》初心＝『潙山警策』に「軌則威儀、浄きこと氷雪の如し。止持作犯、初心を束斂す（軌則威儀、浄如氷雪。止持作犯、束斂初心）」（『潙山警策註』Z111-287a）とある。「歛」は「斂」の誤字。

（一三）古人謂、持戒学道、是把本修行＝典拠未詳。「把本修行」の用例としては、『大慧普覚禅師語録』巻一六「普説」に「天台智者の教えは、空・假・中の三観を以て、一切法を摂し、人をして把本修行せしむ（天台智者之教、以空假中三観、摂一切法、教人把本修行）」（T47-878c）とある。

（一四）故古者謂、戒為基址、道為屋廬＝二句全体の典拠は未詳。前の「戒為基址」という語は、天台智顗の『国清百録』巻二「王謝天冠并請義書第四八」（T46-807a）に見える。

（一五）如百丈建立許多威儀・礼法＝【一二】語注（一六）参照。

（一六）或謂、自安衆以来、其叢林礼法、不可使一日無也＝典拠未詳。禅録に特段の典拠は見えない。

【一六】仏教における神通

ある人が質問した、「仏、菩薩がたは皆な神通力を具《そな》えていますが、この神通力は、いったい〔仏教の〕修行や証《さとり》に属するものなのでしょうか」。

幻《わたし》は言った、「神通力は〔仏教の〕修行や証《さとり》に属してもいるし、修行や証《さとり》に属してもいない。そもそも神通力というのは、諸もろの仏や菩薩がたが、〔過去世の〕極めて長い年月の中で、純粋に〔慈無量・悲無量・喜無量・捨無量という〕四無量心や、〔布施・持戒・忍辱・精進・禅定・智慧という〕六波羅蜜や、種々の善行で培って、そう〔いう力を得ることに〕なったのだ。〔仏教の〕修行や証《さとり》に属していると言うのは、もし上に言ったような種々の培いによらなければ、〔神通力は〕具《そな》わらないからだ。〔仏教の〕修行や証《さとり》に属さないと言うのは、仏や菩薩が修行するもろもろの波羅蜜やもろもろの善行による功徳などは、神通力を具《そな》えたいと思ってそうなったのではないからだ。〔こういった修行は〕その大いなる慈悲が心に培われる根本にほかならないし、〔仏や菩薩の〕願行（＝誓願と修行）のあるべき姿なのである。もし仏や菩薩が、仮に少しでも神通力を求めたいと思う一念《こころ》をもったならば、すぐに、この一念《こころ》に邪魔されてしまい、たとえ尽く諸もろの善行などを修めたとしても、皆な有漏《まよい》の原因と成ってしまう。どうして、この自在なる解脱《さとり》や変化《へんげ》といった神通力を具《そな》えることができようか。あるいは、いまだ曾て〔一度も〕諸仏の心宗《おしえ》や種々の無為なる願行（＝誓願と修行）を契証《さと》ったことがないならば、〔たとえ神通力があったとしても、〕それ以外の〔声聞・縁覚といった〕二乗のつまらぬ成果〔を得た者〕や、〔仏教以外の〕外道等に至るまで、また各おの神通〔力による不思議な〕変化《へんげ》はあるのだから、〔そんなものは本当の〕神通力ではない。〔それらは実体のない〕幻のごとき〔迷いの〕力が、姿を変えて現れたものなのであり、皆な〔因縁に縛られた〕有為の思惟が成就したものであって、奇異を顕《あらわ》すのは、衆人を惑す生滅《まよい》の原因にほかならないのである。そもそも仏や菩薩の、大いなる慈悲に培われた心や、無為の願行（＝誓願と修行）によって現わされた神通力は、特に勝れていて〔仏法の本体である〕法性と平等《おなじ》である。一つの毛孔《けあな》から、たくさんの〔仏や菩薩の智慧の〕光明や、たくさんの荘厳《かざり》の道具を出現させて、世界中に満ち溢れさせ、その願いに随って、皆な満足することができるけれども、仏・菩薩の解脱《さとり》の心の中では、このような神通力を具《そな》えているのを見たことがないし、またこのような神通力を現すのも見たことがないし、またこのような神通力に依って、〔何等かの結果を〕手に入れて満足するのを見たことがない。どうしてそれが分かるのか。思うに、神通力は〔仏法の本体である〕法性と平等《おなじ》なのである。そして〔仏法の本体である〕法性には、異同とか、自他とか、主客といった、分別による違いが無いから、神通力もまたそうであることが分かるのだ」。

ある人が〔質問して〕言った、「仏や菩薩がたの神通力は、全く〔仏教の〕修行や証《さとり》に属していないと言ってはならない〔と思います〕。もし〔仏教の〕修行や証《さとり》に属していないのならば、〔修行をしていない〕凡夫はどうして〔神通力が〕無いのでしょうか」。

幻《わたし》は言った、「凡夫は、〔仏法の本体である〕法性の神通力についても、具わっていないことはない。しかし、凡夫や人間以外の生き物は、皆ないい加減にしてしまって自分で気がつかないのだ。ただ、凡夫は、無為の願行（＝誓願と修行）や、諸もろの波羅蜜によって証《あきら》かになる威厳徳望や、荘厳《かざり》である神通力を欠いているだけだ。先ほど言ったではないか。仏や菩薩は、大いなる慈悲が心を培うからそうなる（＝神通力を備えることになる）のであり、神通力を求めるために〔修行を〕設けているわけではないのだ。喩えをもって、明らかにしてみよう。この世に、十の大きな悪業を造って、懺悔を思わない人たちがいるが、この人は、臨終の際に業の力に由って、直ちに地獄に入って、種々の苦を受けることになる。この人は、まさに業を造っている時に、ただ迷妄《ぼんのう》が心に入っていたために、情《こころ》をほしいままに〔して悪いことを〕していたのだ。〔その時には〕決して、『わたしの業が熟した時に、かならず地獄に入る』ということを少しも考えたためしがなかったのだ。思うに、地獄は本性も無く、また実体も無い。自己の迷いの業の致す所にほかならない。よくわきまえておきなさい。仏・菩薩の解脱や神通力も、また自性も無く、また実体も無い。実に、戒・定・慧〔という三学〕や、諸もろの波羅蜜など〔の修行〕が、成就してもたらすものにほかならないのだ。〔それを〕またどうして疑おうか」。

*

《原　文》

或問、仏菩薩皆具神通。此神通還属修証否。

幻曰、神通亦属修証、亦不属修証也。夫神通者、是諸仏菩薩、於久遠劫中、純以四無量心(一)・六波羅蜜(二)、及種種善行之所熏習而然也。言属修証者、苟不因如上種種熏習、則不具也。言不属修証者、当知仏菩薩所行諸波羅蜜、及衆善功徳等、非為求具神通而然。乃其大悲熏心本已〈校1〉。願行之当然者。使仏菩薩苟有一念欲求神通、則当頭被此一念障住、縦尽修諸善行等、皆成有漏之因。安得具此自在解脱変化之神通耶。或未曾契証諸仏心宗、及種種無作願行、而至自餘二乗小乗及外道等、亦各有神通変化、非神通也。乃幻力変現、皆有作思惟成就、実顕異惑衆之生滅因也。夫仏菩薩大悲熏心、無作願力、所現之神通、殊勝与法性平等。雖於一毛孔、現出百千光明、百千荘厳具、充塞法界、随其欲楽、皆獲満足、而仏菩薩解脱心中、不見有具是神通者。亦不見有現是神通者。亦不見有依是神通而獲受用満足者。何以知之。蓋神通与法性平等。然法性無一異・自他〈校2〉・能所・分別之差、則知神通亦爾也。

或謂、仏菩薩神通、不可謂之全不属修証。若果不属修証、則凡夫縁何不有耶。

幻曰、凡夫於法性之神通、亦未嘗不具。而凡夫及異類、皆昧略而不自知也。但凡夫闕於無作願行、諸波羅蜜、所証之威徳、荘厳之神通耳。前不云乎。仏菩薩、以大悲熏心而然。非為求神通設也。請以喩明之。世有造十大悪業(二)、不思懺悔之衆生。此人命終、由業力故、直入地獄、受種種苦。此人政当造業時、但為迷妄入心、恣情而作、決不曾有一念謂我業熟時、決入地獄也。蓋地獄無自性、亦無実法。乃由自己妄業之所致爾。当知、仏菩薩解脱神通、亦無自性、亦無実法。寔由戒定慧、諸波羅蜜等、成熟之所致爾。復何疑哉。

〈校1〉已＝己　〈校2〉他＝佗

*

《書き下し文》

或るひと問う、「仏・菩薩は皆な神通を具す。此の神通、還《は》た修証に属すや否や」と。

幻曰く、「神通は亦た修証に属し、亦た修証に属さざるなり。夫れ神通とは、是れ諸仏・菩薩、久遠劫の中に於いて、純《もっぱ》ら四無量心・六波羅蜜、及び種種の善行の熏習する所を以て然るなり。修証に属すと言うは、苟《も》し上の如き種種の熏習に因らざれば、則ち具わらざるなり。修証に属さずと言うは、当に知るべし、仏・菩薩の行ずる所の諸波羅蜜、及び衆善の功徳等は、神通を具うることを求めんが為にして然るに非ず。乃ち其れ大悲、心に熏ずるの本のみ。願行の当に然るべき者なり。使《も》し仏・菩薩、苟《も》し一念も神通を求めんと欲すること有らば、則ち当頭に此の一念に障住せられ、縦《たと》い尽く諸もろの善行等を修むるも、皆な有漏の因と成らん。安《いず》くんぞ此の自在なる解脱・変化の神通を具すことを得んや。或いは未だ曾て諸仏の心宗、及び種種の無作の願行に契証せざるも、自餘の二乗の小果、及び外道等に至るまで、亦た各おの神通変化有れば、神通に非ざるなり。乃ち幻力の変現、皆な有作の思惟成就するにて、実に異を顕《あらわ》し衆を惑すの生滅の因なり。夫れ仏・菩薩、大悲の熏心、無作の願力の、所現の神通は、殊勝にして法性と平等なり。一毛孔に於いて百千光明、百千荘厳の具を現出して、法界に充塞し、其の欲楽に随って、皆な満足することを獲《う》と雖も、仏・菩薩の解脱の心中には、是の神通を具す者有るを見ず。亦た是の神通を現わす者を見ず。亦た是の神通に依りて、受用、満足を獲る者有るを見ず。何を以て之を知るや。蓋し神通は法性と平等なり。然も法性は一異・自他・能所の分別の差無ければ、則ち知る、神通もまた爾《しか》ることを」と。

或るひと謂う、「仏・菩薩の神通は、之を全く修証に属さざると謂う可からず。若《も》果し修証に属さざれば、則ち凡夫、何に縁りてか有らざるや」と。

幻曰く、「凡夫も、法性の神通に於いて、亦た未だ嘗て具えずんばあらず。而れども凡夫、及び異類は、皆な昧略にして、自ら知らざるなり。但だ凡夫は、無作の願行、諸波羅蜜、所証の威徳、荘厳の神通を闕《か》くのみ。前に云わずや、『仏・菩薩は、大悲の熏心を以て然り、神通を求めんが為に設くるに非ず』と。請う喩えを以て之を明かさん。世に十大悪業を造りて、懺悔を思わざるの衆生有り。此の人、命終に業力に由るが故に、直に地獄に入りて、種種の苦を受く。此の人、政《まさ》に業を造る時に当たって、但だ迷妄、心に入るが為に、情を恣にして作《な》し、決して曾て一念も我が業熟する時、決《かなら》ず地獄に入ることを謂《おも》うこと有らざるなり。蓋し地獄は、自性も無く、亦た実法も無し。乃ち自己の妄業の致す所に由るのみ。当に知るべし、仏・菩薩の解脱神通は亦た自性も無く、亦た実法も無し。寔《まこと》に戒定慧、諸もろの波羅蜜等の成熟の致す所に由るのみ。復た何をか疑わんや」と。

＊

《語注》

(一) 四無量心＝四つの無量の利他心。慈・悲・喜・捨の四つで、『摩訶般若波羅蜜経』二十七巻(T8)などに広く説かれる。その定義について、『阿毘達磨大毘婆沙論』巻八一には、「授与饒益する是れ慈相なり。衰損を除去する是れ悲相なり。得捨を慶慰する是れ喜相なり。忘懐平等なる是れ捨相なり(授与饒益是慈相。除去衰損是悲相。慶慰得捨是喜相。忘懐平等是捨相)」(T27-420c)とあり、『法門名義集』の「四無量心」条には、「慈無量、悲無量、喜無量、捨無量なり。慈能く与楽饒益する、之を慈と名づく。慈縁局《かぎ》らざるを、称して無量と為す。悲愍して苦厄を救う、之を名づけて悲と為す。彼の得を喜慶する、之を名づけて喜と為す。捨能く憎愛を亡し、心会平等にして、前の三心を離れ、相に著せざる、之を名づけて捨と為す。無量の義は、皆な前釈の如し(慈無量、悲無量、喜無量、捨無量。慈能与楽饒益、名之慈。慈縁不局、称為無量。悲愍救苦厄、名之為悲。喜慶彼得、名之為喜。捨能亡憎愛、心会平等、離前三心、不著於相、名之為捨。無量之義、皆如前釈)」(T54-196c～197a)とある。

(二) 六波羅蜜＝大乗の菩薩が悟りに至るための六つの実践徳目。布施(＝財物などを与える)、持戒(＝戒を守る)、忍辱(＝困苦を耐え忍ぶ)、精進(＝努力する)、禅定(＝心を安定させる)、智慧(＝真理を悟る)の六つ。その内容は『六度集経』八巻(T3)や『大乗理趣六波羅蜜多経』十巻(T8)に詳しいが、『六度集経』では、「一曰布施、二曰持戒、三曰忍辱、四曰精進、五曰禅定、六曰明度」(巻一・T3-1a)とあり、「智慧」が「明度」となっている。

(三) 十大悪行＝十悪のこと。『法界次第初門』巻上之上「十悪初門第十一」に、「身に三悪有り。一に殺生、二に偸盗、三に邪婬なり。口に四悪有り。一に妄語、二に両舌、三に悪口、四に綺語なり。意に三悪有り。一に貪欲、二に瞋恚、三に邪見なり(身有三悪。一殺生、二偸盗、三邪婬。口有四悪。一妄語、二両舌、三悪口、四綺語。意有三悪。一貪欲、二瞋恚、三邪見)」(T46-669b)と、十悪を心・口・意の三業に割り振って説明し、更に個別に次の様に解説している。「一に殺生。一切衆生の命を断ず、故に名づけて殺生と為す。二に偸盗。他の財物を盗取す、故に名づけて偸盗と為す。三に邪婬。妻妾に非ざるに於いて欲事を行ず、故に邪婬と名づく。四に妄語。言を以て他を誑す、故に妄語と名づく。五に両舌。搆闘の言もて他を間《へだ》てて、得失の分乖《そむ》くことを致さしむるを、名づけて両舌と為す。六に悪口。悪言、彼に加え、他をして悩を受けしむるを、名づけて悪口と為す。七に綺語。語辞を綺側し、言、道理に乖くを、名づけて綺語と為す。八に貪欲。情に順うの塵境を引取するも、心に厭足無きを、名づけて貪欲と為す。九に瞋恚。若し違境に対すれば、心に忿怒を生ずるを、名づけて瞋恚と為す。十に邪見。正因果を撥し、僻信して福を求むるを、皆な邪見と名づく。（一殺生。断一切衆生命、故名為殺生。二偸盗。盗取他財物、故名為偸盗。三邪婬。於非妻妾而行欲事、故名邪婬。四妄語。以言誑他、故名妄語。五両舌。搆闘之言間他、令致得失分乖、名為両舌。六悪口。悪言加彼、令他受悩、名為悪口。七綺語。綺側語辞、言乖道理、名為綺語。八貪欲。引取順情塵境、心無厭足、名為貪欲。九瞋恚。若対違境、心生忿怒、名為瞋恚。十邪見。撥正因果、僻信求福、皆名邪見。）」（T46-669b）また、『諸経要集』巻一四～一五「十悪部第二十三」（T54-128a）・『大明三蔵法数』巻三三「十悪」条（P182-754a）などを参照。

【二七】祖師の神通力

ある人が質問した、「西天《インド》の二十七人の祖師がたは、皆な神通力をもっており、〔二十八祖〕達磨におよぶまで、神通力をもっていました。〔ところが〕達磨以降〔の祖師方は〕、どういう訳で、神通力を具《そな》えていないのでしょうか。〔今日に至るまでの〕間に、あるいは少しばかりの人〔が神通力を具えていた〕ということを〕を聞くことはあっても、多くを見ません」。

幻《わたし》は言った、「聞くところによると、『西天《インド》の〔仏教以外の〕外道は、皆な〔因縁に縛られた〕有為《うい》の思惟による変化《へんげ》の神通力を具えていた』ということだ。仏法の燈《ともしび》が、初めて伝わって、世間を照らそうとしている時に、神通力を具えている者でなければ、彼《か》の外道をおさめとることができなかった。およそ、西天《インド》では皆な〔衆生を済度するために〕仏〔が姿を〕変え、菩薩〔が姿を〕変え、〔衆生済度のために〕変身して、祖師となり、〔仏法という〕命燈《ともしび》を伝えた。だから達磨のことを観音の化身と言っているのだ。達磨以来、〔今までの〕あいだに、あるいは少しばかりの人が神通力を具えていたが、〔それは〕聖人賢者が、長い年月を隔てて〔生まれ変わり、〕立ち上がって宗教《おしえ》を挙揚しただけのことである。〔神通力を〕具えていない者は、ただ仏心宗（＝禅宗）を悟ることを根本としていたのだ。思うに、仏心宗（＝禅宗）は多くの三昧（＝禅定）や神通力の正しい原因だからである。どうして、原因によらないで著《あら》われる果報があるであろうか。およそ本当に心を悟った人は、もし偶《たま》たま神異《きせき》をおこしたとしても、すぐさま追い払ってしまい、決してそれに滞《とどこお》って奇跡だとしようとはしなかった。もし奇跡だと考えるならば、本当の心を見失っている〔ことになる〕。悟った者でさえ、そうなのだから、まして、まだ悟っていない者はいうまでもなかろう。今の修行者は、正しい悟りを求めずに、妄りに〔すばらしい〕神通力や三昧（＝禅定）〔を手に入れたいという〕一念の心を起こしているが、〔それでは、仏教以外の〕外道の仲間〔と同じ〕である。永遠に〔神通力の〕正しい原因に背くことは、必至である。あるいは、『神通力も〔仏法と共に〕中国に伝わってきたが、奇異なことを顕示しているという謗りがくるのを恐れたので、〔それ以後〕伝えなかったのだ』という人がいるが、この説は単に自ら惑っているばかりでなく、また人を惑わすものである。どうしてこの上ない道理であろうか」。

＊

《原　文》

或問、西天二十七祖、皆有神通。洎達磨亦有神通。自達磨已降、何以不具神通。中間或聞一人半人、亦不多見。

幻曰、聞、西天外道、皆具有作思惟、変化神力。仏燈初伝、将照明世間、非具神通者、不能摂彼外道。蓋西天皆化仏、化菩薩、応身為祖、以伝命燈。故達磨謂是観音応身（一）。自達磨已降、中間或有一人半人亦具神通者、乃聖賢間（二）世而起、助揚宗教耳。其不具者、惟以悟仏心宗為本。蓋仏心宗（三）、乃百千三昧神通之正因也。安有果報不自因而著者。凡真実悟心之士、或偶生神異則当念遣除、決不肯滞此為奇也。苟以為奇則失本心矣。且悟者尚爾。況未悟耶。今之学者、不求正悟、而妄興一念神通三昧之心、乃外道眷属。永背正因必矣。或有人謂、神通亦有伝受至東土、恐致顕異之譏、故不伝。此説不惟自惑、又且惑人。豈至理也。

＊

《書き下し文》

或るひと問う、「西天の二十七祖、皆な神通有り。達磨に洎《およ》ぶまで、亦た神通有り。達磨自《よ》り已降、何を以てか神通を具えざる。中間に、或いは一人半人を聞くも、亦た多くを見ず」と。

幻曰く、「聞く、西天の外道、皆な有作の思惟、変化の神力を具すと。仏燈、初めて伝えて、将に世間を照明せんとするに、神通を具うる者に非ざれば、彼の外道を摂すること能わず。蓋し西天は皆な化仏、化菩薩、応身して祖と為り、以て命燈を伝う。故に達磨、是れを観音の応身と謂う。達磨自《よ》り已降、中間に、或いは一人半人、亦た神通を具うる者有るも、乃ち聖賢、間世にして起ちて、宗教を助揚するのみ。其の具えざる者は、惟だ仏心宗を悟るを以て本と為す。蓋し仏心宗は乃ち百千の三昧神通の正因なり。安くんぞ果報、因によらずして著《あら》わるる者有らんや。凡そ真実の悟心の士、或いは偶たま神異を生ずれば、則ち当念に遣除し、決して肯えて此れに滞《とどこお》って奇と為さざるなり。苟《も》し以て奇と為さば、則ち本心を失う。且つ悟者すら尚お爾《しか》り。況や未だ悟らざるものをや。今の学者、正悟を求めずして妄りに一念神通三昧の心を興すは、乃ち外道の眷属なり。永く正因に背くこと必せり。或いは人有りて謂く、『神通も亦た伝受して東土に至ること有るも、異を顕わすの譏りを致すことを恐るるが故に伝えず』と。此の説、惟だに自ら惑うのみならず、又た且つ人を惑わす。豈に至理ならんや」と。

＊

《語注》

（一）故達磨謂是観音応身＝「応身」は、「化身」「法身」と共に「如来三種身」の一つ（『金光明最勝王経』巻二・T16-408b）。衆生に応じて現れる仏の身体のこと。覚範慧洪の『林間録』巻上に、「舊説に多く『達磨は乃ち観音の応身なり』と言う（舊説多言達磨乃観音応身）」（Z148-607a）とある。

（二）間世＝世を隔てる。『漢語大詞典』に「長く年代を隔てること（隔代。指年代相隔之久）」（第一二冊・p. 76）とある。

（三）仏心宗＝【二五】語注（四）参照。

中峰明本『山房夜話』巻下

【二八】霊知・真知・妄知

ある人が、〔学問して〕知《わか》ったことについて質問して言った、「僕《わたし》は、昔から人生の半分の間、学問を積んできており、およそ仏や祖師の言教《おしえ》は、ほとんど探し尽くしてしまっています。書物を手にするごとに、〔その内容が〕知《わか》らなかったためしはありません。ただ、見聞きする最初のところで情縛《まよい》を剪《き》り捨て、妄念を愛憎《感情》の外になくすことができないのは、どうしてでしょうか」。

幻《わたし》は言った、「あなたは〔学問で〕知《わか》ったことを、あらまし〔問題にして〕言いながら、その〔到達して〕至ったものを区別できていない。〔知には〕霊知〔といわれる般若の智慧〕が有り、真知〔といわれる真実の智慧〕が有り、妄知〔といわれる誤った智慧〕が有るのだ。そもそも、霊知を道と言い、真知を悟りと言い、妄知を理解と言う。知《わか》るところのものという意味では同じであるが、霊と言い、真と言い、妄と言う〔文字が上に付く〕と、時間と共にかけ離れていく。学者は、その道理を推し量らないで、知《わか》ったことがらに泛《ただよ》い、妄りに執著〔の念〕を生み、是非《善し悪し》〔の念〕を引き起こしてしまう。単に道（＝真理）

の根源を駄目にするだけでなく、自己を〔迷いの中に〕埋没させてしまう。裴公《はいこう》（＝裴休《はいきゅう》・七九七〜八七〇）が、『血が流れ息をしている生き物の仲間には、必ず知（＝智慧）が有り、およそ知（＝智慧）が有るものは、必ず本体を等しくしている』と言っているのは、霊知〔という般若〕の知〔慧のこと〕を言っているのである。この知〔慧〕は、聖人や凡夫、迷いや悟り〔といった違い〕において区別することがなく、心の本体にもともと具わっており、まったく増減しないものである。『華厳経』に、『あらゆる法《そんざい》がそのまま〔我が〕心の自性であることが分かれば、智慧の身が成就されるのであり、他のものによって悟るわけではない』と言っているのや、『円覚経』に『〔すべてが〕空花〔の様に実体がない〕ということが分れば、そのまま輪廻することはなくなる』と言い、また『幻だと分れば〔すでにその幻から〕離れているのであり、〔離れるための〕方便《てだて》を作《な》さな〔くてよ〕い』などと言っているのは、真知〔という真《ほんとう》の知（＝智慧）のこと〕を言っているのであり、まさに悟入《さとり》によ〔って得られ〕るものなのだ。もし、迷いの雲がカラリと開けて知覚を断ち切り、神情《こころ》を動かすことなく、久しく忘れていたことを、ふと思い出すように〔本来の自己を取り戻〕し、瞬時に解脱して、その場が皆な真〔実の場〕になるのでなければ、それ以外〔のできごと〕は〔すべて因果の法則に縛られているのであり〕決して偶然ではあり得ないのだ。また『円覚経』に、『衆生は解《認識》に礙《さまた》げられ、菩薩も覚《さとり》から離れることができない』と言い、また、『末法の世の衆生が、成道したいと望んでも、悟りを求めさせてはならない。〔なぜなら〕ただ多くの知識を増やし、自分〔だけの狭い〕見解を増長させるだけだ〔からだ〕』などと言っているのは、皆な痛烈に妄知のはたらきを指摘した言葉なのである。妄知とは、至高の道理を深く窮《きわ》め、本性の源に深く徹して、終日、大河の水がとうと流れるように、よどみない弁舌をほしいままにさせたとしても、そのしゃべっているときに〔既に〕迷っているのであり、まさにしゃべり終わるまでもなく迷っているのである。だから、釈尊は雪山《ヒマラヤ》で、その悟〔りを開くという〕跡《すがた》を示し〔たものの、その悟りの内容を本当に伝えることはなく〕、最後に百万の衆徒《でし》の前で、一枝の華を拈《つま》み上げて、その悟りの〔本当の〕中身を顕示したのだ。後に、諸もろの祖師たちの〔示された〕門庭《ほうべん》や、その施設《てだて》は、〔どれも〕すべて同じではないが、皆な、これに近づけば火聚《ほのお》のよう〔に火傷《やけど》をするもの〕であり、これに触れれば切れ味鋭い刀のよう〔に怪我をするもの〕であり、これを聞けば雷電《かみなり》のよう〔に耳が聞こえなくなるもの〕であり、これを飲めば毒薬のよう〔に命を落とすもの〕であった。〔更には〕日常一切〔のことがら〕に至るまで〔人を寄せつけない厳格さがあり〕、人のために〔悟りへの〕抜け道を作るようなすきは〔見せ〕なかったわけだが、〔それは〕もっともなことだったのだ。しかも、禅門の中では、なお悟った所にじっとすることを許さないどころか、それ（＝悟り）を〔形骸化した〕法塵《もの》だとそしり、刺《とげ》のある見解だと排斥し、必ず迷いと悟りを両方とも忘れ去って、霊源〔である仏心〕と混入して〔一つになって〕しまうまでやめないようにさせようとしたのだ。もし、まだここまで至っていなければ、その知《わか》ったことで、ともすれば諸もろのデタラメなことを現すことになるが、〔それは〕あたかも目が見えない人が〔とても明るい〕真っ昼間に炬《たいまつ》をもって〔外へ〕行くようなものだ。〔炬《たいまつ》の明かりが昼間の太陽の〕明るさの足しにならないだけでなく、いつまでも〔役に立たない炬《たいまつ》を〕投げ捨てないならば、その〔炬《たいまつ》を〕もっている手を火傷《やけど》させることになってしまう。余《わたし》もまた真知に昧い者であり、妄知〔を離れていない〕という咎めを逃れることはできないが、質問をされたので、このことを説いて自ら戒めとするものである」。

＊

《原　文》

或者以所知為問曰、僕嘗積学半生、凡仏祖言教、漁猟殆尽。毎臨文対巻、未嘗無所知。独不能剪情縛於見聞之初、乾識浪於愛憎之表者、何也。

幻曰、子概言所知、而不能択其至者。有霊知焉、有真知焉、有妄知焉。夫霊知之謂道、真知之謂悟、妄知之謂解。言所知則一也。謂霊、謂真、謂妄、則日劫相倍矣。学者不揣其理、泛於所知、妄生執著、引起是非。不惟汨喪道源、而亦沈埋自己。如裴公謂（一）、血気之属、必有知、凡有知者、必同体、此言霊知之知。此知於聖凡迷悟、無所間然。心体本具、了無加損者也。如華厳謂（二）、知一切法、即心自性、成就慧身、不由他〈校1〉悟、如円覚謂（三）、知是空華、即無輪転、又云（四）、知幻即離、不作方便等、此言真知、端従悟入。苟非迷雲豁開、斬絶見量、不動神情、如久忘忽記、当念解脱、立処皆真、自餘決不可偶然也。又円覚謂（五）、衆生為解礙、菩薩未離覚、又云（六）、末世衆生、希望成道、無令求悟、惟益多聞、増長我見等、此皆痛指依通妄知之謂也。其妄知者、雖深窮至理、洞徹性源、使終日肆懸河之辯、即其所辯而与之倶迷、政不待辯後而迷也。故迦文於雪山、示其悟跡、末後於百万衆前、拈一枝華、顕其悟理。已而諸祖門庭、其設施、雖万不同、皆近之如火聚、触之如太阿（七）、聞之如雷霆、飲之如蠱毒。至若語黙動静、了無縫罅与人作蹊径者、良有以也。然宗門中、尚不許向悟処垜跟、乃非之為法塵、斥之為見刺。必欲其両忘迷悟、混入霊源而後已。或未至此、則以其所知、動形諸妄、如瞽者執炬而復昼行。不惟無益於明、使久不擲去、将見火其所執之手矣〈校2〉。余亦昧真知者、而不能逃妄知之責、因其致問故、説此以自警。

〈校1〉他＝佗　〈校2〉余＝予

＊

《書き下し文》

或る者、所知を以て問を為して曰く、「僕、嘗て学を積むこと半生、凡そ仏祖の言教は、漁猟して殆ど尽くせり。文に臨み、巻に対する毎《ごと》に、未だ嘗て知る所無くんばあらず。独り情縛を見聞の初めに剪《き》り、識浪を愛憎の表に乾かす能わざるは、何ぞや」と。

幻曰く、「子は概ね知る所を言って、其の至れる者を択ぶこと能わず。霊知有り、真知有り、妄知有り。夫れ霊知之を道と謂い、真知之を悟と謂い、妄知之を解と謂う。知る所と言わば則ち一なり。霊と謂い、真と謂い、妄と謂わば則ち日劫相倍《そむ》けり。学者、其の理を揣《はか》らず。知る所に泛《うか》びて、妄りに執著を生じ、是非を引起す。惟だに道源を汨喪するのみならずして、亦た自己を沈埋す。裴《はい》公の、『血気の属は必ず知有り、凡そ知有る者は必ず体を同じくす』と謂うが如きは、此れ霊知の知を言う。此の知は、聖凡迷悟に於いて間然する所無し。心体本具して、了《つい》に加損無き者なり。『華厳』に、『一切法は即ち心の自性なることを知らば、慧身を成就し、他に由りて悟らず』と言うが如き、『円覚』に、『是れ空華なりと知らば、即ち輪転無し』と謂い、又た、『幻と知らば即ち離れ、方便を作さず』等と云うが如き、此れを真知と言い、端《まさ》に悟入に従る。苟《も》し、迷雲豁《かっかい》開して、見量を斬絶し、神情を動ぜずして、久しく忘して忽ち記するが如く、当念解脱して、立処皆な真なるに非ずんば、自餘は決して偶然なる可からざるなり。又た、『円覚』に、『衆生は解に礙《さまた》げられ、菩薩も未だ覚を離れず』と謂い、又た、『末世の衆生は、成道を希望するも、悟を求めしむること無かれ。惟だ多聞を益し、我見を増長するのみ』等《など》と云うは、此れ皆な痛く依通の妄知を指すの謂《いい》なり。其れ妄知とは、深く至理を窮め、洞《ふか》く性源に徹して、終日、懸河の辯を肆《ほしいまま》にせしむると雖も、其の辯ずる所に即して之と倶に迷い、政《まさ》に辯ずる後を待たずして迷うなり。故に、迦文は雪山に於いて其の悟跡を示し、末後に百万衆の前に於いて、一枝の華を拈じて、其の悟理を顕す。已にして諸祖の門庭、その設施、万同じからずと雖も、皆な之に近づかば火聚の如く、之に触れれば太阿の如く、之を聞かば雷電の如く、之を飲まば蠱毒の如し。語黙動静の若きに至るまで、了《つい》に縫罅の、人の与《ため》に蹊径を作ること無きは、良《まこと》に以《ゆえ》有るなり。然も宗門の中、尚お悟処に向《お》いて垜跟することを許さず、乃ちこれを非《そし》りて法塵と為し、これを斥《しりぞけ》て見刺と為す。必ず其の両《ふた》つながら迷悟を忘れて霊源に混入し、而る後に已《や》まんと欲するなり。或《も》し未だ此こに至らずんば、則ち其の所知を以て、動《やや》もすれば諸もろの妄を形《あらわ》すこと、瞽者の炬《かがりび》を執って、復た昼行するが如し。惟だに明を益すこと無きのみにあらず、使《も》し久しく擲去せずんば、将に其の執る所の手を火《や》くことを見んとす。余も亦た真知に昧き者にして、妄知の責を逃るること能わざるも、其の問を致すに因るが故に、此れを説きて以て自ら警《いまし》む」と。

*

《語注》

（一）如裴公謂、血気之属、必有知、凡有知者、必同体＝『大方広円覚修多羅了義経略疏』の序に「夫れ血気の属は必ず知有り。凡そ知有る者は必ず体を同じくす（夫血気之属必有知。凡有知者必同体）」（T39–523b）とある。裴休（七九七〜八七〇）は、唐の官史。居士で圭峰宗密について華厳を学んだ。黄檗希運の『伝心法要』を編纂し、圭峰の諸撰著に序を作ったことでも知られる。

（二）如華厳謂、知一切法、即心自性、成就慧身、不由他悟＝【四】語注（一）参照。

（三）如円覚謂、知是空華、即無輪転＝『円覚経』に「是れ空花なりと知れば、即ち輪転無し。亦た身心の、彼の生死を受くるもの無し（知是空花、即無輪転。亦無身心、受彼生死）」（T17–913c、柳田訳注本・p. 24）とある。

（四）又云、知幻即離、不作方便＝『円覚経』に「幻と知れば即ち離れ、方便を作さず、亦た漸次無し（知幻即離、不作方便。亦無漸次）」（T17–914a、柳田訳注本・p. 38）とある。

（五）又円覚謂、衆生為解礙、菩薩未離覚＝『円覚経』（T17–917b、柳田訳注本・p. 137）にそのままの文章が見える。

（六）又云、末世衆生、希望成道、無令求悟、惟益多聞、増長我見＝これも『円覚経』（T17–920a、柳田訳注本・p. 202）にそのまま見える。

（七）太阿＝伝説上の昔の宝剣の名前。『碧巌録』には「太阿剣」（第一則・頌評唱、第一六則・頌評唱、第二二則・本則評唱）という形で出ている。

【二九】塵　労

ある人が質問した、「塵労《ぼんのう》の二字〔について〕は、世間でみんなが〔問題として取り上げて〕しゃべっていますが、塵労《ぼんのう》は何を原因とし〔て起こり〕、何をその内容としているのでしょうか」。

幻《わたし》は言った、「迷妄《まよい》を原因とし、染汚《けがれ》を内容としている。迷妄《まよい》というのは、自分の心に迷っているから、一切の法《そんざい》には〔固定的な実体としての〕本性が無いということに通達していない〔状態の〕ことである。〔固定的な実体としての〕本性が無いというのは、性《こころ》はもともと空寂《からっぽ》で、〔観念的な〕知見《認識》〔を生み出す主体〕が〔実在し〕ないからである。本性が無いことに通達していないから妄情《まよい》を引き起こして、すべての法《そんざい》を実在だと認めてしまう。〔そして〕実在の海に墜ちてしまうと、取るとか捨てるとか、順《したが》うとか逆らうとかいう念《こころ》が、皆な自我意識から起こ〔ることにな〕り、〔自分の心に〕順《したが》えば愛し、逆《さか》らえば憎み、愛すれば執着し、憎めば捨て去り、次々と流されて、〔自分の〕愛に〔相手が〕順えば喜びを生み、愛に逆えば怒りを生むことになる。〔この様な迷妄《まよい》は〕とても微少な形で識田《こころ》に潜伏しており、動き回ってしずまらず、起滅するのに〔決まった〕時がなく、情《こころ》〔のはたらき〕に順って乱れ〔動き〕、念《こころ》〔の動き〕を逐《お》って飛び回るのだ。染《けがれ》ると〔地獄・餓鬼・畜生・修羅・人間・天上という〕六凡《ろくぼん》〔と呼ばれる存在〕となり、浄《きよら》かだと〔声聞・縁覚・菩薩・仏という〕四聖《ししょう》〔と呼ばれる存在〕となるが、悟りと迷いとの違いが有るものの、塵労《ぼんのう》〔に関わっているという観点〕では同じことなのである。どうしてかと言えば、〔煩悩の汚れから離れた〕本来清浄な真実の性《こころ》の中には、昔から今にいたるまで、増減したり得失したりする法《もの》が何一つ別にあることが許されないからだ。〔この真実の性《こころ》は、宇宙いっぱいに〕満ち溢れ、〔すべてのものを〕あまねく包み込み、どこまでも霊明《かがや》いていて、つまるところ固定的な相《すがた》は無いのだ。衆生は悟っていないから、ともすれば回りの事柄を追いかけるが、もし何かに依りかかれば、〔それは〕すべて塵労《ぼんのう》の相《すがた》であり、聖人と凡夫とを問わず皆な〔性《こころ》が〕汚染されてしまうことになるのである。そもそも塵労《ぼんのう》は、戒律を守ることによって得られる力を傷つけ、禅定の源を濁《にご》し、慧《ちえ》の鏡を曇らせ、貪欲の根に〔水をやって〕潤し、恚《いかり》の炎に〔油を注いで〕助け、無知の雲を増やし、悪行の道を開き、善行の門を閉め、業《ごう》のはたらきを助け、道《さとり》の力を消すものである。もし塵労《ぼんのう》の過《とが》を説き尽くすならば、窮まりがない。今の修行者は、概ね『〔あらゆる〕日常の行いは、皆な塵労《ぼんのう》〔である〕』と言って、すぐに〔我が〕身を何物にも侵《おか》されない世界に置きたいと思う。〔そして〕もし、少しの〔世間の〕事でもその〔迷いの〕情《こころ》を使い、わずかな〔世間の〕務めでもその〔迷いの〕思いに関わるならば、道《さとり》の力を消してしまうと言い、腕を振ってすぐに立ち去り、決して振り返らないようにしようと思う。そのような考え方には無理があるし、かえって幾重にも迷いに堕ちこんだ人である。一緒に仏道を論ずることなどできはしない。どうしてかと言えば、塵労《ぼんのう》が起こるのは、迷妄《まよい》に根ざしているのであり、世間的な営みから出ているのではないと反省することができていないからである。もし〔塵労《ぼんのう》が〕世間的な営みから出ているとするならば、飢えても食べてはならないし、寒くても衣服を着てはならないし、住んでも家にいてはならないし、歩いても道路を行ってはいけないことになる。もしこのようならば、すぐに死んでしまうだろう。〔塵労《ぼんのう》が世間的な営みから出ていないことは〕間違いない当然のことであるから、食べている穀物が農耕から出《で》、〔体に〕つける衣服が機織りから出《で》、住む家が建築から出《で》、〔足で〕踏んでいる道路が土木工事から出ていることを気にかけないのだ。もしそれぞれ〔の人々〕がすべて世間的な営みにかかわっていなければ、〔我が〕身を助けている〔様々な〕ものが、どうして得られるだろうか。また、即今、修行している〔我が〕身は、本来〔実体が〕無く、皆な父母の養育という塵労《ぼんのう》から生まれ、〔父母が大事に〕かわいがるという塵労《ぼんのう》によって育ったことを考えていないし、また、歴代の仏や祖師がたや、徳が大いに備わった人でも、食べなかったり、〔衣服を〕着なかったり、住まわなかったり、〔道を〕踏まない者などいないことを考えていないのだ。〔祖師方は〕その円満なる清浄な自心《こころ》が世界中に充ち満ちており、他のものはなにもないことを廓悟《さと》っているから、一刹那〔という僅かな時間〕の間に、八万の塵労《ぼんのう》を八万の仏の事柄に転換するのだ。だから永嘉は言っている、『一つも法《もの》を見なければそのまま如来であり、観自在と名づけることができる』と。どうして、自心《こころ》を了悟《さと》るほかに、別に、塵労《まよい》とすべき法《もの》が一つでもあるのを見るだろうか。それゆえ、『華厳経』を説く法会に〔集まって〕いた諸もろの善知識《ひとびと》は、皆なこの塵労《ぼんのう》を借りて、菩薩の道を行い、菩薩の行いを修め、更には仏の浄土を荘厳する、一つの肝要な門としたのだ。塵労《ぼんのう》を離れて〔悟りの岸へわたる〕六度（＝布施・持戒・忍辱・精進・禅定・智慧）は無く、塵労《ぼんのう》を捨てて〔仏の持つ〕四つの心（＝慈・悲・喜・捨）は無く、塵労《ぼんのう》を空にして聖人賢者は無く、塵労《ぼんのう》をなくしてしまって解脱は無いことを、よく理解しなさい。思うに、塵労《ぼんのう》は三世の仏祖、全宇宙の菩薩、かぎりの無い数の善知識、一切の戒定慧（＝持戒・禅定・智慧という三学）、ガンジスの砂〔のように無数の〕善功徳を生みだす母胎である。もし塵労《ぼんのう》が無ければ聖賢のはたらきが生まれ出る道理は無い。ああ、修行者は、この意味がわからないで、妄りに好悪〔の情〕を生じている。塵労《ぼんのう》でもって塵労《ぼんのう》を除去しようとするならば、ますます迷悶《まよい》を増すだけではないだろうか。聖人《ほとけ》はこれを哀しんだから、『楞厳経』に、『もし我《わたし》が指をおせば、〔波一つ無い静かな海面のような〕海印〔三昧の心〕から〔智慧の〕光を発するが、汝《おまえ》がわずかでも心を動かせば、塵労《ぼんのう》がすぐに起こる』と〔いう言葉が〕あるのだ。この言葉は、どうして人を欺いていようか。〔とはいえ〕どうして、一人一人〔皆なが〕、遠く〔離れた〕聖人《ほとけ》の心をここで悟り、塵労《ぼんのう》をそのまま妙なるはたらきとすることができようか。もし数多くの修行で塵労《ぼんのう》を洗い清めたと思っても、聖人《ほとけ》は、なお間違った行いだと叱った。だとすれば、塵労《ぼんのう》を洗い清めることさえ、叱責に遭うのだ。ましてや、心塵《ぼんのう》にふさがれていながら正しい悟りを求めようとせず、にわかに〔塵労《ぼんのう》があっても〕一切とらわれがないことを口実とする者は、自心を欺いているのに他ならないのだ」。

*

《原　文》

或問、塵労二字、世所共称。不識塵労以何為因、以何為義。

幻曰、以迷妄為因、以染汚為義。謂迷妄者、以迷自心故、不達一切法無自性（一）。謂無自性者、性本空寂、無知見故。以不達無自性而引起妄情、認一切法為実有。既堕有海、則其取舍順逆之念、皆自我起、順之則愛、逆之則憎、愛則取受、憎則捨離。展転遷流、順愛生喜、逆愛生怒。微細微細、潜伏識田、騰躍不定、起滅無時、徇情膠擾、逐念紛飛。染而六凡（二）、浄而四聖（三）、雖悟迷有間、謂塵労則等也。何則本来清浄、真実性中、亙古迨今、不容別有一法為増為減、為得為失。弥満充塞、周徧含摂、廓徹霊明、了無住相。衆生未悟、動逐境縁、但渉所依、皆塵労相。無問聖凡、咸遭汚染矣。夫塵労者、能傷戒体、能濁定源、能昏慧鏡、能潤貪根、能資恚燄、能長痴雲、能開悪道、能閉善門、能助業縁、能消道力。使尽説塵労之過、無有窮已。今之学人、概言動作施為皆是塵労、直欲置身於一物不侵之域。或少事役其情、微務干其慮、謂消道力、必欲掉臂、径去不肯回顧。其志亦苦矣。而返堕迷中之倍人。不可与之論道也。何則蓋不能返照塵労所起、乃根於迷妄、非出於事務也。若出於事務、則飢不当食、寒不当衣、居不当屋廬、行不当道路。審如是則死無日矣。其必当然、則不思所食之穀出於耕鋤、所掛之衣出於機杼、所居之屋盧出於営繕、所履之道路出於開闢。使各各倶不渉事而歴務、則資身之具、何所従而得耶。復不思即今行道之身、本来無有、皆自父母養育之塵労而生、撫抱之塵労而長。又不思従上仏祖、道大徳備之人、未有不食不衣、不居不履者。以其廓悟円満清浄之自心、充塞法界中不容他〈校1〉、一刹那間、転八万塵労、為八万仏事。故永嘉云（四）、不見一法即如来、方得名為観自在。安有了悟自心之外、別見有一法為塵労耶。是故華厳会上諸善知識、皆借此塵労、為行菩薩道修菩薩行、以至荘厳仏浄土之一種要門。当知、離塵労無六度、捨塵労無四心、虚塵労無聖賢、尽塵労無解脱。蓋塵労是三世仏祖、十方開士、無辺善知識、一切戒定慧、恒沙善功徳之胎孕。苟不有塵労、則聖賢事業、無出生之理。嗟乎、学者不了此義、妄生欣厭。無乃将塵労去塵労、転増迷悶而已。聖人哀之、故楞厳有如我按指、海印発光、汝暫挙心、塵労先起（五）。斯言豈欺人哉。〈校2〉安得人人於此遠契聖心、即塵労為妙用者哉。使以百千功行欲洗滌塵労、聖人尚訶之為妄作（六）。然洗滌塵労、尚遭訶斥。矧乎、心塵壅塞、不求正悟、遽以一切無礙而為口実者、非欺罔自心而何。

〈校1〉他＝佗　〈校2〉安＝実

＊

《書き下し文》

或るひと問う、「塵労の二字は、世の共に称する所なり。識らず、塵労は何を以てか因と為し、何を以てか義となす」と。

幻曰く、「迷妄を以て因と為し、染汚を以て義と為す。迷妄と謂う者は、自心に迷うを以ての故に、一切の法、無自性なるに達せず。無自性と謂うは、性は本と空寂にして、知見無きが故に。無自性に達せざるを以て、妄情を引起し、一切の法を認めて実有と為す。既に有海に堕《お》つれば、則ち其の取舎・順逆の念、皆な我れ自《よ》り起こり、之に順えば愛し、之に逆らえば憎み、愛すれば則ち取受し、憎めば則ち捨離す。展転遷流して、愛に順わば喜びを生み、愛に逆らわば怒りを生む。微細微細にして識田に潜伏し、騰躍《とうやく》して定まらず、起滅に時無く、情に徇って膠擾し、念を逐って紛飛す。染にして六凡、浄にして四聖、悟迷、間《へだ》て有りと雖も、塵労を謂えば則ち等しきなり。何となれば則ち本来清浄なる真実の性の中には、古に亙《わた》り今に迨《およ》ぶまで、別に一法の増を為し滅を為し、得を為し失を為すこと有るを容《ゆる》さず。弥満充塞、周偏含摂し、廓徹霊明にして、了《つい》に住相無し。衆生は未だ悟らずして、動《やや》もすれば境縁を逐うも、但《も》し所依に渉れば、皆な塵労の相なり。聖凡を問うことなく、咸な汚染に遭う。夫れ塵労は、能く戒体を傷《やぶ》り、能く定源を濁《にご》らせ、能く慧鏡を昏《くら》ませ、能く貪根を潤し、能く恚燄を資《たす》け、能く痴雲を長じ、能く悪道を開き、能く善門を閉じ、能く業縁を助け、能く道力を消す。使《も》し尽く塵労の過ちを説かば、窮まること有る無きのみ。今の学人は、概ね『動作・施為は皆な是れ塵労』と言い、直ちに身を一物も侵《おか》さざるの域に置かんと欲す。或いは少しの事も其の情を役し、微《わず》かの務めも其の慮を干《おか》せば、道力を消すと謂い、必ず臂を掉《ふ》って径《ただ》ちに去り、肯えて回顧せざらんことを欲す。其の志も亦た苦なり。而して返って迷中に堕するの倍人なり。之と道を論ずる可からざるなり。何となれば則ち蓋し塵労の起こる所は乃ち迷妄に根ざし、事務に出づるに非ざることを返照すること能わざればなり。若し事務より出づれば、則ち飢えて食に当たらず、寒くして衣に当たらず、居して屋廬に当たらず、行きて道路に当たらざらん。審《も》し是くの如くならば、則ち死するに日無からん。其れ必ず当に然るべくんば、則ち食する所の穀は耕鋤より出で、掛くる所の衣は機杼より出で、居する所の屋盧は営繕より出で、履《ふ》む所の道路は開闢より出づることを思わざるなり。使《も》し各各、倶に事を渉って務を歴《へ》ざれば、則ち資身の具、何に従って得る所ならんや。復た即今、行道の身、本来有ること無く、皆な父母養育の塵労よりして生じ、撫抱の塵労よりして長ずることを思わず。又た従上の仏祖、道大いにして、徳備わるの人も、未だ食わず、衣《き》ず、居さず、履《ふ》まざる者有らざるを思わず。其の円満、清浄の自心、法界中に充塞して他を容れざるを廓悟するを以て、一刹那の間に、八万の塵労を転じて、八万の仏事と為す。故に永嘉云う、『一法を見ざれば即ち如来なり、方《まさ》に名づけて観自在と為すことを得ん』と。安くんぞ自心を了悟するの外、別に一法の塵労と為すもの有るを見ること有らんや。是の故に華厳会上の諸もろの善知識、皆な此の塵労を借りて、菩薩の道を行じ、菩薩の行を修し、以至《ないし》、仏の浄土を荘厳するの一種の要門と為す。当に知るべし、塵労を離れて六度無く、塵労を捨てて四心無く、塵労を虚しくして聖賢無く、塵労を尽くして解脱無きことを。蓋し塵労は是れ三世の仏祖、十方の開士、無辺の善知識、一切の戒定慧、恒沙の善功徳の胎孕なり。苟《も》し塵労有らざれば則ち聖賢の事業、出生の理無し。嗟乎《ああ》、学者、此の義を了せずして、妄りに欣厭を生ず。乃ち塵労を将《もっ》て塵労を去れば、転《うた》た迷悶を増すのみなること無からんや。聖人、之を哀しみ、故に『楞厳』に、『如《も》し我れ指を按ずれば、海印、光を発す、汝、暫くも心を挙ぐれば、塵労、先ず起こる』と有り。斯の言、豈に人を欺かんや。安くんぞ人人、此こに於いて遠く聖心に契い、塵労に即して妙用と為すことを得んや。使《も》し百千の功行を以て塵労を洗滌せんと欲するも、聖人尚お之を訶して妄作と為す。然らば塵労を洗滌するすら、尚お訶斥に遭う。矧《いわん》や心塵、壅塞すれども、正悟を求めず、遽《にわか》に一切無礙を以て口実と為す者は、自心を欺罔するに非ずして何ぞや」と。

＊

《語注》

（一）一切法無自性＝六十巻『華厳経』巻八に、「一切の法は自性無く、一切の法は幻の如く、一切の法は夢の如し（一切法無自性、一切法如幻、一切法如夢）」（T9–445c）とある。

（二）六凡＝地獄・餓鬼・畜生・修羅・人間・天上のこと。『翻訳名義集』巻三「世界篇第二十七」に、「所謂《いわゆる》地獄・餓鬼・畜生・修羅・人・天、此れを六凡と名づく（所謂地獄・餓鬼・畜生・修羅・人・天、此名六凡）」（T54–1095c）とある。

（三）四聖＝声聞・縁覚・菩薩・仏のこと。『翻訳名義集』巻三「世界篇第二十七」に、「声聞・縁覚・菩薩・仏、此れを四聖と名づく（声聞・縁覚・菩薩・仏、此名四聖）」（T54–1095c）とある。

（四）故永嘉云、不見一法即如来、方得名為観自在＝『証道歌』（T48–396c）の語。

（五）故楞厳有如我按指、海印発光、汝暫挙心、塵労先起＝『楞厳経』巻四（T19–121b、荒木訳注本・p. 301）にそのままの文章が見える。「海印」とは、風が無く波が静まり澄み切った海面に、万事万物がクッキリと映し出される様を、仏の心には識浪が無く澄みわたり、三世一切の法が明らかに現れていることに喩えたもの。『仏光大辞典』「海印三昧」条（p. 4165）参照。

（六）使以百千功行欲洗滌塵労、聖人尚訶之為妄作＝たとえば永嘉玄覚の『唯心訣』に「想念を遏して湛寂を求め、煩悩を断じて真如を証するは、妄作妄修にして、自ら難しとし自ら易しとす（遏想念而求湛寂、断煩悩而証真如、妄作妄修、自難自易）」（T48–996b）とある。

【三〇】住持の条件

ある人が質問した、「あなたの名声は〔とても高く〕、たいへん人々にもてはやされています。どうして、時の縁に従って、一つの寺に住し、能力に随って教化を開き、仏や祖師方が〔教えを〕建立《つくりあげ》た心を拡充しないのですか。そのうえ、〔あなたがやっている〕隠遁はとるに足らない節操〔を守るだけのこと〕です。〔それなのに〕もしそれ（＝隠遁）に執《とらわ》れて、〔本来あるべき姿に立ち〕返らなければ、いったい仏法の中の罪人となるのを免れることができるでしょうか」。

幻《わたし》は言った、「思いがけない名声をうけてから、毎日このような話を聞かされている。しかしながら、この心に恥じない理由が、答えとしてあるのだ。もし、本当に人のために〔済度〕する道《さとり》をそなえているのに、〔隠遁という〕節義を全うしようとし、〔自分のやり方を〕固持して〔衆生済度を〕しなければ、仏法の中の罪人となる。〔それは〕逃れることができるものではない。〔しかし反対に〕もし、本当に人のために〔済度〕する道《さとり》もそなえていないのに、時に応じて名声をたぐり寄せ、道理に背いて無理やり〔済度を〕しようとするならば、〔仏法の中の〕罪人という名称は、免れることができるであろうか、免れることができないであろうか。もし免れることができないのならば、〔隠遁を〕固く保持して〔何も済度を〕しない罪よりも、〔その罪が何〕倍にもなろう。よく道理が分かっているから、決して〔無理して〕向こう見ずに〔住持を〕やらないのだ。かつてじっくりと考えたことだが、住持するには三種類の力が必要である。〔この三つが揃っていれば〕おそらく〔住持として〕失敗することがないであろう。〔その三種類とは〕一つには道力、二つには縁力、三つには智力である。道力は〔基盤となる〕本体《おおもと》であり、縁力と智力はその作用《はたらき》である。その本体《おおもと》が具わっているなら、作用《はたらき》が欠如していても、まだ〔住持と〕なることができる。ただ、教化が行き渡らず、物事への適切な対応が不備になるだけのことだ。〔だが〕もしその本体《おおもと》である道力が欠けてしまっていたなら、たとえ数多くの不思議な神通力をもっていて、それを役立てようとしたとしても、〔住持として教化をやればやるだけ〕よけいに具合がわるくなる。〔つまり〕縁力と智力が具わっていたとしても、どうしようもないのだ。また、本体《おおもと》も作用《はたらき》もどちらも欠けていながら、構わずに〔住持を〕するならば、もし因果〔応報で悪い結果を生むこと〕が無ければ問題にする必要もなかろうが、もし因果〔応報の悪い報い〕が存在するならば、どうして〔心の〕中で遺憾に思わないですむであろうか。余《わたし》は仏や祖師方の道において悟りを欠いており、日ごろ言葉や書物にあらわしているのは、〔最終的な悟り以前の浅い〕理解にすぎない。思うに、古人は宗旨を得た後、さらに危険を恐れず、二、三十年もの間、道場の傍らに身を置き、悟りの痕跡を払拭し、悟った道理を捨て去ったのである。〔そして〕そうしてこそ僧侶の中に入ろうと俗人の中に入ろうと、どんな法《もの》も情《こころ》をまどわさなくなり、〔研ぎ澄まされた〕鋭い剣や、〔ありのままの姿を差別なく写す〕古鏡《かがみ》のように、〔自在な〕機用《はたらき》が停《と》まることもなく、〔意味のない〕無駄な言葉をしゃべることもなく、無数の修行者の上に厳然として立って〔教導をして〕いながら、〔自分が〕尊い〔存在である〕ことや栄誉ある〔立場にある〕ことに気付きもしなくなるのである。この様な〔古人の〕体裁を具えていれば、もし人天から〔立派な寺院の住持に〕推挙されることになっても、おそらく恥ずかしくないであろう。これは、まだ分別を脱しきれていない者が真似できることではない。そもそも悟りの痕跡がまだ洗い尽くされていないならば、能《のう》（＝主）とか所《しょ》（＝客）という考えが、とかくごたごたと起こる。能所《のうしょ》（＝主客）というのは、すべて分別である。悟りの痕跡さえ心に残してはいけないのだから、まして分別のかたまりである理解はいうまでもあるまい。〔そんなことでは〕この上ない道の本体に、近づき親しもうとすればするほど遠く離れてしまうことになる。それに、自分がまだ道を会得できていないのに、どうして他人に道を会得させることができる道理があろうか。〔私は〕この障害を自分で取り払うことができないから、決して妄りに大きな寺をつかさどって、道を〔教え〕弘める師家だと称さないのである」。

〔質問している訪問〕客は言った、「もし仰せの通りなら、今も昔も〔同じように〕立派な寺が並んで〔林立しており〕、その〔寺で〕払子を持って〔住職して〕いる者は、代々、人材に乏しくありませんが、いったい〔彼らは〕皆な本当に、その体用（＝本体とはたらき）を見失っていないのでしょうか」。

幻《わたし》は言った、「あなたの質問〔への答え〕は、大変ハッキリしている。あなたは聞いたことがないのか、『各々の三昧は、〔その〕各々にも分からないのだ』と。既に分からないのに、窃かにその可否を議論しようというのは、余《わたし》の過ちを益すことになるのではないか」。

〔訪問〕客は、そこで〔私と〕目を合わせて一笑《わら》った。

＊

《原　文》

或問、子之道誉、頗為人所喜。胡不徇時縁坐一刹、随力闡化、以張仏祖建立之心。且静退小節（一）。苟執之不返、其能免為法中之罪人耶。

幻曰、自嬰不虞之誉、日聞斯言（二）。然所以無愧於此心者、有解焉。使其果有為人之道、擬全高節、固守而不為、則法中罪人。無可逃者。使其実無為人之道、乃欲乗時網名、背理而強為之、不識罪人之名可免乎、不可免乎。或不可免、則較之固守不為之罪、亦倍矣。頗知此理。故不敢冒為也。嘗默究之、住持之要、有三種力。庶幾無敗事。一道力、二縁力、三智力。道力体也、縁力・智力用也。有其体而缺其用、尚可為之。但化権不周、事儀不備耳。使其道体既虧、縦有百千神異、苟欲資之、益不相称。雖縁智、奚為哉。或体用併缺、冒焉為之、使無因果、固不足論。使有因果、寧不慊然于中乎。余於仏祖之道、缺於悟証。尋常形之語言毫楮者、特信解耳。思古人得旨後、復不懼危亡、三二十年、置身爐鞴（三）之側、尚欲屏其悟跡、蕩其証理。然後入真入俗（四）、不見一法当情、則其通身如利剣、如古鏡、無停機、無剰語、儼臨千群万衆之上、不知為尊、不知為栄。具如是体裁、或遭人天推出、庶幾無忝。斯豈情見未脱者所能仮借耶。原夫悟証之跡、或未尽洗、則其能所之見、動輙紛然。謂能所者皆情見也。且悟証之跡、尚不容存於心。何況信解純是情見。其於至道之体、愈親而愈疎、益近而益遠。且自未能会乎道。安有能使人会道之理哉。以此礙之不能自遺故、不敢妄尸大牀、称弘道之師也。

客曰、審如是説、古今列刹相望（五）、其握麈柄者、代不乏人。豈皆真不失其体用者乎。

幻曰、子問、甚詳。爾不聞、各各三昧、各各不知（六）。既不之知、欲窃議其可否、無乃益余〈校1〉之過耶。

客於是相視一笑。

〈校1〉余＝予

＊

《書き下し文》

或るひと問う、「子の道誉は、頗ぶる人の喜ぶ所と為る。胡《なん》んぞ時縁に徇《したが》いて一刹に坐し、力に随いて化を闡《ひら》きて、以て仏祖建立の心を張らざらんや。且つ静退は小節なり。苟《も》し之を執して返らざれば、其れ能く法中の罪人と為ることを免かれんや」と。

幻曰く、「不虞の誉に嬰《かか》りてより、日に斯の言を聞く。然れども、此の心に愧ずること無き所以の者は解有るなり。使《も》し其れ果たして人の為にするの道有るに、高節を全うせんと擬し、固く守って為さざれば、則ち法中の罪人なり。逃る可きもの無し。使《も》し其れ実に人の為にするの道無きに、乃ち時に乗じて名を網し、理に背きて強いて之を為さんと欲すれば、識らず、罪人の名、免るる可きや、免るる可からざらんや。或《も》し免るる可からずんば、則ち之を固く守って為さざるの罪に較ぶるに、亦た倍せり。頗る此の理を知る。故に敢えて冒し為さざるなり。嘗て之を黙究するに、住持の要に三種の力有り。事を敗ること無きに庶幾《ちか》し。一つには道力、二つには縁力、三つには智力なり。道力は体なり、縁力・智力は用なり。其の体有りて其の用を缺くは、尚お之を為す可し。但だ化権周《あまね》からず、事儀備わらざるのみ。使《も》し其れ道体既に虧《か》くれば、縦《たと》い百千の神異有って、苟《も》し之を資けんと欲すれども、益ます相い称《かな》わず。縁と智と雖も、奚《なに》をか為さんや。或いは体用併せて缺くるに、冒焉として之を為さば、使《も》し因果無ければ、固より論ずるに足らず。使《も》し因果有らば、寧《なん》ぞ中に慊然たらざらんや。余、仏祖の道に於いて、悟証を缺く。尋常、之を語言毫楮に形《あら》わすは、特《ただ》に信解のみ。思うに古人、旨を得て後、復た危亡を懼れず、三、二十年、身を爐鞴の側に置きて、尚お其の悟跡を屏《しりぞ》け、其の証理を蕩《とりのけ》んと欲す。然る後、真に入り俗に入り、一法の情に当《あ》つるものを見ざれば、則ち其の通身、利剣の如く、古鏡の如く、停機無く、剰語無く、千群万衆の上に儼臨すれども、尊為るを知らず、栄為るを知らず。是くの如き体裁を具せば、或《も》し人天の推出に遭うも、忝《かたじけ》なくすること無きに庶幾《ちか》し。斯れ豈に情見、未だ脱せざる者の、能く仮借する所ならんや。原《たず》ぬるに夫れ悟証の跡、或《も》し未だ尽く洗わずんば、則ち其の能所の見、動《やや》もすれば輙ち紛然たり。謂《おも》うに能所なる者は皆な情見なり。且つ悟証の跡すら、尚お心に存す容《べ》からず。何ぞ況や信解の、純《もっぱ》ら是れ情見なるをや。其れ至道の体に於いて、愈いよ親しければ愈いよ疎く、益ます近ければ益ます遠し。且つ自ら未だ道を会すること能わず。安くんぞ能く人をして道を会せしむるの理有らんや。此の礙の自ら遣ること能わざるを以ての故に、敢えて妄りに大牀を尸《つかさ》どりて弘道の師を称せざるなり」と。

客曰く、「審《も》し是くの如く説かば、古今列刹相い望み、其の麈柄を握る者、代人《よよ》に乏しからず。豈に皆な真に其の体用を失わざる者ならんや」と。

幻曰く、「子の問、甚だ詳《つまび》らかなり。爾《なんじ》聞かずや、各各の三昧、各各知らざることを。既に之を知らざるに、窃かに其の可否を議せんと欲せば、乃ち余の過ちを益すこと無からんや」と。

客、是こに於いて相視て一笑す。

*

《語注》

（一）且静退小節＝たとえば『仏祖歴代通載』巻一八に、「〔汾陽善昭、〕汾州の太平寺太子院に住持す。〔善〕昭は閉関して枕を高くす。〔沙門契〕聡、闥《もん》を排《ひら》きて入り、之を譲《せ》めて曰く、『仏法は大事なり。静退は小節なり』と（住持汾州太平寺太子院。昭閉関高枕。聡排闥而入、譲之曰、仏法大事。静退小節）」（T49–662a）とある。

（二）自嬰不虞之誉、日聞斯言＝『孟子精義』巻七に、「行い以て誉を致すに足らずして妄りに誉を得るは、是れを不虞の誉と謂う（行不足以致誉而妄得誉、是謂不虞之誉）」とある。

（三）爐鞴＝「鞴」は「ふいご」。一般にこの字を「はい」と読んでいるが、もともとの音は「こう」。禅門では、修行僧を鍛える道場の意に用いられる。用例としては、『碧巌録』第三九則の垂示の、「十二分に精錬された金を焼き鍛えようとするなら、やり手の炉とふいごでなければだめだ（欲煆百錬精金、須是作家爐鞴）」（T48–177b、末木本㊥p. 109）などがある。

（四）入真入俗＝『臨済録』「示衆」に「道流、山僧の説法、什麼《なん》の法をか説く。心地の法を説く。便ち能く凡に入り聖に入り、浄に入り穢に入り、真に入り俗に入る（道流、山僧説法説什麼法。説心地法。便能入凡入聖、入浄入穢、入真入俗）」（T47–498a）とある。

（五）古今列刹相望＝『碧巌録』第八八則の本則・評唱に、「是の時、諸方、列刹相い望む（是時諸方列刹相望）」（T48–212c）とある。「刹」は寺院の意。

（六）爾不聞、各各三昧、各各不知＝『石霜楚円禅師語録』の「上堂」に「世尊の三昧、迦葉知らず。迦葉の三昧、阿難知らず。阿難の三昧、商那和修知らず。従上諸聖の三昧、互相《たがい》に知らず（世尊三昧、迦葉不知。迦葉三昧、阿難不知。阿難三昧、商那和修不知。従上諸聖三昧、互相不知）」（Z120–86d）とあり、また『円悟仏果禅師語録』巻一一「益国夫人請小参」に「所以に道《い》う（所以道）」という引用として、「世尊の三昧、迦葉知らず。迦葉の三昧、阿難知らず。阿難の三昧、商那和修知らず。商那和修の三昧、優波菊多知らず。既に是れ各各知らず。何が故に却って相い伝受するや（所以道、世尊三昧、迦葉不知。迦葉三昧、阿難不知。阿難三昧、商那和修不知。商那和修三昧、優波菊多不知。既是各各不知。何故却相伝受）」（T47–762a）とある。

【三一】住持と名声

ある人が質問した、「僕《わたし》の半生は、姿を仏教の修行場に寄せていながら、心は名声と利益の世界を走りまわっていました。天が〔このような〕私を助けないのを〔不満に思い〕咎めておりましたら、たまたま住持の名称で、〔とある寺を〕任されたので、〔私は〕喜んで、それに従いました。〔しかしながら〕この〔住持という〕名前を背負って以来、背負う以前の安らかさに及ばないのです。どうしてかと言えば、多くの仕事が上手くいったり上手くいかなかったり、人々の気持ちが喜んだり怒ったり、〔その責務が〕みな私の方寸《こころ》に集まってくるからです。もし僅かでも思慮が欠けていれば、禍辱《わざわい》があっという間に集まってきてしまいます。代々の仏や祖師方は、果たしてこのようだったのでしょうか」。

幻《わたし》は言った、「お前は、〔住持という〕名を最初に受けたときが、〔そのまま、住持の〕責務を引き受けたスタート〔に他ならない〕ということが分かっていない。天下に存在する名称は、今まで自分勝手に起《お》こって、突然生まれ〔出てき〕たためしはない。思うに、実体によって名称が出てくるのだ。名称と実体とは、ちょうど、影が形に随って〔存在する〕ようなものだ。ちょうど、衣服が絹糸からできるようなものだ。ちょうど、飯《めし》が米や粟〔の粒〕を本《もと》にしているようなものだ。いわゆる責務とは、〔名称にともなう〕実体を求めることである。影である名称を口にしたならば、必ずその形である実体を求め、衣服や食事の名前を言ったならば、必ず粟や糸〔でできた飯《めし》や衣服という〕実体を求めるようなものだ。そもそも初めて住持の名を背負った時には、必ず先ず自らその〔住持をするという〕正しい因縁に責任を持ち、『仏法を久しく〔この世に〕住《とど》める』という〔責務の〕実体の有無を正さなくてはならない。もしその実体が無ければ、形を離れて影を論じ、粟や糸を捨てて衣服や食事を議論するのに異ならないのだ。言説《ことば》が多くなればなるほど本当の効果から遠くなる。心の機《はたらき》が細かくなればなるほど大〔いなる仏法の〕用《はたらき》から乖《そむ》いてしまう。執着が盛んになればなるほど正しい因縁がダメになってしまう。もし速やかに、これら（＝言説《ことば》、心の機《はたらき》、執着）を棄てる〔ことができる〕ならば、まだ〔失敗を〕禦《ふせ》ぐことができる方法がある。もし流されて〔本道に立ち〕返ることを忘れてしまえば、地獄におちてしまうだろう。その上、名声とは、どれほどの〔価値がある〕もので、これ（＝名声）を競って尊ぶのか。思うに、名声を尊んでいるのではない。つまり有我（＝自己に対する執着があること）だからである。有我だから執着を生みだすのだ。執着は名〔声に対するもの〕より甚だしいものはないから、名声が〔世俗的な人間の欲望である〕五欲の中で、そのトップに置かれるのだ。欲は心に潜《ひそ》んでいて、隠微《かすか》で見づらいが、縁に遇って発動すると、どんな人も敵わないし、どんな聖人も制御することができない。〔刑罰の道具である〕斧や鋸《のこぎり》が目の前にあったり、〔釜ゆでの刑に用いる〕鼎《かま》や鑊《なべ》が〔すぐ〕後ろにあったとしても、振り向く暇もない。また、どうして〔欲に振り回されて〕結果を畏れたりする〔余裕がある〕だろうか。とはいえ、名声でこの上なく美しいものは、聖人・賢者〔という尊称〕であり、〔その備えた〕道徳である。その次は功績と利益であり、またその次は、〔医方などの〕技能である。だから、聖人・賢者のふりをして、これ（＝名声）を網ですくいと〔るように残らず全部取〕ろうとし、道徳〔という名〕に乗っかって、これ（＝名声）を求めようとし、技能だけに頼って、これ（＝名声）を奪おうとし、功績と利益を窃《ぬす》みとって、これ（＝名声）に拠りかかろうとする。美しい名声が心に根づいてしまい、迷いが心に行き渡る。立ち居振る舞いや言動にいたるまで、ただ名〔声を求めること〕だけに務めることになる。その名声の実体を問題にしようとすると、頭を横に振って顧みようとしない。〔そんなことでは〕一日中、あくせくし〔て頑張っ〕たとしても、何をやっても失敗するのは分かり切ったことだ。時たま、結果がたまたま〔自分が〕求める所と合致〔して名声を手に〕することがある。〔しかし〕もし美しい名声が、百世〔という長い時間〕の間存在して衰えなかったとしても、一旦、〔果報としての〕結果〔の効力〕がたちまちなくなってしまえば、前日までの名声は、今日の屈辱となる。名声が高ければ高いほど、屈辱はひどくなる。だから、実体がない名声は、失敗したり、屈辱を取る道具だということが分かるのである。そもそも、聖人〔賢者〕は、真理の奥底を深く窺って、実体を〔自身の〕中に保っており、ただしばらくの間でも、これを忘れることを恐れるのだ。だから、〔聖人は過去の〕無限の時間において、もっぱらこの上ない道を求めたが、〔これこそ〕生死という魔物を破り、霊源〔である仏心〕に返るという実体なのである。〔悟りの岸へわたる〕六度（＝布施・持戒・忍辱・精進・禅定・智慧）をきちんと修め、普く四心（＝慈・悲・喜・捨の四無量心）を運《めぐ》らしたが、〔これこそ〕大いなる慈《いつくしみ》を興して、大いなる悲《あわれみ》を啓《ひら》くという実体なのである。〔釈尊が〕三百以上の法会で説いた半《はん》（＝中途）と満《まん》（＝完全）、偏《へん》（＝小乗）と円《えん》（＝大乗）〔という教え〕は、〔これこそ修行者の〕能力を観て、病《やまい》に応じ、衆生に利益をあたえ、万物を救うという実体なのである。〔釈尊は〕末後に、手に一つの花を拈《つま》み、衣（＝袈裟）を飲光《おんこう》（＝迦葉）に付与したが、〔これこそ〕心で心に印《ハンコ》を押し、器から器に〔真理を〕伝えるという実体なのである。数多くの勝れた〔菩薩〕行や、無数の功徳に至るまで、一つの法《おしえ》として実際理地《真如》の中から流れ出ていないものはない。これを純一《絶対》の真実と言うのだ。〔自らの〕内側においては〔それを〕行なう〔という意識〕も無いし、外側に〔向かってそれを〕慕うことも無い、自己に矜《ほこ》ることも無いし、他人に頼ることも無い。ただ勇気があって健康で息切れすることなく、真実を踏み行おうという正念《おもい》が、当然〔必要〕なのである。その誠実な行いが円満に具わっているならば、〔仏の号である〕調御師《じょうごし》・天人尊《てんにんそん》・優曇華《うどんげ》（＝仏が出現する時に咲く花）・光明蔵《こうみょうぞう》（＝如来の身体）といった種々の嘉《よみ》すべき号や、種々の美しい名声は、期せずしてやってくるのだ。もし、聖人〔賢者〕が、チラリとでも僅かな念慮《おもい》をおこして名声を外に慕うならば、たとえ百千万億年という無限の時間を満たすほど、しっかりともろもろの善行を修めたとしても、ただ〔聖人という〕美しい名声〔を手に入れること〕が成し遂げられないだけでなく、煩悩を追いまわしているという誹《そし》りから逃れることができないことになるだろう。古人は、ただ実体がないことだけを患《うれ》えて、名声がないことを患《うれ》えることはなかった。思うに、実体が名声を招くことを知っていたのだ。だから、今も昔も天下には、その実体が無いのに、その名声を得る者はいないのだ。いわゆる住持の実体とは、どのような実体なのだろうか。遠くは昔の仏の教えの本体を稟《う》け、近くは〔最近の〕もろもろの祖師がたの教化の力を保持し、内側においては自己の本当の誠実さを保ち、外側にむかっては人々に信心を起こさせ、賢いからといって先走りさせず、愚かだといって後退させず、〔自分の意に〕順《したが》うからといって愛さず、〔自分の意に〕逆うからといって憎まず、平等の慈《いつくし》みを隔てなく万物に与える。〔これらが〕皆ないわゆる『仏に代わって教化を宣揚し、〔自分がいるその〕位にいながら師匠だと称する』という実体である。もし、力が及ばない所があれば、退いて〔力が及ばない所を〕養い、隠れて〔身を〕潜めさせなければならない。決しておろそかにしてはいけない。あるいは僅かな方便を仮《か》りて、その実体〔を獲得するの〕に役立てたいと思うものがいるが、〔それは〕ちょうど蛍の光で太陽〔の明るさ〕を助けようとするようなものだ。聖人〔賢者〕は、ただ実体を実践せねばならないことが分かっている。実体を実践する以外に、またどうして名声〔を手に入れること〕を考えたりしようか。たとえば、粟や絹を積み蓄えることが多ければ、衣服や食物〔をたくさん貯えているというそ〕の名声は、求めるまでもなく自然に至るようなものだ。禅宗道場ができてから、住持という美名は、〔僧侶たちが求めるべき〕的《まと》をぶら下げたようになってしまった。そもそも、聡明さを持ち、才能を自負する者は、みな筆や舌により言葉巧みに説くという矢で、これを射ることができる。〔しかし〕もし、その実体を振り返って見なければ、皆な自ら〔その自分が放った〕矢に中《あ》たるだけである。どうしてその的《まと》に中《あ》てることができるだろうか。だとすれば、教化の門《入り口》の開閉や、仏道の盛衰は、名声〔にかかっているの〕であろうか、実体〔にかかっているの〕であろうか。思うに、これ（＝実体と名声）を抜きに〔して考えること〕はできないのだ」。

＊

《原　文》

或問、僕半生、跡寄空寂之場、而情馳声利之域。方責造物之不我助、偶有以住持之名見任[1]、喜而従之。自負此名字而来、返不若未負之為安也。何則百務之通塞、群情之喜怒、咸萃於吾方寸。或少有不周於思慮、則禍辱不旋踵而集。豈従上仏祖、果如是耶。

幻曰、爾不思受名之初、乃受責之始也。天下之名、未嘗孤起而忽生。蓋由実而致名。名之与実、猶影之随形也。猶衣之出於帛縷也。猶飯之本乎米粟也。所云責者、求実之謂也。如称影之名、必求其形之実、言衣食之名、必求其粟帛之実。当其初負住持之名、必先自責其持任正因、令法久住(二)之実有無也。苟無其実、則不異離形而論影、捨粟帛而議衣食。言説愈多而実効愈遠矣。心機愈密而大用愈乖矣。攀縁愈熾而正因愈廃矣。使亟棄之、猶有可禦之方。或流而忘返、則不至泥犂不已也。且名者何物也、而競尚之。蓋非尚名也。乃所以有我也。以有我故、而生愛見。愛見莫甚於名故、名於五欲居其一也。欲潜乎心、隠微難見、遇縁而動、万夫莫能敵、千聖莫能制。雖斧鋸在前、鼎鑊在後、将不暇顧。又何畏夫因果哉。然名之至美者、聖賢也、道徳也。其次則功利也。又其次則技能也。由是欺聖賢以網之、駕道徳以要之、専技能以奪之、窃功利以拋之。美名根於心、妄識馳於念。至若挙措言動、惟名是務。至於論其名之実、則掉頭弗之顧也。雖営営終日、逆知、其何所為而不敗哉。間有報縁適爾、偶中所求。使美名加於百世而不衰、一旦報縁忽尽、即前日之名、乃今日之辱也。名愈多、而辱愈甚。故知罔実之名、乃取敗取辱之具也。原夫聖人洞窺理底、存実于中。惟恐斯須或忘之也。是故於無量劫、専求至道。乃破生死魔而返霊源(三)之実也。精修六度(四)、普運四心。乃興大慈而啓大悲之実也。三百餘会、半満偏円(五)、乃観根応病、利生接物之実也。末後手拈一花、衣付飲光、乃以心印心、以器伝器之実也。至若百千勝行、恒沙功徳、靡有一法不自実際理地(六)中流出。是謂純一真実。無所為於内、無所慕於外。無所矜於己、無所待於人。惟勇健不息、履実践真之正念、為当然也。以其誠実之行、具足円満、則調御師・天人尊・優曇華・光明蔵、種種嘉号、種種美名、曾不約而至矣。使聖人、瞥興一毫念慮、有所慕其名於外、縦満百千万億恒沙数劫、堅修衆善、不惟美名之不遂、将見逐妄之譏不可逃也。古人惟患実之不存、不患名之不至。蓋知実乃名之招也。故天下古今、未有無其実而有其名者。所云住持之実、何実也。遠稟先仏之教体、近持諸祖之化権、内存自己之真誠、外起人天之傾信、不以賢而使進之、不以愚而使退之、不以順而愛、不以逆而憎、以平等慈、与物無間。皆所謂代仏揚化、拠位称師之実（七）也。苟力有所不逮、当退而養之、晦而蔵之。決不可苟也。或欲仮一毫方便以資其実。猶蛍光之助太陽也。聖人惟知実之可践。践実之外、復何念於名耶。譬如積聚粟帛之多、則衣食之名、曾不待求而自至矣。自有叢林已来、其住持之美名、若懸的也。其抱聡俊、負才能者、咸以筆舌辯利之矢、得而射之。或不顧其実、皆自中其矢耳。豈能中夫的哉。然化門之翕張、法道之隆替、名乎実乎、蓋不能外於此矣。

*

《書き下し文》

或るひと問う、「僕の半生、跡、空寂の場に寄するも、情、声利の域に馳す。方《まさ》に造物の我れを助けざるを責むるに、偶たま住持の名を以て任ぜらるること有り、喜びて之に従う。此の名字を負ってより来《このか》た、返って未だ負わざるの安為《た》るには若《し》かざるなり。何となれば則ち百務の通塞、群情の喜怒、咸《み》な吾が方寸に萃《あつ》まればなり。或いは、少しく思慮に周ねからざること有らば、則ち禍辱、踵《きびす》を旋《かえ》さずして集る。豈に従上の仏祖、果たして是くの如くならんや」と。

幻曰く、「爾《なんじ》、名を受くるの初めは乃ち責を受くるの始めなることを思わざるなり。天下の名、未だ嘗て孤《ひと》り起きて忽《たちま》ち生ぜず。蓋し実に由って名を致す。名と実とは、猶お影の形に随うごときなり。猶お衣の帛縷より出づるがごときなり。猶お飯の米粟に本づくがごときなり。所云《いわゆる》責とは、実を求むるの謂《いい》なり。影の名を称すれば、必ず其の形の実を求め、衣食の名を言わば、必ず其の粟帛の実を求むるが如し。其の初めて住持の名を負うに当たりては、必ず先ず自ら其の正因を持任して、法をして久住せしむるの実の有無を責むべし。苟《も》し其の実無くんば、則ち形を離れて影を論じ、粟帛を捨てて衣食を議するに異ならず。言説愈いよ多くして、実効愈いよ遠し。心機愈いよ密にして、大用愈いよ乖《そむ》く。攀縁愈いよ熾んにして、正因愈いよ廃す。使《も》し亟《すみや》かに之を棄つれば、猶お之を禦《ふせ》ぐ可きの方有り。或《も》し流れて返ることを忘るれば、則ち泥犂に至らずんば已《や》まざるなり。且つ名とは何物にして、之を競い尚《たっと》ぶや。蓋し名を尚ぶに非ざるなり。乃ち有我なる所以なり。有我を以ての故に、愛見を生ず。愛見は名より甚だしきは莫きが故に、名は五欲に於いて其の一に居するなり。欲、心に潜みて、隠微にして見難きも、縁に遇いて動かば、万夫、能く敵すること莫く、千聖も能く制すること莫し。斧鋸、前に在り、鼎鑊、後ろに在りと雖も、将に顧みるに暇あらず。又た何ぞ夫《か》の因果を畏れんや。然るに名の至って美なるは、聖賢なり、道徳なり。其の次は則ち功利なり。又た其の次は則ち技能なり。是れに由りて、聖賢を欺きて以て之を網し、道徳に駕《が》して以て之を要《もと》め、技能を専らにして以て之を奪い、功利を窃《ぬす》みて以て之に拠る。美名、心に根ざし、妄識、念に馳す。挙措言動の若きに至るまで、惟だ名のみ是れ務む。其の名の実を論ずるに至りては、則ち頭を掉《ふ》って、之を顧みざるなり。営営たること終日なりと雖も、逆《あらかじ》め知る、其れ何の為す所にしてか敗れざらん。間《まま》、報縁、適爾として、偶たま求むる所に中《あ》たる有り。使《も》し美名、百世に加わりて衰えざるも、一旦、報縁、忽ち尽くれば、即ち前日の名は乃ち今日の辱なり。名愈いよ多くして、辱愈いよ甚し。故に知る、実なきの名は乃ち敗を取り、辱を取るの具なることを。原《たず》ぬるに夫れ、聖人、理底を洞窺して、実を中《うち》に存す。惟だ斯須《しばら》くも之を忘るること或るを恐るるなり。是の故に無量劫に於いて、専ら至道を求む。乃ち生死の魔を破して、霊源に返るの実なり。六度を精修し、普く四心を運らす。乃ち大慈を興して、大悲を啓《ひら》くの実なり。三百餘会の半満偏円は、乃ち根を観、病に応じ、生を利し、物を接するの実なり。末後に、手に一花を拈じ、衣を飲光《おんこう》に付するは、乃ち心を以て心に印し、器を以て器に伝うるの実なり。百千の勝行、恒沙の功徳の若きに至るまで、一法として実際理地の中より流出せざること有る靡《な》し。是れを純一の真実と謂う。内に為す所無く、外に慕う所無し。己に矜《ほこ》る所無く、人に待つ所無し。惟だ勇健にして息まず、実を履み、真を践むの正念は、当に然るべしと為すなり。其の誠実の行、具足円満することを以てすれば、則ち調御師《じょうごし》・天人尊《てんにんそん》・優曇華《うどんげ》・光明蔵《こうみょうぞう》、種種の嘉号、種種の美名、曾て約せずして至る。使《も》し聖人に、瞥として一毫の念慮を興して、其の名を外に慕う所有らば、縦《たと》い百千万億恒沙数劫を満たして、堅く衆善を修むるも、惟《た》だに美名の遂げざるのみならず、将に妄を逐うの譏り、逃る可からざることを見んとす。古人、惟だ実の存せざることを患うるのみにして、名の至らざることを患えず。蓋し実は乃ち名を之れ招くことを知るなり。故に天下古今、未だ其の実無くして、其の名有る者有らざるなり。所云《いわゆる》住持の実とは、何の実ぞや。遠くは、先仏の教体を稟け、近くは諸祖の化権を持《たも》ち、内は自己の真誠を存し、外は人天の傾信を起こし、賢なるを以て之を進ましめず、愚なるを以て之を退かしめず、順を以て愛さず、逆を以て憎まず、平等の慈を以て物に与え、間《へだ》て無し。皆な所謂仏に代わりて化を揚げ、位に拠りて師と称するの実なり。苟《も》し力逮ばざる所有れば、当に退きて之を養い、晦《くら》まして之を蔵すべし。決して苟《かりそめ》にす可からざるなり。或いは、一毫の方便を仮りて以て其の実を資《たす》けんと欲す。猶お蛍光の太陽を助くるがごときなり。聖人は、惟だ実の践む可きことを知るのみ。実を践むの外、復た何ぞ名を念《おも》わんや。譬えば、粟帛を積聚すること多ければ、則ち衣食の名、曾て求むること待たずして自ら至るが如し。叢林有りてより已来、其れ住持の美名は、的《まと》を懸《か》くるが若きなり。其れ聡俊を抱き、才能を負う者、咸《み》な筆舌、辯利の矢を以て得て之を射る。或《も》し其の実を顧みざれば、皆な自ら矢に中《あ》たるのみ。豈に能く夫の的《まと》に中《あ》たらんや。然らば化門の翕張、法道の隆替は、名か実か、蓋し此れを外《わす》るること能わざるなり」と。

＊

《語注》

（一）偶有以住持之名見任＝『勅修百丈清規』巻三「議挙住持」の条に、明教契嵩の言葉を引き、「教に住持と謂うは、何の謂《いい》ぞや。住持なる者は、人を藉りて其の法を持し、之をして永く住《とど》めて泯びざらしむることを謂うなり。夫れ戒定慧は、法を持するの具なり。僧園物務は、法を持するの資なり。法なる者は、大聖の道なり。資と具とは、其の人を待ちて而る後に挙ぐ。其の具を善くして其の資を善くせざるは、不可なり。其の資を善くして其の具を善くせざるは、不可なり（教謂住持者、何謂也。住持也者、謂藉人持其法、使之永住而不泯也。夫戒定慧者、持法之具也。僧園物務者、持法之資也。法也者、大聖之道也。資与具、待其人而後挙。善其具而不善其資、不可也。善其資而不善其具、不可也）」（T48-1130b）とある。

（二）令法久住＝『法華経』「見宝塔品」（T9-33c）などに見える語で、仏法を永遠にこの世にとどめること。

（三）乃破生死魔而返霊源之実也＝「生死魔」は生死輪廻を悪魔に喩えた表現。経典としては『大乗理趣六波羅蜜多経』巻一〇の「菩薩摩訶薩七種事」の六番目に「生死の魔を壊《やぶ》る（壊生死魔）」（T8-910c）という語が見え、また『臨済録』「示衆」に「爾《なんじ》一念の疑い、即ち魔、心に入る。如《も》し菩薩疑う時は、生死の魔、便を得（爾一念疑、即魔入心。如菩薩疑時、生死魔得便）」（T47-499a）とある。

(四)精修六度＝六度は六波羅蜜のこと。【五】の語注(九)「六度万行」条、及び【二六】の語注(二)「六波羅蜜」条、参照。
(五)三百餘会、半満偏円＝【二四】の語注(七)「応酬三百餘会差別之機」条、及び(八)「大小・偏円・頓漸・半満之声」条、参照
(六)実際理地＝【一七】語注(四)参照。
(七)皆所謂代仏揚化、拠位称師之実也＝そのままの典拠は未詳だが、「代仏揚化」の語は『禅林宝訓』巻二に「座に登りて法を説き、仏に代わりて化を揚ぐ(登座説法、代仏揚化)」(T48–1024a)とあり、また同書巻三にも「世に出て生を利し、仏に代わりて化を揚ぐ(出世利生、代仏揚化)」(T48–1033b)とある。「拠位称師」は、似た用例として『円悟仏果禅師語録』巻一五に「位に拠りて宗師を称す(拠位称宗師)」(T47–782a)という語が見える。

【三二】出処進退

出処進退について質問する人がいた。

幻《わたし》は言った、「〔私たちは〕肉体という浮き袋で、この世という海に身を寄せているが、〔それは〕ちょうど大きな倉の中の一粒の粟のように小さい〔存在な〕のである。前に進んだり、後ろに退いたりすることが、一日に千里や万里であったとしても、どんな言うべき利害があろうか。本当に、人の心の好き嫌いが等しくないから、進むときにも良いとか悪いとかいい、退くときにも、また良いとか悪いとかいうこと

になる。〔そして〕人は遙かにこの上ない道理を鑑《かんが》みることができないから、ともすれば是非〔の念に〕に惑わされてしまい、進んだり退いたりする際に、迷いの心に任せきりにして、主体とする所が無くなってしまうのである。聖人・賢者だけは、そうではなく、進む時には必ず〔仏の〕道にしたがうから、他人を助ける手立てを思うし、退く時にも必ず〔仏の〕道にしたがうから、〔自らの〕過ちを補う手立てを思うのだ。〔だから〕その進退〔を実行〕するときに、百回挫けたとしても、ゆったりとして憂えることが無い。これを、主体とする所が無くなってしまっているものに較べたら、〔その優劣は〕どうであろうか。あるいは〔身の程をわきまえない〕栄誉や恩寵を手に入れようとして、せっせと自分一人だけの謀《はかりごと》をする者は、進めば〔悪〕業と出会い、退けば〔迷いの〕心にひっくり返されてしまう。〔善いとか悪いとか、好きとか嫌いとかいった〕是非の痕跡が、ともすればごたごたと〔出現〕してしまう。因果〔応報の悪い報い〕を招くことになるのは、〔何とも〕厳しく逃れようがないことなのである。修行者たるものは、進退についてどうして〔きちんと〕選択しないでよいであろうか。

*

《原　文》

或有以進退為問。

幻曰、寄四大浮嚢於三界海中(一)、眇若太倉之一粟(二)。其驟進勇退、雖日千万里、何利害云乎哉。良由人情好悪不等、進亦是非、退亦是非。人不能遠鑑至理、動為是非所惑、一進一退、惟任妄情、卒無所主。聖賢独不然、其進必以道則思所以済人、其退必以道則思所以補過。其於進退之頃、雖百折挫、而浩然無憂(三)。較之卒無所主者、何如哉。其或干栄冒寵、孶孶為一己之謀者、進則与業会、退則為情転、是非之跡、動輒紛然。因果之招、凜然莫隠。道人於進退、寧容無択焉。

*

《書き下し文》

或るひと進退を以て問を為す有り。

幻曰く、「四大の浮嚢を三界の海中に寄するは、眇《わず》かなること太倉の一粟《ぞく》の若し。其れ驟進勇退すること、日に千万里なりと雖も、何の利害をか云わん。良《まこと》に人情の好悪等しからざるに由りて、進むも亦た是非し、退くも亦た是非す。人、遠く至理を鑑みること能わずして、動《やや》もすれば是非の惑わす所と為り、一進一退、惟《た》だ妄情に任せ、卒《つい》に主とする所無し。聖賢、独り然らず、其れ進むに必ず道を以てすれば、則ち人を済《すく》う所以を思い、其れ退くに必ず道を以てすれば、則ち過ちを補う所以を思う。其の進退の頃に於いて、百も折挫すと雖も、浩然として憂うること無し。之を卒《つい》に主とする所無き者に較ぶるに何如ぞや。其れ或《も》し栄を干《おか》し寵を冒し、孶孶として一己の謀を為す者は、進まば則ち業と会し、退かば則ち情に転ぜられ、是非の跡、動《やや》もすれば輒ち紛然たり。因果の招、凜然として隠すこと莫し。道人の進退に於ける、寧《なん》ぞ択ぶこと無かる容《べ》けんや」と。

*

《語注》

（一）寄四大浮嚢於三界海中＝ここでは「浮嚢」は肉体の喩。文字通りには「浮き袋」の意味であり、生死の大海を渡る際に「戒律」が必要不可欠なことを指すのに用いる場合が多い。『釈氏要覧』巻中「護惜浮嚢」の解説に、「『涅槃経』に云う、『一人の、海を渡るに、浮嚢を假る有り。一羅刹の随いて渡る者有り、其の浮嚢を乞う。乃至〔与うること〕一針眼許《ばかり》なるも、渡ることを得ず』と。此れ持戒の人、戒法を守護するに喩う。海を渡る浮嚢の如く、少許の穿漏を得ずして、方《まさ》に生死の大海を渡る（涅盤《ママ》経云、有一人渡海、假於浮嚢。有一羅刹、随渡者、乞其浮嚢。乃至一針眼許、渡者不得。此喩持戒人、守護戒法。如渡海浮嚢、不得少許穿漏、方渡生死大海）」（T54-281c）とある。羅刹の話は北本『涅槃経』巻一一（T12-432b）、南本『涅槃経』巻一一（T12-673c）に見える。

（二）眇若太倉之一粟＝似た表現としては、『荘子』「秋水篇」に「中国の海内に在るを計るに、稊米《こめつぶ》の太倉《大きな倉》に在るに似ずや（計中国之在海内、不似稊米之在太倉乎）」（岩波文庫本②p. 245）という文章がある。

（三）其於進退之頃、雖百折挫、而浩然無憂＝同様の語が『禅林宝訓』巻二に、高庵善悟禅師（仏眼清遠の法嗣）の言葉として引かれており、「学者、存する所中正なれば、百折挫すと雖も浩然として憂い無し（学者所存中正、雖百折挫、而浩然無憂）」（T48-1026b）とある。

【三三】公　私

ある人が質問した、「公《こう》と私《し》と〔のうち〕、私《し》については〔これまでに色々と〕教えて頂いております。公の意味するところは、どうなのでしょうか」。

幻《わたし》は言った、「わたしがどれほどの人物であろうか。〔それなのに〕あえて妄りに〔偉そうに〕議論したりしようか。〔とはいえ〕以前、このようなことを聞いたことがある、古人が『公という言葉は、仏や祖師、聖人・賢者の本心《こころ》〔を意味するもの〕である。この上なく大きく、この上なく明るく、凜として独立しており、天や地も掩うことはできないし、鬼神《かみがみ》も窺《うかが》うことはできない』と言っていると。〔しかし、更に〕分類して、これ（＝公）を弁別するならば、至公・大公・小公〔の三つ〕がある。至公とは〔仏の〕道〔そのもの〕であり、大公とは〔仏の〕教《おしえ》であり、小公とは〔仏の〕物務《つとめ》（＝事業）である。昔、釈尊は夜、明星を見て、声を出して言った、『不思議なことだ。衆生は〔みな〕如来の智慧と〔仏の〕徳相《すがた》とを具えている』と。〔釈尊は〕ここで、聖人と凡夫とは同じくその（＝如来の）霊妙さを与えられているということを明らかにし、このことを永遠に伝えさせた。つまり至公である〔仏の〕道は、深くここに淵源しているのである。後に、〔釈尊の〕三百あまりの〔説法の〕法会では、相手の能力に随い任せて、教えを設け道筋を分けており、文字や言葉が山や海のようにたくさん用いられた。つまり大公である〔仏の〕教《おしえ》は、これを大本とする。その教化が宇宙を覆い、〔智慧の〕光が中国に伝わるに及んで、仏教の伽藍や道具が世界中に行きわたった。これが小公である〔仏の〕物務《つとめ》（＝事業）が生じた理由である。〔仏の〕道でなければその教《おしえ》を発《明らかに》することは〔でき〕ないし、〔仏の〕教《おしえ》でなければその物務《つとめ》を行なうことは〔でき〕ないし、〔仏の〕物務《つとめ》でなければその道を行き渡らせることは〔でき〕ない。この三者は、たがいに補完し、たがいに助けあっている。思うに、〔これらは〕均しく仏や祖師、聖人・賢者の本心《こころ》である公から出たものなのである。天が普く覆《おお》い、地が普く支え、海が普く湛《たた》え、春が普く育てるのも、また至公ではあるが、まだ吾が〔仏教の〕公が普く〔ゆきわたっていて〕、至公であるのには及ばない。どうしてかといえば、〔仏の〕道を語るならば、〔迷いの世界である〕この世を円《まど》かに包み込み、無限の空間を貫通しており、衆生は誰一人として〔仏と〕同じ悟りに与《あずか》っていないものはないからであり、その教《おしえ》を語るならば、〔声聞・縁覚・菩薩の〕三乗や〔菩薩の〕十地といった階梯や、たくさんの善行や六度（＝六波羅蜜）といった品級などが、数多く列ねられ、幅広く設けられており、衆生は誰一人として、その門《入り口》から入ることができないものはないからであり、その物務《つとめ》（＝事業）を語るならば、立派な門や大きな建物〔を持った立派な寺院〕が創建され、広いお堂や狭い部屋に〔修行者が〕受け入れられ、一回の食事でも、必ず鐘や太鼓を打って〔合図をし〕、その幽界〔にあるひと〕にもこの世〔のひと〕にも〔同じように〕知らせて、〔食事を〕均しく与えて行き渡るようにさせているからである。人が仏や祖師、聖人・賢者の域に到達しない理由は、恐らく公を具えていないからであろう。もし公を具えていなければ、静かにしていても心配を抱えてしまうし、動くと禍に関わってしまう。行き詰まると愚かな状態に停滞してしまうし、達成するとその罪悪を増して、〔地獄・餓鬼・畜生の〕三塗《さんず》や〔修羅・人間・天上を加えた〕六趣《ろくしゅ》〔という輪廻の世界〕に何万もの生涯にわたって縛り付けられてしまい、決して自然に解き放たれるという道理などない。〔これは〕本当に、この心に公を具えていないことによるのだ。〔人並み外れた視力を持つと言われた〕離婁《りろう》でさえも、まっ暗な部屋のなかで苦しみ倒れているならば、〔もともと〕千里〔離れたところの物を見ることができる〕勝れた能力を持っているのに、ほんの僅かな物さえ見ることができないのだ。だから聖人の教化は、〔その暗やみを〕開かないわけにはいかないのだ。本来、〔心の〕安らぎは人が〔求めて〕向かうところであるが、〔心の〕安らぎをもたらすものは公であることが分かっていないし、福徳と智慧とは人の尊ぶところであるが、福徳と智慧とを助けるものは公であることが分かっていないし、聖人・賢者は人が仰いで尊敬するところであるが、聖人・賢者に到達するのは公であることが分かっていないし、仏や祖師は人の親しむところであるが、仏や祖師に契うのも公であることが分かっていない。公というものは本心《こころ》と僅かの隔ても無い。だから、聖人は至公の道を指し示してその心を明らかにし、大公の教《おしえ》を設けてその心を照《うつ》しだし、小公の物務《つとめ》をもちいてその心を正すのだ。心と公とは、名称は異なるが本体は同じものなのである。だから公という道理は、おろそかにしてはならないし、無理強いしてはならないし、作為できるものではないのだ。種々の迷いや偽りを離れており、まっすぐな道である。ただ、この上ない真実の心だけが、よくこれ（＝公）に契《かな》うことができるのであり、僅かでも念慮《おもい》に関われば公ではない。だから聖人・賢者は、これを操《と》り守り、実践し、突き進んで、わずかばかりも外れることがなく、およそ心念《こころ》を動かせば、思惟を借りることなく、渾然《こんぜん》とした至公が、明らかにしようとしなくても明らかになるのである。世間で公をないがしろにしている者は、その公をないがしろにしているのではなく、自らその心を欺いているだけである。もし、心を欺むくことができないことが分かるならば、自然に、動くときには、公とその明るさが合致し、静かにしているときには、公とその照《うつ》しだすものが合致し、〔更には〕教《おしえ》や道と同様に、物務《つとめ》を保持するときにも、まったくその公を失うことがない。いわゆる公というものは、人がもし一生涯気が付くことがなくて分からないままならば、〔もはや手の施しようがなく〕どうしようもないのである。時たま、これに気づくものもいるが、ことさらに〔公に〕背きながら、反対に至公の道を主張してその名声を余すところなく手に入れ、大公の教《おしえ》を仮りてその位をむさぼり、小公の物務《つとめ》を盗用してその欲望をなしとげ、深く〔欲望に〕沈み、ひどく〔煩悩に〕溺れて、そうなった理由を思うことがない者は、また自らを欺くというだけ〔の弊害〕に止まらないのである。昔の国で、ある寺を改築して倉にしようとしたことがあったが、一人の僧が、懸命に拒んで、従おうとしなかった。そこで、〔役人がそのことを〕王に申し上げた。王は剣を授けて使者に与えて言った、『今度、再び拒んだらならば〔その僧〕を斬れ。もし死ぬことを恐れなければ許しなさい』と。ついで使者は〔王の〕意旨を〔僧に伝えて〕諭した。僧は笑って首を差し出して言った、『仏法のために死ぬのならば、本当に甘んじて受けましょう』と。彼（＝僧）は、首を差し出す際にあたって、最後まで恐れることがなかった。どうして、一時しのぎに無理強いしたりしたであろうか。恐らく、まったく本物の誠意から出たものなのである。その心を推し量ってみるに、どうして、単に伽藍における物務《つとめ》という小公だけであろうか、深く教《おしえ》や道への思いがあるのである。隋の太守であった堯君素《ぎょうくんそ》は、命令を下して諸もろの僧に城に来させようとした。固く〔仏の教えを〕守って敢えて諫める者は、〔刀で〕斬った。時に道遜《どうそん》という沙門がいて、階段を〔一つ一つ〕のぼりながら〔仏の教えを〕披露して、これを拒んだ。君素は道遜をじっと見て、『この僧は、このように血気盛んで肝っ玉が据わっている』と言い、とうとう許した。これは大公の教《おしえ》〔を守る〕ために、にわかに矛先に触れ、刃《やいば》に冒《おか》されても、死ぬことを恐れなかったのである。また、どうして、一時しのぎに無理強いしたりしたであろうか。東山演祖《とうざんえんそ》（＝五祖法演禅師）の書簡のあらましに〔次の様に〕言っている、『今年の夏、もろもろの荘園が干害を被っていることは、わたしはまったく心配していない。修行場で「狗子無仏性《くすむぶっしょう》（＝趙州無字）」の公案を取り上げていながら、一人も会得するものがいない。これが本当に心配すべきことだ』と。その志のある所を考えてみるに、至公の道について、つとめて補助し、決してしばらくの間もおろそかにしなかったのである。しかも、もろもろの荘園が干ばつであっても、心配しないと言っているのは、〔本当に〕心配しないわけではないのだ。物務《つとめ》という小さい者をこの上ない道に較べたならば、物務《つとめ》はその心配するのを省略してよい〔ということな〕のだ。伽藍や物務《つとめ》は、教《おしえ》を興《おこ》し道を伝えるのを本分として建立されている。もし教《おしえ》が振るわず、道が伝わらなければ、楼閣が建ち並び、金や食料が有り余って、全宇宙に満ち溢れていたとしても、ただ公に〔対して〕補うことが無いだけではなく、まさしく教《おしえ》や道の累《わずら》いとなってしまう。公の存亡は、仏道の盛衰に関係しているのだ。慎しまないでよいであろうか、慎しまないでよいであろうか」。

*

《原　文》

或問、公与私、対私則喩矣。公之為義何如。

幻曰、我何人也。輒敢妄議之。窃嘗聞之、古人謂、公之一言、乃仏祖聖賢之本心也。至大至明、凛乎独立、而天地莫能掩、鬼神莫能窺也。揀而辨之、有至公焉、有大公焉、有小公焉。至公者道也。大公者教也。小公者物務也。昔迦文老人、夜覩明星、唱言、奇哉。衆生具有如来智慧徳相。(一)於此発明聖凡同稟其霊、俾伝之無窮。乃至公之道、浚源於此也。已而三百餘会(二)、随機任器、設教殊塗、文字語言、浩如山海。乃大公之教、張本於此也。及其化被五天、光流震旦、僧園資具、偏在寰区。此小公物務之所従生也。非道無以発其教、非教無以任其物務、非物務無以暢其道。是三者、更相成而互相資。蓋均出乎仏祖聖賢本心之公也。且天普覆而地普擎、海普涵而春普育亦已至矣、未若吾公之普又至也。何則語其道則円裹三界、洞貫十虚、無一含霊而不与同証者也。語其教則三乗十地之階梯、万行六度之品級、大張宏設、不使一衆生不得其門而入也。語其物務則崇門大殿之開闢、広堂密室之容受、雖一飯亦必考鐘伐鼓以警其幽顕、俾之均沾而悉被也。人之所以不至仏祖聖賢之域者、蓋不存乎公也。苟不存乎公、静則蘊乎憂思、動則渉乎禍辱。窮則滞於下愚、達則長其罪悪、已而三塗六趣、纏縛万生、卒未有自釈之理。良由此心之不存乎公也。如離婁、（三）困踏於暗室之底、負千里神光、不能睹其分寸。是以聖人教化、不得不啓之也。故安楽人之所趣、而不知致安楽者公也。福慧人之所尚、而不知資福慧者公也。聖賢人之所仰、而不知達聖賢者公也。仏祖人之所親、而不知契仏祖者亦公也。公也者与本心而無一毫少間也。以故、聖人指至公之道以明其心、設大公之教以照其心、任小公之物務以正其心。惟心与公異名而同体者也。然公之為理、不可苟也、不可強也、無作為也。離種種情偽、是一直之道也。惟至真至実之心能契之、少渉念慮則不公矣。故聖賢操之履之、趨之向之、未嘗違越其糸髪、凡縦心挙念、不仮思惟、渾然至公、不期昭顕而顕矣。世之罔其公者、非罔其公、乃自欺其心爾。苟知心之不可欺、自然動則与公合其明、静則与公合其照、以至通教道而持物務、挙不失其公矣。所云公者、人或終身無所知而昧之、則亦無如之何也。間有知之而故背之、返張至公之道、以網其名、仮大公之教、以濫其位、窃小公之物務、以済其欲、深沈重溺而罔思所以効之者、又不止於自欺也。昔朝有欲改某寺為倉、一僧力拒不従。因聞于王。王授剣与使者曰、今再拒則斬之。如不畏死則与免。尋而使者諭旨。僧笑而引頸曰、為仏法死、実甘餂之。彼当引頸之際、了無畏怯。豈苟而強之也。蓋一出於真誠。推原其心、豈直為僧園物務之小公、深有意於教道者也。隋太守堯君素、（四）下令以諸僧登城。固守敢諫者斬。時有沙門道遜、歴階披陳而拒之。君素直視遜曰、此僧胆気、如是壮耶。遂免。此為大公之教、遽抵鋒冒刃不懼死亡。又豈苟而強之也。

東山演祖書略曰(五)、今夏諸荘旱損、我総不憂。室中挙箇狗子無仏性話、無一人会得。此誠可憂。原其所志、於至公之道、拳拳翼戴、不敢斯須忽忘之也。然諸荘旱損而言不憂者、非不憂也。以物務之小者、較之於至道、則物務可略其憂也。僧園物務、本於興教伝道而建立。使教之不振、道之不伝、雖飛楼湧殿、餘金剰粟、充塞大千、不惟無補於公、適足以為教道之累也。公之存亡、係於法道之隆替。可不慎乎、可不慎乎。

*

《書き下し文》

或るひと問う、「公と私と、私に対しては則ち喩《さと》さる。公の義為るや何如」と。

幻曰く、「我何人ぞや。輒《すなわ》ち敢えて妄りに之を議せん。窃かに嘗て之を聞く、古人謂う、『公の一言は乃ち仏祖・聖賢の本心なり。至大至明にして凛として独立し、而して天地も能く掩うこと莫く、鬼神も能く窺うこと莫し』と。揀《えら》んで之を辨ずれば、至公有り、大公有り、小公有り。至公とは道なり。大公とは教なり。小公とは物務なり。昔、迦文老人は夜、明星を覩《み》て、唱《とな》えて言わく、『奇なるかな。衆生は如来の智慧・徳相を具有す』と。此こに於いて、聖凡同《とも》に其の霊を稟くることを発明して、之を無窮に伝えしむ。乃ち至公の道、浚《ふか》く此こに源するなり。已にして、三百餘会は、機に随い器に任せて、教を設け塗《みち》を殊にせば、文字語言、浩なること山海の如し。乃ち大公の教、此れを張本とするなり。其の化、五天に被り、光、震旦に流るるに及んで、僧園資具、偏く寰区に在り。此れ小公の物務の従りて生ずる所なり。道に非ずんば以て其の教えを発すること無く、教に非ずんば以て其の物務に任ずること無く、物務に非ずんば以て其の道を暢《の》ぶること無し。是の三者、更《こも》ごも相い成して、互いに相い資《たす》く。蓋し均しく仏祖・聖賢の本心より出でたるの公なり。且つ天普く覆いて、地普く擎《ささ》げ、海普く涵《たた》えて、春普く育することも、亦た已《すで》に至れるも、未だ吾が公の普くして又た至るに若《し》かざるなり。何となれば則ち其の道を語れば、則ち三界を円裹し、十虚を洞貫し、一含霊として同証に与《あずか》らざる者無ければなり。其の教を語れば、則ち三乗十地の階梯、万行六度の品級、大いに張り、宏く設けられ、一衆生として其の門よりして入るを得ざらしめざればなり。其の物務を語れば、則ち崇門大殿の開闢、広堂密室の容受、一飯と雖も亦た必ず鐘を考《う》ち鼓を伐ちて、以て其の幽顕を警《いまし》め、之をして均しく沾《うるお》して悉く被らしむればなり。人の仏祖・聖賢の域に至らざる所以は、蓋し公を存せざればなり。苟《も》し公を存せずんば、静なれば則ち憂思を蘊《つつ》み、動けば則ち禍辱に渉る。窮まれば則ち下愚に滞り、達すれば則ち其の罪悪を長じ、已にして三塗六趣、纏縛せらるること万生なるも、卒《つい》に未だ自ら釈するの理有らず。良《まこと》に此の心の公を存せざるに由るなり。離婁《りろう》の如きも、暗室の底に困蹐せば、千里の神光を負うも、其の分寸を睹《み》ること能わず。是こを以て聖人の教化、之を啓《ひら》かざるを得ざるなり。故《もと》より安楽は人の趣く所なるも、安楽を致す者は公なることを知らざるなり。福慧は人の尚ぶ所なるも、福慧を資《たす》くる者は公なることを知らざるなり。聖賢は人の仰ぐ所なるも、聖賢に達する者は公なることを知らざるなり。仏祖は人の親しむ所なるも、仏祖に契う者も亦た公なることを知らざるなり。公なる者は本心と一毫も少間無きなり。故を以て、聖人は至公の道を指して以て其の心を明らかにし、大公の教を設けて以て其の心を照らし、小公の物務に任せて以て其の心を正す。惟だ心と公とは、名を異にするも体を同じくするものなり。然らば公の理為る、苟《かりそめ》にす可からざるなり、強《し》う可からざるなり、作為無きなり。種種の情偽を離れ、是れ一直の道なり。惟だ至真至実の心のみ能く之に契い、少《わず》かも念慮に渉れば則ち公ならず。故に聖賢、之を操《と》り、之を履み、之に趨き、之に向かいて、未だ嘗て其の糸髪を違越せず、凡そ心を縦《ほしいまま》にして念を挙ぐれば、思惟を仮りず、渾然たる至公、昭顕を期せずして顕《あら》わる。世の其の公を罔《なみ》する者は、其の公を罔《なみ》するに非ず、乃ち自ら其の心を欺くのみ。苟《も》し心の欺く可からざることを知らば、自然に動かば則ち公と其の明を合し、静ならば則ち公と其の照を合し、以て教道に通じて物務を持《たも》つに至るまで、挙げて其の公を失わず。所云《いわゆる》公とは、人或《も》し身を終うるまで知る所無くして之を味《くら》まさば、則ち亦た之を如何ともする無きなり。間《まま》、之を知ること有りて、故《ことさら》に之に背くも、返って至公の道を張りて以て其の名を網し、大公の教を仮りて以て其の位を濫《みだ》り、小公の物務を窃みて以て其の欲を済《な》し、深く沈み重く溺れて、之を効《いた》す所以を思うこと罔《な》き者は、又た自欺に止まらざるなり。昔、朝《朝廷》に某寺を改めて倉と為さんと欲すること有り、一僧、力《つと》めて拒んで従わず。因りて王に聞す。王、剣を授けて使者に与えて曰く、『今再び拒まば則ち之を斬れ。如《も》し死ぬことを畏れずんば則ち与し免《ゆる》ぜよ』と。尋《つい》で使者は旨を諭す。僧笑いて頸《くび》を引きて曰く、『仏法の為に死すれば、実に甘んじて之を餂《と》らん』と。彼れ頸を引くの際に当たりて、了《つい》に畏怯すること無し。豈に苟《かりそめ》にして之を強いんや。蓋し一に真誠より出づ。其の心を推し原《たず》ぬるに、豈に直《た》だに僧園・物務の小公と為すのみならんや、深く教道に意有る者なり。隋の太守、堯君素は、令を下して諸僧を以て城に登らせんとす。君素、直ちに遜を視て曰く、『此の僧、胆気、是くのごとく荘なるや』と。遂に免ず。此れ大公の教の為に、遽《にわ》かに鋒を抵《おか》し、刃を冒して死亡を懼れざるなり。又た豈に苟《かりそめ》にして之を強いんや。東山演祖の書の略に曰く、『今夏、諸荘の旱損するは、我れ総て憂えず。

室中に箇の狗子無仏性の話を挙ぐるに、一人も会得するもの無し。此れ誠に憂う可し』と。其の志す所を原《たず》ぬるに、至公の道に於いて、拳拳として翼戴し、敢えて斯須も之を忽忘せざるなり。然らば諸荘早損して、憂えずと言うは、憂えざるに非ざるなり。物務の小なる者を以て、之を至道に較ぶれば、則ち物務は其の憂いを略す可ければなり。僧園物務は、教を興して道を伝うるに本づきて建立す。使《も》し教の振わず、道の伝わらずんば、飛楼、湧殿、餘金、剰粟、大千に充塞すと雖も、惟だに公に補い無きのみにあらず、適《まさ》に以て教道の累と為すに足るなり。公の存亡は、法道の隆替に係れり。慎まざる可けんや、慎まざる可けんや」と。

*

《語注》

（一）昔迦文老人、夜覩明星、唱言、奇哉、衆生具有如来智慧徳相＝【二四】の語注（六）参照。

（二）三百餘会＝【二四】の語注（七）、及び【三二】の語注（五）参照。

（三）如離婁、困蹐於暗室之底、負千里神光、不能睹其分寸＝離婁は『孟子』「離婁篇」に見える黄帝時代の伝説的な人物。「離婁の明」と言われ、そのすぐれた視力で知られる。『十三経注疏』「孟子・離婁篇」の趙注に、「離婁は、古の明目なる者。蓋し以為《おも》えらく黄帝の時の人なり。……能く百歩の外を視、秋毫の末を見る（離婁者、古之明目者。蓋以為黄帝之時人也。……能視於百歩之外、見秋毫之末）」とある。

（四）隋太守、堯君素＝『隋書』巻七一「列伝三六」に、「堯君素は、魏郡湯陰の人なり。煬帝、晋王たりし時、君素、左右を以て従う。位を嗣ぐに及び、鷹撃郎将に累遷す（堯君素、魏郡湯陰人也。煬帝為晋王時、君素以左右従。及嗣位、累遷鷹撃郎将）」（中華書局校点本・p. 1654）とある。

（五）東山演祖書略曰、今夏諸荘早損、我総不憂。室中挙箇狗子無仏性話、無一人会得＝『禅林宝訓』巻二に、「霊

源（惟清・?～一一一七）、仏鑑（慧懃・一〇五九～一一一七）に謂いて曰く、『凡そ東山師兄の書に接するに、未だ嘗て世諦の事を言わず。唯だ丁寧に軀を忘じて道を弘め、後来を誘掖するのみ。近ごろ書を得るに云く、「諸荘の旱損は我総て憂えず。只だ禅家の眼無きを憂うるのみ。今夏百餘人、室中に箇の狗子無仏性の話を挙するも、一人の会得する無し。此れ憂う可きと為す」と。至れるかな斯の言。院門の辧ぜざるを憂い、官人の嫌責を怕《おそ》れ、声位の揚がらざるを慮り、徒属の盛んならざるを恐るる者と、実に霄壌《天地の差》たり』と（霊源謂仏鑑曰、凡接東山師兄書、未嘗言世諦事。唯丁寧忘軀弘道、誘掖後来而已。近得書云、諸荘旱損我総不憂。只憂禅家無眼。今夏百餘人、室中挙箇狗子無仏性話、無一人会得。此可為憂。至哉斯言。与憂院門不辦、怕官人嫌責、慮聲位不揚、恐徒属不盛者、実霄壌矣）」（T48–1023a～b）とある。

【三四】二種類の威力

威力について質問をするものがいた。

幻《わたし》は言った、「威力には天下に二種類がある。いわゆる二つとは、道徳の威力と権勢の威力だ。道徳の威力は天性から出るものであり、権勢の威力は人為から出るものである。天性から出るものは、〔人を〕心から服従させるが、人為から出るものは、その見かけだけ服従させる。しかも、心を服従させる威力は、一国内に威力があるだけでなく、その教化は遙か万里の彼方まで威力を届かせる。また、今日《こんにち》に威力があるだけでなく、その名声は百代の後まで威力を伝えるのだ。どうして、そうなることが分かるのか。道徳が純粋で欠けるところがない昔の人などは、今の人が、その遺風《おしえ》をもちい、その餘烈《おこない》を仰ぐならば、疑いが消え心酔しないことがない。まして、直接拝顔してその言葉に接したならば、敬服しないことがあろうか。人の心を服従させる威力は、もっぱら至誠から出ているのであり、恐らく、自然ありのままの道理である。僅かばかりの思慮も、その間に加えてはならない。そもそも、道徳の威力に、人の心が感服することは、もとより疑いがない。だが、もし聖人・賢者でも、かりにその道徳を乱用して、人を服従させようとするならば、人はどうして服従しようか。うるわしい道徳は、聖人・賢者でさえも、独占使用して人を服従させることはできないのである。それなのに、世の中の蒙昧な者は、道徳を捨てて権勢にくっつき、自分ではその危険が分かっていない。更には終日、人が自分に服従しないことを囂々《ごうごう》と非難している。なんという誤りであろうか。しかも、権勢の威力は、たとえ人を見かけだけ服従させることができたとしても、わずかな間だけである。顔を反らしたとたんに威力がなくなってしまう。どうして死後に〔まで〕威力がありえようか。ただ、死後に威力がないだけではない。人びとは、恨みを心に抱き、その威力で服従させられたという過去のことがらを思い出しては、それに報復しようとするから、引き起こされる禍《わざわ》いは、簡単に量《はか》ることができない〔ほど沢山起きよう〕。だから、前日の威力は、後日の禍いとなることが分かる。幸運にも私たちは、遠い昔の四無量心（＝慈・悲・喜・捨の四つのはかり知れない利他の心）という偉大な教えを、西域《インド》の聖人《ほとけ》の後に受けついでいるのだから、威力や権力を握ることには、一生関わらないようにすべきであろう」。

ある人が言った、「天下の人々の心を正すには、賞・罰が一番よいと聞いています。恩愛がなければ賞《ほ》められませんし、威力がなければ罰せられません。私は〔出家の身ですから〕、世俗の道理から、もともと遠くかけ離れておりますが、〔お寺の財産である〕伽藍や備品について、〔管理を〕任された人が、もし職分をはたしていなかったら、そのひとに威力をもちいないようにしても、よいものでしょうか」。

幻《わたし》は言った、「〔威力をもちいなくても〕はっきりとした因果〔応報の報い〕が、実際にその人の身にやって来る。聖人・賢者が示された規範を、誰が敢えて変更しようか。もし威力をもちいても改悛しないならば、手の施しようがない。〔それよりも〕必ず〔自分自身が〕道徳を手に入れ〔るようにしさえす〕れば良いのだ。道徳がその身にそなわり、至誠が内外に行き渡っていながら、人が信じ従わないのを見たことがない。どうして威力を用いたりしようか。その上、この世界では威力が無いことが一日もないのに、ひどい悪事をほしいままに行う者たちは、少しも〔威力を〕恐れることがない。いったい、その威力は、果たして彼らに及んでいないのだろうか。もし、道徳が充たされていないのに、引き下がって涵養しようと思わず、ただ威力を握って人に臨もうとする者は、今現在に禍いがなくても、その禍いをきっと死後に引きよせることになる。〔この話を〕聞く者は、畏れ〔て用心し〕なさい」。

*

《原　文》

或有以威為問。

幻曰、威之於天下有二。所謂二者、有道徳之威、有権勢之威。道徳之威出於天(一)、権勢之威出於人。出於天者服其心、出於人者服其形耳。然服其心之威、不特威之閫内(二)、使風行万里之外亦威之、又不止威之於今日、将声伝百世之下亦威之矣。何以知其然。如古之道徳淳全者、今人挹其遺風、仰其餘烈、莫不意消心酔。而况承顔接辞於当日、而不畏敬者乎。彼服人心之威、一出於至誠。蓋自然之理。不容毫髪念慮加於其間也。夫道徳之威、人心感服固無疑矣。使聖賢苟擅其道徳而必於服人、則人豈服之哉。且道徳之美、聖賢尚不得専擅以服人。而世之昧者捨道徳而附権勢、自不知其危。猶嗸嗸終日尤人之不我服。何其謬哉。然権勢之威、縦能服人之形亦頃刻耳。反面則不威矣。其能威之於身後耶。不特不能威之於身後。人将結恨於懐、欲追其威服之跡以報之、則其為禍未易量也。故知、前日之威、鮮有不為後日之禍。幸吾儕遠稟四無量心(三)之大訓於西域聖人之後、威権之柄、宜終身不預焉。

或曰、聞規正天下之心、莫善於賞罰。匪恩莫賞、匪威莫罰。〈校1〉予於世道固遠矣。其僧園資具、或任人之不職、欲不威之、可乎。

幻曰、昭昭因果、実臨爾躬。聖賢垂範、誰敢易也。使威之而不悛、将如之何。当帰求其道徳、可也。未見道徳在躬、至誠浹洽於内外、而人不之信従也。安用威為。且海内之威、無日不在、而肆暴習悪者、莫之少畏。豈其威、果不及之耶。苟道徳之不充、而靡思退養、惟務持威柄以臨人者、不禍於今、将引其禍於身後者必矣。聞者畏之。

〈校1〉予＝子

*

《書き下し文》

或るひと威を以て問を為す有り。

幻曰く、「威の天下に於けるに二有り。所謂二とは、道徳の威有り、権勢の威有り。道徳の威は天より出で、権勢の威は人より出づ。天より出づる者は其の心を服し、人より出づる者は其の形を服するのみ。然も其の心を服するの威は、特《た》だに之を闔内に威あるのみにあらずして、風をして万里の外に行うも亦た之に威あらしめ、又た止だに之を今日に威あるのみにあらずして、将に声、百世の下に伝わるも亦た之に威あらしめんとするなり。何を以てか其れ然ることを知る。古の道徳淳全なる者の如き、今人、其の遺風を挹《と》り、其の餘烈を仰がば、意消し心酔せざること莫し。而るを況や当日に顔を承け、辞に接せば、畏敬せざるものあらんや。彼《か》の人心を服するの威は、一《いっ》に至誠より出づ。蓋し自然の理なり。毫髪の念慮も其の間に加《くわ》う容《べ》からざるなり。夫れ道徳の威、人心感服すること固より疑い無し。使《も》し聖賢、苟《かりそめ》に其の道徳を擅《ほしいまま》にして、人を服することを必すれば、則ち人豈に之に服さんや。且つ道徳の美も、聖賢すら尚お専ら擅にして以て人を服することを得ず。而るに世の昧き者は、道徳を捨てて権勢に附し、自ら其の危きを知らず。猶お謷謷として、終日、人の我に服せざることを尤《とが》む。何ぞ其れ謬《あやま》れる。然も権勢の威は、縦《たと》い能く人の形を服するも、亦た頃刻のみ。面を反せば則ち威あらず。其れ能く之を身後に威あらしめんや。特《た》だに之を身後に威あらしむること能わざるのみにあらず。人将に恨みを懐に結びて、其の威服の跡を追って以て之に報いんと欲すれば、則ち其れ禍を為すこと、未だ量り易《やす》からざるなり。故に知る、前日の威は、後日の禍と為らざること有ること鮮《な》きを。幸いに吾儕、遠く四無量心の大訓を西域聖人の後に稟《う》くれば、威権の柄、宜しく身を終うるまで預らざるべし」と。

或るひと曰く、「聞く、天下の心を規正するは、賞罰より善なるは莫し。恩に匪《あら》ざれば賞する莫く、威に匪ざれば罰すること莫しと。予《わ》れ、世道に於いて固より遠し。其の僧園・資具、或《も》し任人の職《つかさど》らざるに、之に威あらざらんと欲せば、可ならんや」と。

幻曰く、「昭昭たる因果、実に爾《そ》の躬《み》に臨む。聖賢の垂範、誰か敢えて易《か》えんや。使《も》し之を威して悛《あらた》めずんば、将《は》た之を如何せん。当《かなら》ず其の道徳を帰求して可なり。未だ道徳の躬に在り、至誠、内外に浹洽《しょうこう》して、人之に信従せざることを見ざるなり。安くんぞ威を用いて為さんや。且つ海内の威、日として在らざること無きも、暴を肆《ほしいまま》にし悪を習う者、之を少しも畏るること莫し。豈に其の威、果たして之に及ばざらんや。苟《も》し道徳の充たずして退養を思うこと靡《な》く、惟だ務めて威柄を持して以て人に臨む者は、今に禍いせざるも、将に其の禍いを身後に引かんとすること必せり。聞く者は之を畏れよ」と。

＊

《語注》

（一）道徳之威出於天＝「威」は儒典に多出し、『書経』「秦誓」には「天威」という語がある。ここでは天から賦与された道徳の威力の意。

（二）閫内＝「閫」は「しきみ」。「閫内」で門内の意で、「家庭、内室」を指し、転じて「国内」の意味を持つ（『漢語大詞典』第一二冊・p. 116）。ここでは「国内」の意。

（三）四無量心＝【二六】の語注（一）参照。

【三五】仏法とは

ある人が質問した、「わが仏法は、外護《げご》〔という仏教教団の外にある保護者〕がいてこそ行われるから、『仏法は国王・大臣に付嘱《ゆだ》ねられている』という説が有る〔のでしょうか〕」。

幻《わたし》は言った、「事《じ》（＝現象）の説としては良いが、理《り》（＝道理）の説としては、まだ不十分だ。どうしてかと言えば、〔天下の至宝である〕隋珠《ずいじゅ》はまったく類《きず》がない〔完璧なものだ〕から、人はとても暗い危険〔な場所であること〕を忘れて手に入れようとするし、〔楚の文王に献じられた〕卞璧《べんぺき》は瑕《きず》が無い〔完璧なものだ〕から、たくさんの城を買える高い値段でさえ安いとして、世間ではこれと交換しようとするのだ。〔これは〕理《り》（＝道理）の当然である。もし〔『法華経』の比喩とは違って〕自分の衣服に宝珠が〔縫いつけられて〕具《そな》わっておらず、懐《ふところ》の中が空っぽで宝玉がないならば、言葉を卑《ひく》くし、腰を低くして馴れ馴れしく人に近づいたとしても、人はこれを遠ざけようとするだろう。また、どうして、あえてたくさんの城を軽んじて交換したり、とても暗い場所〔の危険〕を忘れて手に入れようとする者がいるだろうか。だから仏や祖師方は、道徳をもって自ら任じ、順境でも逆境でも変わることなく、我が身とこの世とを両方とも気にかけないのだ。どうして、外護《げご》を求めようという気持ちがあったためしがあろうか。その道徳が自分で掩いかくせなかったので、国王や大臣が誠意を傾けてもてなしたのだ。世間にいる〔道理に〕昧《くら》い者は、自分の道徳がどれほどのものであるかを顧みないで、必ず〔分不相応の〕栄誉や恩寵を手に入れようとし、高位の家々を奔走して、〔彼らを〕外護《げご》と呼ぼうとする。もし、望みを遂げなければ、無念の声が言葉に現れ、湧き出る気持ちが顔に出て、禍いを得て辱められるまでやめようとしない。仏道を守ろうとする器《ひと》が、このようなことで良いであろうか」。

*

《原　文》

或問、吾法須外護、然後可行、乃有仏法付嘱国王大臣之説（一）。

幻曰、事説則可也。理説則未知其可。何則隋珠絶類（二）、人将忘重溟之険以求之。卞璧無瑕（三）、世将軽連城之価（四）以易之。理固然也。使吾衣底之珠不具（五）、懐中之玉枵然、雖卑言屈体狎近於人、則人将遠之。又安肯軽連城以易之、忘重溟以求之者乎。故仏祖以道徳自任、夷険一致（六）、身世両忘。曾何意於求外護也。以道徳不能自掩、則王臣乃傾誠以待之。世之昧者、不顧己之道徳為如何、必欲干栄冒寵、奔走権門而称外護。或不遂所欲、則怨嗟之声、形於言、鬱勃之気、浮於貌、不至禍辱不已也。豈抱道之器合如是哉。

*

《書き下し文》

或るひと問う、「吾が法は、外護を須《ま》ちて、然る後行う可くんば、乃ち仏法は、国王大臣に付嘱するの説有り」と。

幻曰く、「事説は則ち可なり。理説は則ち未だ其の可なることを知らず。何となれば則ち隋珠は類《きず》を絶てば、人将に重溟《じゅうめい》の険を忘れて以て之を求めんとす。卞璧、瑕無ければ、世将に連城の価を軽んじて以て之に易《か》えんとす。理は固より然るなり。使《も》し吾が衣底の珠具《そな》わらず、懐中の玉枵然たれば、言を卑くし体を屈して人に狎近すと雖も、則ち人将に之を遠ざけんとす。又た安くんぞ肯えて連城を軽んじて以て之に易《か》え、重溟を忘れて以て之を求むる者あらんや。故に仏祖、道徳を以て自任し、夷険一致にして、身世両《ふたつなが》ら忘る。曾て何ぞ外護を求むるに意あらんや。道徳自ら掩うこと能わざるを以て、則ち王臣乃ち誠を傾けて以て之を待つ。世の昧《くら》き者は、己の道徳の如何為るかを顧みずして、必ず栄を干し寵を冒し、権門に奔走して、外護と称せんと欲す。或《も》し欲する所を遂げずんば、則ち怨嗟の声、言に形《あらわ》れ、鬱勃の気、貌《かたち》に浮き、禍辱に至らずんば已《お》わらざるなり。豈に道を抱くの器、合《まさ》に是くの如くなるべけんや」と。

＊

《語注》

（一）吾法須外護、然後可行、乃有仏法付嘱国王大臣之説＝国王大臣への仏法の付嘱については、『涅槃経』巻三に見える「如来は今、無上の正法を以て、諸王・大臣・宰相、比丘・比丘尼、優婆塞・優婆夷に付嘱す（如来今以無上正法、付嘱諸王・大臣・宰相、比丘・比丘尼、優婆塞・優婆夷）」（T12-381a. 621a）の一文が良く知られている。

（二）隋珠＝「隋侯之珠」。春秋時代の隋侯が、蛇を助けた謝礼に蛇から貰った宝玉。『淮南鴻烈解』巻六「覧明訓」に「譬えば隋侯の珠・和氏の璧の如し。之を得る者は富み、之を失う者は貧なり（譬如隋侯之珠・和氏之璧。得之者富、失之者貧）」とあり、蛇の話が注記されている。

（三）卞璧＝「卞和之璧」。『韓非子』「和氏第十三」に見える話。春秋時代の楚の人であった卞和は、楚の山中で玉を見つけ、厲王に献じたが贋物とされて左足を切られ、また武王に献上したが、再び贋物とされて右足を切られる。後に文王が職人に磨かせたところ本物の宝玉であることが分かり、「卞和之璧」と呼ばれることになったという。

（四）連城之価＝多くの城と同じ値段・値打ちの意。「価値連城」「価等連城」などとも言う。『史記』巻八一「廉頗藺相如列伝第二十一」に「趙の恵文王の時、楚の和氏の璧を得。秦の昭王、之を聞き、人をして趙王に書を遺《おく》らしめ、願いて十五城を以て璧に易《か》えんことを請う（趙恵文王時、得楚和氏璧。秦昭王聞之、使人遺趙王書、願以十五城請易璧）」（中華書局校点本・p. 2439）とあるのに基づく。

（五）吾衣底之珠不具＝『法華経』「五百弟子受記品第八」（T9-29a）に見える「法華七喩」の第五「衣裏繫珠喩」を踏まえる。ある貧乏な人が、かつて親友から贈られた宝珠を自分の身につけていながら、それを知らないで徒らに辛苦していたが、後にその事実を親友から聞かされて気付いたという話。仏が親友であり、二乗が貧乏人である。衣裏の宝珠に気付かないで小乗の薄徳に衣食して甘んじていたが、仏の説法を聞いて、忽ち成仏の宝珠を見いだすことが出来たという譬喩。

（六）夷険＝土地や道路の平坦と険悪。引いては国運や人生における順境と逆境を指す。（『漢語大詞典』第二冊・p. 1500）

【三六】寺の建物・道具を手に入れる方法

ある人が質問した「寺院のものごとが〔何か〕欠け落ちていたら、身を忘れて〔努力して〕その欠けた所を補うのは、良いことでしょうか」。

幻《わたし》は言った、「〔良い〕薬は必ず名医のところに集まってくるし、大商人の店に入ってこないお金はない。樹木が茂れば鳥が集り、池ができあがれば〔その池に〕月が映る。昔、雪山《ヒマラヤ》〔に入って修行された〕大沙門《釈尊》

は、大きな国の国王の尊栄《めいよ》を棄てて、六年間、寒さや飢えを経験し、全宇宙を一つの軽い泡《あわ》ほどにも視ていなかった。どうしてこの世〔のこと〕を〔気にかけて〕行なったであろうか。〔悟りを開いて〕あまたの徳〔を完成するため〕の修行が円満成就される日がやってくると、〔何もしなくとも〕多くの宝物で飾られた楼閣《たてもの》や、もろもろの荘厳《かざり》の道具が、〔仏の〕回りを取りまくことになったのである。〔釈尊が〕亡くなってから二千年たつとはいえ、遺された徳風や功績は、天地に満ち溢れている。これを〔『孟子』に あるように、〕『自分から出たものは自分に返る』と言うのだ。聞くところによれば、菩薩はこの世〔での修行〕を完成させようとするときに、もし〔伽藍や荘厳の道具が〕きちんと具わっていなくても、他人が自分を助けてくれないことを責めず、ただ、もっぱら六度（＝六波羅蜜）を修《おさ》め、広く〔仏が具えた〕四心（＝慈・悲・喜・捨の四無量心）を〔人々に〕行き渡らせるのであり、教化される人々〔の心〕が円熟し、諸もろの布施するひとたちが〔伽藍や荘厳の道具を〕持ってきて奉献し、もし〔菩薩に〕受け取ってもらえるならば、〔布施したひとたちは〕飛び跳ねて喜ぶことになるのだ〔という〕。自利も利他も等しく解脱と名づけられるが、これが寺院が完成される福田《ふくでん》（＝功徳の源泉）というものなのである。今の僧侶は、〔日々の修行の〕行いにおいて、どうかするとこの上ない道理に背いて、ただ悪い欲求にばかり務めている。もし、わずかな土地でも手に入らなければ、あるいは金を積んで〔相手を〕押さえつけ、あるいは勢力を笠に着て対応し、あるいは訴訟を構えて恐れさせ、あるいは〔様々な〕手だてを用いて勝とうとする。一時的には〔目的を〕成就できたとしても、皆な煩悩のしわざである。どうして、福田《ふくでん》（＝功徳の源泉）〔が生みだす〕利益《りやく》であろうか。〔それなのに〕競って『千年もの〔長い間保たれてきた〕寺院〔が未来に向かって残されるかどうか〕は今の僧〔にかかっている〕』という話を手本としている。〔お前は〕まったく分かっていない、千年もの〔長い間保たれてきた〕寺院は、仮に〔戒定慧（＝持戒・禅定・智慧という三学）の中の〕禅定・智慧の助けや、自利・利他〔の両方〕を兼ね〔た善行が〕なかったならば、どうして得られるだろうか。もし、その依り従う〔根本の〕所が無ければ、ちょうど、池を捨てて明月を招き、樹木を棄てて多くの鳥を集めようとするようなものだ。どうしてそんな道理があろうか、どうしてそんな道理があろうか」。

*

《原　文》

或問、僧園物務（一）有所欠漏而忘身補之、可乎。

幻曰、有薬必聚於良医之門（二）、無貨不投於巨商之肆。樹将茂而鳥集、池既成而月来。昔雪山大沙門、棄万乗尊栄、受六年飢凍、視大千世界、不翅一漚之軽。曾何有為於世耶。及万徳功円之日、則衆宝楼閣、諸荘厳具、周帀〈校1〉囲繞。雖滅度二千年、遺風餘烈、充塞海宇。是謂出乎爾者返乎爾者也（三）。聞（四）、菩薩成就世間、或不具足、不責彼之不我助、惟精修六度（五）、広布四心。化機円熟、而諸施者持以奉献、或蒙領納、則踊躍歓喜。自利利他〈校2〉、均名解脱。是僧伽藍成就福田者也（六）。今之苾蒭（七）、於所為処、動背至理、惟務悪求。如片地之不獲、或多財以圧之、或重勢以臨之、或搆罪以恐之、或挟術以勝之。雖成就於一時、皆煩悩業根。豈福田利益者哉。競以千年常住一朝僧之説為張本（八）。殊不思、千年常住、苟非定慧資熏、自他兼利〈校2〉、必何所従而得耶。或罔其所自、是猶捨池而招明月、棄樹以集衆鳥。理豈然哉、理豈然哉。

〈校1〉帀＝匝　〈校2〉他＝佗

＊

《書き下し文》

或るひと問う、「僧園の物務、欠漏する所有りて、身を忘れて之を補うは、可ならんや」と。

幻曰く、「薬は必ず良医の門に聚まること有り、貨として巨商の肆《みせ》に投ぜざるもの無し。樹将に茂らんとして鳥集まり、池既に成じて月来たる。昔、雪山の大沙門、万乗の尊栄を棄て、六年の飢凍を受け、大千世界を視ること、翅《た》だに一漚の軽きのみにあらず。曾て何ぞ世に為すこと有らんや。万徳の功円《まどか》なる日に及べば、則ち衆宝、楼閣、諸もろの荘厳の具、周帀《しゅうそう》囲《い》繞《ぎょう》す。滅度して二千年なりと雖も、遺風餘烈、海宇に充塞す。是れを『爾《なんじ》より出づる者は、爾《なんじ》に返る者なり』と謂うなり。聞く、『菩薩、世間を成就するとき、或いは具足せざるも、彼の我を助けざることを責めずして、惟《た》だ精《くわ》しく六度を修し、広く四心を布《し》くのみ。化機円熟して、諸もろの施者、持して以て奉献して、或いは領納を蒙むれば、則ち踊躍歓喜す』と。自利、利他、均しく解脱と名づく。是れ僧伽藍成就の福田なるものなり。今の苾蒭、所為の処に於いて、動《やや》もすれば至理に背き、惟だ悪求を務むるのみ。如《も》し片地も之れ獲ざれば、或いは財を多くして以て之を圧《おさ》え、或いは勢いを重ねて以て之に臨み、或いは罪を搆えて以て之を恐れしめ、或いは術を挟みて以て之に勝たんとす。一時に成就すと雖も、皆な煩悩の業根なり。豈に福田の利益なる者ならんや。競って『千年常住、一朝の僧』の説を以て張本と為す。殊に思わず、千年常住とは、苟《も》し定慧の資熏、自他の兼利に非ざれば、必ず何ぞ従りて得る所あらんや。或いは其の自《よ》る所罔《な》ければ、是れ猶お池を捨てて明月を招き、樹を棄てて以て衆鳥を集むるがごとし。理豈に然らんや、理豈に然らんや」と。

＊

《語注》

（一）物務＝「事務」のこと（『漢語大詞典』第六冊・p. 254）。ここでは単に寺の仕事ではなく、伽藍や常住物といった物品の存在も含むと思われる。

（二）有薬必聚於良医之門＝典拠未詳。「良医」を用いた有名な例としては、『荀子』「法行篇」の「良医の門に病人多し（良医之門多病人）」があり、これを踏まえた表現として、『五燈会元』巻二「双林善慧大士」の条に、「鑪鞴の所に鈍鉄多く、良医の門に病人足る（鑪鞴之所多鈍鉄、良医之門足病人）」（Z138-39d）とある。

（三）是謂出乎爾者返乎爾者也＝『孟子』「梁恵王下篇」に、「曾子曰く、『之を戒めよ、之を戒めよ。爾《なんじ》に出づる者は爾《なんじ》に反《かえ》る者なり』と（曾子曰、戒之戒之、出乎爾者反乎爾者也）」とある。

（四）聞、菩薩成就世間、或不具足、不責彼之不我助、惟精修六度、広布四心、化機円熟、而諸施者持以奉献、或蒙領納、則踊躍歓喜＝典拠未詳。そのままの文章は経典類に見えない。

（五）精修六度＝【三一】に既出。

（六）是僧伽藍成就福田者也＝「僧伽藍」は、『一切経音義』巻一七に「正しくは僧伽羅磨と言う。衆園を云うなり（正言僧伽羅磨。云衆園也）」（T54-414b）とある。僧侶が修行する場所のことで、後には寺院やその建造物を指すようになった。「福田」は、功徳を生み出すことを田畑に喩えたもの。『大明三蔵法数』巻四「二種福田」条に、「田は生長を以て義と為す。謂く、人、応に供養すべき者に於いて、之を供養せば、則ち能く諸もろの福報を獲ること、農の田畝に服力して、秋成の利有るが如し。故に福田と名づく（田以生長為義。謂人於応供養者而供養之、則能獲諸福報、如農服力田畝而有秋成之利。故名福田）」（P181-524b）とある。

（七）苾芻＝比丘のこと。『釈氏要覧』巻上に、「苾芻は梵語なり。是れ西天の草名。五徳を具す。故に将《もっ》て出家の人に喩う（苾芻梵語也。是西天草名。具五徳。故将喩出家人）」（T54-259b）とある。

（八）競以千年常住一朝僧之説為張本＝『五燈会元』巻一五「洞山暁聡」条に、「問う、『無根の樹子、甚麼《いずれ》の処に向《お》いて栽えんや』と。師曰く、『千年の常住、一朝の僧』と（問、無根樹子、向甚麼処栽。師曰、千年常住一朝僧）」（Z138-293c）とある。又た『羅湖野録』巻下に、「郡守の仇待制、人を遣りて之に諭して曰く、『千年の常住、一朝の僧。長老、何ぞ苦しみて争わんや』と。宏曰く、『一朝の僧を以て千年の常住を壊す可からず』と（郡守仇待制遣人諭之曰、千年常住一朝僧。長老何苦争耶。宏曰、不可以一朝僧壊千年常住）」（Z142-498a）とある。

【三七】真の説法

ある人が質問した、「説法の儀式は、必ず雨花堂《うかどう》〔という建物〕や〔上堂の時に坐る〕須弥座《しゅみざ》を用いなくてはならないのでしょうか」。

幻《わたし》は言った、「儀式について言えばそうだが、説法について言えば、どうしてそうであろうか。そもそも、『法』に定まった相《すがた》は無いし、『説』にも定まった相《すがた》は無い。払子を振るい、くちびるを動かすのは、事相（＝現象面）での『説』である。吾が仏となると、〔成道した時の坐所である〕菩提の座を立たず、〔仏の禅定である〕那伽定《ながじょう》を出ず、広長舌《こうちょうぜつ》（＝大きな舌）を動かさず、一つも法相（＝真理のありさま）を現さないで、盛んに常に『説』いていたのだ。また、どうして、〔釈尊が悟ってから死ぬまでの〕四十九年間、〔一生涯に開いたとされる〕三百以上の〔説法の〕法会〔の存在〕を待って、『説』いていたとするであろうか。もろもろの菩薩となると、〔自ら率先して〕捨てることが難しいものをよく捨て〔ることを実践して〕、〔六波羅蜜の中の〕『布施』を説法とし、保持することが難しいものをよく保持〔することを実践〕して、『戒律』を説法とし、受け入れることが難しいものをよく受け入れ〔ることを実践し〕て、『忍辱』を説法とし、その他、六波羅蜜〔の残りの精進・禅定・智慧〕や、〔慈無量・悲無量・喜無量・捨無量という〕四無量心を修《おさ》めるにいたるまで、皆な説法なのである。〔観音菩薩が、教化する対象に応じて、三十二の身を現すという〕観世音の三十二応処となると、天〔の神々〕、龍、鬼神、〔人とも人でないとも言えない〕人非人（＝緊那羅《きんなら》）などに至るまで、その現れる所に即して、説法の時なのである。更に別に説明するまでもあるまい。代々のもろもろの祖師たちは、〔秘魔巌の常遇禅師が〕叉《さすまた》を捧げ、〔雪峰義存が〕毬《まり》を転がし、〔投子義青が〕油を提《ぶらさ》げ、〔関南道吾が〕笏《しゃく》をもって舞い、〔徳山宣鑑が〕河を隔てて手で招いたり、〔二祖慧可が〕雪の中に立って心を安らかに〔することを達磨に懇願〕したり、空っぽの拳《こぶし》を粗末な小屋〔の中〕で竪《た》てたり、両足を巌穴《いわあな》〔の中〕で畳《かさね》〔て結跏趺坐し〕たり、木鐸《すず》を埃《ほこり》っぽい町の中で振ったり、釣り糸を白い浮き草や黄色の葦《あし》の浜に浮かべたり、地面を打ったり、舷《ふなべり》を叩いたり、弓を張ったり、壁に面《むか》っ〔て坐禅し〕たり、独り孤峰に住んだり、狭い〔一本〕路《みち》でバッタリ出逢ったり、牛を得て馬を還す〔といった〕、平常を超越した道理や、瓮《かめ》〔のこと〕を鐘《かね》だと喚《よ》ぶ〔といった〕、言葉を超えたところにある意味など、〔いわば〕いろいろなやり方で〔説法の締めくくりの〕玉磬が鳴らされたり、〔説法の出だしの〕鐘が鳴らされたりしているのであり、どうして、必ず皆な雨花堂や須弥座〔といったキチンとした場所〕だけでしか、それがやれないであろうか。心が道と一体ならば、〔自分の〕形影《すがた》が、巌穴《いわあな》や草の生い茂った荒れ地にほったらかしになっていたとしても、〔それがそのまま〕大衆に巌然として臨み、宗教《おしえ》を広く挙揚する時でなかったためしはない。もし道と一体でなければ、立派な衣服を晴れやかに着て、立派な椅子に偉そうに坐り、質問は雲が興《おこ》るように〔盛んで〕、答えは瓶から〔水を〕注ぐよう〔に流暢〕であっても、おしゃべりが勝れていて、ただ慢心を増やし、世俗的な情《こころ》を喜ばせ、人の気持ちを引き寄せるだけなのだ。これを法を説いて衆生を利益し、仏に代って教化を挙揚しているのだと言うのは、まったく余《わたし》のあずかり知らぬことだ」。

*

《原　文》

或問、説法之儀式、必須雨花堂（一）・須弥座為然乎、否耶。

幻曰、謂儀式則然也。謂説法則豈其然哉。夫法無定相、説亦無定相。其揮白麈払、播揺唇吻者、事相之説也。如吾仏、不起菩提座、不出那伽定、不動広長舌、不見一法相、而熾然常説。又豈待四十九年三百餘会（二）為説邪。如諸菩薩、能捨難捨、以布施為説法、能持難持、以戒律為説法、能受難受、以忍辱為説法、乃至修六波羅蜜・四無量心（三）、皆説法也。如観世音三十二応処（四）、至若天・龍・鬼神・人非人等、即其所現、是説法時。更不待別有所言也。如従上諸祖之擎叉（五）、輥毬（六）、提油（七）、舞笏（八）、隔江招手（九）、立雪安心（一〇）、竪空拳於草廬（一一）、畳双趺於巌穴（一二）、撼木鐸於紫陌紅塵之隙（一三）、放糸綸於白蘋黄葦之浜（一四）、打地（一五）、叩舷（一六）、張弓（一七）、面壁、孤峰独宿、狭路相逢、得牛還馬、而道出平常（一八）、喚瓮作鐘而意居言外（一九）、千途万轍、玉振金声（二〇）、豈必皆雨花堂・須弥座為然也。心同乎道、雖形影相弔於巌穴草莱之下、未嘗不是儼臨大衆、播揚宗教之時。苟不同乎道、雖栄披上服、尊拠大牀、問若雲興、酬如瓶瀉（二一）、口舌相勝、惟益高心。媚悦世情、鈎引時習。謂之説法利生、代仏揚化、甚非余〈校1〉所知也。

〈校1〉余＝予

＊

《書き下し文》

或るひと問う、「説法の儀式は、必ず雨花堂・須弥座を須《もち》いて然りと為すや否や」と。

幻曰く、「儀式を謂わば則ち然るなり。説法を謂わば則ち豈に其れ然らんや。夫れ法に定相無く、説にも亦た定相無し。其れ白麈払を揮い、唇吻を播揺するは、事相の説なり。吾が仏の如き、菩提座を起たず、那伽定を出でず、広長舌を動ぜず、一法の相を見《あらわ》さずして、熾然として常に説く。又た豈に四十九年、三百餘会を待って説と為さんや。諸もろの菩薩の如き、能く捨て難きを捨て、布施を以て説法と為し、能く持し難きを持し、戒律を以て説法と為し、能く受け難きを受け、忍辱を以て説法と為し、乃至、六波羅蜜・四無量心を修するまで、皆な説法なり。観世音の三十二応処の如きは、天・龍・鬼神・人非人等の若きに至るまで、其の現ずる所に即して是れ説法の時なり。更に別に言う所有ることを待たざるなり。従上諸祖の擎叉、輥毬、油を提し、笏に舞い、江を隔てて手を招き、雪に立ちて心を安んじ、空拳を草盧に竪《た》て、双趺を巌穴に畳《かさ》ね、木鐸を紫陌紅塵の隙に撼《うごか》し、糸綸を白蘋黄葦の浜に放ち、地を打ち、舷を叩き、弓を張り、壁に面し、孤峰に独宿し、狭路に相い逢い、牛を得て馬を還して、道、平常を出で、瓮《もたい》を喚《よ》んで鐘と作して、意、言外に居し、千途万轍、玉振金声あるが如きは、豈に必ず皆な雨花堂・須弥座を然りと為さんや。心、道に同じければ、形影、巌穴・草莱の下に相弔すと雖も、未だ嘗て是れ大衆に儼臨し大衆に宗教を播揚するの時にあらずんばあらず。苟《も》し道に同じからざれば、上服を栄披し、大牀に尊拠し、問うこと雲の興るが若く、酬《こた》うること瓶の瀉《そそ》ぐが如しと雖も、口舌相い勝り、惟だ高心を益すのみ。世情に媚悦し、時習を鈎引す。之を説法利生、仏に代わって化を揚ぐと謂うは、甚だ余の知る所に非ざるなり」と。

＊

《語注》

（一）雨花堂＝寺院中の堂舎の名称であろう。『至元嘉禾志』巻一八、元の徐碩撰「精厳禅寺記」に、「法堂一十二間、僧堂六間、雨花堂五間、前の資寮・行堂共に一十三間、旃檀林の後架二十間、水田二千餘畆と為す……（法堂一十二間、僧堂六間、雨花堂五間、前資寮行堂共一十三間、旃檀林後架二十間、為水田二千餘畆……）」（『欽定四庫全書』史部・地理類・都会郡県之属）とあり、『武林梵志』巻四「広教寺」条に、「慶元六年、密印法師の重修に、雨花堂、説法台有り（慶元六年、密印法師重修有雨花堂、説法台）」（『欽定四庫全書』史部・地理類・古蹟之属）とある。ただ、禅門の伽藍の中には見えない名称であり、無著道忠『禅林象器箋』にも載せられていない。どの様な建物か不明だが、内容から見て、法堂とは別に作られた説法用の建築物であろう。恐らくは小参などに用いられたものであろうか。

（二）修六波羅蜜・四無量心＝「六波羅蜜」は【二六】の語注（二）を、「四無量心」は同（一）を、それぞれ参照。

（三）四十九年三百餘会＝「四十九年」は【一】の語注（二〇）「世尊四十九年説法」条を、「三百餘会」は【二四】の語注（七）「応酬三百餘会差別之機」条を、それぞれ参照。

（四）観世音三十二応処＝観世音菩薩の応身の数は、『法華経』の「観世音菩薩普門品」では三十三身であるが、『楞厳経』では三十二応となっている。『楞厳経』巻六に、観音菩薩の発言として、「世尊よ、我、観音如来を供養するに由りて、彼の如来の、我に如幻聞薫聞修金剛三昧を授くることを蒙る。仏如来と慈力を同じくするが故に、我が身をして三十二応を成じて諸もろの国土に入らしむ（世尊由我供養観音如来、蒙彼如来授我如幻聞薫聞修金剛三昧。

与仏如来同慈力故、令我身成三十二応入諸国土）」（T19-128b）とある。三十三身と三十二応の関係対照については、教学研究委員会編「『楞厳経』巻六　訳注」（『妙心寺派教学研究紀要』第一一号・二〇一三年、p. 145～148）の注（2）と《補注》を参照されたい。

（五）擎叉＝【四】の語注（一二）参照。

（六）輥毬＝【四】の語注（一三）参照。

（七）提油＝投子大同と趙州従諗との問答である「投子沽油」の話。『景徳伝燈録』巻一五「舒州投子山大同」条に、「一日、趙州諗和尚、桐城県に至る。師も亦た山を出て、途中に相遇うも未だ相識らず。趙州潜かに俗士に問い、是れ投子なることを知る。乃ち逆《むか》えて問いて曰く、『是れ投子の山主なること莫きや』と。師曰く、『茶塩銭、一箇を乞う』と。趙州即ち先ず庵中に到りて坐す。師後に一缾油を携えて庵に帰る。趙州曰く、『久しく投子を嚮す。到来すれば只だ箇の売油翁を見るのみ』と。師曰く、『汝只だ売油翁を見るのみにして、且つ投子を識らず』と。曰く、『如何なるか是れ投子』と。師曰く、『油、油』と（一日趙州諗和尚至桐城県。師亦出山、途中相遇、未相識。趙州潜問俗士、知是投子。乃逆而問曰、莫是投子山主麼。師曰、茶塩銭乞一箇。趙州即先到庵中坐。師後携一缾油帰庵。趙州曰、久嚮投子。到来只見箇売油翁。師曰、汝只見売油翁、且不識投子。曰、如何是投子。師曰、油油）」（T51-319a）とある。

（八）舞笏＝『景徳伝燈録』巻一一「襄州関南道吾」条にある「僧問う、『如何なるか是れ祖師西来意』と。師簡を以て揖して云く、『諾』と（僧問、如何是祖師西来意。師以簡揖云、諾）」（T51-288c）という問答と、続けてある「師有る時、木剣を執りて、肩上に横在して舞を作す（師有時執木剣、横在肩上作舞）」という一段を纏めたもの。「簡」は「笏」の意。

（九）隔江招手＝『五燈会元』巻七「高亭簡」の条に、「徳山に参ず。江を隔てて纔かに見れば、便ち云く、『不審』と。山乃ち扇を揺して之を招く。師忽ち開悟し、乃ち横趨して去って、更に回顧せず（参徳山。隔江纔見、便云、不審。山乃揺扇招之。師忽開悟、乃横趨而去、更不回顧）」（Z138-120c）とある。

（一〇）立雪安心＝二祖慧可が雪中に立って達磨に法を求めた故事と、同じく慧可が達磨に安心を求めた話を纏めたもの。『景徳伝燈録』巻三「第二十八祖菩提達磨」条（T51-219a）、『五燈会元』巻一「初祖菩提達磨大師」条（Z13

8–15d～16a）などを参照。

（一一）竪空拳於草盧＝竪拳の例として有名なものに『五燈会元』巻一七「黄龍死心悟新」条の晦堂との問答がある。「黄龍に至りて晦堂に謁す。堂、拳を竪てて問いて曰く、『喚んで拳頭と作《な》さば則ち触れ、喚んで拳頭と作さずんば則ち背く。汝喚んで甚麼《なん》と作す』と。師、措《お》く罔《な》し。（至黄龍謁晦堂。堂竪拳問曰、喚作拳頭則触、不喚作拳頭則背。汝喚作甚麼。師罔措。）」（Z138–334a）

（一二）畳双趺於巌穴＝特段の典拠はないようであるが、「双趺」という語は釈尊末後の因縁との関わりで「金槨に双趺を示す（金槨示双趺）」（『禅林僧宝伝』巻二一・Z137–262a、『五燈会元』巻一二・Z138–212b）という形で見えている。

（一三）撼木鐸於紫陌紅塵之隙＝普化和尚の逸話を念頭に置いたものであろう。『五燈会元』巻四「鎮州普化和尚」条に、「何許《いずこ》の人なるかを知らざるなり。盤山に師事して、真訣を密受す。而して佯狂、言を出すこと度無し。盤山順世するに曁《およ》んで、乃ち北地に於いて化を行ず。或は城市、或は塚間、一鐸を振りて曰く、『明頭来、明頭打。暗頭来、暗頭打。四方八面来、旋風打。虚空来、連架打』と。一日、臨済、僧をして捉住せしめて曰く、『総に不恁麼来の時、如何』と。師拓開して曰く、『来日、大悲院裏に斎有り』と。僧回《かえ》って済に挙似す。済曰く、『我、従来、這の漢を疑着す』と。凡そ人を見るに高下無く、皆な鐸を振ること一声す。時に普化和尚と号す。或いは鐸を将《もっ》て人の耳辺に就きて之を振る（不知何許人也。師事盤山、密受真訣。而佯狂出言無度。曁盤山順世、乃於北地行化。或城市、或塚間、振一鐸曰、明頭来、明頭打。暗頭来、暗頭打。四方八面来、旋風打。虚空来、連架打。一日、臨済令僧捉住曰、総不恁麼来時如何。師拓開曰、来日大悲院裏有斎。僧回挙似済。済曰、我従来疑着這漢。凡見人無高下、皆振鐸一声。時号普化和尚。或将鐸就人耳辺振之）」（Z138–71d～72a）とある。『臨済録』「勘弁」（岩波文庫本・p. 157）の普化の箇所では「鐸」ではなく「鈴」になっている。

（一四）放糸綸於白蘋黄葦之浜＝「糸綸」の話としてすぐに思い浮かぶのは次の船子の語であろう。『五燈会元』巻五「船子徳誠」条に、「三十年来、釣台に坐し、鉤頭往往にして黄能を得たり。金鱗遇わず空しく力を労す。糸綸を収取して帰去来《かえりなんいざ》（三十年来坐釣台、鉤頭往往得黄能。金鱗不遇空労力。収取糸綸帰去来）」（Z138–88a）とある。

（一五）打地＝『五燈会元』巻三「打地和尚」条に、「江西に旨を領して自《よ》り、常に其の名を晦《くら》ます。凡そ学者、問を致さば、唯だ棒を以て地を打して之に示す。時に之を打地和尚と謂う。一日、僧に棒を蔵却して、然る後に問を致さる。師但だ其の口を張す。僧、門人に問いて曰く、『秖だ和尚、毎日、人の問う有れば便ち地を打すが如き、意旨如何』と。門人即ち竈内に於いて、柴一片を取りて、釜中に擬在す（自江西領旨、常晦其名。凡学者致問、唯以棒打地示之。時謂之打地和尚。一日被僧蔵却棒、然後致問。師但張其口。僧問門人曰、秖如和尚毎日有人問便打地、意旨如何。門人即於竈内、取柴一片、擬在釜中）」（Z138–59b）とある。

（一六）叩舷＝典拠未詳だが、「舷」に関わる問答としては、徳山宣鑑の「汝未だ船舷を跨がざる時、便ち三十拄杖を与うるに好《よ》し（汝未跨船舷時、便好与三十拄杖）」（『景徳伝燈録』巻一五・T51–317c）という語が有名である。

（一七）張弓＝『五燈会元』巻五「三平義忠」条に、「福州楊氏の子。初め石鞏に参ず。鞏常に弓を張り箭を架して機を接す。師、法席に詣《いた》る。鞏曰く、『箭を看よ』と。師乃ち胸を撥開して曰く、『此れは是れ殺人の箭。活人の箭又た作麼生』と。鞏、弓弦を弾ずること三下す。師乃ち礼拝す。鞏曰く、『三十年、弓を張り箭を架し、秖だ半箇の聖人を射得するのみ』と。遂に弓箭を拗折す。後に大顛に参じ、前話を挙す。顛曰く、『既に是れ活人の箭なり』と（福州楊氏子。初参石鞏。鞏常張弓架箭接機。師詣法席。鞏曰、看箭。師乃撥開胸曰、此是殺人箭。活人箭又作麼生。鞏弾弓弦三下。師乃礼拝。鞏曰、三十年張弓架箭、秖射得半箇聖人。遂拗折弓箭。後参大顛、挙前話。顛曰、既是活人箭）」（Z138–90a〜b）とある。

（一八）得牛還馬而道出平常＝【一〇】の語注（三）参照。

（一九）喚瓮作鐘而意居言外＝そのままの表現は見当たらないようだが、『無門関』第七則「趙州洗鉢」条の無門慧開の評語に、「鐘を喚んで甕と作す（喚鐘作甕）」（T48–294a）とある。

（二〇）玉振金声＝『孟子』「万章下篇」に「孔子こそ、すべての徳を集めて大成（＝完備）した人というべきである。集めて大成するというのは、〔どんなことかというと〕、音楽を奏するときに、まず鐘を鳴らしてはじめ〔それを合図に笛や太鼓などの八音《はっちん》（＝衆音）が合奏され〕、さいごに玉磬を打ってしめくくりをつけることである。はじめに鐘を鳴らすのは、〔この一声で衆音を引きおこして〕条理《すじ》の一糸乱れぬ調和を合奏しはじめるものであり、磬を打ってしめくくりをつけるのは、〔この一声で乱れずにきた衆音の〕条理をまとめて合奏を終えるのである（孔

子之謂集大成。集大成也者、金声而玉振之也。金声也者、始條理也。玉振之也者、終條理也）」（岩波文庫本㊦p. 169）とある。

（二一）酬如瓶瀉＝『註華厳経題法界観門頌』巻二に、「普慧雲興二百問、普賢瓶瀉二千答」（T45-704a）とあり、『大方広仏華厳経疏』巻五一「離世間品第三八」にも「雲興二百問、瓶瀉二千酬」（T35-890a）とある。

【三八】悟後の報縁

ある人が質問した、「古人は、悟った後、あるものは独り孤峰に住み、あるものは雑踏の町中《まちなか》に入って住み、あるものは〔いろいろな仏教の〕教えを併せて宣揚し、あるものは正しい〔禅宗の〕教えだけをズバリと示し、あるものは〔弟子の数をかぞえる〕子籌《小さな棒》が部屋に満ち、あるものは誰一人として面会せず、あるものは〔便りが〕絶え失せて〔うわささえ〕聞くことがなく、あるものは名声が全世界に喧《やかま》しく〔響きわたり〕、あるものは自分から世間の災難にかかってしまい、あるものは身体が〔病気に〕感染して長患いをしています。同じように少室（＝達磨）の〔教えの〕門に赴いていながら、各々世間の〔人と変わらない様な色々と異なった〕路《みち》を歩むのはどうしてでしょうか」。

幻《わたし》は言った、「同じ点を言うならば、同じく達磨がズバリと指し示した真実の自心《こころ》を悟っているのだ。異った点を言うならば、各自が受けている〔過去・現在・未来の〕三世にわたる〔因果による〕虚幻《まぼろし》のような報いが異なっているのだ。〔各自で異なっている因果の〕報い〔が存在するという観点〕から考えてみるならば、静寂を好んで独り孤峰《やま》に住んでいるわけではないし、喧噪が好きで雑踏の町中《まちなか》に入っているわけではないし、〔いろいろな〕教えを宣揚していても、〔仏教を外れた〕異端に関わっているわけではないし、正しい〔禅宗の〕教えを提示していても、禅門を〔我がものとして〕専横しているわけではないし、弟子が寺に充ち満ちていても、いいかげんに集まっているわけではないし、〔寺の中に〕人影が無くても人が〔来るの〕を拒絶しているわけではないし、この世を終えるまで〔一生涯、その名声を〕聞くことが無くても、隠遁を尊んでいるわけではないし、その名声が全世界に喧《やかま》しく〔響きわたっていても〕、〔名前を〕有名にしようとして〔事を〕構えているわけではない。〔人生において〕栄えるか衰えるか、禍《わざわい》があるか幸福になるかということに至るまで、すべて〔果報としての因縁である〕報いに本づいているのだ。〔堅固な〕金剛《ダイヤモンド》のような〔仏法の〕正しい眼で視るならば、〔すべての報いは〕ただ埃《ちり》が目〔の前〕を飛んで行く〔ほどのこと〕にすぎないのだ。どうして、その好きとか嫌いとか、欲しいとか要らないといった念《こころ》を動かすことができようか。だから、龍門《りゅうもん》（＝仏眼清遠）は言っている、『報いは虚幻《まぼろし》〔のようなもの〕である。〔それに任せるだけのことであり〕どうして無理に〔報いにそむくことを〕やれようか』と。演祖《えんそ》（＝五祖法演）も言っている、『あらゆるものにこの道は存在しており、ひたすら、目前の縁に信《まか》せるだけだ』と。もし〔このような〕この上ない真理で、〔報いを〕鑑《かんが》みないならば、世間的な浮き沈みに惑わされないわけにはいかないのだ」。

＊

《原　文》

或問、古人得旨之後、或孤峰独宿、或垂手入廛〈校1〉、或兼擅化権、或単提正令、或子籌盈室、或不遇一人、或泯絶無聞、或声喧宇宙、或親嬰世難、或身染沈痾。雖同趨少室之門、而各蹈世間之路者、何也。
幻曰、言乎同者、同悟達磨直指之真実自心也。言乎異者、異於各稟三世之虚幻縁業也。以報縁観之、非楽寂而孤峰独宿也、非愛閙而入廛〈校1〉垂手也、擅化権而非渉異也、提正令而非専門也、雖弟子満門非苟合也、雖形影相弔非絶物也、其畢世無聞非尚隠也、其声喧宇宙非搆顕也。至若栄枯禍福、一本乎報縁。以金剛正眼視之、特不翅飛埃之過目耳。安能動其愛憎取捨之念哉。所以龍門謂(一)、報縁虚幻。豈可強為。演祖謂(二)、万般存此道、一味信前縁。苟不有至理鑑之、則不能無惑於世相之浮沈也。

〈校1〉廛＝鄽

*

《書き下し文》

或るひと問う、「古人、旨を得るの後、或いは孤峰に独宿し、或いは手を垂れて廛に入り、或いは兼ねて化権を擅《ほしいまま》にし、或いは正令を単提し、或いは子籌、室に盈ち、或いは一人に遇わず、或いは泯絶して聞くこと無く、或いは声、宇宙に喧《かまびす》しく、或いは親《みずか》ら世難に嬰《かか》り、或いは身、沈痾に染まる。同じく少室の門に趨《おもむ》くと雖も、各おの世間の路を蹈むは何ぞや」と。

幻曰く、「同じきを言わば、同じく達磨直指の真実の自心を悟るなり。異なりを言わば、各おの三世の虚幻の縁業を稟《う》くるを異《こと》にするなり。報縁を以て之を観れば、寂を楽《この》んで孤峰に独宿するに非ざるなり、閙を愛して入廛垂手するに非ざるなり、化権を擅《ほしいまま》にするも、異に渉るに非ざるなり、正令を提するも門を専らにするに非ざるなり、弟子、門に満つと雖も、苟《かりそ》めに合うに非ざるなり、形影相《あい》弔すと雖も、物を絶つに非ざるなり、其れ世を畢《お》うるまで聞くこと無きも、隠るるを尚《たっと》ぶに非ざるなり、其の声、宇宙に喧《かまびす》しきも、顕らかにすることを構ずるに非ざるなり。栄枯禍福の若きに至るまで、一に報縁に本づく。金剛の正眼を以て之を視れば、特《ただ》に飛埃の目を過ぐるに翅《す》ぎざるのみ。安くんぞ能く其の愛憎取捨の念を動かさんや。所以に龍門謂う、『報縁は虚幻なり。豈に強いて為す可けんや』と。演祖謂う、『万般、此の道を存して、一味に前縁に信《まか》す』と。苟《も》し至理もて之を鑑ること有らざれば、則ち世相の浮沈に惑うこと無き能わざるなり」と。

＊

《語注》

（一）龍門謂、報縁虚幻。豈可強為＝「龍門」は仏眼清遠（一〇六七～一一二〇）のこと。五祖法演の法嗣で、兄弟弟子の仏果克勤・仏鑑慧懃と共に「三仏」と称された。その伝は、『続伝燈録』巻二五（T51-636b）、『五燈会元』巻一九（Z138-372b）などに見える。引用は、『古尊宿語録』巻三四「舒州龍門仏眼和尚語録」の「三自省察」の条に、「報縁は虚幻にして、強いて為す可からず。浮世は幾何《いくばく》ぞ、家の豊倹に随う。苦楽逆順、道、其の中に在り。動静寒温、自ら愧じ自ら悔ゆ（報縁虚幻、不可強為。浮世幾何、随家豊倹。苦楽逆順、道在其中。動静寒温、自愧自悔）」（Z118-303d）とあり、学人が、常に諸行が無常であることを悟り、回りの状況に関係なく修行に励むことが説かれている。また『緇門警訓』巻二（T48-1048b）などにも引かれている。

（二）演祖謂、万般存此道、一味信前縁＝『法演禅師語録』巻下「遷住白雲入院後示二三執事（白雲に遷住し、入院の後、二三の執事に示す）」条に、「山に登るには拄杖を須《もち》い、水を渡るには行船を要す。客有り開顔して笑い、愁い無く脚を展じて眠る。万般、此の道を存し、一味に前縁に信《まか》す。試みに紅塵の裏《うち》に比するに、清虚、幾銭に直《あた》いせん〈登山須拄杖、渡水要行船。有客開顔笑、無愁展脚眠。万般存此道、一味信前縁。試比紅塵裏、清虚直幾銭〉」（T47-667c）とある。

【三九】嗣法のあり方

ある人が質問した、「師家の位にいる者が、仏に代わって教化を宣揚しているのは、〔しかるべき立派な〕人を得て〔仏法の〕慧命《いのち》を受けつがせることを根本としています。今の禅宗五家の後継ぎは、ただ臨済の門下だけが、血脈が断ち切れておらず、その他〔の曹洞・潙仰・雲門・法眼の四宗〕は、皆な後継ぎが絶えているのは、〔法燈の〕授受の際に、受け渡しに落ち度があったのでしょうか。それとも、〔我々があずかり知らない〕大きな因縁がそうさせているのでしょうか」。

幻《わたし》は言った、「聖人《ほとけ》の道は、隠れたり顕《あらわ》れたりするのに、〔その〕時どき〔のなりゆき〕に任せてはいるが、また定まった運命に従っているだけなのだ。そもそも時代の長短、人物の盛衰、教化の隆替は、ほんの僅かさえもその間に〔恣意的な〕増減をすることができない。昔、吾が祖〔である達磨大師〕は、まだ西乾《インド》を離れないうちに、すでに〔第二十七祖の〕般若多羅尊者の予言を受けていた。これは〔このことの〕証拠とすることができよう。青原・南嶽が、まだ〔この世に〕現れていない時に、その五家はすでに〔そうなる〕定まった運命があったのだ。五家が、まさに隆盛を誇っていた時に、その〔宗派がその後どれくらい栄えるかという時間的な〕長短の定めに〔ついて〕、どうして運命が〔決まってい〕なかったであろうか。ただ誰もがいい加減で分かっていなかっただけのことなのだ。次の様に言う人がいる、『臨済の道《おしえ》は普通の〔人の〕人情を超脱しており、人を指導するやりかたは痛切であり、機用《はたらき》は円満であり、言葉も活き活きとしており、人を鍛錬するときには、手のひらを返すように素速かった。だから、〔臨済の〕名声は永久に衰えなかったのだ。それ以外〔の宗派〕はこれに反していた。この世に永く〔存続し〕なかったのは、もっともなことであろう』と。この説は、先人をバカにし、〔物事の〕是非を臆断しているだけでなく、またひどく道理が分かっていない。しかも、近代の師家の位にいる者たちは、心を等しくして教化を行い、仏法を永久に〔この世に〕残そうとは思わず、往々にして後継ぎを求めることを急ぎ、村里の俗人がやることを真似て、権勢や利益でなびかせ、名誉や官位で誘い、物欲〔を刺激すること〕で勝とうとし、感情〔むき出し〕で欺きあっている。このようであれば、〔たとえ〕数千百代伝わり、綿々と〔絶えずに〕衰えることがないとしても、どうして真理に〔対して〕益が有ろうか。どうして益がないだけであろうか、実に害悪の極みである。だから、月堂《げつどう》（＝浄慈道昌禅師）には、〔暑い夏の〕日中《ひるま》に瓜《うり》に水をかけ〔て瓜をダメにす〕るという喩《たとえ》が有り、石室《せきしつ》には、〔弟子の〕腋《わき》に穴をあけて羽を挿《さ》〔して鳥の様に飛ばそうというまねを〕している〔という〕誹りがあるのだ。〔これらの事実は〕ともに書籍の中に載っている。いったいどういうつもりで、顧みようとしないのか。昔の雲門となると、仏法を陳尊宿《ちんそんしゅく》（＝睦州道明）から得たが、陳尊宿は結局、〔雲門を〕雪峰〔義存〕に嗣法させ、叢林では今日におよぶまで、この行いを尊んでいる。また、慈受《じじゅ》（＝慧林懐深）となると、仏鑑《ぶつかん》〔慧懃《えぎん》〕に蔣山で謁見し、室中で思いがけない所得があった。〔慧林懐深は、仏鑑慧懃の弟子になって〕その師承を改めようとしたが、仏鑑〔慧懃〕は、結局これを退け、禅宗では、とりわけ美談に帰している。〔彼らは〕ただ我が〔仏教の〕道《おしえ》が、広く人に行きわたらせることができないのを恐れていただけなのだ。もし、その嗣法〔した宗派〕が〔自分と〕異なっていたとしても、またどうして憾《うら》みにおもうことがあるだろうか。たとえば、東にある家の燈《あかり》を分けてもらい、西にある家の部屋を照らすようなものだ。ただ、その〔部屋の〕暗闇を破って照らすことが素晴らしいことなのだ。また、どうして、彼が自分のところの燈《あかり》がどこから来たか分からないといって責めるだろうか」。

*

《原　文》

或問、拋師位者、代仏揚化、本於得人以続慧命。今五宗之嗣、惟済北而下、血脈不断。餘皆絶嗣者、豈授受之際、失於嘱累耶。抑夤縁之使然耶。

幻曰、聖人之道、雖隠顕随時、亦由定分耳。其時代之延促、人物之盛衰、化権之隆替、雖一毫、不能加損於其間。昔吾祖、未離西乾、已受般若多羅預讖(一)。此其可験矣。当青原・南嶽未著之時、其五家已有定分矣。当五家方盛之頃、其脩短之数、安得無定分焉。特彼此昧略、而不自知也。或謂(二)、臨済道出常情、為人痛切、機円語活、其煅煉人物、速如反掌。以故、家声久遠不墜。自餘反是。宜乎、不永於世也。此説、不惟誣謗先哲、臆断是非、亦乃昧天理之甚者。然近代之拋師位者、不思等心垂化、令法久住、往往急於求嗣、効閭巷庸俗之所為、以勢利相傾、名位相誘、物欲相勝、情妄相欺。似此、雖数千百伝縄縄不墜、何有益於理哉。

豈惟無益、実害之至也。故月堂有日中灌瓜之喩(三)。石室有鑽腋挿羽之譏(四)。具在典章。不知何所図、而弗之顧也。如古之雲門、得法於陳尊宿(五)、而宿使其終嗣雪峰、叢林迨今尊之。又如慈受、謁仏鑑於蔣山(六)、室中有奇遇。欲易其所嗣、鑑終却之、叢林尤帰美焉。但恐我之道、不能広被於人。使異其所嗣、亦何憾焉。譬如分東家之燈而照西室。但取其破幽燭暗為美。又安庸責彼昧吾燈之自来也耶。

*

《書き下し文》

或るひと問う、「師の位に拠る者、仏に代わりて化を揚ぐるは、人を得て以て慧命を続《つ》ぐを本とす。今の五宗の嗣、惟だ済北よりして下、血脈断ぜず。餘は皆な嗣を絶つは、豈に授受の際、嘱累を失せんや。抑《そも》そも釁縁の然らしめんや」と。

幻曰く、「聖人の道、隠顕、時に随うと雖も、亦た定分に由るのみ。其れ時代の延促、人物の盛衰、化権の隆替は、一毫と雖も、其の間に加損すること能わざるなり。昔、吾が祖、未だ西乾を離れざるに、已に般若多羅の預讖を受く。此れ其れ験とす可し。青原・南嶽、未だ著われざる時に当たりて、其の五家、已に定分有り。五家、方《まさ》に盛んなるの頃に当たりて、其の脩短の数、安くんぞ定分無きことを得んや。特《た》だ彼此昧略にして、自ら知らざるなり。或るひと謂う、『臨済の道は、常情を出で、人の為にすること痛切にして、機は円にして語は活き、其の人物を煅煉するに、速かなること掌を反《かえ》すが如し。故を以て、家声久遠にして墜ちず。自餘は是れに反す。宜《むべ》なるかな、世に永からざること』と。此の説、惟《た》だに先哲を誣謗し、是非を臆断するのみにあらず、亦た乃ち天理を昧ますの甚しき者なり。然も近代の師位に拠る者は、心を等しくして化を垂れ、法をして久住せしむることを思わず、往往にして、嗣を求むるに急にして、閭巷の庸俗の為す所に効《なら》い、勢利を以て相い傾け、名位もて相い誘い、物欲もて相い勝り、情妄もて相い欺かんとす。此くの似《ごと》くなれば、数千百伝、縄縄として墜ちずと雖も、何ぞ理に益有らんや。豈に惟《た》だに益無きのみならず、実に之を害するの至りなり。故に月堂、日中に瓜に灌《そそ》ぐの喩有り。石室に、腕を鑚《うが》ちて羽を挿《さ》すの譏《そし》り有り。具《つぶさ》に典章に在り。知らず、何の図る所にして、之を顧《かえり》みざるや。古の雲門の如き、法を陳尊宿に得るも、宿、其れをして終《つい》に雪峰に嗣がしめ、叢林、今に迨《およ》ぶまで之を尊ぶ。又た慈受の如き、仏鑑に蔣山に謁し、室中に奇遇有り。其の嗣ぐ所を易《か》えんと欲するも、鑑終《つい》に之を却《しりぞ》け、叢林尤も美に帰す。但だ我れの道、広く人に被らす能わざることを恐る。使《も》し其の嗣ぐ所を異にするも亦た何ぞ憾《うら》まん。譬えば東家の燈を分ちて西室を照らすが如し。但だ其の幽を破って暗を燭《てら》すを取りて美と為すのみ。又た安《いず》くんぞ彼の吾が燈の自《よ》りて来たるところを味ますことを責めんや」と。

*

《語注》

（一）昔吾祖、未離西乾、已受般若多羅預讖＝インドの第二十七祖である般若多羅は達磨大士に対し八偈を説いて、「仏教の隆替について予言した（預讖仏教隆替）」（『景徳伝燈録』巻二・T51-217a）とされる。

（二）或謂、臨済道、出常情、為人痛切、機円語活、其煆煉人物、速如反掌。以故家声久遠不墜、自餘反是。宜乎、不永於世也＝典拠未詳

（三）故月堂有日中潅瓜之喩＝月堂は、浄慈寺の月堂道昌禅師のこと。その伝は『五燈会元』巻一六「浄慈道昌」条（Z138-323c）などに見える。『禅林宝訓』巻四の「月堂昌和尚曰……」の次の段に、以下のような記事を載せる。

「月堂、浄慈に住すること最も久し。或るひと謂く、『和尚、道を行じて年を経るも、門下に未だ弟子有るを聞かず。妙湛（＝嗣法師の雪峰思慧禅師）に辜《そむ》かざることを得んや』と。月堂対《こた》えず。他日再び之を言う。月堂曰く、『子聞かずや。昔人、瓜を種えて愛すること甚だしき者、盛夏の日方《まさ》に中するに之に灌す。瓜、踵を旋さずして淤敗す。何ぞや。其の之を愛し勤めざるには非ざるなり。然れども之に灌するに時を以てせざるは、適《まさ》に之を敗る所以なり。諸方の老宿、衲子を提挈するに、其の道業の内充、才器の宏遠を観ずして、止《た》だ其の人の為にすることに速やかならんと欲するのみなれば、其の道徳を審らかにするに逮《およ》んでは則ち淫汚、其の言行を察すれば則ち乖戻、其の公正を謂えば則ち邪佞なり。之を愛すること其の分に過ぐるに非ざるを得んや。是れ正に猶お日中の瓜に灌するがごときなり。予深く識者の笑いを恐る。故に為さざるなり』と。（月堂住浄慈最久。或謂、和尚行道経年、門下未聞有弟子。得不辜妙湛乎。月堂不対。他日再言之。月堂曰、子不聞。昔人種瓜而愛甚者、盛夏之日方中而灌之。瓜不旋踵而淤敗。何也。其愛之非不勤。然灌之不以時、適所以敗之也。諸方老宿提挈衲子、不観其道業内充、才器宏遠、止欲速其為人、逮審其道徳則淫汚、察其言行則乖戻、謂其公正則邪佞。得非愛之過其分乎。是正猶日中之灌瓜也。予深恐識者笑。故不為也。）」（T48-1035c）

（四）石室有鑚腋挿羽之譏＝石室は未詳。「鑚腋挿羽」の語は『叢林公論』の次の一段に見える。「今の師と為る者は、〔弟子の〕可否を問わず、例して撫養収恤、鑚腋出羽を以てす。意に謂《おも》えらく、『我が宗盛大にして、多く法嗣有り』と。弟子曰く、『某、衆に入りて年有り。師に見《まみ》ゆるの後、重担を卸すが如く、穢裘を脱するが如く、生平に慶快なり。尽く師の道を得たり』と。意は、提援して、名を冒し利を苟にするに在るのみ。嗚呼、哀しいかな。（今之為師者、不問可否、例以撫養収恤、鑚腋出羽。意謂、我宗盛大、多有法嗣。弟子曰、某入衆有年。見師之後、如卸重担、如脱穢裘、慶快生平。尽得師道。意在提援、冒名苟利而已矣。嗚呼、哀哉。）」（Z113-458a）

（五）如古之雲門、得法於陳尊宿＝「古之雲門」は雲門宗の開祖とされる雲門文偃（八六四〜九四九）のこと。彼が陳尊宿（＝睦州道明）の下で悟道した有名な因縁は『五燈会元』巻一五「雲門文偃」条などに見える。「師（＝雲門）乃ち門を扣く。〔睦〕州曰く、『誰ぞ』と。師曰く、『某甲』と。州曰く、『甚麼《なに》をか作《な》す』と。師曰く、『己事未だ明らかならず。師の指示を乞う』と。州、門を開きて一見し、便ち閉却す。師、是《か》くの如く三日、門を扣く。

第三日に至りて、州、門を開き、師乃ち拶入す。州便ち擒住して曰く、『道《い》え、道《い》え』と。師擬議す。州便ち推出して曰く、『秦時《しんじ》の轆轢鑽《たくらくさん》』と。遂に門を掩い、師の一足を損う。師、此れに従りて悟入す。〔師乃扣門。州曰、誰。師曰、某甲。州曰、作甚麼。師曰、己事未明。乞師指示。州開門一見便閉却。師如是連三日扣門。至第三日、州開門、師乃拶入。州便擒住曰、道、道。師擬議。州便推出曰、秦時轆轢鑽。遂掩門、損師一足。師従此悟入。〕」（Z138–276c）

（六）又如慈受、謁仏鑑於蔣山＝慈受は雲門宗の慧林懐深（一〇七七〜一一三二）のこと。『五燈会元』巻一六「慧林懐深」条に、朝廷が慧林懐深の住む資福寺を道教の神霄宮としたので、ここを棄てて、仏鑑慧懃のいる蔣山に往き、西庵に留まって、仏鑑に教えを請うたという、次の様な故事がある。「偶たま朝廷、資福を以て神霄宮と為す。因りて棄てて蔣山に往き、西庵に留まり〔仏鑑に〕請益を陳ぶ。〔偶朝廷以資福為神霄宮。因棄往蔣山、留西庵陳請益。〕」（Z138–321d）

【四〇】悟ったことを言うべきか・悟道の標榜の是非

ある人が質問した、「『楞厳経』に、『私（＝釈尊）の死後、菩薩や阿羅漢は末法の世界に種々の姿を現して、〔諸々の衆生と〕一緒に同じ事柄をおこなうが、最後まで「自分は本当の菩薩であり、本当の阿羅漢だ」と言って、仏の密因（＝秘密の悟りに入る因としての修行）を泄《もら》して、軽がるしく後世の修行者にしゃべったりしないものだ。ただ臨終の際に、ひそかに遺言するのだけは例外だ』と言っています。今の師家の位にいる人を見ますに、人々の前で〔自分の〕悟りについて偉そうに説き、もし修行者がまだ信じなければ、〔更に、衆生を済度しようとしているという〕誓願を明らかにします。昔の仏の誠実な言葉に違《たが》い、後世の人のでたらめな行いを増やしているようです。その可否が分かりません〔がお分かりでしょうか〕」。

幻《わたし》は言った、「この話は、〔昔から〕問題となっている。〔禅宗の〕五家でもろもろの祖師の伝記を〔史書として〕編纂するさいには、必ず先ずその悟りを開いた機縁を載《の》せている。〔だが〕その悟る時に当っては、長い間、忘れて〔いたものを〕たちまち思い出すようなものだし、言葉がしゃべれない障害者が夢をみ〔ても人に説明す〕る〔ことができない〕ように、ただ自分自身だけが分かるのであり、他人に理解できる事柄ではない。これを〔仏法の功徳や利益を自ら受け、その楽しみを味わう悟りの境地である〕自証の三昧と言うのだ。もし口をつぶって公言しないならば、どうして〔馬祖道一が〕野鴨〔がどこへ飛んでいったか〕と質問したり、〔鳥窠道林が〕布毛を吹き〔とばしたり〕、〔霊雲志勤が〕桃の花を見〔て悟っ〕たり、〔孚上座が〕画角《ふえ》〔の音〕を聞い〔て悟っ〕た話が〔世に伝えられることが〕有っただろうか。恐らく、この話が明らかになったのには、また理由が有るのだ。〔その理由とは、〕あるいは〔どうやって悟ったのかという〕師家の詰問に因るものであったり、あるいは〔やむを得ない〕事情に出会って示されたものであったり、あるいは最後に〔自分の〕悟り〔の内容〕に偏りが無いことを表すものであったり、あるいは時に応じて〔相手の疑問を〕断ちきり、悪い評判が流布しないようにしたものだったのだ。やむを得ないことだったのであろう。中には悟った内容を示さない者もたくさんいるが、既に禅宗の法系に入っているからには、どうして〔悟ったという〕証拠がなかったであろうか。思うに、深く包み隠して明示しようとしなかったので、そうなったのだ。そもそも、本当に手に入れたものがあるひとは、一度も『悟り』という言葉を口にしなくても、宝玉がある山は、草木に花が咲き乱れ、宝珠がある淵は、波瀾《なみ》が透きとおっているようなものであり、〔悟っていることを口で言わずとも回りの人に分かるのは〕自然の道理なのである。本物の禅匠は、ただ自分の手に入れたものに拠って、人のために〔その修行の成果が正しいかどうかを見て〕ケリを付け〔てや〕るだけなのである。必ずしも自分の悟った因縁を引用して信頼されることを求めないし、また必ずしも〔作為的な〕心念《こころ》を働かせて、巧妙に〔自分が悟った〕機縁《きっかけ》を設定し、相手〔の考え〕を入れ換え〔させ〕たり、後世の修行者を困らせたりはしない。ただ一つ一つ〔自分の〕力に随って〔悟り得たものを〕述べるだけなのだ。修行者が、もし信じてくれなくても、ただそれに任すだけである。もし、迷いのこころをほしいままに〔して指導〕すれば、〔悟りによって得られた〕三昧を失ってしまうことになる。もし、そうだとすれば、〔自分が〕悟りに至った道理は、秘密にした方がよいのであろうか、漏らした方がよいのであろうか」。

*

《原　文》

或問、楞厳経云(一)、我滅度後、菩薩・阿羅漢、於末法中、現種種形、与其同事、終不自言我真菩薩、真阿羅漢、泄仏密因、軽言末学。惟除命終陰有遺付。覩今之拠師位者、於人天前称説悟由、或学者之未信、則伸之以誓。似違古仏之誠言、増後人之妄習。莫知其可否。

幻曰、此説其来有漸矣。如五燈編諸祖之本伝、必先載其領悟之縁。当其悟之之頃、如久忘忽記、如啞子得夢、惟己自知、非第二人境界。是謂自証三昧。使其絶口不言、安有問野鴨（二）、吹布毛（三）、見桃花（四）、聞画角（五）之説乎。蓋此説之露亦有由也。或因師詰問、或遇事指陳、或末後表証無偏、或当時遮掩、不及悪声流布。豈得已哉。其中亦多有不形所悟者。既預祖燈、寧無証拠。蓋覆蔵深密、不欲顕露而然也。其真有所得者、雖未嘗以悟之一言掛之唇歯、其如山含玉而草木花滋、淵抱珠而波瀾澄瑩（六）、自然之理也。本色宗匠、但拠己所得、与人決択。政不必引己悟因以求其信。亦不必生心動念、巧設機縁、移換当人、折困来学。但一一随力展布。学者或不加信、惟任之而已。苟縦生滅則失正受也。審如是則悟之之理、其可秘乎、其可泄乎。

*

《書き下し文》

或るひと問う、「『楞厳経』に云う、『我が滅度の後、菩薩・阿羅漢は末法の中に於いて、種種の形を現して、其れと事を同じにすれども、終《つい》に自ら「我は真の菩薩、真の阿羅漢なり」と言い、仏の密因を泄《もら》して、軽がるしく末学に言わず。惟だ命終に陰《ひそ》かに遺付有るを除く』と。今の師位に拠る者を観《み》るに、人天の前に於いて悟由を称説し、或いは学者の未だ信ぜずんば、則ち之を伸ぶるに誓いを以てす。古仏の誡言に違《たが》い、後人の妄習を増すに似たり。其の可否を知ること莫し」と。

幻曰く、「此の説、其れ来るや漸有り。五燈に諸祖の本伝を編するが如きは、必ず先ず其の領悟の縁を載《の》す。其の之を悟るの頃に当たりては、久しく忘れて忽ち記するが如く、唖子の夢を得るが如く、惟だ己れ自ら知るのみにして、第二人の境界に非ず。是れを自証三昧と謂う。其の口を絶ちて言わざらしめば、安くんぞ野鴨を問い、布毛を吹き、桃花を見、画角を聞くの説有らんや。蓋し此の説の露《あらわ》なるも亦た由有るなり。或いは師の詰問に因り、或いは事に遇って指陳し、或いは末後に証の偏無きことを表し、或いは時に当たって遮掩し、悪声流布するに及ばざらしむ。豈に已むを得んや。其の中、亦た多く悟る所を形《あら》わさざる者有り。既に祖燈に預かれば、寧ぞ証拠無からん。蓋し覆蔵深密、顕露を欲せずして然るなり。其れ真に得る所有る者は、未だ嘗て悟の一言を以て之を唇歯に掛けずと雖も、其れ山の、玉を含んで草木の花滋《しげ》く、淵の、珠を抱きて、波瀾、澄瑩たるが如く、自然の理なり。本色の宗匠、但だ己れの所得に拠って、人の与《ため》に決択するのみ。政に必ずしも己が悟因を引きて以て其の信を求めず。亦た必ずしも心を生じ念を動かして、巧みに機縁を設け、当人を移換し、来学を折困せず。但だ一一、力に随って展布するのみ。学者、或《も》し信を加えざるも、惟だ之に任すのみ。苟《も》し生滅を縦《ほしいまま》にせば、則ち正受を失うなり。審《も》し是くの如くならば、則ち之を悟るの理、其れ秘す可きや、其れ泄《もら》す可きや」と。

*

《語注》

（一）楞厳経云、我滅度後、菩薩・阿羅漢、於末法中、現種種形、与其同事、終不自言我真菩薩、真阿羅漢、泄仏密因、軽言未学、惟除命終陰有遺付＝『楞厳経』巻六に「我が滅度の後に、諸もろの菩薩及び阿羅漢に勅して、応身もて彼の末法の中に生じ、種種の形を作《な》して、諸もろの輪転を度せしむ。或いは沙門・白衣の居士・人王・宰官・童男・童女と作り、是《か》くの如く乃至婬女・寡婦・姦偸・屠販、其れと事を同じくして仏乗を称歎し、其の身心をして三摩地に入らしめ、終《つい》に自ら『我は真の菩薩、真の阿羅漢なり』と言いて、仏の密因を泄し、軽がるしく未学《ママ》に言わず。唯だ命終に陰《ひそ》かに遺付有るを除く（我滅度後、勅諸菩薩及阿羅漢、応身生彼末法之中、作種種形、度諸輪転。或作沙門・白衣居士・人王・宰官・童男・童女、如是乃至婬女・寡婦・姦偸・屠販、与其同事称歎仏乗、令其身心入三摩地、終不自言我真菩薩、真阿羅漢、泄仏密因、軽言未学《ママ》。唯除命終陰有遺付）」（T19–132c）とある。

(二) 問野鴨＝馬祖道一と百丈懐海が、野鴨が飛び去る鴨を見て行なった問答。『碧巌録』第五三則（T48–187c、岩波文庫本㊥p. 207）を参照。

(三) 吹布毛＝『景徳伝燈録』巻四「鳥窠道林」条に、「〔問いて〕曰く、『如何なるか是れ和尚の仏法』と。師、身上に於いて、布毛を拈起して之を吹く（曰、『如何是和尚仏法』。師於身上、拈起布毛吹之）」（T51–230b）とある。

(四) 見桃花＝「見色悟道」の代表とされる「霊運見桃」の話頭。『五燈会元』巻四「霊雲志勤」条に、「因みに桃華を見て悟道す（因見桃華悟道）」（Z138–77b）とある。

(五) 聞画角＝「画角」は、表面に絵が描かれた古代の管楽器（『漢語大詞典』第七冊・p. 1369）。悟道の機縁としては、『五燈会元』巻七「太原孚上座」条に、「初夜従り五更に至り、鼓角の声を聞き、忽然として契悟す（従初夜至五更、聞鼓角声、忽然契悟）」（Z138–135b）とある。「画角」ではなく「鼓角」となっているが、この太原の悟道の機縁となった「鼓角」という語を『五家正宗賛』巻四「雪峰慧禅師」条は、「大原の孚上座、五更に画角を聞く（大原孚上座、五更聞画角）」（Z135–492c）としている。

(六) 如山含玉而草木花滋、淵抱珠而波瀾澄瑩＝典拠を踏まえた表現に見えるが、典拠未詳。

【四一】坐　脱

ある人が質問した、「禅者には、臨終の際に坐脱（＝坐禅したまま死ぬこと）をするものもいるし、あるいはそれができないものもいます。日頃、どのような〔修行方法を〕守っていたら、そう〔いう坐脱ができるように〕なるのですか」。

幻《わたし》は言った、「〔これといって〕守るものは無い。このことは、〔様々な〕因縁に深く関係しているのだから、おろそかにしてはならない。そもそも、悟ったひとは、迷いの心が消え境地が静かで、間違った見解がなくなり執《と》らわれのこころが消えているので、もともとこのようなことを意に介さないのだ。もし、臨終の際に病苦やいろいろな障害に引っかからないならば、〔真理が〕明らかでハッキリとし、超然として何ものにも頼ることがない。〔顧みることなく〕大手を振って〔死んで〕行くだけで、ほかにやることは何もない。〔だから、静かに坐脱できるのだ。〕〔しかし〕また、世の中には学道修行をしていなくても、たまに坐脱するものがおり、〔人々の〕尊敬の心を揺り動かし、死にぎわを輝かすことになる。これは〔何かの〕因縁でなくて何であろうか。たいてい修行しているひとで、仏法の真髄を窮めることを力《つと》めもせずに、死にぎわに一人で坐脱することができなければ、きっと他人から咎められるのではないかと預め心配して、懸命にこの〔坐脱する〕ことを重んじている者は、ある種の悪魔がいて、その重んじている所に付け込んで入ってきて、汝《おまえ》に預め〔死ぬ〕時節を知らせて、種々の不思議な現象を起こさせることになる。〔その当人は、自分が〕悪魔に取り憑かれて、〔地獄・餓鬼・畜生という〕三途に落ち込んでしまっているということが、まったく分かっていない。どうして、〔仏法の〕真理にプラスとなろうか。時たま、本当に悟ったひとでありながら、臨終の際に、あるいは毒に中《あた》ったり、あるいは災難に出遇ったり、あるいは長期間、奇妙な病気にかかったりして、五体を支え〔て坐〕ることができず、一言も吐くこともできない〔状態になって死ぬ〕ものもいる。〔しかし〕その日頃の修行の成果は奪うことができないのだから、もし正しい念《こころ》を堅持して、その〔命が〕尽きるのを待つならば、いまだかつてこの上ない真理とぴったりと合致し〔て善処に生まれ変わら〕なかったためしはない。死にぎわに臨んで、あるいは自分自身で世間〔が虚妄であること〕を見破れなかったり、あるいは生〔きている〕人の言葉に〔心を〕乱されたり、あるいは無理やり一念《こころ》を起こしてどうにかしようと思ったりするならば、〔それによってもたらされる〕利害は少なくない。宗門の中の立派な禅僧には、日時を指定して坐脱したり、遺体〔から発せられる心地よい〕香《かおり》が人びとを覆ったり、〔その死を悼む〕鳥獣が哀しみ鳴いたり、草木が枯れ落ちたり、〔遺体から〕火光《ほのお》が彩《いろどり》を散らしたり、舎利が輝きを発したり、種々の不思議な現象や、予測もつかない事がらで〔出家の比丘・比丘尼、在家の優婆塞・優婆夷という仏教教団を構成する〕四種類の人々を驚かすひとがいるが、これらは皆な過去の生涯にずっと立派な僧侶の位にとどまって〔修行を積んだから〕、〔戒定慧という三学の中の〕禅定・智慧の助けによって、その勝れた因縁がごまかされることなく、このような不思議な果報を得ることになるのだ。決して立派な禅僧が意を用いてそうなっているのではない。あるいは〔菩薩の五十二位の段階のうち、四十一位から五十位までの十〕地の位にいる菩薩が、〔この世に〕来て教えを述べ、勝れた姿を現しているのであり、一生の修行学問で、このようになることはできないのだ。『因縁に関係している』という説は、〔全てを言い〕尽くしている」。

＊

《原　文》

或問、禅者臨終坐脱、或不能者。不知平昔以何所守而然。

幻曰、無所守也。此多係縁業。不可苟也。夫悟心之士、情消、境寂、見謝、執忘、初不以此為介。其或臨終不嬰疾苦及諸障難、則了了分明、超然独脱。因行掉臂、復何為哉。且世有不学道修行之人、亦間有坐脱者。乃至傾動敬心、光揚末後。（一）此非報縁而何。凡学道之士、不力窮心要、預思末後不能独脱、恐人譏誚、而孜孜以此為重者、則有一種外魔、乗其所重而入、令汝預知時節、作種種奇特。殊不知、為魔所著、流入三途。何益於理。間有真実悟心之士、臨終或中毒、或遇難、或久嬰異疾、至若四体莫支、一語莫吐。而其平昔道力、不能奪者、但只堅持正念、以待其尽、未嘗不与至理契合也。臨此之際、或自照世間不破、或為生人以言激忤、或強生一念、欲如之若何、則利害不小也。宗門中有尊宿、指期坐脱、体香襲人、飛走哀鳴、草木衰落、火光散彩、舎利流輝、至若種種神異、不測之事、聳動四衆者、此皆世世生生、住善知識位中、以定慧資熏、其勝因不昧、感斯異報。亦非尊宿著意而然。或地位中菩薩、来展化権、現斯勝相。非一生参学能如是也。係乎報縁之説尽矣。

*

《書き下し文》

或るひと問う、「禅者、臨終に坐脱し、或いは能わざる者あり。知らず、平昔、何の守る所を以て然るや」と。

幻曰く、「守る所無きなり。此れ多くは縁業に係る。苟《かりそめ》にす可からざるなり。夫れ悟心の士は、情消《しょう》し、境寂し、見謝し、執忘ずれば、初《もと》より此れを以て介と為さず。其れ或《も》し臨終に疾苦及び諸もろの障難に嬰《かか》らざれば、則ち了了として分明に、超然として独脱す。行に因って臂を掉《ふ》り、復た何をか為さんや。且つ世に学道修行せざるの人有って、亦た間《まま》坐脱する者有り。乃ち敬心を傾動し、末後を光揚するに至る。此れ報縁に非ずして何ぞや。凡そ学道の士、心要を窮むることを力《つと》めず、預め末後に独脱すること能わざれば、恐るらくは人譏誚せんと思い、孜孜として此れを以て重しと為す者は、則ち一種の外魔有りて、其の重んずる所に乗じて入り、汝をして預め時節を知り、種種の奇特を作《な》さしむ。殊に知らず、魔の著く所と為りて、三途に流入することを。何ぞ理に益せんや。間《まま》真実悟心の士の、臨終に或いは毒に中《あた》り、或いは難に遇い、或いは久しく異疾に嬰《かか》りて、四体支うること莫く、一語吐くこと莫きが若《ごと》くなるに至る有り。而れども其の平昔の道力、奪うこと能わざれば、但《も》し只だ堅く正念を持して、以て其の尽くるを待たば、未だ嘗て至理と契合せずんばあらざるなり。此の際に臨んで、或いは自ら世間を照らし破らず、或いは生人の為に言を以て激忤せられ、或いは強いて一念を生じて、之を如若《いかん》と欲せば、則ち利害小《すくな》からざるなり。宗門の中に、尊宿の、期を指して坐脱し、体香、人を襲《おお》い、飛走哀鳴し、草木衰落し、火光、彩を散らし、舎利、輝きを流し、種種の神異、不測の事、四衆を聳動するが若きに至る者有り、此れ皆な、世世生生、善知識の位の中に住して、定慧の資熏を以て、其の勝因を昧まさずして、斯の異報を感ずるなり。亦た尊宿、意を著けて然るに非ず。或いは地位の中の菩薩、来って化権を展べ、斯の勝相を現ず。一生の参学にて、能く是くの如くなるに非ざるなり。報縁に係るの説、尽くせり」と。

＊

《語注》

（一）且世有不学道修行之人、亦間有坐脱者。乃至傾動敬心、光揚末後＝坐脱をして認められなかった禅僧の代表として、石霜慶諸禅師の下で修行していた首座の話が有名である。『五燈会元』巻六「九峰道虔」条に次の様にある。「〔九峰は〕福州の人なり。嘗て石霜の侍者為り。霜帰寂するに洎んで、衆、首座に住持を継がんことを請う。師、衆に白《もう》して曰く、『須く先師の意を明らめ得て、始めて可なり』と。座曰く、『先師に甚麼《なん》の意有りや』と。師曰く、『先師道《い》う、「休し去り、歇し去り、冷湫湫地にし去り、一念万年にし去り、寒灰枯木にし去り、古廟香爐にし去り、一条白練にし去る」と。其の餘は則ち問わず。如何なるか是れ一条白練にし去る』と。座曰く、『這箇は祇だ是れ一色辺の事を明らかにするのみ』と。師曰く、『元来未だ先師の意を会せず』と。座曰く、『你、我を肯わざるや。但だ香を装し来たれ。香煙断つ処、若し去り得ずんば、即ち先師の意を会せず』と。遂に香を焚く。香煙未だ断たざるに、座已に脱し去る。師、座の背を拊して曰く、『坐脱立亡は即ち無きにはあらざるも、先師の意は未だ夢にも見ず』と。〔福州人也。嘗為石霜侍者。洎霜帰寂、衆請首座継住持。師白衆曰、須明得先師意、始可。座曰、先師有甚麼意。師曰、先師道、休去、歇去、冷湫湫地去、一念万年去、寒灰枯木去、古廟香爐去、一条白練去。其餘則不問。如何是一条白練去。座曰、這箇祇是明一色辺事。師曰、元来未会先師意在。座曰、你不肯我那。但装香来。香煙断処、若去不得、即不会先師意。遂焚香。香煙未断、座已脱去。師拊座背曰、坐脱立亡即不無、先師意未夢見在。〕」（Z138-97a〜b）。

【四二】結　語

ある人が質問した、「あちらこちらの〔禅僧が行なっている〕説法は、人が尋ね求められる理屈がありません。〔仏祖の〕活きた言葉です。あなたの説法は、皆な実体がある教えで人を縛り付けています。死んだ言葉ではないでしょうか」。

私は言った、「おまえは、あちらこちらでの〔説法の〕活きた言葉の中で活《い》きようとして、死んだ言葉の中で死ぬことを承知しない。立派なことである。〔だが〕おまえが、もしあえて死んだ言葉の下で死んでしまい、ずっと経ってから死んだ中から突然活《い》き返るならば、なんともすばらしい活《い》きた状態であるかが分かるだろう」。

夜の問答をして、ここに至って、いつのまにか夜明けとなり、東の方角がしだいに明るくなってきた。私は睡《ねむ》ってしまい、客〔の隠者〕もまた〔私にかける〕言葉を忘れてしまっていた。しばらくして、睡《ねむ》りから覚め、一晩中に話したことを思いだそうとしたが、一字も憶えていなかった。たまたま〔お付きの〕童子《こども》が、これ（＝終夜の話）を筆と紙で書きとめており、差し出して私に示した。そこで〔私は〕怒って、指図して言った、「私には、このような言葉は無い。これはいわゆる『禅宗の粥飯《食事》の気《におい》（＝実体がないもの）』だ。捨ててしまえ」と。

＊

《原　文》

或問、諸方説法、無義路与人尋討。乃活語也。子所説者、皆実法繫人。無乃死語乎。

余曰、爾擬於諸方活語中活、而不肯向死語中死。其亦俊矣。爾如肯向死語下死去、久之死中忽自活、将見不勝其活矣。

夜話至此林鶏忽鳴、東方漸白。余乃睡去、客亦忘言。少頃睡覚、思終夜所談、竟不記一字。偶童子、収之毫楮、出以示余。因怒而麾之曰、余無是語。此所謂叢林粥飯（一）気也。宜屏諸。

《書き下し文》

或るひと問う、「諸方の説法は、義路の、人と尋討する無し。乃ち活語なり。子の所説は、皆な実法もて人を繋《つな》ぐ。乃ち死語なること無からんや」と。

余曰く、「爾《なんじ》、諸方の活語の中に於いて活《い》きんと擬《ほっ》して、肯えて死語の中に向《お》いて死せず。其れ亦た俊なり。爾《なんじ》如《も》し肯えて死語の下に向《お》いて死し去り、之を久しくして死中に忽自《たちま》ち活くれば、将に其の活くるに勝えざることを見んとす」と。

夜話して此こに至って林鶏忽ち鳴き、東方漸く白し。余乃ち睡り去り、客も亦た言を忘る。少頃《しばら》くして睡り覚めて、終夜の所談を思うに、竟《つい》に一字を記さず。偶たま童子、之を毫楮に収めて、出して以て余に示す。因りて怒りて之に麾して曰く、「余に是の語無し。此れ所謂《いわゆる》『叢林粥飯の気』なり。宜しく諸《これ》を屏《す》つべし」と。

＊

《語注》

（一）粥飯気＝『雲門広録』巻上に、「問う、『如何なるか是れ正法眼』と。師云く、『粥飯の気』と（問、如何是正法眼。師云、粥飯気）」（T47–545c）とある。「朝の粥と昼の飯の匂い。一日二食の修行の証。」（『禅語辞典』p. 205）。ここでは、「中味のない匂いだけ」の意であろう。

＊

《付　録》

（一）中峰自叙伝（『中峰広録』巻一八「東語西話 下」11b〜13a）

《口語訳》

幻人《わたし》〔の先祖〕は、代々、〔南宋の首都である〕杭州（＝臨安）の新城（＝浙江省嘉興県）に住んでいた。俗姓は孫氏である。祖〔父〕が銭塘（＝浙江省杭県）に移り、〔その銭塘で〕父と母は、子女《こども》を七人生み、幻《わたし》は、その末っ子だった。幼少の頃、ただ、仏事を〔まねてお経を〕歌唄《となえ》て児戯《あそん》でいた。近所の人たちは、それを不思議に思った。七歳の時に街の学校に通い、『論語』や『孟子』を学んだ。まだ、〔学業が〕終わらないうちに、九歳で母を喪《うしな》い、学問を止めてしまった。早くから出家を志していたが世俗の事柄に日々とらわれて、手を尽くしたものの抜け出すことができなかった。二十四歳になり、縛られていた世俗的な事柄から、そうしようと思わないのに、すっぱりと解き放たれた。実に至元二十三年丙戌（一二八六）の歳である。この年の五月、ひとりで〔西天目〕山に登り、先師（＝高峰原妙）に〔はじめて〕相見した。それ以少し経ってから〔私は〕『金剛般若経』を誦んでいて、「荷担如来」という所で恍《はた》然と開解《さと》った。それ以来、経典の言葉については、その意味がよく分かるようになったが、まだ、悟ったわけではなかった。至元二十四年丁亥（一二八七・二十五歳）二月、女性の在家信者である楊《よう》氏が、〔出家に必要な〕資具《どうぐ》を授けてくれて、山海翁《せんがいおう》に従って〔西天目〕山に登り落髪出家した。至元二十六年己丑（一二八九・二十七歳）、堂司《どうす》（＝維那）〔の役職〕に充てられる。至元二十七年庚寅（一二九〇・二十八歳）、ひそかに〔高峰の下《もと》を〕去ろうとしたが、松公《しょうこう》に知られてしまい、〔松公は〕良田三畝を寄進して〔高峰に詫びを入れ〕、再び〔わたしを〕参堂させた。まもなく、鼻から出血をし、先師《高峰》は、〔身近において〕給侍（＝隠侍）をさせた。至元二十八年辛卯（一二九一・二十九歳）の春、瞿公《くこう》〔＝瞿霆発（一二五二〜一三一二・字は声父）〕が田地を寄進したが、受けとらず、手紙をやって瞿公に田を返した。至元二十九年壬辰（一二九二・三十歳）、庫務《くむ》（＝副司）に充てられる。至元三十年癸巳（一二九三・三十一歳）、三十一年甲午（一二九四・三十二歳）の間は、ただ〔化縁《けえん》で〕施〔主の家の〕門を走り回っただけであった。元貞元年乙未（一二九五・三十三歳）に先師は、疾《やまい》に臥して遷化された。〔先師の遺骸を〕埋葬し終わって、宿志に報いるため〔西天目〕山を去った。元貞二年丙申（一二九六・三十四歳）には、呉門（＝蘇州）〔との間〕を往来した。大徳元年丁酉（一二九七・三十五歳）の春、舒州（＝安徽省）の天柱山（＝皖山の最高峰）に旅をし、秋には〔江西省の〕廬山に行き、冬には建康（＝南京）に移り、以後十ヶ月、影《すがた》を草庵に匿《かく》した。大徳二年戊戌（一二九八・三十六歳）の冬、幻住庵を弁山（＝浙江省湖州）に結び、翌三年己亥（一二九九・三十七歳）の冬には、幻住庵を呉門（＝蘇州）に結んだ。〔そして〕大徳四年庚子（一三〇〇・三十八歳）、大徳五年辛丑（一三〇一・三十九歳）の間、ずっとここ（＝蘇州の幻住庵）にいた。大徳六年壬寅（一三〇二・四十歳）に大覚〔禅寺〕より住持の拝請を承けるが、〔固辞して〕南徐（＝江蘇省丹徒県〔鎮江市〕）に逃れた。大徳七年癸卯（一三〇三・四十一歳）に、〔当時大覚禅寺の住持であった〕布衲《ふのう》〔祖雍《そよう》〕（?〜一三一七）を送り届けて、〔西天目山の〕大覚〔禅寺〕に戻った。大徳八年甲辰（一三〇四・四十二歳）、〔西天目山に〕帰り着き、先師〔である高峰〕の塔を守っ〔て過ごし〕た。大徳〔九年〕乙巳（一三〇五・四十三歳）の冬、〔先師が開いた道場である〕師子院の〔住職の〕仕事を引き受けた。大徳十年丙午（一三〇六・四十四歳）、十一年丁未（一三〇七・四十五歳）とあって、至大元年戊申（一三〇八・四十六歳）の冬、呉松（＝江蘇省一帯）へと乞食《こつじき》の旅に出て返らなかった。至大二年己酉（一三〇九・四十七歳）、舟を儀真（＝江蘇省揚州府儀真県）で買って〔船出し〕、夏、霅城《とうじょう》（＝湖州の別名）に船を停泊させ、至大三年庚戌（一三一〇・四十八歳）に天目〔山〕に帰って山舟《さんしゅう》〔という小庵〕に居した。至大四年辛亥（一三一一・四十九歳）に、再び船居して、汴水《べんすい》に行き、皇慶元年壬子（一三一二・五十歳）の春には、庵を六安山（＝安徽省廬州）に結び、秋に、舟で東海州（＝江蘇省海州）に行った。皇慶二年癸丑（一三一三・五十一歳）の春、舟で開沙（＝江蘇省常州府靖江県）に泊まり、夏、〔弟子である首座の〕定叟《じょうそう》〔永泰《ようたい》〕（?〜一三一六）を送って、〔西天目山の〕大覚〔禅寺〕に住持させ、〔自分は〕環山庵（＝未詳）に寓居した。延祐元年甲寅（一三一四・五十二歳）の春、再び師子院の〔住職の〕仕事を引き受けた。延祐二年乙卯（一三一五・五十三歳）、庵を大窩（＝未詳）に結んだ。延祐三年丙辰（一三一六・五十四歳）の春、渇疾（＝渇病・消渇〔糖尿病〕のことか?）にかかって楚《くる》しみ、夏、舟を〔呉興の東にある〕南潯（＝太湖の南東）に停泊させた。延祐四年丁巳（一三一七・五十五歳）、丹陽（＝鎮江の南）の大同庵に住した。延祐五年戊午（一三一八・五十六歳）、再び天目山に帰った。〔その後、〕延祐六年己未（一三一九

・五十七歳）、七年庚申（一三二〇・五十八歳）、至治元年辛酉（一三二一・五十九歳）とあって、至治二年壬戌（一三二二）に、〔私は〕六十歳になった。この年の夏、庵を〔西天目山の北三十里にある〕中佳山に結んだ。至元二十三年丙戌〔に始めて天目山に登って〕から至治二年壬戌に至るまで、ちょうど三十七白《年》であるが、幻《わたし》の〔足〕跡は、まさしく遠く引きこもって〔隠遁し〕、〔世間との〕縁を避ける計《はからい》であった。余《わたし》が初めて〔仏道に入ろうと〕決心して出家したのは、粗末な衣、汚れた顔で頭陀の行を修めようと志してのことであった。〔しかし、今〕軽率に袈裟を着てしまい、〔宿志がかなえられず〕一生の愧を抱《かか》えてしまった。その上、文字（経論）は、きちんとした学問をしておらず、参究は悟明を欠いている。日頃、好事者に称えられているのは、思うに偶然の報縁《けつか》なのだ。普段、ただ退休《いんとん》を慕うのは、世俗に矯《さから》うとか世俗を絶つということではない。もし何もせずに、信施《おふせ》を膺《う》けるならば、岌岌《きゅうきゅう》と〔山が高くそびえている〕ようで、自分〔の心〕が安心しないからである。古人は、「五十にして四十九の非を知る」と言っている。今、余《わたし》は六十歳になり、往事《むかし》を思い返してみると、概ね情妄《まよい》に蔽《おお》われていた。どうして真理にかなうことがあっただろうか。浮光幻影《幻のような存在》は、須臾《あっというま》に変わって〔死んで〕しまう。だから、これを書いて自ら警《いましめ》るのだ。

＊

《原　文》

[一]幻人、世居杭之新城。族孫氏。祖遷銭塘。父母生子女七人、幻居其最後。方離襁褓、惟以歌唄仏事為児戯。隣人異之。七歳従市学、読論語・孟子。未終、九歳喪母而輟学。蚤負出家志、以世相日拘、百計莫脱。至廿四、其所縛之世相、不待作意、而劃然自解。寔至元丙戌歳也。是年五月独登山礼先師[二]。已而誦金剛経、

至荷担如来処、恍然開解(三)。自爾経書語言、頗沾其味、非悟也。丁亥二月、信女人楊氏(四)、授以資具、従山海翁(五)、登山薙染。己丑、充堂司。庚寅、欲潜去、密為松公(六)所知、助腆田三畝、復令参堂。未幾嬰疾。先師令給侍。辛卯春、瞿公(七)施田荘不受。俾馳書帰瞿田。壬辰、充庫務。癸巳・甲午、惟奔走施門。元貞乙未、先師臥疾不起。奉葬畢、即去山以酬宿志。丙申、往来呉門。大徳丁酉春、挟袱舒之天柱山、秋之廬阜、冬還建康、匿影草廬者十閲月。戊戌冬、結幻住庵於弁山(八)。己亥冬、結幻住庵於呉門。庚子・辛丑、咸居焉。壬寅、大覚(九)請住持、而避走南徐。癸卯、送布衲、帰大覚。甲辰、帰守先師塔。乙巳冬、領師子院(一〇)事。丙午・丁未、至大戊申冬、因分衛呉松不返。己酉、買舟儀真、夏繫纜於霅城。庚戌、帰天目居山舟(一一)。辛亥、復為船居、往汴水。皇慶壬子春、結庵六安山、秋舟往東海州。癸丑春、舟次開沙、夏送定叟(一二)住大覚、就寓環山庵(一三)。延祐甲寅春、復領師子院事。乙卯、結庵大窩(一四)。丙辰春、渇疾作楚、夏舟泊南潯。丁巳、居丹陽大同庵(一五)。戊午、復還天目。己未・庚申・至治辛酉、壬戌、六十歳矣。是年之夏、結庵于中佳山。自丙戌至壬戌、整三十七白(一六)、而幻跡方将遠引為避縁計。余初心出家、志在草衣垢面、習頭陀行。以冒服田衣、乃抱終身之愧。且文字失於学問、参究缺於悟明。尋常為好事者所称、蓋報縁之偶然耳。平昔惟慕退休、非矯世絶俗。使坐膺信施、乃岌岌不自安也。古人有五十而知四十九之非(一七)。今余六十、返思往事、大率情妄所蔽、何有当於理哉。浮光幻影、変在須臾。故書此以自警云。

〈校注〉五山版と異動無し。

*

《書き下し文》

幻人、世《よよ》、杭の新城に居す。族は孫氏なり。祖は銭塘に遷《うつ》る。父母、子女を生むこと七人、幻は其の最後に居す。襁褓を離るるに方《あた》りて、惟だ仏事を歌唄するを以て児戯と為すのみ。隣人、之を異《あや》しむ。七歳にして市学に従って、『論語』『孟子』を読む。未だ終えざるに九歳にして母を喪《うしな》いて学を輟《や》む。蚤《つと》に出家の志を負うも、世相日に拘わるを以て、百計するも脱する莫し。廿四に至りて其の縛る所の世相、作意することを待たずして劃然として自《おのずか》ら解《と》く。寔《まこと》に至元丙戌の歳なり。是の年の五月、独り山に登りて先師を礼す。已にして『金剛経』を誦し、「荷担如来」の処に至りて恍然として開解す。爾《そ》れより経書の語言、頗る其の味を沾《うるお》すも、悟には非ざるなり。丁亥二月、信女人の楊氏、授くるに資具を以てし、山海翁に従いて山に登りて薙染す。己丑、堂司に充てらる。庚寅、潜かに去らんと欲するも、密かに松公の知る所と為り、腴田三畝を助けて復た参堂せしむ。未だ幾《いくばく》ならざるに屻疾あり。先師、給侍せしむ。辛卯の春、瞿公、田荘を施すも受けず。書を馳せて瞿に田を帰す。壬辰、庫務に充てらる。癸巳、甲午、惟だ施門を奔走するのみ。元貞乙未、先師、疾に臥して起たず。奉葬し畢わって、即ち山を去りて以て宿志に酬《むく》ゆ。丙申、呉門を往来す。大徳丁酉の春、袱を舒の天柱山に挾み、秋、廬阜に之《ゆ》き、冬、建康に還《うつ》り、影を草廬に匿《かく》すこと、十月を閲す。戊戌の冬、幻住庵を弁山に結ぶ。己亥の冬、幻住庵を呉門に結ぶ。庚子・辛丑、咸《み》な焉《ここ》に居す。壬寅に大覚、住持を請うも、南徐に避走す。癸卯、布衲を送り、大覚に帰る。甲辰、帰りて先師の塔を守る。乙巳の冬、師子院の事を領す。丙午、丁未、至大戊申の冬、因って呉松に分衛して返らず。己酉、舟を儀真に買い、夏、纜《ともづな》を雪城に繋ぎ、庚戌、天目に帰って山舟に居す。辛亥、復た船居を為して、汴水に住く。皇慶壬子の春、庵を六安山に結び、秋、舟にて東海州に往く。癸丑の春、舟にて開沙に次《とま》りて、夏、定叟を送って大覚に住せしめ、就《すなわ》ち環山庵に寓《やど》る。延祐甲寅の春、復た師子院の事を領す。乙卯、庵を大窩に結ぶ。丙辰の春、渇疾、作《おこ》りて楚《くる》しみ、夏、舟、南潯に泊まる。丁巳、丹陽の大同庵に居す。戊午、復た天目に還る。己未、庚申、至治辛酉、壬戌には六十歳なり。是の年の夏、庵を中佳山に結ぶ。丙戌より壬戌に至るまで、整《まさ》に三十七白《ねん》にして、幻跡方将《まさ》に遠く引きて縁を避くる計を為さんとす。余が初心出家は、志、草衣垢面して頭陀行を習うに在り。田衣を冒し服するを以て、乃ち終身の愧を抱く。且つ文字は学問を失し、参究は悟明を欠く。尋常、好事者の称する所と為るは、蓋し報縁の偶然なるのみ。平昔惟だ退休を慕うは、世を矯《いつわ》り、俗を絶するに非ず。使《も》し坐して信施を膺《う》くれば、及ち岌岌として自ら安んぜざるなり。古人に、五十にして四十九の非を知る有り。今、余は六十にて、往事を返思するに、大率情妄に蔽《おお》わるれば、何ぞ理に当たること有らんや。浮光幻影は、変わること須臾に在り。故に此れを書して以て自ら警むと云う。

*

《語注》

（一）中峰の伝記については、中峰自記の自伝である、この「東語西話・下」（『中峰広録』巻一八所収）の他に、弟子の祖順が記録した「行録」、盧集撰の「塔銘」、宋本撰の「道行碑」（共に、『中峰広録』巻三〇巻末所収）、天如惟則撰「普応国師舎利塔記」（『師子林天如和尚語録』巻六所収）などがある。『東語西話』については、その序文で次の様に述べられており、『山房夜話』の後に作られたことがわかる。

〔以前、〕私が病気で〔療〕養している時に、質問をする訪問客がいた。質問に随って答えていた〔ところ〕、〔その問答が〕集まって巨編となった。それを名づけて『山房夜話』と言う。〔この書物は〕ひそかに好事者に持ち去られて〔出版されて〕しまった。〔しかし〕その後、〔『山房夜話』の問答をしていた頃の〕余音が消えることなく、ことある毎に感慨が興り、〔その内容が〕口から出て言葉となった。前後ぜんぶで二十余篇、題して『東語西話』と言う。思うに、〔内容的にきちんとした〕順序は無いが、決して〔その道の〕先輩に申し上げるものではなく、後学〔の修行者〕と共に〔仏道について考えようと〕するものである。（余養痾之暇、客有以叩之者。随叩而応、集成巨編。目之曰山房夜話。窃為好事者取去。已而餘音未泯、触事興感、発為言弁。先後凡二十餘篇、題曰東語西話。蓋無倫叙也。非敢聞之先達、期与後学共焉。）（『東語西話』上）

（二）先師＝高峰原妙（一二三八～一二九五）のこと。江蘇省蘇州府呉江県の人。俗姓は徐氏。十五歳で薙髪し、最初、天台を学ぶが、更衣して禅門に帰し、断橋妙倫に参ずる。その後、雪巌祖欽に参じて得法する。宋末の戦乱を避けて、至元十六年（一二七九）天目山西峰に入り、師子巌の洞窟に「死関」という小室を営んで、ここに籠り、日に一食の修行を重ねる。後に弟子たちが居所として師子院を築き、そこに移る。戒律を守る厳格な禅風と、髪の伸びた特異な風貌で知られる。弟子に対して次の様な「三関語」を示し、答えられなければ参禅させなかったと言われる。「大徹底の人は、本《もと》より生死を脱するに、甚《なん》に因りて命根断ぜざるや。仏祖の公案は、只だ是れ一箇の道理なるに、甚《なん》に因りて明と不明と有りや。大修行の人は、当に仏行に遵うべきに、甚《なん》に因りて毗尼《戒律》を守らざるや（大徹底人、本脱生死、因甚命根不断。仏祖公案、只是一箇道理、因甚有明与不明。大修行人、当遵仏行、因甚不守毗尼）」（Z122-350d）元貞元年（一二九五）十二月一日、遷化。世寿五十八、法臘四十三。諡号は普明広済禅師。法嗣として、中峰の他に、断崖了義（一二六三～一三三四）・布衲祖雍（?～一三一七）・空中以假（生卒年未詳）がいる。語録として『高峰原妙禅師語録』二巻（Z122・C96）・『高峰原妙禅師禅要』一巻（Z122）が存する。その伝は、『五燈会元続略』巻三（Z138-477a）などの燈史類の他、祖雍撰「行状」（『高峰原妙禅師語録』附録・Z122-348c）・洪喬祖撰「行状」（『高峰原妙禅師語録』附録・Z122-348c）・家之巽撰「〔高峰大師〕塔銘」（『高峰原妙禅師語録』附録・Z122-350c、『西天目祖山志』巻八・12b）がある。

（三）至荷担如来処、恍然開解＝鳩摩羅什訳『金剛般若波羅蜜多経』に「則為荷担如来阿耨多羅三藐三菩提」（T8-750

c）とある。
（四）信女人楊氏＝未詳。
（五）山海翁＝未詳。
（六）松公＝未詳
（七）瞿公＝瞿霆発（一二五二～一三一二）、字は声父、号は雲巌。松江（＝上海）鶴沙の人。中峰の護法である。西天目山の蓮華峰に大覚正等禅寺を建立した。詳しくは『元代禅宗史研究』（p. 126）参照。
（八）幻住庵＝『行録』に「行った先々で、草庵を幻住庵と名付け、自分でも幻住と名乗った（随所寓草創庵廬、皆日幻住、又因以自号焉）」（『行録』80a）とある。中峰は、天目山を下りた後、浙江省の北部から江蘇省の南部にかけて乞食しながら遊歴し、寓居を幻住庵と名付けた。また、天目山にも幻住庵を構えていた。『西天目祖山志』巻二「幻住庵」条（3a）参照。
（九）大覚＝天目山大覚正等禅寺のこと。杭州府（＝浙江省）於潜県西天目山の一峰である蓮華峰にあった寺院。至元二十九年（一二九二）十二月、松江の瞿霆発が高峰原妙を請して開創。のち、布衲祖雍・中峰明本・定叟永泰らが住す。元末以後、興廃を繰り返し、明末には子院となった。『西天目祖山志』巻二「大覚正等禅寺」条（1b～2a）参照。
（一〇）師子院＝高峰原妙が住した死関のある、西峰師子巌の側に築かれた西天目山師子禅寺とよばれる小院のこと。一般に師子院と呼ばれる。『西天目祖山志』巻二「師子正宗禅寺」条（1b）及び『元代禅宗史研究』（p. 92～93）参照。
（一一）山舟＝至元元年に洪喬祖（?～一三〇八・字は直翁）が、師子巌の景疎庵に二人の上人に依頼して構えた小室の名。（『元代禅宗史研究』p. 103参照）
（一二）定叟＝定叟永泰（?～一三一六）は西江（＝江西省九江県の西）の人で、初め盧山開先の一山了万（一二四一～一三一二）に参じ、その後、中峰に参じ、大覚寺に住したが、三年で示寂している。中峰に「大覚の定叟泰長老を祭る文（祭大覚定叟泰長老）」（『中峰広録』巻二六・16a～17a、『西天目祖山志』巻八・祭文・1b～2a）がある。一山は大慧

宗杲の四伝の孫。（『元代禅宗史研究』p. 107〜108参照）

（一三）環山庵＝未詳

（一四）大窩＝未詳

（一五）大同庵＝蔣均（彝庵居士・府州の儒学教授）が、桐村の北三里の上徳郷に建てた庵。（『元代禅宗史研究』p. 114〜115参照）

（一六）自丙戌至壬戌、整三十七白＝「整」は「正」に同じで（『近代漢語大詞典』p. 2380）、「ちょうど」の意。「白」は「年」の意。『景徳伝燈録』巻二「第二十二祖摩拏羅」条の割り注に、「インドでは一年を一白とする（印度以一年為一白）」（T51-214a）とある。丙戌（至元二十三年・一二八六）から壬戌（至治二年・一三二二）まで、数えで三十七年になる。「白」の用例はあまり見ないが、『天目明本禅師雑録』巻上「立玉亭偈（并序）」に、「三十七白を越えて、延祐乙卯（二年・一三一五）、院門、卒堵を龍岡の巓偶に樹つ（越三十七白、延祐乙卯院門樹卒堵于龍岡之巓偶）」（Z122-373c）という類似した用例が見える。

（一七）五十而知四十九之非＝『淮南子』巻一「原動訓」第一〇に「故に蘧伯玉、年五十にして四十九年の非有り（故蘧伯玉、年五十而有四十九年非）」とある。（新訳漢文大系『淮南子』上・p. 55参照）

（二）中峰和尚座右銘（明暦三年（一六五七）刊本『諸回向清規式』巻五・70a〜b）

《口語訳》

末〔法の〕世〔である今〕の比丘《修行者》は、形《すがた》は沙門《そうりよ》のようで、心には慚愧《はじらい》がない。身《からだ》には法衣《袈裟》をまとっているが、思いは俗世の煩悩に染まっている。口では経典を読んでいても、意《こころ》〔の中で〕は欲深いことを考えている。昼は名誉や利益に〔どっぷり〕つかって、夜は愛欲に酔っている。外見は戒律を守っているふりをしているが、内面は、〔戒を破った〕罪人となっている。処世の道にあくせくとして、この世から抜け出すことを忘れている。ひたすら妄想に執《とら》われて、正しい智慧を投げ捨ててしまっている。

一つには、道を求める心を堅固《まも》って、自分の本性を見きわめよ。

二つには、味わいのない生鉄《てつ》〔の棒〕を咬みしめるように、話頭《こうあん》を疑え。

三つには、ずっと蒲団《ざぶとん》の上で坐禅をし、横にな〔って寝〕るな。

四つには、仏や祖師の語《ことば》を看て、常に自《みずか》ら〔まだ修行が足りないと〕慚愧《はじ》よ。

五つには、持戒によって得た力を清らかにたもち、身や心を穢《けが》すな。

六つには、寂静《しずか》にふるまって、ほしいままに騒ぐな。

七つには、小さな声でしゃべり、好き勝手に冗談を言って笑うな。

八つには、〔高い位について〕尊敬されなくても、人にそしられるな。

九つには、いつも、苕箒《ほうき》を手に持って、堂舎《てら》の掃除をせよ。

十には、仏道修行して怠けることなく、飲み食いは腹一杯するな。

生死の問題は我々が解決すべき一大事であり、〔修行するために〕時間を惜しまなくてはならない。この世は無常で人生はあっという間に終わるのであり、〔過ぎゆく〕時間は人を待ってはくれない。人間に生まれくることは難しいのに、今すでに人間の身を受け、仏法を聞くことは難しいのに、今すでに〔教えを〕聞くことができたのだ。この身を今の生涯《チャンス》で済度《すく》わないならば、一体、どこに〔生まれ変わった時に〕この身を済度《すく》うというのか。

*

《原 文》

末世(一)比丘(二)、形似沙門(三)、心無慚愧。身着法衣、思染俗塵。口誦経典、意憶貪欲(四)。昼耽名利、夜酔愛着(五)。外表持戒、内為密犯。常営世路(六)、永忘出離。偏執妄想、既擲正智。一、道心堅固(七)、須要見性(八)。二、疑着話頭(九)、如咬生鉄(一〇)。三、長坐蒲団、莫脇着席(一一)。四、看仏祖語、常自慚愧。五、戒体清浄(一二)、莫穢身心。六、威儀寂静、莫恣暴乱。七、小語低声、莫好戯笑。八、雖無人位(一三)、莫受人謗。九、常携苕箒(一四)、掃堂舎塵。十、道行無倦、莫飽飲食。生死事大、光陰可惜。無常迅速、時不待人(一五)。人身難受今已受。仏法難聞今已聞。此身向今生不度、更向何処度這身(一六)。

*

《書き下し文》

末世の比丘、形、沙門に似て、心に慚愧無し。身に法衣を着《つ》けて、思い俗塵に染む。口に経典を誦して、意《こころ》に貪欲を憶う。昼は名利に耽《ふけ》り、夜は愛着に酔う。外《そと》持戒を表《ひょう》して、内《うち》密犯を為す。常に世路を営んで、永く出離を忘る。偏《ひとえ》に妄想を執《しゅう》して、既に正智を擲《なげう》つ。一つには、道心堅固にして、須く見性を要すべし。二つには、話頭を疑着すること、生鉄《さんてつ》を咬むが如くせよ。三つには、蒲団に長坐し、脇《わき》席に着くること莫かれ。四つには、仏祖の語を看て、常に自《みずか》ら慚愧せよ。五つには、戒体清浄にして、身心を穢《けが》すこと莫かれ。六つには、威儀寂静にして、暴乱を恣《ほしいまま》にすること莫かれ。七つには、小語低声、戯笑を好むこと莫かれ。八つには、人位無しと雖も、人の謗《そしり》を受くること莫かれ。九つには、常に苕箒《じょうしゅう》を携え、堂舎の塵を掃《はら》え。十には、道行倦むこと無く、飽《あ》くまで飲食すること莫かれ。生死事大、光陰惜しむ可し。無常迅速、時、人を待たず。人身受け難きに、今已に受く。仏法聞き難きに、今已に聞く。此の身、今生に向《お》いて度せずんば、更に何《いずれ》の処に向《お》いてか這の身を度せん。

＊

《語注》

（一）末世＝末《すえ》の世《よ》。仏法が衰えた末法の時代。仏典関係にしばしば用いられる語だが、経典では、禅門でも重要視された『円覚経（大方広円覚修多羅了義経）』一巻（T17）に特に頻用されており、『大慧普覚禅師宗門武庫』「照覚禅師」条（T47–948b）や、『御選語録』巻一八「清涼洪範慧禅師」条（Z119–370a）、および中峰の『天目明本禅師雑録』「示英禅人」条（Z122–386b）に、『円覚経』からの引用として「末世」という語が使用されている。

（二）比丘＝出家得度して具足戒を受けた男性の修行僧をいう。パーリ語の「ビク」（サンスクリットでは「ビクシュ」）

の音写。もともとは三つの意味があるとされ、『翻訳名義集』巻一に、『大智度論』巻三（T25–79b～80a）の説明を要約して次の様に述べられている。

〔比丘とは、〕一に破悪、二に怖魔、三に乞士なり。一に破悪とは、初めて戒を得るが如きを、即ち比丘と言う。三羯磨を以て、善律儀を発し、悪律儀を破す。故に破悪と言う。若し通じて行解に就かば、戒もて形《肉体》の非を防ぎ、定もて心の乱を除き、慧もて想の虚を悟り、能く見思の悪を破す。故に破悪と名づく。二に怖魔とは、既に能く悪を破せば、魔羅念言すらく、「此の人、但だに我が界域を出るのみに非ず、或《も》し伝燈有らば、我が眷属を化して、我が宮殿を空にせん」と。故に驚怖を生ず。通じて之を言わば、三魔も亦た怖る。三に乞士と名づくるは、乞は是れ乞求の名、士は是れ清雅の称なり。出家の人、内に清雅の徳を修せば、必ず須く四邪を遠離し、浄自《みずか》ら居り、衆生を福利し、憍慢心を破し、謙下自卑し、告げて身に資せんことを求め、以て清雅の徳を成ずべし。故に乞士と名づく。（一破悪、二怖魔、三乞士。一破悪者、如初得戒、即言比丘。以三羯磨、発善律儀、破悪律儀。故言破悪。若通就行解、戒防形非、定除心乱、慧悟想虚、能破見思之悪。故名破悪。二怖魔者、既能破悪、魔羅念言、此人非但出我界域、或有伝燈、化我眷属、空我宮殿。故生驚怖。通而言之、三魔亦怖。三名乞士者、乞是乞求之名、士是清雅之称。出家之人、内修清雅之徳、必須遠離四邪、浄自居、福利衆生、破憍慢心、謙下自卑、告求資身、以成清雅之徳。故名乞士。）（T54–1072b）

（三）沙門＝仏道の修行者のこと。パーリ語の「サマナ」（サンスクリットでは「シュラマナ」）の音写。漢訳には、「功労」「勤行」など種々の名称がある。『翻訳名義集』巻一「沙門」条に諸経典を引用しながら次の様に説明している。

沙門。或いは桑門と云い、或いは沙迦懣曩と名づくるは、皆な訛《あやま》りなり。正しくは室摩那拏、或いは舎羅磨拏と言う。此《中国》に功労と言うは、修道に多労有るを言うなり。〔鳩摩羅〕什師云く、「仏法及び外道の、凡そ出家する者は、皆な沙門と名づく」（『注維摩詰経』巻四・T38–367c）と。〔僧〕肇云く、「出家の都名《総名》なり。秦言《中国語》の義に、勤行と訓ずるは、勤行して涅槃を取ればなり」（『注維摩詰経』巻二・T38–339b）と。『阿含経』に云く、「恩愛を捨離して、出家修道し、諸根を摂御して、外欲に染まず、一切に慈心して、傷害する所無し。楽に遇うも忻《よろこ》ばず、苦に逢うも戚《うれ》えず、能く忍ぶこと地の如し。故に沙門と号す」（『長阿含経』巻一・T1-7a）と。

『後漢書』「郊祀志」に云く、「沙門、漢《中国》には息心と言う。髪を削り家を去り、情を絶ち欲を洗いて、無為に帰すればなり」（『広弘明集』巻一「後漢書郊祀志四」T52-99b。『後漢書』には無し）と。『瑞応』に云く、「心を息して本源に達す、故に号して沙門と為す」（『中本起経』巻上・T4-153c）と。或いは云く、「具さには沙門那と名づく。此《中国》に乏道と云う。良福田為るを以ての故に、能く衆生の饉乏を断じ、八正道を修するを以ての故に、能く一切の邪道を断ず。故に〔『涅槃経』〕「迦葉品」に云く、『沙門那とは、即ち八正道なり。沙門果とは、道に従い畢竟《おわ》れば、永く一切の貪嗔癡等を断ずればなり（云云）』（北本・T12-579c〜580a、南本・827b）と。世に言く、『沙門は乏と名づけ、那は道と名づく。是くの如き道は、一切の乏を断じ、一切の邪道を断ず。是の義を以ての故に、八正道を名づけて、沙門那と為す。是の道に従る中に、果を獲得するが故に、沙門果と名づく』と」（cf.『楞厳経義疏釈要鈔』巻一・Z16-417c）と。或いは沙門を以て勤息と翻ず。『垂裕記』に云く、「謂く、衆善を勤行し、諸悪を止息す。界内の悪を息むる者は、蔵通沙門なり。次第して界内外の悪を息むる者は、別教沙門なり。一心遍く内外の諸悪を息むる者は、円融沙門なり」（『維摩経略疏垂裕記』巻一・T38-715a）と。『瑜伽論』に云く、「四の沙門有り。一には勝道沙門。即ち仏等なり。二には説道沙門。正法を説く者を謂う。三には活道沙門。諸もろの善品を修する者を謂う。四には汚道沙門。諸もろの邪行の者を謂う」（『瑜伽師地論』巻二九・T30-446c）と。（沙門。或云桑門、或名沙迦懣囊、皆訛。正言室摩那拏、或舎羅磨拏。此言功労、言修道有多労也。什師云、仏法及外道、凡出家者、皆名沙門。肇云、出家之都名也。秦言義訓勤行、勤行取涅槃。阿含経云、捨離恩愛、出家修道、摂御諸根、不染外欲、慈心一切、無所傷害。遇楽不忻、逢苦不戚、能忍如地。故号沙門。後漢書郊祀志云、沙門、漢言息心。削髪去家、絶情洗欲、而帰於無為也。瑞応云、息心達本源、故号為沙門。或云、具名沙門那。此云乏道。以為良福田故、能断衆生饉乏、以修八正道故、能断一切邪道。故迦葉品云、沙門那者、即八正道。沙門果者、従道畢竟、永断一切貪嗔癡等(云云)。世言、沙門名乏、那者名道。如是道者、断一切乏、断一切邪道。以是義故、名八正道、為沙門那。従是道中、獲得果故、名沙門果。或以沙門、翻勤息。垂裕記云、謂勤行衆善、止息諸悪。息界内悪者、蔵通沙門。次第息界内外悪者、別教沙門。一心遍息内外諸悪者、円融沙門。瑜伽論云、有四沙門。一勝道沙門。即仏等。

二説道沙門。謂説正法者。三活道沙門。謂修諸善品者。四汚道沙門。謂諸邪行者。）（T54–1073c〜1074a）

（四）貪欲＝貪り求める心。さまざまな咎を生み出す三毒の一つ（『法門名義集』巻一・T54–195c）。『瑜伽師地論』巻五九には、「貪欲」の五相として耽著心・貪婪心・饕餮心・謀略心・覆蔽心の五つを挙げる（T30–631a）。自他の財物に満足することなく恋着し続け、そのことに対する羞恥心さえ失った状態。

（五）愛着＝「愛著」とも表記する。八十巻『華厳経』巻一四に「一切能く捨て、心に愛著無し（一切能捨、心無愛著）」（T10–70a）とあるように、一般的には広く物事に対する執着を指すが、ここでは「昼の名利」に対する「夜の愛著」であり、男女間の淫欲を指すと思われる。たとえば『楞厳経』巻六の「若し諸もろの世界の六道の衆生、其の心、婬せざれば、則ち其の生死相続に随わず（若諸世界六道衆生、其心不婬、則不随其生死相続）」（T19–131c）の注に、「当に知るべし、輪廻は愛を根本と為す。……婬は耽染愛著するを謂うなり。但だ是れ情染まれば、総て淫と名づくることを得たり（当知輪廻、愛為根本。……婬謂耽染愛著。但是情染、総得名淫）」（『楞厳経疏解蒙鈔』巻六・T21–236d）とある。

（六）営世路＝名誉欲や物欲を充足するために世俗的な事柄を行なうこと。「世路」は世間の事。唐代、張喬（生卒年不詳）の「贈頭陀僧」という七律の第三・四句に「已に世路の皆な虚幻なることを知りて、空門の是れ寂寥なることを覚《さと》らず（已知世路皆虚幻、不覚空門是寂寥）」（『全唐詩』巻六三九、四庫全書本・10a）とある。また『漢語大詞典』第一冊「世路」条（p. 503）参照。

（七）道心堅固＝「道心」は、悟りを求める心。「菩提心」に同じ。『四明尊者教行録』「第十一発弘誓願」に、「菩提は此《中国》に翻じて道と為す。道を以て心と為すが故に道心と名づく（菩提此翻為道。以道為心、故名道心）」（T46–861c）とある。「道心」の語は、『法華経』「提婆達多品第十二」の「恒河沙の衆生、無上の道心を発《おこ》す（恒河沙衆生、発無上道心）」（T9–35a）や、八十巻本『華厳経』巻二三の「若し智慧有るの人、一念、道心を発《おこ》さば、必ず無上尊と成らん（若有智慧人、一念発道心、必成無上尊）」（T10–124a）など、経典類に広く見られる。「道心堅固」の四字成句としては、『大乗本生心地観経』巻五の「道心堅固にして究竟することを得たり（道心堅固得究竟）」（T3–314a）、『注維摩経』巻三の「〔羅睺羅は〕道心堅固なれば、遂に国を棄てて出家す（道心堅固、遂棄国出家）」（T38–357a）、

『禅宗永嘉集』「発願文第十」の「道心堅固にして憍慢を生ぜず（道心堅固、不生憍慢）」（T48–395b）などがある。

（八）須要見性＝「見性」という語は、禅宗のスローガンとも言うべき「直指人心、見性成仏」（『伝心法要』T48–384a）という句によって広く知られ、また『景徳伝燈録』巻三「菩提達磨」条（T51–218b）に異見王と波羅提との「見性」をめぐる「作用即性」の有名な問答がある。熟語として「明心見性」（『密菴和尚語録』T47–968c、『円悟仏果禅師語録』巻一八・T47–797c）や「識心見性」（『三教平心論』巻上・T52–787a）、「見性悟理」（『円悟仏果禅師語録』巻一五・T47–782b）があるように、「心性」つまり真心を明らかに悟ることを言う。『鐔津文集』巻二にも、「証なる者は、見性の験なり（証也者、見性之験也）」（T52–659a）とある。また、『景徳伝燈録』巻四「益州保唐寺無住禅師」条に見える次の一段も参考となる。

公（＝杜鴻漸）曰く、「何をか識心見性と名づく」と。師曰く、「一切の学道の人、念に随いて流浪するは、蓋し真心を識らざるが為なり。真心なる者は、念生ずるも亦た生に順わず、念滅するも亦た寂に依らず。不来不去、不定不乱、不取不捨、不沈不浮、無為無相、活鱍鱍にして平常自在なり。此の心体、畢竟不可得にして、知覚す可き無し。触目皆な如、見性に非ざる無きなり」と。（公曰、何名識心見性。師曰、一切学道人、随念流浪、蓋為不識真心。真心者、念生亦不順生、念滅亦不依寂。不来不去、不定不乱、不取不捨、不沈不浮、無為無相、活鱍鱍平常自在。此心体畢竟不可得、無可知覚。触目皆如、無非見性也。）（T51–234c～235a）

「須要見性」と似た用例としては、『少室六門』の「衆生は見性せんことを要す（衆生要見性）」（心経頌・T48–366a）、「若し仏を覓めんと要すれば、直に須く見性すべし（若要覓仏、直須見性）」（血脈論・T48–373c）、「成仏せんとせば須く是れ見性すべし（成仏須是見性）」（同前・374a）などがある。

（九）疑着話頭＝看話禅において師家から課題として与えられた話頭を参究して疑うこと。話頭は公案と同義に用いることが多いが、具体的には看話禅で修行者に問題として与えられる「趙州無字」など、分別理解が不可能な祖師方の問答を指す。「着」は「著」に同じく、意味を強める助字。「疑著＋話頭」の例としては、中峰の師である高峰原妙が自らの参究体験を述べた、「忽ち睡中に於いて『万法、一に帰す、一、何れの処にか帰す』に疑著し、此れ自《よ》り疑情頓に発す（忽於睡中疑著万法帰一一帰何処、自此疑情頓発）」（『高峰原妙禅師語録』巻上「杭州西天目山師子禅寺法語」Z122–328c）という一文や、中峰の法嗣である天如惟則の偈頌の「洞山の『三頓棒』に疑著す（疑著洞山三頓棒）」（『天如惟則禅師語録』巻四「送道林訓書記」Z122–436d）という句などがある。

（一〇）如咬生鉄＝「生鉄」とは「鋳鉄」のこと（『漢語大詞典』第七冊・p. 1517）。鋳造に使用する鉄で、炭素などを含むため、硬いが脆く、圧延や鍛冶には適さない。類似した用例としては、『大慧普覚禅師語録』巻二二に、「生鉄の橛を咬むが如く、滋味没《な》き時、切に志を退くこと莫かれ（如咬生鉄橛、没滋味時、切莫退志）」（「示呂機宜〔法語〕」T47–902a）とある。

（一一）莫脇着席＝脇（＝わきばら）を席（＝単布団）にくっつけるな。つまり、横になって寝るなの意。西天第十祖「脇尊者」は睡眠したためしがなく、「其の脇、席に至らず（其脇不至席）」（『景徳伝燈録』巻一・T51–209a）と称されたことが著名で、後世、「脇、席に至らざること五十年（脇不至席五十年）」（『仏祖歴代通載』巻一八・T50–662c）など、坐禅修行を専一に行なう形容としてしばしば用いられる。

（一二）戒体清浄＝「戒体」は、戒を受けた人の身に具わる止悪修善の清浄な能力のこと。『釈氏要覧』巻一「戒体」条に、「又た苾芻性と名づく。梵語の三跋羅なり。『〔阿毘達磨〕倶舎』『〔律二十二〕明了』等の論、皆な訳して護と為す（又名苾芻性。梵語三跋羅。倶舎明了等論皆訳為護）」（T54–273a）とあり、その注に「悪を止め非を防ぐ功能有り、故に護と云う（有止悪防非功能、故云護）」（同前）とある。また、『芝園遺編』巻三に「若し戒を得る者は、則ち無量の悪業を翻して、悉く清浄の戒体と為し、善種子と為して、成仏の本基と作《な》す（若得戒者、則翻無量悪業、悉為清浄戒体、為善種子、作成仏本基）」（Z105–281d）とあるように、修行完遂の基礎となるものとされる。禅門では「言う所の戒体とは、即ち我等の自心なり（所言戒体者、即我等之自心也）」（『入就瑞白禅師語録』巻一一・J26–794a）と自心そのものを指すとされる場合もあり、次に挙げる天台の蕅益智旭（一五九九～一六五五）のように菩提心と解するものもある。

　二死の大海は、戒を舟楫と為す。戒品を受けんと欲すれば、尤も菩提心を発《おこ》すを以て本と為す。蓋し菩提心は、正に出世の戒体なり。大小の律儀は、則ち菩提心の相なり。生死を出るの心を発し、愛見を降伏するは、是れ声聞の戒体なり。上求下化の心を発し、自ら調え他を調うるは、是れ大乗の戒体なり。生仏体同・平等

普度の心を発するは、是れ最上乗の戒体なり。（二死大海、戒為舟楫。欲受戒品、尤以発菩提心為本。蓋菩提心、正出世戒体。大小律儀、則菩提心之相也。発出生死心、降伏愛見、是声聞戒体。発上求下化心、自調調他、是大乗戒体。発生仏体同平等普度心、是最上乗戒体。）（『霊峰蕅益大師宗論』巻二「示蒼牧」J36–287c）

「戒体清浄」の用例としては『仏説大乗戒経』（T24–1104a）・『菩提行経』巻一（T32–547a）といった、あまり著名でない経典に見える程度だが、前後が入れ替わった「清浄戒体」という語は、八十巻本『華厳経』巻二六（T10–778c）や『涅槃経』（北本・巻三一・T12–552b、南本・巻二九・T12–798a）に見えている。

（一三）人位＝社会的な人の地位（『漢語大詞典』第一冊・p. 1040）。但し、流布本は「人信」に作る。「人信」の場合、口語訳は「人の信頼を受けられなくても、そしられてはならない」となろう。（『諸回向清規式抄』「日用諸文請偈呪」条。p. 307参照）尚、「人位」という語については、潙仰宗の潙山霊祐や仰山慧寂に、これを用いた有名な問答があり、「信位は即ち得たるも、人位は未だし在り（信位即得、人位未在）」（『袁州仰山慧寂禅師語録』T47–587b）、「汝に信位顕らかなるを許すも人位は隠るる在り（許汝信位顕、人位隠在）」（『潭州潙山霊祐禅師語録』T47–580a）などと述べられている。この「人位」の用法について、『従容庵録』第三二則「仰山心境」条に「信位・人位を分かつは、此れ又た別に一家なり（分信位人位、此又別一家也）」（T48–248c）と、潙仰に特異な用法だとしている。この潙仰の「信位」と「人位」について、洞門の永覚元賢（一五七八～一六五七）は、「蓋し有と見、無と見るは、皆な是れ心を以て境に対すること、江《かわ》を隔てて山を望むが如し。之を信位と謂うは則ち可なるも、之を人位と謂うは則ち不可なり。以《おも》うに人位は須く能所を忘れ、心、心を見ること、鏡の自ら炤さざるが如くなるべきなり（蓋見有見無、皆是以心対境、如隔江望山。謂之信位則可、謂之人位則不可。以人位須忘能所、心不見心、如鏡不自炤也）」（『永覚元賢禅師広録』巻三〇「続寱言」Z125–388d）と説明している。

（一四）苕箒＝細い竹の枝や高粱の穂、黍子の穂を縛って作った地面を掃くホウキ（『漢語大詞典』第八冊・p. 1132）。竹箒《たけぼうき》のこと。ちなみに「寒山拾得」で知られる唐代の拾得（生卒年未詳）は、地面を掃いていた時に、寺主から質問をされ、「掃箒を放下し、叉手して立つ（放下掃箒、叉手而立）」（『景徳伝燈録』巻二七「天台拾得」条・T51–434a）という対応をしたとされ、そのことから、水墨画で描かれる拾得は「苕箒を握る（握苕箒）」（『希叟紹曇禅師広録』巻七「寒拾」条・Z122-161b）と言われる様に、竹篦を持った姿となっている。

（一五）生死事大、光陰可惜。無常迅速、時不待人＝禅堂前門の外にある木板に書かれた四句の典拠として知られ、この「座右銘」の中で一番有名な個所である。但し、句が入れ替わって「生死事大、無常迅速。光陰可惜、時不待人」と書かれることもあり、また黄檗宗では「謹白大衆、生死事大、無常迅速。各宜醒覚、慎勿放逸（謹しんで大衆に白《もう》す、生死事大、無常迅速なり。各おの宜しく醒覚し、慎しんで放逸すること勿《な》かるべし）」となっている。この四句は、元来、中峰の独創ではなく、それ以前にあった「生死事大、無常迅速」の二句と「光陰可惜、時不待人」の二句を組み合わせて作られたものである。その意味では、「生死事大、無常迅速。光陰可惜、時不待人」の方が正統であり、中峰のものは恣意的に句の並べ替えが互文的に行われたものと言える。

「生死事大、無常迅速」の二句は、成句として『景徳伝燈録』巻五「永嘉玄覚」条（T51-241b）に用いられた有名な語。類似したものに、『少室六門』「血脈論」の「生死事大、不得空過（生死事大、空《むな》しく過ごすことを得ざれ）」（T48-373c）がある。「生死事大、無常迅速」は「生死の問題は重大だが、無常なるこの世の死はすぐにやってくる」という意味であり、看話禅の大成者である大慧宗杲（一〇八九～一一六三）が「本《もと》と生死事大、無常迅速、已事未だ明らめざるが為の故に、宗師に参礼して、生死の縛を解かんことを求む（本為生死事大、無常迅速、已事未明故、参礼宗師、求解生死之縛）」（『大慧普覚禅師語録』巻二三「示妙明居士〔法語〕」T47-911b）と述べた通り、短い一生の間に已事究明して生死から解き放たれるよう努力することを求めたものである。この二句は大慧が好んで用いたものであり、特に「生死事大」を「生大」と「死大」とに分け、「不知来処（どこから生まれてきたのか知らない）」のを「生大」、「不知去処（死んで行く先を知らない）」のを「死大」として説明し、弟子に参究を勧めた教示が繰り返し見られる（『大慧普覚禅師語録』巻一六「傅経幹請普説」T47-878c、巻一七「銭計議請普説」T47-885c、巻二〇「示羅知県〔法語〕」T47-897c）。また、この二句は『勅修百丈清規』で「請益」などの際に、「某、生死事大、無常迅速の為に、伏して和尚の慈悲もて方便開示せんことを望む（某為生死事大無常迅速、伏望和尚慈悲方便開示）」（巻六・T48-1143c）などのように、弟子が師家に対して申し述べる定型句として用いられている（巻二「告香」T48-1120a、巻五「西堂首座掛搭」T48-1141b、巻五「諸方名勝掛搭」T48-1141b）。

一方、「光陰可惜、時不待人」の二句は、もともと雲峰文悦（九九八〜一〇六二）の「小参」に見える語であり、『五燈会元』巻一二（T138-226b）、『続伝燈録』巻九（T51-519a）、『聯燈会要』巻一四（Z136-329a）などの雲峰の条に見える他、『雲峰悦禅師初住翠巌語録』（『古尊宿語録』巻四一・Z118-346c）にも載せられている。また、大慧宗杲の「定光大師請普説」（『大慧普覚禅師語録』巻一三・T47-865c）や「高提幹請普説」（『大慧普覚禅師普説』巻四・M059-939b）にも引かれており、特に「高提幹請普説」では、「光陰、惜しむ可し、時、人を待たず。此の身、今生に向《お》いて度せずんば、更に何れの生に向《お》いてか此の身を度せん（光陰可惜、時不待人。此身不向今生度、更向何生度此身）」と、次注（一六）に出ている『死心悟新禅師語録』に基づく文章につなげて用いられている。「光陰」は時間や歳月を言い（『漢語大詞典』第二冊・p. 228）、「光陰可惜、時不待人」の二句で、「修行のための歳月は大切にしなくてはならない、時は人を待ってはくれないのだから」という意味になる。

では、中峰の形式とは別に、「生死事大、無常迅速。光陰可惜、時不待人」という形の四句が用いられることがあるのは、何故であろうか。日本に伝わる中峰の「座右銘」以外に、中国の語録などの文献には、「座右銘」の形式にせよ、並びが異なる形式にせよ、この四句が並んだ用例は見当たらない。ただ、日本では、向嶽寺の開山である抜遂得勝（一三二七〜一三八七）の『塩山抜遂和尚語録』に、「生死事大、無常迅速。光陰可惜、時不待人」という形の四句が五個所使用されている（巻五〔法語〕「与賀侍者」T80-601c、「示哲叟舜監院」602a、「答弄上人」603b、「答希幸居士」605b、「答土肥真順居士」606a）。また、後半の「光陰可惜、時不待人」の二句だけの使用が九個所も見えている（『塩山抜遂和尚語録』巻五〔法語〕「示虎山法義書記強請法語」T80-601b、「示長年椿菴主因為住菴行請語」601c、「与天心任知賓」601c、「寄護国真長老」602a、「示禅徒」602b、「示秀山傑長老」602b、「示禅者」602c、「示用土大師」603c、「答大江洒掃大海道広」604c）。よって、「座右銘」と異なる形式の四句の使用は、抜遂の影響を受けていると考えるのが自然であろう。

（一六）人身難受今已受。仏法難聞今已聞。此身向今生不度、更向何処度這身＝流布本は末尾の「這身」を「此身」に作るが、意味に違いは無い。前半二句は、『大般涅槃経』の「人身得難きこと優曇花の如きに、我今已に得《う》。如来値《あ》い難きこと優曇花に過ぐるも、我今已に値《あ》う（人身難得、如優曇花、我今已得。如来難値、過優曇花、我今已値）」

（北本・巻二三・T12-498c、南本・巻二〇・T12-742b）や、『大方等大集経』巻三一の「人身得難きに已に得。仏法遇い難きに已に遇う（人身難得已得。仏法難遇已遇）」（T13-214c）を受けた表現である。また、後半の二句は、『筠州洞山悟本禅師語録』の「辞北堂書」に、「蓋し時、人を待たず。故に云く、『此の身、今生に向《お》いて度せずんば、更に何れの時に向《お》いてか此の身を度せん』と（蓋時不待人。故云、此身不向今生度、更向何時度此身）」（T47-516b）と引用形式で引かれている。ただ、四句全体としては、黄龍派の死心悟新（一〇四三～一一一四）の語録に「人身得難く、仏法聞き難し。此の身、今生に向《お》いて度せずんば、更に何れの生に向《お》いてか此の身を度せん（人身難得、仏法難聞。此身不向今生度、更向何生度此身）」（『死心悟新禅師語録』Z120-126b）とほぼ同じ文章があり、大慧宗杲（一〇八九～一一六三）に、この死心の語が「人身得難く、仏法逢い難し。此の身、今生に向《お》いて度せずんば、更に何れの生に向《お》いてか此の身を度せん（人身難得、仏法難逢。此身不向今生度、更向何生度此身）」（『大慧普覚禅師語録』巻三〇・T47-942a）と、「聞」と「逢」の一字違いで引かれている。ここの「座右銘」の文章も前半は増加が見られるが、基本的には死心の言葉を踏まえたものであろう。尚、「人身難得、仏法難聞」もしくは「人心難得、仏法難値（遇）」といった表現は、『方広大荘厳経』巻一二（T3-615c）・『大般若波羅蜜多経』巻三九二（T6-1029b）・『放光般若経』巻一九（T8-134c）・『摩訶般若波羅蜜経』巻二五（T8-406b）などに数多く見られる。

解　説

野口善敬

『山房夜話』の著者である中峰明本（一二六三～一三二三）は、中国元朝を代表する臨済禅の僧侶として知られる。中国・日本禅宗史上において、色々な形で大きな足跡を残した人物である。

中国における臨済宗は、五家七宗の七宗の二つに相当する石霜楚円下の黄龍・楊岐両派が分かれて以降も、たびたび分派を繰り返し、特に楊岐派第六代の密庵咸傑（一一一八～一一八六）の下に出た破庵祖先（一一三六～一二一一）と松源崇岳（一一三二～一二〇二）の二派は、それ以後の臨済禅の主流となることになる。

破庵派は第二代無準師範（一一七八～一二四九）の下に、来朝して円覚寺を開いた無学祖元（一二二六～一二八六）や入宋僧で東福寺の開山となった円爾（一二〇二～一二八〇）が出ることになるが、更にその派下から夢窓疎石（一二七五～一三五一）や虎関師錬（一二七八～一三四六）など多くの名僧が輩出されることによって、中世日本に多大な影響を与える。破庵派の法系は、後に日本では途絶えるが、中国では明朝を経て清朝に至るまで連綿と続き、中国臨済宗の正統と目されることになる。その破庵派の第四代で、無準下の雪巌祖欽（?～一二八七）・高峰原妙（一二三八～一二九五）と伝わった法系を嗣いだのが中峰明本であり、その命脈が途絶えることなく法孫が繁栄し続けたという意味では、中峰は中国臨済宗の正系の祖師ということになる。

一方、松源派は日本との関係がより深く、法嗣の無明慧性（一一六二～一二三七）の下に来朝僧で建長寺開山となった蘭渓道隆（一二一三～一二七八）が出るが、それ以上に大きな影響を与えることになったのは、松源下の運庵普巌（一一五六～一二二六）の法系であり、運庵の下に径山の虚堂智愚（一一八五～一二六九）が出て、その法嗣で入宋僧の大応国師こと南浦紹明（一二三五～一三〇八）、その法嗣で大徳寺開山の大燈国師こと宗峰妙超（一二八二～一三三七）、更にその弟子で妙心寺の開山となった関山慧玄（一二七七～一三六〇）の、いわゆる「応燈関」の三代が出現することになる。関山慧玄の十五代の法孫が白隠慧鶴（一六八五～一七六八）であり、今の日本臨済宗の法系はすべて白隠に連なっていることから、現在の日本の臨済宗は松源派の末裔ということになる。

つまり、禅宗の法系図の上では、破庵派が中国臨済禅の正系、松源派が日本臨済禅の正系という構図になるのである。

以下、この解説では、中峰の禅の特質と日本への影響を述べ、最後に今回訳注を行なった三つの文献についての説明を加え、末尾に中峰に関する研究書・論文の一覧を参考文献として付記する。

一、中峰の禅風と中国における評価

元代きっての禅僧とされ、中国臨済禅正系の祖師と目される中峰を、明代万暦期の王世貞（一五二六～一五九〇）は、「臨済の伝は、年が経つにつれて昌《さか》んとなり、大慧宗杲・中峰明本に至って最も昌《さか》んになった（臨済之伝、寖久浸昌、至大慧杲・中峰本則昌極）」（『弇州山人続稿』巻一一四「麓亭和尚塔銘」、明人文集叢刊本・18a）と述べ、中峰を宋代の大慧宗杲（一〇八九～一一六三）と並べ称した。では何が彼の名声を博し、高い評価を与えることになったのであろうか。

中峰の禅接化の基本は、南宋以降の中国禅門を、済洞を問わず席捲した看話禅であり、その看話参究の形式は王世貞が中峰と並称した宋代の大慧宗杲によって完成されていた。中峰が用いた話頭としては「趙州無字」「万法帰一」「須弥山」などがあり、その実例は『天目中峰和尚広録』（以下『中峰広録』と略記）や『天目明本禅師雑録』（以下『中峰雑録』と略記）に収載された「法語」などによって知ることができる。ただ、そこには修行者に対する老婆親切な参究指示が窺えるものの、目新しさは存在せず、大慧を越えるものではない。

では、中峰の特質は何処にあったのかと言えば、まず何よりもその生涯に渉る特異な発言と行履にあった。その発言とは、自らの未悟不徹を口にし続けたことであり、その行履とは、名声を得ていたにも関わらず、寺院への住持を一貫して断り、庵居を通したことである。また、大部の語録が残されていることからも窺われるように、その多弁ともいうべき三教一致や禅浄双修をも含む発言や、豊富な詩文の存在も大きな特質であった。

（一）未悟の標榜

中峰が自らの悟明の欠如を説いた資料は数多く、「幻人《わたし》は幻法《ぶっぽう》について悟ったことなど本当にない（幻人於幻法、実未曾悟）」（『中峰広録』巻一六「幻住家訓」70a）、「余《わたし》は本当に悟った者ではない（余固非実悟者）」（『中峰広録』巻一一中・本書【一二】参照）と繰り返し述べている。嗣法を受けた禅の宗匠でありながら未悟を主張するのは不可解なことであり、当時、疑問を持つ修行僧が多かったのは当然のことであろう。中峰の未悟発言の真意について、法嗣の天如惟則（一二八六〜一三五四）は次の様に述べている。

> 天目山に到って幻住和尚（＝中峰）に付き従うようになってから、いつも和尚が、「老幻《わたし》は一生参禅したが開悟《さとり》を得られなかった」と言うのを聞いて、私は心中で、窃かに疑問に思っていた。後になって、老和尚《中峰明本》が、大人《たいじん》の相《すがた》を具えており、人の意表を突いて自慢しているのではないことが分かった。和尚は日頃、自らが悟った経緯や悟り得たことについて決して説かず、また参禅している弟子たちに〔修行の成果をひけらかすことなく〕潜行密用《ひそかにもちい》るよう厳しく約束させていたが、その意図は、今時の、まだ得てもいないのに得たと言い、まだ証《さと》ってもいないのに証《さと》ったと言って、妄りに禅の指導者を称し、村里で大声で嘘《うそ》を言って回っている者たちに、恥じ、恐れることを知らせることにあったのである。これはまさしく切実に現今の誤った弊害を救い、上滑りな考えの後学に対する戒めなのである。禅の宗匠が、人を導くためにするやり方は、時々《じじ》刻々《こくこく》と局面が新たになるものであるが、この老和尚

に至って、また一番、局面が変わったのである。どうして常人の情《こころ》で測り知ることができようか。

及到天目依附幻住老和尚、毎毎見他道「老幻一生参禅、不得開悟」、我心中窃有所疑。後来方知、老和尚具大人相、不険不怪、不矜不誇。他平生不肯自説悟由得処、而又厳約参徒、潜行密用者、意在使今時未得謂得、未証謂証、妄称知識、誑諕閭閻之徒、知所羞媿、知所畏懼。此政是切救今時堕邪之病、以為後学掠虚之戒者也。宗師為人処、局面時時新。至此老、又是一番変局。豈常情所能測哉。（『天如惟則禅師語録』巻一「普説」Z122–412b）

未悟の発言が修行者の慢心を戒めるための方便であったとする、この天如の意見は、もちろんその一面を言い当てたものであろう。しかし、その裏には更に中峰自身の自省に基づく本心としての部分もあったと考えられる。中峰は、「悟見《さと》った者は、もちろん極致に行き着いているが、古人はさらに悟りの痕跡をすっかり払拭しようとした（悟而見之者、固已極矣、古人尚欲掃空悟跡）」（『中峰広録』巻二五「真際説」8b）と悟後の修行の必要性を説き、「古人は宗旨を得た後、さらに危険を恐れず、二、三十年もの間、道場の傍らに身を置き、悟りの痕跡を払拭し、悟った道理を捨て去ったのだ（古人得旨後、復不懼危亡、三二十年、置身爐鞴之側、尚欲屏其悟跡、蕩其証理）」（『中峰広録』巻一一下・本書【三〇】参照）とその修行が長期に亙ることを述べている。「迷っていて悟りを求めるのは易《やさし》いが、悟ってしまってから〔その悟りを〕忘れ去るのは難しい（迷而求悟則易、已悟欲忘則難）」（『中峰広録』巻一二中「信心銘闢義解中」87b）と自らその困難さを説いていることからも、未悟の標榜は自らの修行がまだ不十分だという反省と、妥協なき徹底した悟道の探究に基づいていると考えられるのである。中峰は、「私が最初に出家したのは、草《粗末》な衣、垢《よご》れた面《かお》で頭陀の行を習《おさ》めようと志してのことであった（余初心出家、志在草衣垢面、習頭陀行）」（『中峰広録』巻一八下「東語西話下」

12b～13a、本書《附録》（一）参照）と述べており、生涯を通じての飽くなき仏道探求の修行こそが、彼が目指したものだったのであろう。

（二）入寺の拒否と庵居

人間で最後まで残る欲望は、中峰も指摘している通り（本書【三二】参照）、恐らく名誉欲であろう。しかも元代には、出家した僧侶の名誉欲を煽る制度が存在していた。それは南宋の嘉定年間（一二〇八～一二二三）に江南に創設された五山十刹制度である。

これは寺院の国家管理のために設けられた官寺制度であり、日本でも中国を真似て鎌倉五山と京都五山など五山十刹制度が用いられたことが知られている。具体的には、官寺に格付けを行ない、上から五山・十刹・甲刹という三つの階級を設け、一番下の甲刹の住持に選ばれた僧侶が次の段階で十刹に上がり、十刹から更に五山に上がるという昇進制度であった。宋代中国の五山には杭州径山など五ヶ寺、十刹には杭州中天竺寺など十ヶ寺、甲刹には無錫の華蔵寺など三十四ヶ寺が定められていた（玉村竹二校訂『扶桑五山記』「大宋国諸寺位次」p. 3～22）。元朝も宋からこの制度を引き継ぎ、宣政院《せんしんえん》・行宣政院《あんせんしんえん》という所轄の官庁を設け、五山十刹を置いて官寺管理を行なった。僧侶の中には、大刹の住持を名誉と考え、栄達の手段として五山十刹の出世のレールに乗ることを渇望する者も当然いたであろうが、中峰は遷化する前年、英宗から五山第一位の杭州径山《きんざん》に住持するよう求められたものの、これを拒否している（『中峰広録』巻三〇「行録」75b)。元朝では、中峰が遷化した五年後の天暦元年（一三二八）に文宗の勅命により金陵（南京）に大龍翔集慶寺が立てられ、以後、五山の上に冠されて「五山之上《ござんしじょう》」となるが、中峰への径山住持の依頼はそれ以前のことであり、英宗の当時、中峰が江南一の禅僧と目されていたことが知られる。

中峰は、住持になるために必要な三種類の力として道力・縁力・智力を挙げ、自らは「余《わたし》は仏や祖師方の道において悟りを欠いている（余於仏祖之道、缺於悟証）」（『中峰広録』巻一一下・本書【三〇】参照）と述べ、未悟を理由にその条件に適っていないとしており、入寺の拒否と未悟の立場には深い繋がりがあったことが知られる。

では、大刹に住持しなかった中峰は、その生涯を、どのような場所で暮らしたのであろうか。嗣法師である高峰原妙が遷化した元貞元年（一二九五）、中峰三十三歳の年以降、彼は西天目を下り、行脚の旅に出て、主に天目山から太湖・長江（揚子江）に至る浙江省北部から江蘇省南部を遊行している。そして、「行く先々で寓居して庵廬《いおり》を草創《つく》ってはすべて幻住と呼び、また自らの号とした（随所寓草創庵廬、皆曰幻住、又因以自号焉）」（『中峰広録』巻三〇「行録」80a）と言われている様に、中峰は自分の営んだ草廬を全て幻住庵と名づけ、自らも幻住と号することになる。幻住庵としては、大徳三年（一二九九）に呉興（浙江省湖州弁山）に作られた幻住庵や（『中峰広録』巻二二「弁山幻住庵記」60b）、翌年、呉門（蘇州）に作られた幻住庵（『護法録』巻五「呉門重建幻住禅庵記」20b）、及び開創年は不明だが、中峰の教化の中心地であった西天目山の師子巌東岡に作られた幻住庵の存在が知られている（『中峰広録』巻一下・45a）。尚、中峰の序文が冠された『幻住庵清規』一巻は、「大元国浙西道湖州路城北卞山幻住禅庵」（Z111-506a）とあるように、もともと幻住庵の中でも弁山（卞山）の幻住庵で使用されるために作成されたものである。

このように庵居に徹した中峰ではあるが、彼が入ったとされる寺院が一つだけある。それは師高峰が開いた西天目山の道場である師子院である。大徳十年（一三〇六）、中峰は四十四歳の年にここに入り、二年後の至大元年（一三〇八）に辞去するが、延祐元年（一三一四）、再び師子院に入り（「東語西話下」12b、付録（一）参照）、翌年、一旦、院を離れるものの、延祐五年（一三一八）、五十六歳の年に再び戻っている（『中峰広録』「行録」74a～75a、「東語西話下」12b、付録（一）参照）。この寺は、延祐五年に、仁宗皇帝が中峰に仏慈円照広慧禅師の号と金襴の袈裟を下賜した際、その名を師子正宗禅寺と改めており、決して小刹ではないが（『西天目祖山志』巻四・19b～20a）、『中峰広録』を見れば分かるように、開堂の法語も残されておらず、示衆は存するものの上堂は皆無である。恐らく、西天目山に在っては、実質的に幻住庵や環山庵（「東語西話下」12b、付録（一）参照）に庵居していたものと思われる。

自ら「平昔《ひごろ》から退休を慕っている（平昔惟慕退休）」（「東語西話下」13a、付録（一）参照）と言い放ち、「ただ山辺と水辺とを憶《おも》うだけだ（只憶山辺与水辺）」（『中峰雑録』巻上「寄陸全之」Z122-370a）と述べ、大刹への住持を拒否して庵居を通した中峰の姿勢は、その弟子たちにもそのまま受け継がれており、法嗣である千巌元長（一二八四～一三五七）や天如惟則（一二八六～一三五四）が、官刹住持への推挙を頑強に拒否した事実が知られている（『護法録』巻三「仏慧円明広照無辺普利大禅師塔銘」8a、『天如惟則禅師語録』巻七「答劉鶴翁」Z122-465a）。このような無欲とも思える不住持の姿勢が中峰一派の家風であり、その枯淡さが名声を一層高めたことは間違いあるまい。

（三）詩文僧としての中峰

今一つ、中峰の名声を博した大きな特色として忘れてならないのは、彼の語録や詩偈の存在である。中峰は元朝に活躍した禅僧の中で、その語録が官版大蔵経に入蔵された唯一の人物である。彼の語録である『中峰広録（天目中峰和尚広録）』三十巻は、順帝の元統二年（一三三四）に完成入蔵され、官版である明の南蔵・北蔵にも収載されている。この語録が明代に読まれていたであろうことは、明末の陽明学者である羅汝芳（近渓・一五一五～一五八八）が、『中峰広録』を閲読していた自分の孫に対して読まないように注意を与えたとされることからも窺える（『明儒学案』巻三四・「参政羅近渓先生汝芳」条、中華書局校点本・p. 763）。

『中峰広録』は、示衆・小参・拈古・頌古など一般の語録に見られる内容以外に、禅宗関係の著述である『信心銘闢義解』一巻・『擬寒山詩』一巻や、経典に関する撰述である『楞厳徴心辯見或問』一巻・『金剛般若略義』一巻・『別伝覚心』一巻などの雑著を含む多彩な内容からなっている。また、『中峰広録』以外に、『天目中峰和尚普応国師法語』『天目中峰広慧禅師語』不分巻（後《のち》に付録を増補し『中峰雑録（天目明本禅師雑録）』三巻として大日本続蔵経（Z122）に収載）があり、詩偈も含めて禅僧としては豊富な著述の量であった。

また、これらの語録類に収載されていない中峰の詩として中国で広く知られていたものに『〈中峰禅師〉梅花百詠』があった。元代の著名な文人の一人である馮子振（海粟・一二五七～一三四八）の詩に『梅花百詠』

があり、それに中峰が唱和したものがこの中峰の『梅花百詠』である。その唱和に至った経緯について、『四庫提要』「梅花百詠」条には次の様に述べられている。

当時、趙孟頫（一二五四～一三二二）は中峰明本と仲が良かったが、馮子振は〔明本を〕心中軽んじていた。ある日、孟頫が明本と一緒に子振を訪ねると、子振は『梅花百詠』という詩を取り出して示した。明本は一覧すると、筆を走らせて唱和の詩を作り、また自分で〔別に〕作った「九字梅花詩」を出して示した。子振はついに〔明本と〕朋友となった。この編に収載されている百首の七言絶句は、当時〔明本が〕立ち所に唱和したものである。後《あと》に〔続けて〕また「春」の字韻の七言律詩百首を付録しているが、明本の唱和した章句があるだけで、子振のもとの詩は見ることができない。〔「梅花百詠」という形式の詩については〕『宋史』「芸文志」に李綨『梅花百詠』一巻を載せているが（『宋史』巻二〇八「芸文志」は「李縝『梅百詠詩』一巻」に作る。中華書局校点本p. 5385）、久しく逸書となっており伝わっていない。子振がまたこれを創出したものである。

時趙孟頫与明本友善、子振意軽之。一日孟頫偕明本往訪子振。子振出示『梅花百詠詩』。明本一覧、走筆和成。復出所作「九字梅花」以示。子振遂与定交。是編所載七絶百首、即当時所立和者是也。後又附春字韻七律一百首、則僅有明本和章、而子振原唱已不可復見矣。『宋史』芸文志載李　『梅花百詠』一巻、久佚弗伝。子振復創為之。

元代随一の文人として書画や詩文あらゆる分野で有名な趙孟頫が、長年に亙り中峰と深い交友関係にあったことは夙に知られており、ここでは贅言しない。

文中に出ていた詩のうち、七絶の馮子振の原詩と中峰の和詩は、元 馮子振・釈明本撰『梅花百詠』一巻として『四庫全書』「集部八・総集類」に収載されている。七律の「春」字を脚韻とした『梅花百詠』は、元 釈明本撰・和馮海粟作として同じく『四庫全書』の七絶のあとに附録されており、卍続蔵本の『中峰雑録』の巻末（Z122-396d〜400d）にも「中峰和尚馮海粟梅花百詠」として増集されている。しかし、七律については指摘されている通り、馮子振の原詩が載せられていない。また、九字八句からなる中峰の「九字梅花詩」は、楊慎（一四八八〜一五五九）『升庵集』巻五七「九言詩」（四庫全書本・18a）に引かれている。

中峰の『梅花百詠』の評価が高かったことは、その詩の名前が明代の凌雲翰（?〜一三七二〜?）『柘軒集』巻四「和梅詩序」（以下、四庫全書本・6a〜b）、張宇初（一三五九〜一四一〇）『峴泉集』巻四「王達善先生梅花詩跋」（4a〜b）、周是脩（一三五四〜一四〇二）『芻蕘集』巻五「郡王和本中峰梅花百詠詩後序」（5b〜7a）、胡儼（一三六〇〜一四四三）『頤庵文選』巻上「梅花百詠詩序」（53b）、周瑛（一四三〇〜一五一八）『翠渠摘稿』巻二「敖使君和梅花百咏序」（18a）に見えることからも知られる。

周瑛は、「梅にちなんで詩を作るのに、一気に百の絶句を作るのは馮海粟から始まり、一気に百の律詩を作るのは僧の中峰から始まった（梅為詩一賦百絶、自馮海粟始。一賦百律、自僧中峰始）」（『翠渠摘稿』巻二・18a）と両者の功績を称え、凌雲翰は馮子振と中峰の『梅花百詠』について、「二人の作品を見てみて、馮子振は正統という点で勝れ、中峰は奇抜という点で勝れていることが分かった。ともに未熟な学者の行き着くことのできないものである（及詳観二作、則知馮以正勝、本以奇勝。皆非末学所能至也）」（『柘軒集』巻四・6a）と激賞している。

更に、この『梅花百詠』に限らず、中峰の詩偈全般について高い評価を与えた人物に清朝の毛奇齢（一六二三〜一七一六）がいる。

仏教には偈はあるが詩はない。偈というのは「掲《かかげる》」ということである。その〔教えの〕旨《内容》を掲げているだけで、詩ではない。中峰が詩で偈を作ってから、偈は〔その内容が〕一変した。しかも掲げている旨《内容》も具わっているのである。

仏家有偈而無詩。偈也者揭也。揭其旨而已。非為詩也。自中峰以詩為偈、而偈乃一変。然而所揭之旨仍在焉。（『西河集』巻五一「高雲和尚四居詩序」、四庫全書本・9b）

中峰は単なる詩僧ではなく、仏教者として伝えるべき中味がある偈を作り、偈を詩に昇華させたというのである。その評価の高さが窺える。

（四）多弁に対する批判

不立文字の禅門に在っては、語録を編纂することさえ問題視されることがあった。雲門宗の宗祖である雲門文偃が、説法の語を弟子が記録するのを見て罵ったのは有名な話であるし（『禅林僧宝伝』巻二九「雲居仏印禅師」条・Z137–280b）、南宋の大慧宗杲も、「普段、参徒《弟子たち》が〔説法の言葉を〕編録するのを許さなかった（平時不許参徒編録）」（和刻本『大慧普覚禅師法語』巻下・巻末付録・文昌跋語・30b）とされる。まして大部な語録を残し、その中にさまざまな雑著や詩文を載せるならば、批判を受けることになるのは禅門では避けられないことであろう。

中峰の在世中、すでに彼の多言を「心性禅（＝心性《こころ》を解析する禅）」「義理禅（＝論理的な義理を説く禅）」「拖泥帯水老婆禅（＝泥水をかぶってまで理屈を並べる老婆親切な禅）」だと非難する向きがあったと言われる（『千巌和尚語録』「普説」J32–214c）。自ら「余《わたし》は仏や祖師方の道において悟りを欠いており、日ごろ言葉や書物にあらわしているのは、〔最終的な悟り以前の浅い〕理解にすぎない（余於仏祖之道、欠於悟証。尋常形之語言毫楮者、特信解耳）」（「山房夜話下」【三〇】参照）と述べている中峰を、弟子たちが「先師は弁舌を好んでいたのではなく、恐らくやむを得ないことだったのだ（先師豈好辯哉、蓋有不得已者也）」（『中峰広録』巻頭「進天目中峰和尚広録表」2a）と弁護したとしても、不立文字の禅門に在っては、多弁を弄した「言語文字の僧だ（言語文字僧也）」（周暉『金陵瑣事』二続「中峰語録」、文学戸籍刊行社本・51a）と批判を呼ぶ素地を持っていたことは疑いなかろう。

しかも、中峰の発言は宗門内の事柄にとどまらず、「三教の聖人は等しく、この道で天下を教化している（三教聖人一以此道化成天下）」（『中峰広録』巻二六「祭瞿運使文」17a）と、儒教・仏教・道教の三教一致を唱え、特に儒教については「世間を治めるための書物にある道・徳・仁・義・礼・楽・刑・政の八つは、いずれも吾が一心《こころ》の妙なる用《はたらき》から離れることはできない（治世間書、道徳仁義礼楽刑政八者、皆不能外吾一心之妙用也）」（『中峰広録』巻五下「示鄭廉訪」25a）と言うなど、世間と出世間の学の矛盾が存在しないことを主張していた。もとより、次に見えるように対等での一致の主張ではなく、仏教優位の立場からの論であり、護法的な内容であるが、未悟を標榜し、住持を拒否した隠遁志向の僧侶としては、出過ぎた発言とも取られよう。

儒教の道《おしえ》は心を治《ととの》えるものであり、心を修《ただ》すものである。仏教の道《おしえ》は心を明らかにするものであり、心を悟らせるものである。治《ととの》えたり修《ただ》したりするのは、〔段階を踏んで〕漸次おこなうことであり、明らかにしたり悟ったりするのは、〔段階を飛び越えて〕頓速におこなうことである。心は一つなのに、頓速と漸次の道筋が一つにできないのは、思うに、世間と出世間との違いであろう。

儒之道、治心者也、修心者也。仏之道、明心者也、悟心者也。治与修、漸之之謂也。明与悟、頓之之謂也。心一也。頓漸之途、不可以一者、蓋世間出世間之異也。(『中峰広録』巻五下・示鄭廉訪・24b)

更に中峰は「禅こそは浄土の禅であり、浄土は禅の浄土である(禅即浄土之禅、浄土乃禅之浄土)」(『中峰広録』巻五下・示呉居士・34b)と禅浄一致を唱えていたが、そこには矛盾とも取れる相反する動きがあった。彼の禅僧の立場からの禅浄に関する基本的な意見は、次の一文に要約されている。

浄土は心であり、禅もまた心である。本体は一つだが名前が二つあるのだ。〔心に〕迷っている者はその名前に執《とら》われてしまって、その本体が分からなくなってしまっているし、〔心を〕悟った者はその本体に通達していて、その名前を一つにしてしまっている。……その上、参禅は生死にケリをつけようというのだし、念仏して浄土〔の修行〕を修めるのも生死にケリをつけようというのだ。聖人《ほとけ》の教えは様々あるが、すべて生死に決着をつけるのを究極の目標としている。けれども生死の根塵《ねっこ》を打ち破るには、ただ「一門深入」を尚《たっと》ぶのだ。古人(=徳山宣鑑)も言っている、「少しでも妄念が起こるのは〔地獄・餓鬼・畜生の〕三途《さんず》の〔世界に堕ちる〕業因《げんいん》であり、チラリとでも情念が生ずれば永遠に〔輪廻の〕鎖《くさり》に覊《つな》がれてしまう」と。どうして〔禅と浄土とを〕兼ね修めるなどと言おうか。

浄土心也、禅亦心也。体一而名二也。迷者執其名以昧其体、悟者達其体以会其名。……且参禅要了生死、念仏修浄土亦要了生死。聖人設教雖千塗万轍、一皆以決了生死為究竟。然破生死根塵、惟尚一門深入。古人謂、「毫釐繋念、三途業因、瞥爾情生、万劫羇鎖」。兼修云乎哉。（『中峰広録』巻一一上「山房夜話上」、【八】参照）

「一門深入」はもともと『楞厳経』巻四（T19–123a、元来は六根の中の何れか一門）に見える語だが、中峰はこの語を用いて参禅と念仏の兼修を禁じたのである。禅の宗匠としての正論であろう。

ところが、一方で中峰の著述の中には「勧念阿弥陀仏」（『中峰雑録』巻上・Z122–367c）、「懐浄土詩一百八首」（『中峰雑録』附録・393c）があり、『幻住庵清規』一巻（Z111）の中でも念仏が使用されている。更には中峰の名が冠せられた『中峰国師三時繋念仏事』一巻（Z128）、『中峰三時繋念儀範』一巻（Z128）も存在している。中峰の法嗣である天如惟則が『浄土或問』一巻（T47）を著したことも忘れてはなるまい。

中峰は自ら「〔解脱に至る〕近道の法門は、ただ念仏だけであり、一代の禅僧はだれもが念仏し、古今の名賢もだれもが念仏した。私も今、縁有って念仏に遇うことができた（捷径法門惟有念仏、一代宗師箇箇念仏、古今名賢人人念仏、我今有縁得遇念仏）」（『中峰雑録』巻上「勧念阿弥陀仏」367c）と言い、「終朝《ひねもす》合掌して弥陀を念じている（終朝合掌念弥陀）」（『中峰雑録』巻上「懐浄土」368a）と述べている。明代初期の禅僧である独庵道衍（一三三五～一四一八）も、「〔中峰和尚は〕修行者の相手をする合間に、また密《ひそか》に浄業を修めていた（応接来機之暇、復密修浄業）」（『諸上善人詠』「天目中峰和尚」条、Z135–55a）と、その浄業実践の存在を認めている。「一門深入」の主張とは、一見すれば矛盾があるのである。

中峰が行なった未悟の標榜と念仏の密修とは表裏の関係にあると考えられ、禅の一悟で事足れりとしない飽くなき自己反省に基づいたもので、恐らく彼自身の中に矛盾は存在しなかったと考えられる。しかし、表面的な論理をなぞるなら中峰の心を理解することは不可能であるし、それは中峰が言葉を多く残したからこそ招くことになった疑念であろう。やはり、有言は無言に及ばないのであろうか。

しかし、そのような危険が文字言語にあることは、誰にでも分かりきったことである。それでも中峰が敢えて多弁を用いたのは、強いて言うならば、やはり衆生に対する慈悲心の発露だったのであろう。中峰が自ら自説を「活語」ではなく「死語」だと認めていたことも忘れてはなるまい（本書【四二】「結語」参照）。天如は中峰の多言を評して言う、

その〔中峰和尚が活躍した〕二、三十年〔の行ない〕を見てみるに、説法した縦横無尽の言説は天下に充ち満ちているが、〔それには〕もとより他意はない。ただ諸人が自己《じぶん》の脚根下《あしもと》に〔解決すべき〕生死の一大事があるのに、はっきりと分かったためしがないから、口業《ことば》を惜しむことなく、君たちが解決するよう勧めたのである。

観其二三十年、作師子吼、横説竪説、言満天下者、本無他意。只為諸人自己脚根下有箇生死大事、不曾明了、不惜口業、勧汝了却。（『天如惟則禅師語録』巻九「宗乗要義」Z122–484a）

未悟も不住持も多弁も、一修行僧として、一禅匠としてのやむを得ない方便だったのである。

二、日本における幻住派の存在

中峰の法系は中国臨済禅では正統と目されることになるが、日本にもその法系が伝わっており、中世から江戸期にかけて幻住派として大きな影響を与えることになる。

中国で編纂された燈史のうち、永楽十五年（一四一七）序刊の『増修続伝燈録』巻六（Z142-454a～d）には中峰の法嗣として中国の千巌元長・天如惟則の二人だけが挙げられているが、明代末期の崇禎十七年（一六四四）序刊の『五燈会元続略』巻六（Z138-485b～486b）や清朝の康熙三十年（一六九一）序刊の『続燈正統』巻二六（Z144-397a～400a）には、中峰の法嗣として千巌元長・天如惟則の他に、日本の古先印原《ママ》を加えた三人が挙げられている。

更に、日本で作られた『延宝伝燈録』巻五（大日本仏教全書本・p. 175～176）では、日本人の中峰の法嗣として、古先印元（一二九五～一三七四）以外に、遠谿祖雄（一二八六～一三四四）・無隠元晦（?～一三五八）・明叟斉哲（?～一三四七）・業海本浄（?～一三五二）・復庵宗己（一二八〇～一三五八）・義南菩薩（生卒年未詳）の六人が列挙されており、全部で七人の法嗣が本邦にいたとされている。

では、なぜ法嗣の数に混乱が生じたのであろうか。当時の中国禅門においては、複数の宗匠に参じてそれぞれ印可を得ていた禅僧もいたし、誰の法嗣になるかは、出世開堂の時の嗣法拈香によって示されるまで分からなかった。中峰が径山の住持を断った際に、その代わりに住持として入ることになった元叟行端

（一二五五～一三四二）が、出世する時に、虎巌浄伏（生卒年未詳）の懇請にも関わらず蔵叟善珍（一一九四～一二七七）に嗣法香を焚いたとされるのは、その代表的な例であろう（『元叟行端禅師語録』巻八・黄溍撰「塔銘」Z124-34c）。つまり、中峰の弟子たちは、師の行履を尊び、住持しない者も多かったため、その門下に数多くの弟子がいたことは間違いあるまいが、正確な法嗣の数は分からないのである。

しかし、修行時代に複数の印可を得ていたとしても、あくまで「一師印証」であり、一人の禅僧に嗣法師が複数いたわけではない。そもそも、嗣法は自らを悟りに導いてくれた悟道の師に対して行うのが本筋とされ、自分の都合で勝手に決めて良いという性格のものではなかった。だが、必ずしも本筋が守られていたわけではない。宋代以降、寺院の後任住持を選出するに際して、法系を問わず入院できる十方住持刹と、同じ法系に連なる弟子しか認めない甲乙徒弟院とが存在していた。前者は五山十刹といった勅命による官刹が中心であり、後者は五山制度に加わっていない中小の寺院に多く見られた。そのため、優秀な逸材が甲乙徒弟院に入る時には、師承を変更して入院する寺の法系を嗣ぐことが必要とされていた。いわゆる「伽藍法」の嗣法であり、世俗で家の後継者を養子にして迎えるようなものであった。中峰は基本的には形式的な師承法系に重きを置いていなかったと思われるが（本書【三九】「嗣法のありかた」参照）、このような因習としての師承変更を、「世俗に従って嗣法を変える（徇俗易嗣）」として問題視していた。このことは、一山了万（一二四一～一三一二）の法嗣であった定叟永泰（?～一三一六）が、中峰の師、高峰原妙が住していた西天目蓮華峰の大覚禅寺に住持する際、一山から中峰へと嗣法師を変更しようとして叱責されたことからも明らかである（『中峰広録』巻六「与大覚長老」45a）。

この十方住持と徒弟院の問題は、日本にも存在しており、中峰のこの嗣法変更を認めない立場は日本の幻住派に引き継がれながらも、変形ともいうべき全く異なった形で日本の禅門に大きな影響を与えることになる。

本邦七人の法嗣のうち、最も注目すべきは丹波（兵庫県）高源寺の開山、遠渓祖雄である。広義では中峰の門下を総称して幻住派と呼ぶが、遠渓の一派を特に狭義での幻住派と称している。日本中世の禅門は、臨済と曹洞とを問わず口訣伝授を行う密参禅が席捲しており、日本の幻住派も同様の密参を行なうことになる。特に遠渓一門の幻住派は、七代目に一華碩由（一四四七～一五〇七）、更にその法嗣に頤賢碩鼎（一四八一～一五六四）が出て、臨済・曹洞の密参を統合して独自の形式を完成することになる。その独自の形式とは、伝法に際して、嗣法を証明する「印可証明書」、法系を示す「血脈」、密参の内容を記した「大事」や「切紙」が存在していたことであり、しかも伝法の儀式は夜に松明を焚き中峰明本の頂相の前で行なうというものであったとされる。

また、頤賢は広義での幻住派内の遠渓派と無隠元晦の無隠派との統合を行なったと考えられている。一華も頤賢も、遠渓が開いた幻住派の拠点である高源寺に住持しているが、今一つ、無隠派との縁が深い博多の聖福寺に二人とも住持している。（但し、一華は秉払以前の勅許による入寺であったため〈『続群書類従』巻二四三「碩由禅師行実」p. 781〉、聖福寺の「世代帖」には名前が載せられていない。頤賢は聖福寺第百五世である。）聖福寺には第二十一世として、中峰の法嗣である無隠元晦が入っており、彼は近くの馬出《まいだし》村に嗣法師に因んで天目山幻住庵を開いている（江戸期に移建されて現在は聖福寺の塔頭となっている）。また無隠の法嗣で聖福寺第三十九世となった夢庵顕一（生卒年不詳）は、聖福寺の塔頭として順心庵を開いているが（近年、順心寺に改称している）、順心庵というのは、中国の蘇州にあった庵の名で、幻住庵と共に中峰が住した場所として知られている（『中峰広録』巻一下「平江路順心禅庵示衆」37b、『中峰雑録』巻上「結夏示順心庵衆」Z122–363dなど）。聖福寺には、中峰の嗣法師である高峰原妙とその法嗣である中峰明本・断崖了義の三人が描かれた「天目三祖図」（国指定重要文化財）や、中峰の頂相が残されており、幻住派と深いつなりがある拠点であったことを示している。

「幻住十世法孫」（『聖福寺史』巻四「頤賢禅師自讃」p. 65）を自称していた頤賢碩鼎以後、幻住派は十方住持刹を中心に五山にも入り、日本の禅門において隆盛を誇ることになる。幻住派は「血脈」や「大事」を用いることにより、派祖である中峰の「一師印証」の立場を堅持したようにも見えるが、一方では安易な嗣法認定へと流れて法嗣の大量生産を行うことにもなった。更には従来承けていた法系はそのまま変えず、別に幻住派の法系も承けるという二重の嗣法を可能にし、「伽藍法」の存在を温存できる抜け道を作ったとされる。つまり、もともとの中峰の禅とは全く無縁なものが、幻住派として日本に流行したのである。

日本の禅宗は、江戸期に黄檗の隠元隆琦（一五九二〜一六七三）が来朝することにより、従来の修行方法や伝法のあり方に反省を促され、黄檗の影響下で大きく変化することになる。隠元が来朝した当時の中国禅門においては、臨済と曹洞とを問わず、激しい法系論争と宗旨論争が繰り広げられており、嗣法については、時代的に遠く離れた人物に嗣法する「遙継」や、遷化した故人代わって付法する「代付」が大きな問題となっていた（拙稿「費隠通容の臨済禅とその挫折―木陳道忞との対立を巡って―」『禅学研究』六四・一九八五、参照）。隠元はそんな中、棒喝禅を臨済宗旨とし、厳格な嗣法を誇る臨済の正系として、「臨済正宗」を掲げて来朝したのである。そして、その影響下に、密参と決別した臨済宗では白隠慧鶴（一六八五〜一七六八）の新たな公案禅が完成され、曹洞宗では卍山道白（一六三六〜一七一五）の宗統復古運動などがもたらされることになり、やがて幻住派は衰退していくことになるのである。

隠元は臨済宗破庵派の禅僧であり、中峰の十一代の法孫に当たる。見方によっては、中峰に連なる日本幻住派の偏向を、同じ中峰の末裔が正したとも言えよう。

尚、幻住派については、玉村竹二「臨済宗幻住派」（『日本禅宗史論集』下之一・一九七九年・思文閣出版）や同『臨済宗史』「幻住派の影響」（春秋社・一九九一年、p. 242）に詳しいので、そちらを参照されたい。

三、中峰の著述と今回の訳注

前述のごとく、中峰の示衆などを筆録した語録や自撰の著述の多くは、『天目中峰和尚広録』三十巻として編纂され、中峰遷化十一年後の順帝の元統二年（一三三四）勅命によって入蔵を許され、翌三年、杭州大普寧寺に鏤板されることになる。以後、この『広録』は磧砂蔵や永楽の南北蔵、明末の嘉興蔵などの中国の大蔵経、本邦江戸期の黄檗蔵や明治期の縮刷蔵・卍蔵にも収載されており、別に五山版や寛永版、寛文の鼇頭本など単本として別行されている。また、『広録』に収載されなかった示衆や詩偈などの雑著が『天目中峰広慧禅師語』として、また八十篇以上の法語が『天目中峰和尚普応国師法語』として残されている。

この『広録』未収載の両書には五山版があり、近世に『〔扶桑拾遺〕中峰和尚雑録』三巻として再編刊刻されているが、この『雑録』が『大日本続蔵経』に採録される際に、未収の「天目中峰和尚懐浄土詩一百八首」「中峰和尚和海粟梅花詩百詠」及び『一華五葉集』の序跋四篇が附録されている。

『広録』および『雑録』の書誌学的な事項については、『五山版中国禅籍叢刊』第九巻に見える椎名宏雄「解題」の「三　『天目中峰和尚広録』三〇巻一五冊」(p. 650) と「四　『天目中峰和尚普応国師法語』『天目中峰広慧禅師語』合綴不分巻一冊」(p. 658) に詳しい。

（ア）山房夜話

今回の訳注の対象である『山房夜話』は、『中峰広録』巻一一に上中下の三章に分けて収載されている。もともと中峰在世中に成立した著作集である『一華五葉』に、『山房夜話』と同じく中峰が撰述した『信心銘闢義解』・『楞厳徴心弁見或問』・『幻住家訓』・『擬寒山詩』と共に入れられていたものを、『広録』の編輯に当たって採録したものである。『一華五葉』は成簣堂文庫に五山版の五巻本があり、その他、明和六年（一七六九）跋刊の三巻本が存する。刊本に付された中国撰述の四篇の序跋のうち、一番新しいものは馮子振の「泰定丙寅（三年・一三二六）燈夕後六日」(Z122–401a) であり、一番古いものは径山にいた虚谷希陵（一二四七～一三二二）の「延祐庚申（七年・一三二〇）夏」(Z122–401c) であるから、『一華五葉』が刊行されたのは中峰が遷化した至治三年（一三二三）の前後ということになり、中峰が完成した刻本を直接目にしたかどうかは分からない。しかし、たとえば『山房夜話』には「一華五葉序」と「一華五葉後序」という二篇の中峰自撰の序文が残されており、「後序」の方には「延祐丙辰（三年・一三一六）冬」（『中峰広録』巻二四「一華五葉序」82b）という撰述年次が見えるから、在世中に原稿が完成していたことは間違いない。明和六年の此山玄淵の跋文に「『一華五葉集』は、普応国師（中峰）の在世中に著述した確定稿で、後に『広録』に編入されたものである（一華五葉集、乃普応国師在世所自著定、而後編入広録者也）」（Z122-401c）とある通りである。

『山房夜話』の執筆について、中峰は自ら「二十年の間、同参の道者《修行者》と何時も茅茨《かやぶき》〔の小庵〕で頭を低くして論及し、知らないうちに一編ができあがったものだ（閲二十年、毎与同参道者、俯首茅茨、論及之、不覚成編）」（『中峰広録』巻二四「一華五葉序」81b）と述べており、かなり長い年月をかけて完成した書物だとされる。「凡例」にも書いたが、自定の完成稿でもあり、版本間における大きな文字の異同は見られない。

その内容については、見ての通り出だしの【一】と末尾の【四二】では、一人の隠者との一晩での問答であったという体裁をとっているが、【二】～【四一】の中間部は不特定の人物との「或問」形式をとっており、【八】では「西帰子」という人物も登場し、禅に関する事柄についての詳細な解説が展開されている。中峰以後の禅門に顕著となる「禅浄双修」に関する言及は重要な一段であるし、「公案」の説明解釈は宗門において特に有名なものである。

この書は、中国の明末に出された湛然円澄（一五六一～一六二六）の『宗門或問』一巻（Z126）や永覚元賢（一五七八～一六五七）の『寱言』二巻（Z125・『鼓山永覚和尚広録』巻二九）といった宗門における或問形式の著述の先駆けとなったものであり、難解とされる禅門の諸事について明快な説明が加えられている。不立文字の中に在って、初学者の参禅学道を助けるための老婆親切な一篇と言えよう。

（イ）中峰自叙伝

中峰が自ら述べた簡略な自伝であるが、もともと原文に題名は無い。『山房夜話』の続編ともいうべき『東語西話』（『中峰広録』巻一八「東語西話 下」）の最末尾の条（11b～13a）に見える文章である。

彼の伝記資料としては、この自叙伝以外に、『中峰広録』巻末に付録された泰定元年（一三二四）法弟比丘祖順録「元故天目山仏慈円照広慧禅師中峰和尚行録」、天暦二年（一三二九）立石の虞集奉勅撰「大元勅賜智覚禅師法雲塔銘」、撰述年次は不明だが宋本製文「大元普応国師道行碑」の三点がある。これらのうち、祖順の「行録」が年代も早く最も詳細であるが、自述という意味ではこの『東語西話』の文章が基本資料ということになる。

中峰の行状については、拙稿「中峰明本の生涯とその思想」（『元代禅宗史研究』禅文化研究所・二〇〇五、p. 89～136）に詳しいが、その注（10）で述べている通り、「東語西話」の大徳二年（一二九八）から大徳九年（一三〇五）までの記述は、「弁山幻住庵記」「平江幻住庵記」「自讃」「行録」などの資料に比べて一年ずつ早くなっている。自述とはいえ他の自撰の資料とズレがあることから、そのまま信頼できるかどうかには疑問があり、年次の確定には注意が必要である。

（ウ）中峰和尚座右銘

中峰の文章として日本の禅門で最も良く知られた一文であり、現在でも僧堂などで晩課に誦まれている。しかし、中峰の名前が冠され、広く流布しているにも関わらず、『中峰広録』三十巻や『中峰雑録』三巻には収載されておらず、中峰の真撰とは認められていない。

この点について、無著道忠（一六五三～一七四五）は次の様に述べている。（引用文中の〈 〉の部分は原文では割り注となっている。）

「大慧〔禅師発〕願文」、「中峰〔和尚〕座右銘」、「幻住庵十誓」等〈この三種類は、いまだに出所が明らかでない。思うに、宋元の時代、日本〔の禅僧〕で渡航遊学する者が多かったから、あるいは直接〔日本の僧侶が中峰から貰って〕伝来しただけなのかも知れない。〔とはいえ〕たとえその真作ではないとしても、その文章はまことに惰窳《怠け者》を箴《いまし》めるのに十分であり、心を込めて唱和するならば、その功勲《てがら》は自身に帰するだろう。〉、必ず自発的に誦《とな》えて、無明《ぼんのう》を根株《ねっこ》から揺さぶらなくてはならない。

大慧願文、中峰座右銘、幻住庵十誓等〈此三種未考所出。蓋宋元之間、此方航遊者多。或直伝来耳。縦不出於其作、而語固足箴惰窳、至誠唱和、功勲帰己。〉、須随意誦之、以揺無明根株矣。（『小叢林略清規』巻上「毎日晩課」T81-693b）

「座右銘」の文章は、中峰の作と言われても違和感はないし、内容が優れているという指摘はまさにその通りであろう。「興禅大燈国師遺誡」と共に、修行僧を叱咤する厳しい鞭策となる。文中の「幻住庵十誓」は未詳だが、恐らく「座右銘」に出てくる十ヶ条を指すものと思われる。

今回の底本には、明暦三年（一六五七）梓行の天倫楓隠撰『諸回向清規式』巻五（70a〜b）に掲載されている「中峰和尚座右銘」を用いた。『大正新脩大蔵経』第八一冊所収の『諸回向清規式』には「座右銘」は欠けているので注意が必要である。詳しくは江湖叢書『諸回向清規式〔抄〕』（禅文化研究所・一九九五）の「はしがき」を参照されたい。

参考文献

〔書籍〕

◎野口善敬『元代禅宗史研究』〔Ⅰ〕２「中峰明本の生涯とその思想」（禅文化研究所・二〇〇五年）
◎西尾賢隆『中世の日中交流と禅宗』「元の幻住明本とその海東への波紋」「幻住明本と日元の居士」（吉川弘文館・一九九九年）
◎服部顕道『天目中峰国師の研究』（八千代出版・一九八〇年）
◎望月信亨『中国浄土教理史』第三三章・一「明本、梵琦等の浄土兼修」（法蔵館・一九七五年）
◎玉村竹二『臨済宗史』第二話・第六節「幻住派の影響」（春秋社・一九九一年）
◎忽滑谷快天『禅学思想史』第六編・第四章「天目中峰の禅浄習合」（下巻・玄黄社・一九二三〜二六年）
◎釈印旭『元代高僧中峰明本禅師』（宗教文化出版社・二〇一〇年）
◎UTA LAUER　AMASTER OF HIS OWN ― THE CALLIGRAPHY OF THE CHAN ABBOT ZHONGFENG MINGBEN（FRANZ STEINER VERLAG STUTTGART 2002）

〔論文〕

○佐藤秀孝「元の中峰明本について」（『宗学研究』二三・一九八一年）

○井手誠之輔「中峰明本自賛像をめぐって」（『美術研究』三四三・一九八九年）

○山本信吉「中峰明本墨跡」（『国華』一〇五一・一九八二年）

○中川憲一「中峰明本像について」（『趙孟頫集・中国書法ガイド四九』・二玄社・一九八九年）

○小笠原宣秀「中峯明本の浄土教」（『宗教研究』三七―一七七・一九六四年）

○小笠原宣秀「中峯明本の浄土教」（『大原先生古稀記念浄土教思想研究』・一九六七年）

○金子眞也「中峰明本『懐浄土詩』について」（『龍谷紀要』二七―一・二〇〇五年）

○玉村竹二「臨済宗幻住派」（『日本禅宗史論集』一之下・思文閣・一九七九年、所収）

○藤島建樹「元朝仏教の一様相―中峯明本をめぐる居士たち」（『大谷学報』第五七巻・第三号・一九七七年）

○Chun-fang Yu　Chung-feng Ming-pen and Ch'an Buddhism in the Yuan（Yuan Thought - Chinese Thought and Religion Under the Mongols / Columbia University Press 1982 NEW YORK）

〔法系図〕　中峰及び幻住派など、関連する臨済系の宗匠のみを取り上げた。

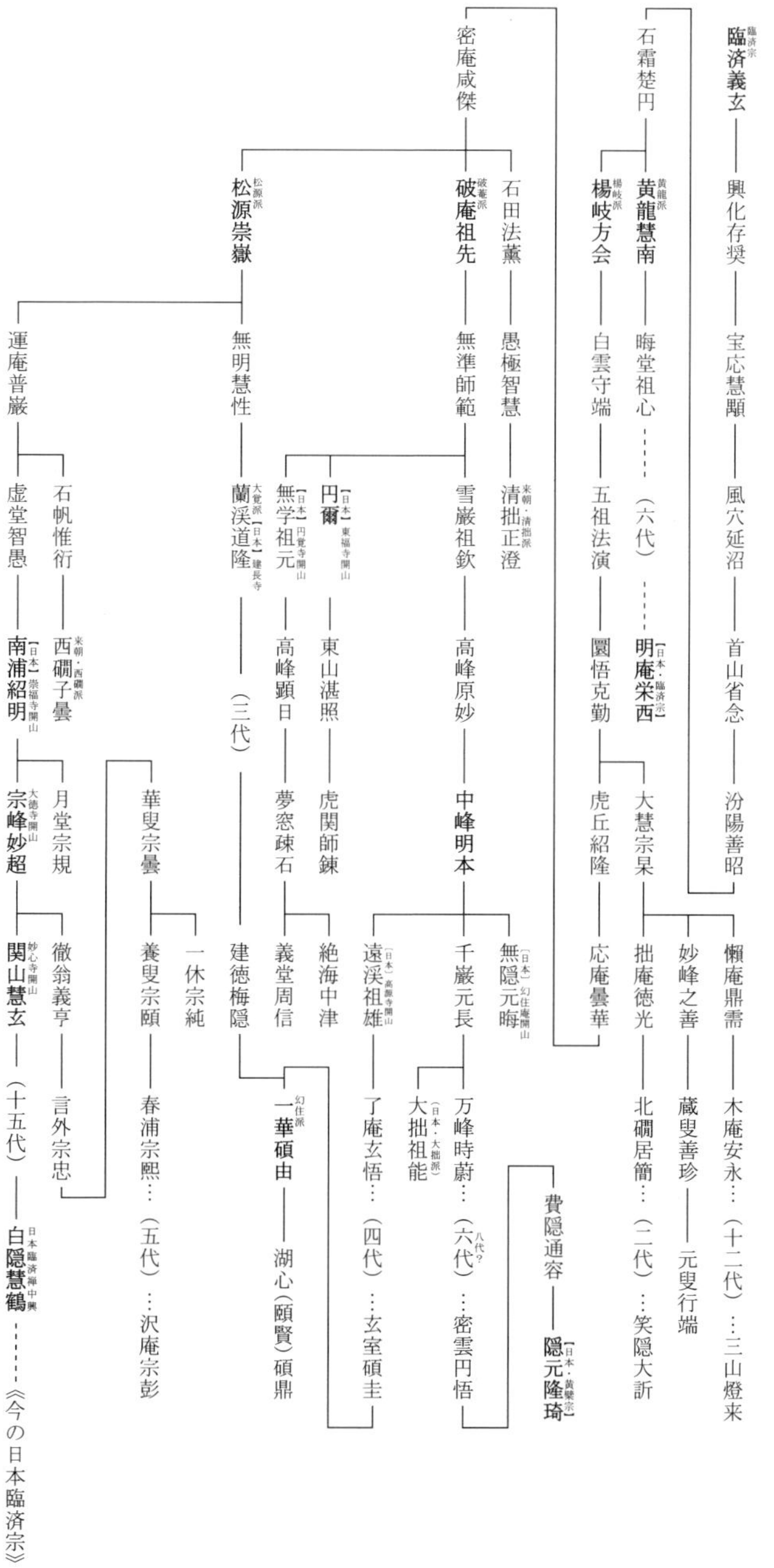

著者略歴
野口 善敬（のぐち ぜんけい）
1954年、福岡県生まれ。九州大学文学部哲学科（中国哲学史）卒業。同大学院文学研究科博士課程中国学専攻中退。花園大学国際禅学研究所所長。花園大学文学部仏教学科教授。臨済宗妙心寺派長性寺住職。博士（文学）東洋大学。
著書に『ナムカラタンノーの世界―「千手経」と「大悲呪」の研究』（禅文化研究所・1999年）、『元代禅宗史研究』（禅文化研究所・2005年）、『禅門陀羅尼の世界―安穏への秘鍵―』（禅文化研究所・2007年）、『新アジア仏教史』第8巻「第2章　元・明の仏教」（佼成出版社・2010年）などがある。
松原 信樹（まつばら しんじゅ）〔俗名　松原茂樹（まつばらしげき）〕
1971年、東京都生まれ。立正大学仏教学部仏教学科（仏教文化コース）卒業。東洋大学大学院文学研究科仏教学専攻博士後期課程単位取得満期退学。臨済宗妙心寺派龍源寺住職。宗教法人日月庵代表役員。修士（文学）東洋大学。

中峰明本『山房夜話』訳注
――禅への疑問に答えた元代名僧の問答集――

平成二十七年五月一日　発行

訳注者　野口善敬
　　　　松原信樹
発行者　三井久人
印刷　富士リプロ㈱

発行所　汲古書院
〒102-0072 東京都千代田区飯田橋二-五-四
電話　〇三（三二六五）九七六四
FAX　〇三（三二二二）一八四五

ISBN978-4-7629-6549-4　C3015
Zenkei NOGUCHI, Shinju MATSUBARA ©2015
KYUKO-SHOIN, CO., LTD. TOKYO.

索　引

〈凡　例〉

○索引は「語句」「人名」「地名」「書名」の４つからなる。

○本文の索引であり、語注の文章からは採録していない。

○見出しの語は、原則として本文中の表記のままの表記で採録したが、人名・書名で俗称や略称が用いられている場合には、別途、正式な名称を見出しとして立て、表記の名称を（　）内に付記した。

○各項目の並び順は、頭字の読みの「あいうえお」順に従い、頭字の読みが同じ場合には二字目以降の「あいうえお」順に拠った。

○漢字の読みは、概ね仏教語・禅語の慣用音に従った。

○各項目に書かれた数字は、ページ数ではなく、本文に付された本編【一】～【四二】、付録（一）（二）の常数に拠り、番号の表記は、【一】～【四二】は 1 ～ 42 の半角数字、付録の（一）（二）は(1)(2)の半角とした。

○見出しの語について語注に説明がある場合は、「*」を該当する番号の後に付した。

語句索引

人名索引

地名索引

書名索引